あいぬ物語

新版

山辺安之助 著
金田一京助 編

青土社

編者と著者

南極探検隊出発の際撮影

南極探検より帰京当時の著者

日露戦争後の著者（鳥打帽を冠りイ立）

トンナイチャ湖畔のアイヌ部落

其一

其二（中央の鳥打帽の巨漢は著者）

其三（右方の建物はアイヌの倉庫）

石狩に於ける帰化樺太アイヌ風俗

（其一）久闊を叙する図

（其二）竪琴を弾く図

石狩に於ける帰化樺太アイヌ風俗

（其二）著者縁辺の人々

北海道アイヌの巨酋

序

明治八年、樺太が千島と交換されて露西亜の手に渡った時に、亜庭湾内一体の樺太アイヌ八百余人は、北海道へ帰化して石狩の一部落に占住した。其折に池辺讃から少し離れた野満別村の人々が九つ許りのみなし児を連れて此人数の中に交っていた。

頃は維新の新政に志を得なかった人々の幾群が、余憤を携えて北門に奔った時代である。僻地のみなし児は故郷を放れてゆくりなく日本の文化に触れ、又此等の悲歌慷慨の士に接して其の風骨に親炙した。飽くなき少年の目は新しい事々物々に転じて了解せずんば措かなかった。小供の心は小鳥のように飛んだ。終に、高飛びして日本の内地へ遊学しようと志を立てたが、色々の情義に纏綿されて果さなかった。小供は長じた。そして世間も色々に変った。最後に、特に此新附の部落に戦慄すべき惨禍が落下した。痘瘡とコレラ！　此が相つづいて同族の三百幾十人が秋から春にかけて後から後から死んで行った。手を曳かれて野満別の村を出た同村の人達も皆此世を去った。明け暮れ夢のような故郷の恋しさに堰かれた彼は、二十七の年、同志のものと舟出をして、遂に再び樺太へ帰った。

爾来匆茫幾春秋、当年のみなし児は日本へ又と姿を見せなかった。彼は、水静かなトンナイチャ湖畔の草に隠れて、渺たる漁民となっていたからである。

併し乍、三十七年の春、仁川沖に於ける日露開戦の火蓋は、ゆくりなくも彼と我とを結び付けた古い縁の糸へ点火した。彼は一村の人心を誘導していち早く我軍を迎え、自ら東道して湖畔の露軍を撃攘した。そして南樺太の領地と共に、彼は再び日本の国の人になった。

明治四十三年の夏、南極探検の噂さが樺太まで伝わった。彼は村人を説いて挽犬の募りに応じさせ、それを東京の探検隊まで護送すべき任務を帯びた。

大泊に於て船待ちをする間に考えたには、犬は村中を選りすぐった名犬である、若しも、極地に於て、操縦の仕方に馴れた人がなかったらどうだろう？　自分の体は運悪くば湖畔の戦にも死ぬべかりしを拾った体だ。拾った体で、今一度国家の事業に従わば、たとい死んでも本懐だ、と。そこで、志願して極致に従うことになり、遂に探検の大事業を仕遂げて茲に目出度く東京に凱旋した。

あいぬ物語は、此の事実が、当年の孤児たる彼、山辺安之助の口から、其母国語のアイヌ語で話されたる一条の自叙伝である。事柄は逐一彼安之助が記憶より出たもので、何年前の年月日に至るまで一つも他人の書や記録を籍りたものがない。

山辺安之助の名は、敢えて此物語を俟たずに、日本の最初の南極探検事業と共に普ねく知られて居よう。併し乍、若し安之助を以て白瀬隊の一愛嬌者と思うだけであったら、安之助の為めに誠に気の毒である。安之助は真摯熱烈の人である。真底、死を賭し、身命を抛って開南丸に上った彼安之助の決意は、知る人ぞ知る、恐らく全探検隊の何人にも劣りはすまい。

安之助は素よりアイヌである。併し乍、安之助は恐らくアイヌ民族が有した最後の誇りであろう。私が安之助を知ったのは、四十年の夏、彼の湖畔の村に遊んだ時であった。

当時安之助は戦後の衆望を負って附近四箇部落の総代役で居た。私は一見して其鬼を欺く六尺ゆたかの風丰に驚き、言葉を交えて、更に其辞気礼譲の熟しているのに驚いた。久しく滞在するうちに、段々打解けて互いに覆蔵なく語り合った。

これまで私は、アイヌは北海道の各処にも見ている。傷ましい生活、みじめな境遇は何処へ行っても同じ事、久しく哀を乞うに馴れて、独立の気象を失い、苟苴偸安諭しても行わず、教えても奮起せず、無知無能に、放逸で、懶惰で、型に嵌まった亡国の民である。さなきだに内地を食い詰めて流れ込んだ数々の無頼の徒には、明け暮れ、下げすまれ、虐げられ、打たれ、叩かれた揚句は、アイヌ！の一語に嘲殺されて、生きて人あしらいにもあしらわれない。これが千載の大民族の末路かと思うと、あさましさに涙が落ちる。

安之助が半生の生活は此の涙で洗われた。不幸にして目のひらいた安之助は、ひとり慷慨悲憤の人とならざるを得なかった。

「どうかして、同族の此のみじめな境涯は救わねばならぬ。せめて平民並みの生活に引上げてやりたい」諫め尽し、おしえ尽して、些の甲斐もなかった結果が、尚、あきらめ得べき事ではなかった。「迚も、はや年寄り達には見留めが無い、が、せめて今時の児供等が大人の代には、こんな目を見せてやりたくない。枕を蹴って起つ様な、目を見開いた子が一人も出ぬか」安之助が十年の苦節は終におのずから彼を見上げた結論に導いていた。

「アイヌが此窮状を済うべきものは、なまやさしい慈善などではない、宗教でもない、善政でもない、教育である」と。

安之助が鋭意土人学校の設立に浮身をやつしたのはこれが為であった。

久しくなった侮辱の名、アイヌ！「アア、アイヌ、アイヌ、アイヌは何だ。アイヌと一口には云わせまいぞ。アイヌの中にも俺が居る！」これが安之助が外に対した全我であった。

遊蕩無頼の一群に、「アイヌ！」の悪罵を真甲からあびせかけられる時、安之助が忍辱の眉宇が少し動けば、心の中には、泣き乍、常にそう叫んでいるのであった。

安之助が二度までも、国の為め本当に死のうと思ったのはこれが為である。安之助が日露の役に陸軍の雇傭を肯んじなかったのはこれが為である。固く賃金を辞し一村を結束して矢石のおもてに立ち、家も宝もすてて露軍の侵略に委して顧みなかったのもこれがためである。南極探検に我と進んで出て来たのもこれ、又着京して始めて探検が国家の事業ではなく、いかがわしい箇人の私営だとの噂に、一度は落胆したが、「今更破約をしては、やッぱりアイヌだけだと云わるるがイヤだ」と決然死を期し、笑って開南丸へ上ったのもみなこれがためである。

今は、安之助の苦心が空しからずして、学校も立ち、二度まで身命を投出して二度とも花々しい功名を仕遂げ、種族のためには適れ万丈の気を吐くことを得た。安之助の意も半ばは充たされたことであろうと思う。

そこで、此の上は、自ら刻苦して展いた此半生の物語を、どうか紙に止めておいさき長い同族の子弟にも読ませ、以て、我が意のある所を体得させたいという希望を私に図った。

私は喜んで此を諾すると共に、古往今来唯々一つの此のアイヌ自身の著述を、後々までもアイヌ自身の著であることを刻印したいがために、今一つには東西絶無の樺太アイヌ語の記録を作製して、アイヌ語学の資料に供したいが為に、特にアイヌ語を以て述べさした。

唯々惜しいことに、此の物語には、謙遜な安之助が幾多の手加減がある。安之助の真価、安之助の真功績、殊に安之助が心情の悲劇的色彩を十分に発揮せんが為めには、まだまだ突込んで四囲の境遇を叙しなければならないのに、安之助は敢て之を云うことを好まなかった。為めに本に仕上げると案外印象の浅いものになってしまった。自叙伝体の性質上又止むを得ないものがある。これが即ち私が敢えて安之助の云わぬ所を敷衍して序に代えた所以である。

大正二年二月

編　者　識

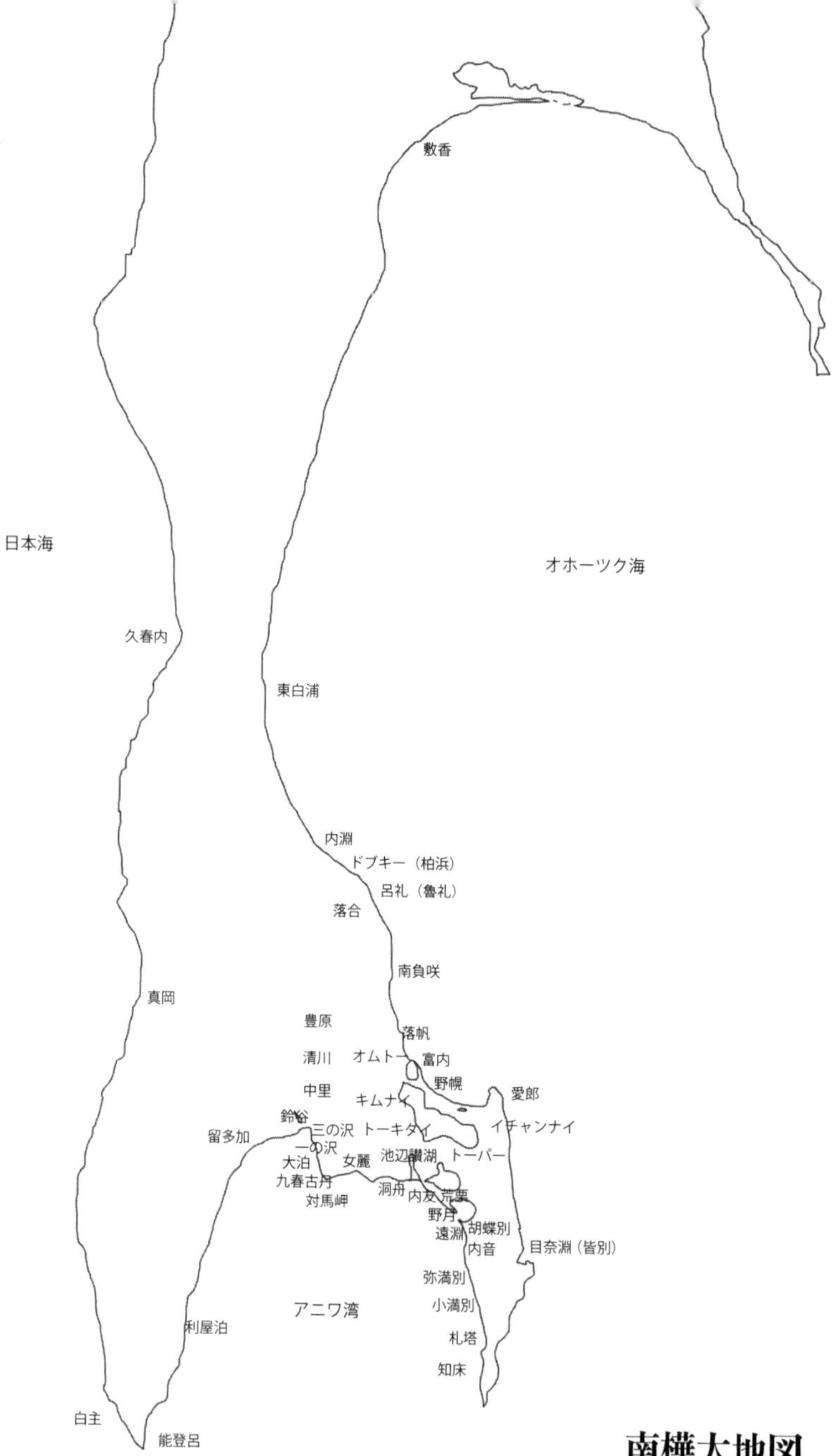

敷香
日本海
オホーツク海
久春内
東白浦
内淵
ドブキー（柏浜）
呂礼（魯礼）
落合
南負咲
真岡
豊原
落帆
清川
オムトー
富内
野幌
中里
愛郎
キムナイ
鈴谷
三の沢
トーキタイ
イチャンナイ
留多加
一の沢
池辺讃湖
トーパー
大泊
女麗
九春古丹
洞舟
内友
荒栗
対馬岬
野月
胡蝶別
遠淵
内音
目奈淵（皆別）
弥満別
アニワ湾
小満別
利屋泊
札塔
知床
白主
能登呂

南樺太地図

凡例

一、此の物語は大正元年の夏、著者山辺安之助君が南極探検の業を卒えて、郷里樺太へ帰る間、東京滞在の暇々に成ったものである。

一、著者山辺君は日本語が上手で、日本語で物語りをする際には、語彙も豊富であるし、句法も自由で、可なりよく事件を描写する。けれども、アイヌ語で話すとなると、勢い語彙も貧弱であり、句法も単調であるから、話し振りが、矢張普通のアイヌの話しになる。

一、此の点では、即ち、物語りの興味を中心にする場合には、却て、山辺君の日本語を其まま記した方が善かったかも知れない。

一、けれども、其では、アイヌの著作とは信ぜられまいという憾がある。少くとも日本人の筆を入れたものと取られ、もっと甘い、日本固有の文章家の文章などへ比較されるようではつまらない。

一、それで、著者山辺君には、比較的不得意なアイヌ語をわざと選んで、これで話して貰った。これならば、一言一句、純粋なアイヌの口から成った文章であるということに、唯一人疑を挿む人があるまいから。

一、山辺君は、幾ら言葉は自在でも、幾ら記憶はたしかでも、長い生涯の物語を、順序正しく筋道を追うて、それからそれへ展開さして行くというようなことには不馴れである。それで編輯の仕方は次の様にした。

一、まず色々の事を話さして、それを編者が速記をした。そして得た尨然たる材料の中から、重複した分を省き、似寄りの話を一所へ集め、時代に由て順序を立て、そして章節を分った上で、成るべく著者の言葉通りに日本文の安之助伝を作成した。そして、それを安之助にアイヌ語に口訳さした。

一、所が、アイヌ訳は梗概に止まり、二三行を一口に云ってしまうので、甚だ簡単なものになり、私の書き下した日本文とは釣合わなくなった。それ故、其日本文は全く棄てて安之助の口から流れ出たアイヌ訳を原文とし、新規に私がそれを邦訳して、一語一語対照するように書き並べた。そして出来上ったものは、上編である。

一、日露戦争のあたりへ話が進んだ頃には、話者が漸う談話に馴れて来て、すぐ始からアイヌ語で筋を伝って話すことが出来た。故に私は、只管にそれを速記してあとで邦訳をつけて、一語一語相対するように浄書して見た。下編は即ちこうして出来た。

一、全編を分けて上下二編にしたのは、此の編輯上の性質の差に基く。同じく純粋のアイヌ語と云っても、下編は尚純の純なるもので、若し、アイヌの文章法として引例等に用いるには、下編の方が一層厳密である。

一、アイヌ語を写すのに、片仮名を用いたのは一般の読者の便宜の為めに、不本意ながら断行した。其代りに、純語学的な附録の文典と語彙とはローマ字にして忠実に原音の表記に力めた。

一、仮名遣中ㇳ゚の文字はtuの発音を表わす。外には別段新符号は用いぬが、オッタ、アナツカなど其外すべてツの仮名は促音の積りで書いたもので、日本語原文又は日本語化した地名の外にはこれをtsuと読んではいけない。

一、厳密には樺太アイヌ語には促音は無い。右の場合も、実は促音ではないけれど、仮名では外に写し様がない。色々な方法の中で促音にやるのが一番近い故に促音の方法を取ったのである。詳かには附録一九節を参照され度い。

一、尚仮名書きの本文のアイヌ語と巻末のローマ字書きの附録とを対照する上に於て、今一つの注意は、本文中には屢々アーシと長めたり、アッシと促めたりしている事がある。此は文句の上で語勢を強める時にすることなどで、本文には、此の場合のみならず、すべて安之助が口授の詞遺を成るたけ生かして、其の通りに表わしてある。故に通音sとshなども所に由て或はsに、或はshにすべて口授のままになっている。併し、語彙の中には一々こんな形を両方に載せはしない。

あいぬ物語目次

上編

三　石狩に於ける青年時代

下篇

九 四箇村の総代

十 南極探検（上）

付録

あいぬ物語

樺太アイヌ　山辺安之助　著
文学士　金田一京助　編

一　故郷――北蝦夷からふと島

（一）孤児

私の親は、樺太島《アン、チンケウ、ネアンペ、カラプト、》の弥《ヤ》満《マ》別《ベチ、》と云う村の人でした《ナハ、アイ、イエ、コタン、オルン、アイヌ、ネー、》。私も亦、《アノカイ、》此の《ナー、タン、》弥《ヤ》満《マ》別村の《ベチ、オロワ、》産です《ヘヅク、アン、》。それ《ネー、》で今《クス、》に《タニ、》山辺《ヤマベ、》の姓を名乗っ《ナハ、アン、レイ、アン、コロ、》ている。

併《ネー、》し私《ワカイキ、》は、《アノカ、》ごく幼少《ネアンペ、ハチコ、》の折《オロワノ、》に、双親《アン、チンケウ、》に亡くなら《イ、コシマコライ、》れたから、《レンカイ、ネ、》何も覚えが無い《ネイ、ランペ、カ、アネラミシカリ、》。双親の顔《アン、チンケウ、ナヌフ、》でさ《カ、》え、夢《タラハ、》のよう《ネイノ、》に見た《アン、ヌカラ、》ような《ネイノ、》気がする《アン、ラム、》けれど、《ワツカイキ、》夢《タラハ、》のように《ネイノ、》にも《アネ、》思《ラム、》える《オカイ、》。

それで、私は、四歳か五歳の少年の時代《ネー、テ、アノカ、ネアンペ、イーネ、パー、アシシネ、パー、パハノ、ポン、ヘカチ、アン、ネー、》から《オロワ、》、縁辺の人達《アイ、シランコレ、ウタラ、》に育てて《イ、レシケ、》貰ったお《ケライ、》蔭《クス、》で、一《アイ》人《ヌ、》前に《パハノ、》生長《ヘヅク、》した《アン、》のであった。

アイヌ《アイヌ、》の方では《ネアンペ、》、こう云《ナハ、》う《アン、》みなし《エヤイカリサム、》児《ヘカチ、》などをば《ネアンペ、》、大層《テーコロ、》不愍がって《エサンパウケ、》、自分《ヤイコタ、》の親味《ソウツシノ、》の子《ポー、》を世話《カラカラ、》する様に《ネイノ、》して呉れる《キー、》習い《アンペ、》である《ネー、》から《クス、》、縁辺の人達《アイ、シランコレ、ウタラ、ナー、》も、自分《ヤイコタ、》の親味の子《ソウツシノ、ポー、》を育てる《レシケ、》様に《ネイノ、》して育てて《イ、レシケ、》呉れた。　それ故私も、《ナハ、アン、クス、アノカイ、ナー、》育てて《イレシケ、》呉れた親戚《アイ、シランコレ、》の人達《ウタラ、》をば《ネアンペ、》、自分《ヤイコタ、》の親味の《アン、》親の様に思っていた《チンケウ、シン、ネイノ、アネラム、オカイ、》。

(二) 湾内の旧家

私の親戚《アイ、シランコレ、》と云うのは《ネアンペ、》、樺太でも《カラプト、オッタ、カ、》、人に聞えた《アイヌ、ウコヌー、カーネ、》木下知古美郎《キノシタ、チコビロー、》と云う人で《ナハ、アイ、イエー、アイヌ、》、此人は《ネー、タン、アイヌ、ネアンペ、》、アイ《アイ》ヌ《ヌ、》中でも勝れた《オッタ、カ、パーカシノ、カーネ、》えらい《アン、》人《アイヌ、》である《ネー、》。　明治八年《メーヂ、ヅペサン、パー、》の年に《ネー、パー、ケヘ、》、樺太から《カラプト、オロワ、》北海道へ帰化した《ホッカイドー、オッタ、アリキ、》八《ヅ》百五十人《ペサン、タンク、》のアイヌの総乙名《アシシネ、クンクト、アイヌ、オッタ、サパネ、アイヌ、》となった《ネー、》人で、北海道アイヌの随一の乙名《ホッカイドー、オルン、アイヌ、オッタ、イエールイ、パーカシノ、アイヌ、》、アザエ《アザエ》、エソ《エソ》ンカイ《ンカイ、》とは弁論《ヅラ、チャランケ、》を互角に闘わし《ウパッテ、》、明治十四年の年には《メーヂ、イーネパー、イカシマ、ワン、パー、ネー、パー、ケヘ、》、内国博覧会《ナイコクハクランカイ、》のあった《アン、》折、東京《オッタ、トーキヨー》見物に来て《ヌカラ、クス、エツ、オッタ、》、天皇陛下《モシリカムイ、》に《オッタ、》拝謁《オンカミ、》仰付かり《アンキーレッシ、》、御前で《チセヘ、オッタ、》、御酒《サケ、》を頂戴して《アン、クーレッシ、》、アイヌ《オッタ、アイヌ、》の飲酒《サケ、クー、》の礼儀《プーリ、》

など《ナー、》天覧に《ヌカラヤラ、》入れた人《アイヌ、》である《ネー、》。

此《タン、》の知《チ》古《コ》美《ビ》郎《ロー、》の母が、私の祖父《ウヌヌヘ、ネアンペ、アネカシ、》の家《チセヘ、》から《オロ、》出た《ウン、》娘で、私の父の従兄弟だった《マツポー、ネー、アノカ、アノナハ、ワチヤーネコロ、アイヌ、ネー、》ように《クニ、》思う《アン、ラム、》。私の父《アノナハ、》も、幼い頃から《ナー、ハチコ、オロワノ、》本家で育った《シイノチセ、オロ、ヘツク、》人《アイヌ、》であるが《ネー、テ、》、大人《ポロ、アイヌ、》になって《ネー、》から《オロワ、》、別家《シーナイノ、》をし《ヤイ》たの《チセ、》であった《コロ、》。

知《チ》古《コ》美《ビ》郎《ロー、》の父《オナハ、》なる人《ネアンペ、》は、やはり《ランマ、》勝れた人で、弁論など最も卓越した《チヤエトツコロ、アイヌ、ネー、チヤランケ、ネアンペ、イエールイ、エアスカエ、》人《アイヌ、ネー、》であったそ《マヌイ、ナハ、》うです《アン、ヌー、》。

知《チ》古《コ》美《ビ》郎《ロー、》の家《チセヘ、》は、其《ネアンペ、》弟《アキヒ、》の畠山伝兵衛《ハタケヤマデンベイ》の家《チセ、ネワ、》と、九春古《クシユンコ》丹《タン、》の大酋長《オツタ、イエールイ、サパネ、》、樺村勇度呂麻加《ニシパ、カバムラ、ユートロマカ、》と《ナハ、》云う《アイ、イエー》人の家《アイヌ、チセ、》と三軒相並んで《ツラ、レ、チセヘ、》大泊《ポロアントマリ、》にあった《オツタ、アン、》。其家の前《タン、チセヘ、》に大きな《コツサケタ、ポロ、》樹が《ニー、》立って《ホタリ、》いた。

それで、木の下《ター、アニ、キノシタ、》と云う苗字《ナハ、アイ、イエー、レイ、》を名乗《コロ、ホ、》ったのであった《ネー、》様に《クニ、》思う《アン、ラム、》。

古来、白主から知床に至る間《フシコ、オロワ、シラヌシ、オロワ、シレトコ、》で、土人《パハノ、アン、ウヅル、オツタ、アイヌ、》の中に《オツタ、》最も威望《イエールイ、サパネ、》のあった《ウタラ、》人々《ネアンペ、》は、此九《タン、ク》春古《シユンコ》丹《タン、》の樺村という酋長と《オルン、カバムラ、ナハ、アイ、イエー、ニシパ、》、知床《シレトコ、》の酋長《ニシパ、》、胡《コ》蝶別《チヨベツ、》の酋長《ニシパ、》、内友《ナイトム、》の酋長などの諸酋長《ニシパ、ナハ、カーネ、アン、ニシパ、ウタラ、》であった《ネー、》。内友《ナイトム、》の酋長《ニシパ》の後裔《ケセケタ、》で、今《タニ、》現存《アン、》する土人《アイヌ、ネアンペ、ナイトー、ナハ、アイ、イエー、レイ、》は、内藤という姓を名乗《コロ、》って、今富内村に私達《タニ、トンナイチヤ、オツタ、アノカイ、》と一所に《ヅラ、イツシンネ、》居住《オカイ、》している《アン、》内藤忠兵衛《ナイトーチユーベイ、》が即ち其子孫です《ナハ、アイ、イエ、アイヌ、タ、ナイトム、ニシパ、ケセヘ、》。知床の酋長《タハネ、シレトコ、ニシパ、》は《ネアンペ、》、其《ター、》の後に《オカーケ、タ、》、久《オホ》しく勝れ《ーロノ、パーカシノ、》た人も《アイヌ、カ、》出なか《イサム、》った《クス、》から、聞《ハネ、》えなく《アヌコヌーシ、》なってし《ナハ、ネー、》まったけ《ワッカイキ、》れど、去年《サハネ、》南極探検隊《ナンキョクタンケンタイ、》へ犬《オッタ、セタ、》を護送《ルーラ、》して《クス、》、樺太《カラプト、》から遥々《オロワ、ツイマノ、》シドニー《シドニー、》へ赴い《パハノ、オマン、》た土人《アイヌ、》、橋村弥《ハシムラ、ヤ》八は、此知床《ハチ、ネアンペ、タン、シレトコ、》の橋淵村《ハシブチ、》から《オロワ、》出た人で《ヘヅク、アイヌ、ネー、》、昔《テ、フシコ、》の《オッタ、》強盛な《パーカシノ、》知床《シレトクン、》酋長《ニシパ、ウタラ、》の子孫《ケセケヘ、》の出《ヘヅク、》である《アイヌ、ネー、》。　橋村《ハシムラ、》という《ナハ、アイ、イエー、》苗字《レイ、》は《ネアンペ、》やはり《ランマ、》、其橋淵と云う村《ター、ハシブチ、ナハ、アイ、イエ、コタン、》の名から、取った姓《レイ、オロワ、ハシムラ、ナー、レイ、コロホ、》です。

（三）古老の伝説

私達には《アノカイ、ネアンペ、》、昔《フシコ、》の樺太島《カラプト、コタン、》の事は《オルシペ、ネアンペ、》、よく解らない《ピリカノ、アネラミシカリ、》けれど《ワッカイキ、》、年寄達《パーポロ、ウタラ、》の話《ウコイエーシヒ、》に聞くと《アンヌー、イケー、》、昔《フシコ、》、知床《シレトコ、》、内《ナイ》友《トム、》、胡《コ》蝶《チヨ》別《ペツ、》、白主《シラヌシ、》、の《オルン、》酋長達《ニシパ、ウタラ、》が、色々な《ウサアン、》玉や満洲錦、熊の皮、熊の胆などを宗谷《タマ、ナー、マンチユー、コソント、イシヨ、ルシ、イシヨ、ニンケ、ナハ、オカイペ、ソーヤ》へ持って《オッタ、ヅラ、》渡《アリキシヒ、》つて、松前《マツマエ、》まで《パハノ、》出て《ヅラ、》来た《アリキッシ、》。　松前《マツマエ、》から《オロ、》色々な物《ウサアンペ、》を代りに貰って《タサレッシー、》行ったという《ハウエヘ、》事です《アン、》。

其玉《タン、タマ、》や満洲錦《マンチユー、コソント、》は《ネアンペ、》山丹人《サンタ、ウタラ、》が持って来て《ヅラ、アリキッシー、》土人《アイヌ、》等《ウタラ、》の捕った《ライケッシー、》貂の皮《ホイヌ、ルシ、》、狐の皮《スマリ、ルシ、》、獺《エサマン、》の皮《ルシ、》と交換《ウタサレッシ、》したもの《ネー、》だそう《マヌ、》だ。

知床《シレトコ、》胡《コ》蝶《チヨ》別内友《ペツ、ナイトム、》白主《シラヌシ、》あたり《オルン、》の酋長《ニシパ、》達《ウタラ、》は、そう《ナハ、》いう《アン、》色々《ウサ、》な物《アンペ、》を、土人《アイヌ、》の大き《ポロ、》な丸木舟《チシ、》へ載せ《オーシ、》て《テ、》、能《ノ》登《ト》呂《ロ、》の崎から《シレトコ、オロワ、》宗谷へ《ソーヤ、》出で《タ、アリキッシ、》、宗谷《ソーヤ、》で《タ、》日和を見て苫前へ出、《シンヌカラッシ、ター、オロ、トママエ、パハノ、アリキッシ、》苫前で日和を《トママエ、オッタ、シンヌ》

見て《カラッシ、》留萌へ来、《ターオロワ、ルルモッペ、パハノ、アリキッシ、》留萌で又日和を見ては《ルルモッペ、オッタ、スイ、シンヌカラッシ、》舟を出し、《ター、オロワ、》そんな風にして、《チポー、ナハ、キー、ワ、》好い《ピリカ、》泊を《トマリ、》見つけて《ヌカラッシ、》はそこへ《オッタ、》立ち寄り《レンネッシ、》立ち寄り、《ランケ、》北海道の《ホッカイドー、》沿岸を《アヅイ、サム、》伝って、《カリ、》遥々《ヅイマノ、》松前まで《マツマエ、パハノ、》出て来、《アリキッシ、》此処で《タン、テータ、》刀だの《エムシ、ナー、》行器だの《シントコ、ナー、》盃だの《ヅーキ、ナー、》着物、《イミー、》そう《ナハ、》いう《オカイ、》様な《ウサ、》もの《アンペ、》と換えて、《ヅラ、イタサレッシ、》そして帰って《ター、オロ、ホシピッシ、》行った《マヌイ、》そうである。《ナハ、アン、ヌー、》

此道中《オマナン、》の間、《ラポッタ、》諸所方々に《ピシカニタ、オッタ、》立寄って、《レンネッシ、》そこで、《アニ、オッタ、》長い間《オホロノ、》日和を待ち乍ら《シンヌカラ、》逗留をする《コトーリッシ、》中に《オッタ、》は、色々な《ウサ、》事が《イキンネ、》あったような話だ。《アン、アンペ、ネー、クニ、ハウエ、ヘ、アン、》まあ《タニ、》云ってみれば、《アイ、イエ、ヘ、ネ、アナ、》旅路の《オマナン、》妻《マハ、》—妾《ポン、マハ、》—など《ヘネ、》も持つ《コロッシ、》様になって、《アンクス、》子供《ポー、》なども《カ、》出来て《ヘヅク、》いたように《ハウエ、ヘ、》聞いている。《アン、ヌー、》だから《ナハ、アン、クス、》此地方の《タノカイ、ピシカン、》津々浦々《コタン、》には《オッタ、》樺太の人達の《カラプト、オルン、ニシパ、ウタラ、》血を引いている《シランコレ、》人が《アイヌ、》今《タニ、》だに《カイキ、》居るそう《オカイ、ハウエヘ、》である。《アン、》私共の一行が、《アノカイ、アッシン、ネ、》明《メイ》治《チ、》二十六年の年に此処を過ぎたら《イワンパー、イカシマ、ホツネ、パー、ネー、パー、ケヘ、ソーヤ、アンクシ、オッタ、》木下《キノシタ》知古美郎《チコビロー》の親戚《シランコレ、》だという人々《ウタラ、》に邂逅した。《アン、コイカーリ、》其時色々昔話しをして見たら、《ネア、オッタ、ウサ、アン、フシコ、オルシペ、カ、アンヌー、イケ、》今《タニ、》富内村に《トンナイチヤ、》居る《オッタ、アン、》ソヨ《ソヨ》などは、《ネアンペ、》木下の弟の《キノシタ、ヌカンラムフ、》娘に当る《マハポー、ホ、ネー、》か《ク》ら、《ス、》留萌の人達から《ルルモッペ、オルン、アイヌ、オロ、》色々《ウサ、》のもの《アンペ、》を古い《フシコ、》血を分けた《ウシランコレ、》仲の印し《シロシネ、》に貰った《アンコンテッシ、》のであった《アンペ、》がソヨ《ソヨ、》には《オッタ、》今も《タニ、カイキ、》ある筈《アン、》である。その《タハ、》訳で《オロワノ、》大層其の土地の《テーコロ、ター、オカイ、》人達《ウタラ、》から親切にされた《オロワノ、アネラムフッコロッシ、》事があった。

（四）樺太開国伝説

知床《シレトコ、》・胡蝶別《コチヨベツ、》・内友《ナイトム、》・白主《シラヌシ、》辺《オルン、》の酋長達《ニシパ、ウタラ、》が松前へ出て来た時、或る日、浜辺《マツマエ、オッタ、アリキッシ、オッタ、シネ、アン、トー、アヅイサム、タ、》で、大勢《アイヌ、》の人《オイ、》が魚《チエ、》を沢山捕って《ポロンノ、コイキッシ、》いるのを見掛けた《ヌカラッシ、》。樺太《カラプト、》の人は、其頃は、魚をば、日々食う《ウタラ、ネアンペ、ネアオッタ、ネアンペ、チエヘ、ケシトーノ、エ》だけ捕《パハノ》っ《コイキ、》て《ランケ、》、其の余の魚は《イカシマ、チエ、ヘ、ネアンペ、》捨てて、顧みなかった《ハネ、コイキ、クス、》から、こう魚を《ナハ、カーネ、チエヘ、》仰山に捕って《ポロンノ、コイキ、ヒ、》いるのを見て《ヌカラ、テ、》不思議に《オヤモッテシ、》思った。

「こんなに《ナハ、カーネ、》、魚《チエ、》を沢山捕って《ポロンノ、エチ、ライキ、テ、》、どうする《テマナ、エチ、カラ、》んだ《クス、》？」

と尋ねた《ナハ ピシヒッシ、》。松前の人達《マツマエ、オルン、ウタラ、》の云う《イエ、アンペ、》ことは、斯う《エネ、》であった《アニ、》。

「食《エ、》べられるたけ《パハノ、》、食《エ、》べて、余ったもの《テ、イカシマ、アンペ、》は、売って《エイホッ、テ、》金に代え《イコロ、イタサレ、テ、》、着物《イミイ、》だとか《ナー、》、其外《シュイ、》、色々なも《ウサアンペ、》のを買う《イホッカラ、クス、》のだ。」

と云う《ナハ、イエーシ、》。樺太《カラプト、》の人達《ウタラ、》の云うには《エネ、イエーシ、》、

「そんな《ナハ、》事である《アンペ、》なら《ネー、》、樺太には《チキ、カラプト、オッタ、》、魚《チエ、》が仰山居る《ポロンノ、アン、》、から《クス、》、樺太へ行って《カラプト、オッタ、オマン、テ、》沢山魚《ポロンノ、チエ、》を捕った《コイキ、チキ、》らいい《ピリカ、》。そうなると《ネー、クス、》吾々《ネ、イケ、アノカイ、》だって、この松前まで《アッシン、ネ、アツカ、タン、マツマエ、パハノ、》遠々と《ヅイマノ、》出かけて《オマン、》来《ハネ、》なくたって《アン、キー、ヤッカ、》、済《ピリ》

む《カ、》し、松前《マツマエ、》の人《ウ》達《タラ、ネ、》だって、少《アナツカ、モヨー、》い魚《チエ、》を骨折《シンカ、ヅラノ、》って取らなく《コイキ、ハネ、キー、》たって《ヤツカ、》、よい《ピリカ、》んだ。」

と云《ナハ、イエーシ、》った。

「本当《ソンノ、》に、そんなに《ナハ、カーネ、》、沢《ポロ》山居るのかい《ンノ、アン、ネ、ヘタ、ネ、ヤ、》？」

と、《ナハ、》松前《マツマエ、》の人《ウ》達《タラ、》が問《ピシヒツシ、》った。

「魚《チエ、》なら《ヘネ、》、沢《ネアンペ、ポロ》山居るよ《ンノ、アン、》。網《ヤー、アニ、》で捕らなく《ハネ、アン、ライケ、》たって《ヤツカ、》、木《ニー、アニ、》で叩いても《アイ、シタイキ、ヤツカ、》、食う位は《アネー、パハノ、》捕られる《アン、ライケ、ペ、》程の《チエ、》
魚だ《ネー、》。」

と云う《ナハ、イエーシ、》。

「そ《ネ、》んなら《アナハ、》、樺太《カラプト、》へ、此方《オンネ、アヌ》のもの《タリヒ、》を、《シン、》やって《アノマンテ、》見よう《クス、ネ、イケ、》。魚《チエ、》がいい《ピリカノ、》具合《アン、》に居たら《クス、ネ、イケ、》、どし、どし《アン、コイキツシ、》
捕ろう《クス、》。」

と、《ナハ、》松前《マツマエ、》の人《ウ》達《タラ、》が云《イエーシ、》った。

それ《ネ》から《ア、オロワノ、》、日本《シーシヤム、》の人《ウ》達《タラ、》が、松前《マツマエ、》から《オロワ、》、魚《チエ、》を取り《コイキ、》に《クス、》、樺太《カラプト、》へ出かけた《オツタ、パイエツシ、》。そして、漁場《シユイ、チエ、コイキ、コタ》を開
く様《ン、カラツシ、マヌイ、》になったと聞きました《ナハ、アン、ヌー、》。

（五）最古の印象

私達《アノカイ、》の覚えている《アウ、ワンテ、》時代には《オロワ、ネアンペ、》、私達《アン、》の村《コタン、》の人達《アイヌ、ウタラ、》は何れも《イッシンネ、》「伊達《ダテ、》」「栖原《スワラ、》」という《ナハ、アイ、イエー、》日本《シシャム、》の魚《チエ、》漁家《コイキ、ニシパ、》に雇われて《オロワノ、モンライケ、》、土人《アイヌ、》一同で《イッシンネ、》やっていた《キー、》。此雇役《タン、モンライケ、》の価に《アタイ、ネ、》衣類《イミー、》だの《ナー、》米《アマム、》だの、色々な《ナー、ウサアン、》漁具《チエ、イワンケ、》だのを、給料《サニヨ、》として《ネ、》貰って《コロ、ホッシ、》いた。

私《アノカ、》はまだ《ネアンペ、》小さい《ナー、ポン、》小供《ヘカチ、》であった《アン、ネー、》から《クス、》仕事《モンライケ、》も出来なかった《アン、コヤークシ、》し《クス、》、何も知らずに《ネーランペ、カ、アネラミシカリ、》唯々《ヤイ、》遊《ヘー》んで《チリ、》ばっ《パ》かり《テ、》いた《アン、キー、》。

家の人達《アン、チセ、ウン、アイヌ、ウタラ、》は、栖原《スワラ、》の漁場《バイヤ、》で《オッタ、》働いて《モンライケッシ、》、年中《パー、パハノ、》留守の事の方《イサマッシ、アンペ、》が多かった《イエールイ、》。鱒《ヘモイ、》の漁期《コイキ、》にな《オッタ、》ると、札塔《サットープ、》・大満別《オマベツ、》・内古登呂《ナイコトロ、》の人達《オルン、アイヌ、ウタラ、》と一所に《ヅラ、イッシンネ、》、弥満別《ヤマベチ、》村の方へ《オンネ、》帰って来る《ホシピッシ、》故《クス、》もう《タニ、》其帰《ホシピ、》る期節が近く《エハンケ、》なった時分《オッタ、》は、実に楽しい《イエールイ、アノハイキッシ、》ものであった《タン、》。

愈々《タニ、》もう来る《アリキ、》のが近づいた《エハンケッシ、》というので《クス、》、毎日毎日《ケサント、》待って《アンテーレ、》暮らして「遠淵まで、来た《クス、オカ、アン、カーネ、トーブツ、パハノ、アリキッシ》そうだ《マヌイ、》」と聞くと《ナハ、アン、ヌー、オッタ、》もう、浜に《アヅイサム、タ、》出ていて《サパーン、》、沖の方《アヅイ、オンネ、》を舟で《チシ、》も来る《エキ、》か《クニ、》と、そればっかり《ター、パテ、》、眺めて《アン、ヌカラ、》いた《ランケ、》ものだ《オカイ、アン、》。其うちに《オッタ、》、栖原《スワラ、》の番屋《バイヤ、》の支配人《ニシパ、》や《ナー、》船頭《セントー、》が《ナー、》、先ず《ホシキノ、》やって来て《アリキ、》、あと《ランケ、》から《オポニ、》、村《アイ》の《ヌ、》人達《ウタラ、》が一同《イッシンネノ、》到着《エシレバー、シリ、》する。それ《ネア、》から《オロワ、》余《イ、》所《サム、タ、》の村の土人達《オカイ、コタン、アイヌ、ウタラ、カ、》も這入って、大勢《イッシンネ、》で、網《ヤー、》を引い《ピーシ、》て魚《チエ、》を沢山捕る所《ポロンノ、コイキッシ、コ、》を見る《アン、ヌカラ、》のが、何よりも面白い《アンペ、ネイランペ、アッカリノ、アネキロラン、》ものであった。

（六）露人の横行

其頃《ターハ、パハノ、》というもの《ネ アンペ、》は、樺太《カラプト、》は、まだ《ナー、》日本《シー シャム、》領とも附かず《コタン、カ、ハンネ ー、》、露西亜《ヌチャ、》領《コタン、カ、》とも附かず《ハンネー、》、雑居の姿《オーヤ、モシリ、オルン、》であったから、時々は、露西亜人のやって《ウタラ、カラプト、オッタ、オカイ、クス、ウヅルケタ、ランケ、ヌチャ、ウタラ、アリキッシ、》来るのを見た《アン、ヌカラ、》。其時分《ネア、オッタ、》には、露西亜《ヌチャー、》人は、体《ネアンペ、ネト》も大きい《パキヘ、カ、ポロ、》し、目《シキヒ、》の色も違って《カ、シーナイ、》、おっかない《アネオハイネ、》人達《ウ タラ、》だと思って《ナハ、アン、ラム、》いました《オカイ、アン、》。尤《ネ、》も、初めは、土《ワッカイキ、アシンノ、ネ》人へ《アンペ、アイヌ、》心易く《ヅヤシカラ、》して、家《チセイ、》へ連れて《オッタ、ヅラ、》行って《パイエッシ、》、食物《イ ベ、》など喰べさせ《ナー、イエレッシ、》などするから《ネ ー、ク ス、》、大した《マシキン、》怖いも《エオハイネ、》の《アンペ、》とも《カ、》思わ《ハンネ、》なかった。又測量をする《シュイ、コタン、パーカリ、クス、》にやって来る《アリキ、》露西亜《ヌ チャ、》人なども《カイキ、アン、ネ、ワッカイキ、アノカイ、ネアンペ、》あったが、私達は気味が悪く《アネオハイネ、ク ス、》って、側《サマケタ、》へ寄り附く《パイエ、カ、》ことも出来《アン、》なかった《コヤークシ、》。段々《シュイ、》聞くと《アンヌ、イケ、》方々で《ピシカニ、タ、》乱暴《エンプーリ、》をする露《コロ、ヌ》西亜《チャ、》人もあった《カイキ、アン、》という噂を聞いて《ハウエ、ヘ、アン、ヌーク ス、》露西亜《ヌ チャ、》人という《ナハ、》ものは唯々《アイ、イエー、アンペ、ネアンペ、》聞い《マウ、》ただけ《ヅラ》でも《ノ、》嫌な奴《アネオハイネッペ、》とばっかり《ネー、クニ、パテ、》思った《アン、ラム、》。明治六年頃富内《メイヂ、イワンパー、オッタ、トンナイ》村で女《チャ、タ、マハネク、》が二人木の実採りに《ヅ、アイヌ、ヅレップ、カラ、クス、》山へ行って《マカパッシ、》いた処《オッタ、》、露西亜《ヌ チャ、》人の為《オロワノ、》に捕まえられて《アンキシマッシ、》、二人とも《ヅ、マハネク、ネ、》、殺され《ライケッシ、》たという《マヌイ、》話《ナハ、》も聞いた《アン、ヌー、》。

ずっと《オホーロノ、》以前に《エトコタ、》、露西亜人《ヌチヤ、ウタラ、》が大きな《ポロ、》軍艦に乗ってやって《ウンチ、コロ、ベンザイ、オーシ、テ、アリキツシ、》、来て乱暴した《エンプーリ、コロツシ、》時には《オツタ、》、土人《アイヌ、》残らず《エムイケ、》山へ逃げた《ニーヅン、タ、キラツシ、》そう《マヌイ、》である《ナハ、アン、ヌー、》。栖原《スワラ、》の番屋に居た《バイヤ、オツタ、オカイ、》人だち《ウタラ、》も、皆《ナー、エムイケ、》家を空けて《チセイ、ホツパノ、》山へ隠《ニーヅン、タ、ヤイ》れた《ヌイナ、》そう《マヌイ、》に大人達の話しで聞いている《ナハ、ポロ、アイヌ、ウタラ、ウコイエーシヒ、アン、ヌー、》。

二　流転――帰化新附の民

（一）出郷

明治《メイヂ、》八《ツペサン、》年《パー、》の《ネー、》年《パー、》に、私達《ケヘ、オロ、》の生れた《アノカイ、アン、ヘヅク、》故郷《コタン、》、樺太島《カラプト、モシリ、》は、《ネアンペ、》露西亜《ヌチヤ、》の領土《モシリ、》になって《ネー、》了《ヘマカ、》った。私の長い《オホーロノ、》流転《ヅエアリキ、》の生涯《アン、アンペ、》が、此《テーワ、》から始まる《アシンノ、アン、キーシ、》の《アンペ、》であった《ネー、》。

其時《ネア、オッタ、》、黒田《クロダ》開拓長官《ポロ、パーセ、トノ、》は《ネアンペ、》土人《アイヌ、》だけは、《ネアンペ、》今迄《タニ、パハノ、》樺太《カラプト、》に在っても《オッタ、カ、》、日本人《シーサム、ウタラ、》の雇《モンライケ、》になって《キー、》、日本人《シーサム、ウタラ、》と一所《イツシンネ、》に居た《オカイ、》もの《アン、アンペ、》である《ネー、》から《ク　ス、》、此場合《タ　ニ、》、一同《アイヌ、ウタラ、イツシンネ、》引連れて《ヤイコタ、》内地《モシリ、》へ《オッタ、》連れて《ヅラ、》往き《オマン、》たい《ルスイ、》と云われたそう《マ　ヌ、》である。其時《ネア、オッタ、》土人《アイヌ、ウタラ、》の中には《ネアンペ、》何と云っても《ネイラ、ネ、ヤツカ、》樺太は、《カラプト、ネアンペ、》吾々の生国《ヤイ　コタ、アン、モシリ、》であり《ヒ、ネー、》、祖先《フシコ、》の翁《エカシ、ウタラ、》だちも《ネ、ヤツカ、》此国土《タン、カラプト、》の底へ《トイ、ポキヘ、》葬《アノマレ、》ってある。であるから《ナハ、アン、クス、》、此国から《タン、モシリ、オロワ、》余所《オ　ヤ、》の郷《コタン、オンネ、》へ行く《オマン、》事《ネアンペ、》は、イヤである《アネヅーネ、》と云う《ナハ、イエー、》人達《ウ　タラ、》も《カ、》あった《アン》。

又《スイ、》、其通り《ネー、》ではあるけれど《ワッカイキ、》、此郷へ《タン、コタン、タ、》住居《オカイ、》をして《アン、テ、》、露西亜人《ヌ　チヤ、ウタラ、》の家来《ケ　シ、》となり《アン、ネー、》、露西亜人《ヌ　チヤ、》の仕事《モンライ　ケ、》をする、《アン、キーシ、》そんな《ナハネ》事《アンペ、》は、イヤだ《アネヅーネ、》。日本の人《シーシヤム、》には、《ネアンペ、》先祖以来《エ　トコ、オロワノ、》衣食住の厄介《アイ、シレシケレペ、》になった《ネー、》んだから、《クス、》どうあって《ネイラ、アナッカ、》も、日本《シーシャム、》の国へ渡り、そして、《モシリ、オッタ、パイエ、アナッシ、アナ、》日本《シーシャム、》の国に一所に住居するが善かろ《モシリ、オッタ、イッシンネ、オカイ、アナッシ、クス、ネ、イケ、ピリカ、ナン》うと云う、《コー、ナハ、イエー、》人々《ウタラ、》も《カ、》あった《アン、》。

私共《アン、》の村人《コタン、ウタラ、ナー、》始め、樺太《カラプト、》中《オッタ、》日本《シーシャム、》に向った《モシリ、ヅターノ、》(亜庭湾内)知床《シレトコ、》より《オロワ、》能登呂《ノトロ、》・白主《シラヌシ、》に至る《パハノ、》一帯《タ、ウヅル、》の土人《エオカイ、ウタラ、》は、これ迄《ネアンペ、タニ、パハノ、》、日本人《シーシャム、》と一所に《ヅラ、イッシンネ、》暮らして居て《オカイ、アナッシ、ナハ、アン、テ、》、今《タニ、》日本人《シーシャム、》が内地《モシリ、》へ帰って《コホシピ、》了うんだ《キー、》から《クス、》土人《アイヌ、》達《ウタラ、》も一同《イッシンネノ、》日本人《シーシャム、》と一所に《ヅラ、》北海道《ホッカイドー、》へ往き《パハノ パイエ、》たい《ルスイ、アン、》と云った《ナハ、イエー、》。

そこで《ネーテ、》、黒田《クロダ、》長官《ポロ、トノ、》の言葉《イタキヒ、》は、こうであった《エネ、アニ、》。

「然らば《ナハ、アンペ、》、来ようと思う《ネーチキ、オマン、ルスイ、》ものは《ウタラ、》連れて来よう《アンヅラ、クス、イキ、》。イヤだ《エヅーネ、》というものは《ウタラ、》其儘に置こう《ネアンペ、アノッパ、クス、イキ、》」。

そこで《ナハ、アン、テ、》、日本《シーシャム、》の国へ往こう《モシリ、オンネ、オマン、ナハ、》と云う《イエー、》人々《ウタラ、》はどんなか《エネ、カーネ、アイヌ、》というと《アン、ヒ、》総数は、八百五十人あ《アヌレンカレヒシ、オッタ、ヅペサン、タンク、アシシネ、》って其人達は《クンクト、アイヌ、アン、ネア、ウタラ、》、白主から《ネアンペ、シラヌシ、オロワ、》利屋泊《リヤトマリ》・留多加《ルヲタカ、》・鈴谷《ススヤ、》(ソーロイヨフカ)三の沢《トマリ、オン、ナイ》(トレチヤパーチ)二の沢《ウソンナイ》(フタラヤパーチ)一の沢《ウンラー、》(ペルワヤパーチ)函泊《ハハカトマリ、》・泊濱《トマリオロ、》、一名は《オヤ、レイヘ、》九春古丹《クシユンコタン、》(又は、楠渓とも、露名はカルサコフ)大泊《ポロアントマリ、》・対馬岬《エンルムカ、》・福井古丹《フクイコタン》(サイナパーチ)(旧名ハオホヘトマリという。焼けた後にフクイコタンと呼ぶ。フクイは焼くる義)女麗《オタサン》(メレイ)イノスコマ《イノスコマ》ナイ《ナイ》・池辺讃《チベサニ、》・洞舟《ホラプニ、》・内友《ナイトム、》・野月《ヌッチコイ、》・余久志《ヨークシ、》・遠淵《トウブチ、》・胡蝶別《コチヨベチ、》・内音《ナイオンナイ、》・中川《イノシキタンナイ》・弥満別《ヤマベチ、》・内古登呂《ナイコトロ、》・小満別《オマベチ、》・札《サッ》塔《トープ、》及び知床《ターオロワ、シレトコ、》の外側《アルトルワ、》の橋淵《ハシブチ、》・知志根《チシネー、》・目《メ》奈淵《ブチ、》の土人《オルン、アイヌ、》、其外に《ターサマタノ、》、真岡《マウカ、》の人《ウン、アイヌ、》、西崎仁四郎《ニシザキ、ニシロー、》以下《ター、サマタノ、》若千名と、内淵《マウクン、アイヌ、ポンノ、ナイプツ゚、》の人千徳太郎治《アイヌ、セントク、タロージ、》と、今一軒の《ツ゚ラ、シュイ、シネチセ、ウン、》土人などであ《アイヌ、ナハ、カーネ、アン、》った。

此地《タン、ウツ゚ル、》方の土人の総頭領としては《エ、オカイ、アイヌ、オッタ、イエールイ、ポロ、ニシパ、ネアンペ、》古来知床《フシコ、オロワ、シレトコ、》の酋長で《ウン、ニシパ、ネー、テ、》あったと云う話を聞いてい《アイ、イエー、アイヌ、ウコイエー、オロペイカ、ウマ、アン、ヌー》るが、其頃には、余りえら《タン、イクツ゚ル、オッタ、マシキン、パーカシノ、》い人物《アイヌ、》も《カ、》知床から《シレトコ、オロワ、》出《ハネ、》てい《ヘツ゚ク、》なかったから九《ク ス、》春古《ク シュンコ》丹の《タン、タ、》樺村は《カバ ムラ、ネ》これ《アンペ、》は、昔《フシコ、》は知床で矢張《シレトコ、ウン、ランマ、》其親類《シ ランコレ、》のもの《ア イヌ、》であ《ネー、》るという話《ハウエ、》であ《アン、》って《テ、》樺村勇登呂麻加氏《カバ ムラ ユート ロ マ カ、ニシパ、》が八百五十人の総頭領となった《ツ゚ペサン、タンク、アシシネ、クンクツ゚、アイヌ、サパネ、アイヌ、ネー、》。

* * * * * *

此出来事は私の半生涯の大事件であったけれど、私はまだ《タン、オルシペ、ネアン ペ、アノカイ、ハチコ、アンコ、アン、オロワ、シュクフ、アン、パハノ、ポロ、オルシペ、ネー、コロカ、アノカ、ネアンペ、ナー、》やっと九歳の小児で《シネピシヤン、パーネ、ヘカチ、ア》あっ《ンネー、》たから、自分《ク ス、ヤ イ、》で、別に《イツサイカノ、》何とも思《アネラム、》わな《オカイ、》かった。漁に《チエ、コイキ、》用うる船で家財道具《クン カシ、アニ、チセ、オルンペ、》だの《ナー、》色々《ウ サ》なもの《ア ン ペ、》を運び《クサ、テ、》、私《アノカイ、》なども《ナー、》皆の人《アイヌ、イツシンネ、》と村《コタン、》を引《オロワ、》払って発ったの《ポプニ、アナツシ、オッタ、》は、何だか小供心は面白く《ヘカチ、アンネー、クス、ヘカチラム、アニ、アネキロ》って《ラン、》、何に《ネ、ヘネ》も《カ、》思わな《ハマン ラ ム、》かった。そし《ネーテ、》て、愈《タニ、》々九春古《クシ ユンコ》丹へ《タン、タ、》着いた《エシレパ、アン、》時に《オッタ、》は、諸所《ピシ カン、》方々の村の《コタン、オルン、》土人達と一つ処《アイヌ、ウタラ、ツ゚ラ、イツ シンネ、》に居るの《オカイ、アニ、イケ、》が、又、実に愉快で且《テーコロ、アネキロラン、カシケタ、》嬉しくて仕方がなか《アネヤイキニンテ、ラム、アンコロ、》った。

それ《ネーテ、》から《オロ、》、九春古丹から《ク シュンコ タン、オ ロ、》、函館丸という巨船に《ハコダテ マル、ナハ、アン、レイ、コロ、ペンザイ、アニ、》載せられて、無我無心《ネイラ、カ、ハマン、ラム、》の中《カーネ、》に生れ故《アネシユクフ、モ》郷《シリ、》の地を離《オロワ、ホプニ、》れてしま《アナツシ、》い、北海道《ホツ カイ ドー、》の宗谷《ソーヤ、》という村へ送られた《ナハ、アイ、イエー、コタン、オンネ、アネルーラッシ、》。 八百五十人の土人は《ツ゚ペサン、タンク、アシシネ、クンクツ゚、アイヌ、ウ》

三回四回程に船《タラ、レ、スイ、イーネ、スイ、パハノ、チポ》で以《オー、》って運ばれて《アンルーラッシ、》一行残らず《ヘマカ、テ、》茲に《タニ、》初めて《アシンノ、》他郷の《オヤ、モシリ、オッタ、》人となった《オカイ、アナッシ、》。

(二) 宗谷から小樽、対雁へ

さて《ネーテ、》、それからは吾々は最早今迄の様な土人ではなくなっ《タニ、オロワノ、アノカイ、アツシン、ネアンペ、ナツテ、オロワ、タネ、パハノ、オカイ、アイヌ、ウタラ、ハンネー、》て《テ、》、本当の皇民となっ《ソンノ、モシリ、カムイ、ウタリヒ、アンネー》た《シ》のであるから《クス、》、黒田《クロダ》長官《ポロトノ、》の計らい《ラム、》で《アニ、》、米から《アマン、ナー、》肴から《ウサアンペ、》各月官から供給され《トンピ、エネ、アシニーネイノ、アニコンテツシ、》、俄かに《モナシノ、》優《ピリ》遇された《カノ、アニシカシマ、アン、》。そして《ネーテ、オロワノ、》、先ず一箇年計《シネ、パー、パハノ、》そうして《ナハ、カーネ、》宗谷に《ソーヤ、タ、》暮らした《リヤ、アナッシ、》。

それから《ネーテ、》、明けて九年の春《オヤ、パーケヘ、シネペサンパー、ネー、パーケヘ、》、鰊の漁も済んでから《パイカラ、ヘロツキ、コイキ、ヘマカ、》、今度は《ナツテ、》、玄武《ゲンブ》丸という船で《マル、ナハ、アイ、イエー、ペンザイ、アニ、》、小樽の《オタル、》方へ《パハノ、》、廻された《アリキ、アナッシ、》。此時の役人は《ター、オッタ、オカイ、トノ、ウタラ、》、堀基《ホリモトイ》・長谷部《ハセベ》辰連という人々であった《タツツラ、ナハ、アイ、イエ、トノ、ウタラ、ネー、》。此等の人は《タン、トノ、ウタラ、ネアンペ、》樺太に居た時分に《カラプト、オッタ、オカイ、アナッシ、パハノ、》樺太の《カラプト、》土人係り《エサパネ、トノ、》をされた人方《ウタラ、》であった《タハネ、》。

* * * * * * *

小樽には《オタル、オッタ、》一月許居た《シネ、トンピ、パハノ、オカイ、アナッシ、》。此処でも《ネア、オッタ、ナー、》、やはり《ランマ、》、米でも《アマン、ナー、》、お菜でも《ウサアン、イベ、》官から《トノ、》供給されて《オロワノ、アニエーレッシ、》、只居《ヤイ、オカ》て斯様に、まるでお客あしらいにされていた《イ、アン、ヤツカ、ナハ、ネイノ、トノウタラ、アイヌ、ピリカノ、アイヌ、オシクヌツシ、》。

小樽は《オタル、ネアンペ、ター、オッタ、》、其頃はまだ《ナー、》、ほんの《ソンノ、》寂しい《ニシヌ、》小村で《ポン、コタン、ネー、》手宮から《テミヤ、オロ、》アリポロまで《アリポロ、パハノ、》、ただ《ヤイ、》海岸一面の《アヅイ、サム、タ、イロタサ》

砂《ン、》浜《ネー、》の処《コタン、》で《ネ》あ《ー、》った。処々に《エヅタニータ、》だけ《ランケ、》、漁《パ》場《イヤ、》があって《オカイ、》、其《ター、》の後の方《オシマケ、》に《タ、》僅か《イモヨー、》な家並《チセ、テシ、バ》だけ《テ、》、あ《ア》っ《ン、》たけ《ワッカ》れど《イキ、》、ほん《ソンノ、》の唯々《ヤイ、》形《カヅフ、》ばかり《バテ、》であ《ア》っ《ン、》た。

九月頃《シネペサン、チユフ、》に、小樽《オッタ、オタル、オロワ、》外《ナ》車《イ、》の河船《ペンザイ、》で、対雁《アニ、ツイシカリ、オッタ、》へ到着《エシレパ、アナッシ、》した。此から《ター、オロワノ、》愈々、此《タン、》の郷《テイタ、》に、ずーっ《アンペネ、》と住《オ》居《カイ、アナッシ、ク》するように《ニ、》な《ネ、》った《アン、》。

＊　＊　＊　＊　＊　＊

当時《ナッテ、》官では《トノ、ネアンペ、》、吾々土人《アノカイ、アッシン、》に、農業《ハタケ、カラ、》を習わしめて《アニ、エチヤーカシヌカラ、シ、テ、》、農民に仕立て《アニ、キーレッシ、》ようと《ク ス、トノ、》考えられた《エラム、アン、》もの《アンペ、》らし《ネー、》かった。対雁《ツイシカリ、》と云《ネ、》う所《アンペ、》は、石狩河岸《イシカリナイ、チヤー、ケタ、トイ、》の土地の膏腴《ピリカ、》な、且つ場所《カシ ケタ、コチヒ、》も《カ、》善い《ピリカ、》所《コタン、》であっ《ネー、》た。

そこで《ナハ アンテ、》、吾々一同《アノカイ、アッシン、》は、対雁へ、これ迄《エトコタ、》の樺太《カラプト、》の家《チセ、》と同じ《ネイノ、》様な《アン、》家《チセ、》を建てて《カラシ、テ、アンペネ、オカイ、アナッシ、クニ、》、永住の場所と定めて住んだ《ネ、アネラムシンネ、テ、オカイ、アナッシ、》。家《チセへ、》の数《アヌレン》を数える《カレ、》と《アナ、》、二百許の軒数《ヅタンク、パハノ、アン、チセ、》もあった《オカイ、》ろう《クニ、》か《ネ、》と、思う《アン、ラム、》。これ《ネーテ、》からして《オロワ、》、男は農業や《オツカヨ、ネアンペ、ハタケカラ、ナー、》、魚漁《チエ、コイキ、ナー、》に、女連は《マハネク、ウタラ、》「製網所」で《セイモージヨ、オッタ、》糸を縒ったり《カー、カラ、ナ ー、》、網《ヤー、》を編《オシケ、》んだり《ナー、》することを、教わった《アニチヤーカシヌカラッシ、》。

こうして《ネーテ、》、対雁へ来た《ツイシカリ、オッタ、アリキ、アン、》始めの《パハノ、》三年許《レ パー、パハノ、》は、尚官から《ナー、トノ、オロ ワノ、イペ、》あてがい扶持《アニコンテッシ、》でいた。そして《ネーテ、》、ピ《ピ》チカリ《チカリ》・中番屋《ナカバイヤ》・先番屋《サキバイヤ、》・雷札《ライサツ、》シベシベシ《シベシベシ、》・シヤスカリ《シヤスカリ、》の六箇所《イワン、》の漁場《パイヤ、》で、《オツタ、》官《トノ、》から《オロワノ、》魚《チエ、》を捕《コイキ、》ることを土人に許されて《アイヌ、ウタラ、アンキーレツシ、》いた。

(三) 最初の土人学校

明治十一年の年に、《メーヂ、シネパー、イカシマ、ワンパー、ネー、パー、ケヘ、》対雁村《ツイシカリ、》へ《オツタ、》土人の小学校《アイヌ、ヘカチ、チヤーカシヌ、チセ、》が建った《トノ、オロワノ、ホタリカ、》。此処で始めて私達は《ネア、オツタ、アシンノ、アノカイ、アツシン、カン》学校教育を受けた《ピ、アニ、イチヤーカシヌ、カラ、アツシ、》。此から、《タンペ、オロワ、》土人《アイヌ、》の子弟《ヘカチ、》の小学校が立ち初める《カンピ、アニ、チヤーカシヌカラ、チセ、ホタリ、》。私達は即ち、本当《アノカイ、アシン、ネアンペ、ソンノ、》の、最初の小学校生徒であった《アシンノ、イチヤーカシヌ、チセ、オツタ、アフン、ヘカチ、アンネー、》。

学校の先生は、《カンピ、ヌイ、イチヤカシノ、トノ、ネアンペ、》というと、以前樺太に医者をしていた《エトコタ、カラプト、オツタ、イシヤントノ、ネー、》大河内《オーコーチ》宗三郎《ソーザブロー、》という人で、《ナハ、アイ、イエ、トノ、ネ、》永く《オホーロノ、》土人《アイヌ、》の中に《オツタ、》いた《アン、》人《トノ、》で《ネ、》ある《アン、》から、《クス、》土人《アイヌ、》の言葉《イタ、》も《カ、》出来た《アスカイ、》。最初の先生は、《アシンノ、イチヤカシヌ、トノ、ネアンペ、》やはり、土人語《アイヌ、イタ、》の出来る《エアスカイ、》人で《トノ、》あったら、《ネー、クス、ネ、イケ、》善かろう《ピリカ、》というので、此人を先生にしたのであった《ナハ、トノ、ウタラ、ウコパーカリシ、テ、タン、トノ、イチヤカシノ、トノ、ネ、アンカラツシ、》。

此頃の学校の課目というのは読書と、算盤と手習と、地理の本などであった《ター、オツタ、アネウチヤカシノツシ、アンペ、ネアンペ、カンピ、オリタ、ネワ、イビシケ、ヅラ、カンピヌイエ、スイ、モシリ、オルシペ、オツタ、アン、カンピ、ナハ、カーネ、アニ、イチヤカシノカラツシ、》。

私共は、《アノカイ、ネアンペ、》樺太《カラプト、》から《オロワ、》ぞろぞろ《ヅラ、》出て来て、《アリキ、アナツシ、テ、》此学校《タン、カツコー、》へ《オツタ、》上った《アフプ、アナツシ、》時は、《オツタ、オーヤ、》色々の人だち《アイヌ、ウタラ、》と一所に《イツシンネ、》色々な《ウサ、アン、》遊び《ヘチリ、》をするのが、何よりも、《アンキーシ、ヒ、ネアンペ、イエールイ、》愉快に思った《キロランペ、ネー、クニ、アネラム、オカイ、アツシ、》。

札幌《サツポロ、》のお祭り《ポロ、カムイトノ、》のある時《アン、オツタ、》などは、先生に連れられて《イチヤカシノ、トノ、イヅラ、ランケ、》、見に《イヌカンテ、》行ったもの《クス、イヅラ、》です。其時《オッタ、》、色々な《ウサアン、》踊り《ヘチリ、》が沢山あり《ポロンノ、アン、》、好い着物《ピリカ、イミ、》を着た《ミー、》奇麗な《ピリカ、》人達が《ウタラ、ナー、》沢山いる《ポロンノ、アン、》。其を見た《アン、ヌカラ、》時には《オッタ、》、今なら《タニ、ネアナ、》東京へ《トーキヨー、》でも《ヘネ、》、来たように《アン、ヌカラハ、ネイノ、》嬉《アネ》しかった《キロラン、》。何も彼も皆嬉しかった《ネイランペ、カイキ、エムイケ、アネキロラン、》。それ故学校へ行くのは《ネー、クス、イチヤーカシノ、チセ、ネアンペ、》一番面白かった《イエールイ、アン、コヌプル、》。

併し、学校も、其頃はまだ創まったばかりの時であったから《ネ、アナツカイキ、ウチヤカシノチセ、カ、ター、オッタ、ネアンペ、ナー、アシンノ、アニチヤーカシノッシ、オッタ、ネー、クス、》、可笑しい《キロラン、》こと《アンペ、》もあった《カ、アン、》。先生が医者であるから《イチヤーカシノトノ、イシヤントノ、ネー、クス、》、病人が《イコニ、アイヌ、》出来る《ヘヅク、》と《コ、》授業が《イチヤーカシノ、》休みになる《ヤスミ、》。一箇月の《シネ、チユフ、》中本当《オッタ、ソンノ、》に授業のある《アニチヤーカシノカラ、》日は、十日位か《トー、ケヘ、ワン、トー、パハノ、》、或は《スイ、》、十五日位しか無かった《アシシネト、イカシマ、ワントー、パハノ、パテ、アン、》。少し《ポンノ、》長い《オホロ、》病人が《イコニ、アイヌ、》ある時《アン、オッタ、》は十日位の休み《ワン、トー、パハノ、ヤスミ、》の日も《アン、》あって《トー、カ、アン、》、前に教わった《ホシキ、アネラマン、》こと《アンペ、》が、スッカリ《エムイケ、》忘れて了う《アノイラ、》ので《ヘマカ、クス、》、又元《カーナ、》へ帰って前に教わったことを《ホシキ、アニチヤーカシヌ、カラ、アンペ、》又習う《スイ、アニチヤーカシヌカラッシ、》。又新らたに《スイ、アシンノ、》教わって行く中に《アニチヤーカシヌッシ、アンペ、アナ、コラ、》、又休《スイ、ヤスミ、》みがある《アナッシ、》。斯ういう《ナハ、》風《アン、》であるから《クス、》、私達は《アノカイ、アッシン、》、四年許り《イーネパ、パハノ、》も居た《オカイ、》けれども正味習ったの《アナッシ、ワッカイキ、ソンノ、アネラマン、アンペ、》は、二年位しかいない《ツ、パー、パハノ、パテ、アン、》様に《クニ、》思われる《アンラム、》。其うちに《ター、パハノ、》私は仕事に出なければならない様《アノカイ、ネアンペ、モンライキ、オッタ、アシパン、クニ、ネ、パハノ、》な若い者に《ポロ、オツカヨ、》なった《アン、ネ、》。今思えば《タニ、アネラマニーケ、》、惜しい事であった《アネヤイコカツサ、ラム、アン、コロ、》。も少しも《ナー、ポンノ、》此処で《テイ、タ、》勉強したなら《オカイ、アン、アナ、》、も少しも《ナー、ポロ、カネ、》読み書きが《カンピ、ヌイエ、ヘネ、》自由になったら《アネアスカイ、アナ、》善かった《ピリカ、》のにと思う《クス、ネヤ、ナハ、アン、ラム、》けれど《ワッカイキ、》、始めての《アシンノ、アンキ、》事であ《アンペ、ネー、》ったから《レンカイネ、》、其時分には《ター、オッタ、》、そういう《ナハ、》事も《カイキ、》考えなかった《ハネ、アネ、ラム、オカイ》。

（四）道守先生

大河内《オーコーチ、》先生は《ナハ、アイ、イエ、トノ、ネアンペ、》久しからずして《オホーロノ、ハネ、アン、テ、》外へ《オヤ、コタン、オッタ、》転任された。《オマン、ヘマカ、》其あとへ、《オカーケタ、》来《エ、》られた先生《トノ、》は、《ネアンペ、》仙台《センダイ、》の方で、《ナハ、アイ、イエ、コタヌン、》氏家与三郎《ウジエ、ヨサブロー、》という先生でした。《ナハ、アイ、イエ、トノ、ネー、》 氏家《ウジエ、》先生も、《ナハ、アイ、イエ、トノ、》二年許《ヅ、パー、パハノ、》居て、《アン、テ、》又《スイ、》余所へ《オヤ、タ、》行かれ、《オマン、ヘマカ、》其《オカ》後には、《ーケ、タ、》工《ク》藤《ドー、》勘之《カンノ》助《スケ、》という方と、《ナハ、アイ、イエ、トノ、ネワ、》宮永《ミヤナガ、》計太《ケイタ、》という方と《ナハ、アイ、イエ、トノ、ヅラ、ヅ、》二人の先生《トノ、》が来られた。《アリキッシ、》 その《ネア、》うち《オッタ、》宮永《ミヤナガ、》先生が《ナハ、アイ、イエ、トノ、》間もなく《ナー、モナシノ、》去られて、《オヤ、タ、オマン、ヘマカ、テ、》其あとへ《スイ、オカーケ、タ、》来られたのは《アリキ、トノ、ネアンペ、》鹿児島の人で《カゴシマ、ナハ、アイ、イエ、コタヌン、》道守栄一《ミチモリエーイチ、》という先生でした。《ナハ、アイ、イエー、トノ、ネー、》

此先生は《タン、トノ、ネアンペ、》鹿児島戦争《カゴシマ、ウライケ、》の時には《アン、オッタ、》賊軍に《カゴシマ、ウタラ、ヅラ、》なって戦った《イッシンネ、ノ、ウライケ、キー、》人で、《ニシパ、ネー、》何でも、《アンヌ、イケー、》賊軍の《カゴシマ、ウタラ、》二十五人《ヅクンクヅ、イカシマ、》の頭であられたそうだ。《アシシネ、アイヌ、オッタ、サパネ、トノ、ネー、マヌ、》 だから、《ネー、クス、》元気のよい《ユフケ、ラム、コロ、》怖い先生《アイヌ、ネー、アネオハイネ、トノ、》だった。《ネー、》 私達が《アノカイ、ウタラ、》少し《ポンノ、》話でも《ウコイタ、ヘネ、》すると、《アン、キー、クス、ネ、イケ、》鹿児島弁で、《カゴシマ、コタン、イタ、ハニ、》

「こらっ！《エヌー、》　何を《ヘマタ、》しちょるか？《エチキー》」

と大喝一声《ナハ、ポロ、ユフケ、ハウ、》されるので《アニ、コチヤランケ、クス、》縮み《ソンノ、》上ったものだ。《アネ、オハイネ、トノ、ネー、》

けれども《ネー、ワッカイキ、》此の《タン、》先生《トノ、》が来られてから、《エ、オロワノ、》学校が始めて学校らしくなり、《イチャーカシヌチセヘ、アシンノ、ソンノ、イチャーカシヌ、チセ、ネー、シリヒ、》私達も、始めて《ネー、アノカイ、ウタラ、ナー、》

勉強らしい勉強をした《アシンノ、カンピ、ヌイ、ナー、イピシキ、ナー、アウワンテ、》。　其までは、遊び半分で、勉強には余り実が入らなかった《ター、パハノ、ネアンペ、ヤイ、ヘーチリ、パテ、アンキー、ランケ、カンピ、ヘネ、マシキン、ハネ、アウワンテッシ、》。そして《ネーテ、》、以前には、工藤先生から《エトコタ、オロワノ、クドーナ、アイ、イエ、トノ、オロ、》撃剣など教わって《ウライケ、カヅフ、アウワンテ、》、毎日毎日《ケサン、トーノ、》打ったり《ヤイ、ウコイキ、》打たれたりし《パテ、アン、キー、カーネ、》て遊んでいた《ヘーチリ、アン、》。

道守先生《ミチモリ、トノ、》は撃剣には大反対で《ネアンペ、ウライケ、カヅフ、アンキーシヒ、テーコロ、》、いつでも斯う云われた《エヅーネ、ランマ、カーネ、エネ、イエイ、》。

「撃剣懸など《ウラ イケ、カヅフ、ネアンペ、》は大きくなってから《ポロ、アイヌ、ネー、オッタ、ネ、》でも《アナツカ、イキ、》出来る《ピリカ、》。　勉強の方は、小さい時から、やって《アネラウチヤカシノッシ、アンペ、ネアンペ、ハチコ、オロワノ、キークンペ、》置かぬといけない《ネー》。」

斯云って《ナハ、イエー、シテ、》一生懸命に《ユフッケノ、》教わったもので《イエチヤーカシヌカラ、ワ、》した《イコンテ、》。　私達が今日《アノカ、ネアンペ、タニ、》少々でも《ポンノ、ポンノ、パテ、》文字を知ってる《ネアナツカ、カンピ、アウワンテ、アン、》のは此先生のお蔭で出来たので《アンペ、ネアンペ、タン、トノ、ケライ、クス、カンピ、アウワンテ、クス、》、今でも感謝して居ります《タニ、カイキ、ソンノ、アネヤイライキ》。

先生は《タントノ、》、よく私達に《ネアンペ、ウヅルケタ、ランケ、》大西郷の事を説かれた《サイゴー、ナハ、アイ、イエ、ポロ、ニシパ、オルシペ、イコウエペケレ、》。　先生が《タン、トノ、》大西郷の話を聞かされる《サイゴー、ニシパ、オルシペ、イヌレ、ネア、オッタ、》時分《ネアンペ、》には涙《シキ、オロ、》を揮って話された《ヌペ、アシン、》。　私達も大西郷の話を聞くのが好きだった《アノカイ、ウタラ、ナー、サイゴー、ポロ、ニシパ、オルシペ、アン、ヌー、アン、コヌプル、》。　其《タン》話を聞かされる《オルシペ、アン、ヌー、アナ、》毎に血を涌かして《ランマカーネ、アノカイ、アッシン、》聞いたものだ《ユフケ、ラム、コロ、カーネ、ウマ、アン、ヌ、》。

其頃世間には《ネア、オッタ、》、大西郷は実はまだ死なずに何処に隠れている《サイゴー、ポロ、ニシパ、ネアンペ、ソンノ、ネ、チキ、ナー、シシヌ、アニ、ネイタ、ヘネ、ヤイヌイナ、アン、クニ、》という噂があった《アネコウエペケレペ、アンヌー、》。

私達は、そうでありたいと思って、よく其事を先生に尋ねた《アノカイ、ウタラ、タン、ウエペケレ、ソンノ、ネチキ、ピリカ、ナハ、アネラマン、アニ、アノカイ、アッシン、タン、オルシペ、ソンノ、ヘネ、ヤ、》。　併し《スンケ、ヘネ、ヤ、トノ、オッタ、アニピシヒッシ、ネ、ワッカ》

其時には《イキ、ネア、オッタ、》先生は声を曇らして《タン、トノ、ネアンペ、ランマ、カーネ、エネ、イエイ》、そう《ネー、》あり《チキ、》度い《ソンノ、》もの《ピリカ、》だが、併し決して《ネ、アナッカイキ、》そんな《アンペネ、》事は無い《イサマン》筈じゃ、《ペ、ネ、クニ、アン、ラム、》西郷翁は、《タン、ボロ、ニシパ、ネアンペ、》現に其時に《ヤイコタ、ネトバ》身に《ケヘ、オッタ、》四十余の《イーネ、クンクト、》丸瘡を《アッカリノ、タマ、ピリ、》被って、《コロホ、》池辺吉十郎という人が《ネーテ、イケベ、キチジウロー、ナハ、アイ、イエ、ニシパ、》其首を介酌したんだから、《タン、ボロ、ニシパ、サバハ、ツイ、ヘマカ、クス、》正しく《ソンノ、》死なれた《シマコライ、》筈じゃ《ネー、ナンコー、》。

斯う《ナハ、》話される《イエーシ、》のであった。私達は、小供心にもそれが《アノカ、ヘカチ、アン、ネー、クス、ヘカチ、ラム、アニ、》非常に《テーコロ、》悲しかった《アネラムヱン、》。然るに、《ネーテ、オロ、》此先生も半途で余所へ転任された《タン、トノ、ネアンペ、スイ、エンコ、オッタ、オヤ、コタン、オンネ、オマン、》。私達一同は《アノカイ、アッシン、ネアンペ、》一方ならず《テーコロ、》力を落した《アネラムイサッセ、》。生徒の中には《ヘカチ、ウタラ、オッタ、》余り力を落して《マシキノ、エラムイサッセ、アニ、》此時学校を止したものが《タン、トノ、ヅラ、イチヤーカシヌ、チセ、ヘマカ、ウタラ、カ、》沢山《ポロンノ、》あった《アン、》。又年の多い《スイ、ポロ、オッカヨ、ネー、》方の子等は、《ウタラ、ネアンペ、》此時、漁場の働きに出るものもあった《ネア、オロ、チエコイキ、モンライケ、オッタ、アシパン、アイヌ、カ、アン、》。

私も亦、《アノカ、カイキ、ナハ、カーネ、》そうして、その時学校を引いて了いそして、自分で、色々な苦労を嘗めた《ネア、オッタ、イチヤーカシヌ、チセ、オロ、アシパン、ヘマカ、ネーテ、オロ、ヤイコタ、シンカ、ヅラノ ウサアン、モンライケ、アン、キーシ、》。

（五）秀才の夭折

私達より、後に入学した《アノカイ、アッシン、オロワ、ヨーボニ、アフン、》土人達《ウタラ、》の中には、《オッタ、》中々よく出来た《カンピ、アスカイ、》人もあった《ウタラ、カ、オカイ、》。それとい《ターハ、》うのは、《ネアンペ、》学校も、《カンピ、ヌイエチセ、カ、》よくなって《ピリカノ、》来たし、《ヘツク、》生徒等も《ヘカチ、ウタラ、カ、》皆々学問しようと云う《イッシンネ、カンピ、エアスカイ、ルスイ、ナハ、》心になって、《ラム、カーネ、》字を《カンピ、》

書《ヌイエ、》くことでも《ナー、》本《カンピ、》を読《ヌカラ、》むことでも、熱心《ナー、ピリカノ、》にやった《キーシ、》から《クス、》よく出来る《エアスカイ、》もの《ウタラ、》も《カ、》出て《オ》来《カイ、》たろ《ヒ、ネー、》うと《クニ、》思《アネラム、オカイ》う。

その《ター、》中《オッタ、》に大《カンピ、》層出来《エアスカイ、》がよくって、《テ、》師範学校《シハンカッコー、》まで《パハノ、》行った《アフン、》土人《アイヌ、》もある《アン、》。その《ネア、》土人は、《アイヌ、ネアンペ、》皆《ミナ》淵《プチ、》宇之《ウノ》吉と云う《キチ、ナハ、アイ、イエー、》土人《アイヌ、》であった《ネー、》。此人《タン、アイヌ、》は《ネアンペ、》皆淵《ミナプチ、》という《ナハ、アイ、イエ、》村《コタン、》から《オロワ、》出た《ヘヅク、》人で《アイヌ、ネー、》皆淵《クス、ミナプチ、》氏を名乗《ナハ、アン、レ》っていた《ー、コロ、ホ、タハネ、》。此人《タン、アイタ、》は《ネアンペ、》算術達者《ソロバン、イビシケ、エアスカイ、》な人で《アイヌ、ネー、》先生《イチヤーカシノトノ、》より《オロワ、》も上手で《エルイ、》あった《アイヌ、ネー、》。或る時《シネ、アニータ、》先生《イチヤーカシノ、トノ、》と競争《ヅラ、イピシケ、》してやった《エネ、カーネ、》ことがあった《アンヒ、》が、答《ウレンカレ、オッタ、》が先生のと違った《オーヤ、ケネ、アン、》。先生《イチヤーカシノ、トノ、》は皆淵《ネアンペ、ミナプチ、》の勘定《ウレンカレ、》が間違《アンペ、》っ《スン》たの《ケ、》だという《ナハ、イエー、》。皆淵《ミナプチ、》は《ネアンペ、》先生《イチヤーカシノ、トノ、》の計算《ウレンカレ、》が誤《アンペ、》り《シーナイ、》だと云う《ナハ、イエ、》。そんなら《ネー、チキ、》、今一度《カーナ、》計算《ウレンカレ、》して見《ヌカ》る《ラ、》が宜しい《チキ、ピリカ、》と先生《ナハ、イチヤーカシノ、トノ、》が云って《イエー、テ、》、又《カーナ、》やり直す《スイ、ウレンカレッシ、》と、《オッタ、》皆淵《ミナプチ、》の勘定《ウレンカレ、》の方《アンペ、》が正しかった《ソンノ、ネー、》。先生《イチヤーカシノ、トノ、》は私《チオカイ、》の方が違《チウレンカレ、アンペ、スンケ、》ったのだ《ネー、》ったな《ルーフエー、アン、》と云われ《ナハ、イエー、》た。賤しい《アノシコロ、アイヌ、》男であった《ネー、ワッカイキ、》が、学校《カンピ、イチヤーカシノチセ、》に《オッタ、》まだ《ナー、》居る中《アナイネ、》に天折《オイサム、ヘマカ、》した。

師範学校《シハンガッコー、》まで《パハノ、》這入《アフン、》った土人《アイヌ、》が今一人《スイ、ナー、シネ》ある《アイヌ、アン、》。安藤久吉《アンドー、キユーキチ、》と云う《ナハ、アイ、イエ、》ものであった《アイヌ、ネー、》。此《タン、》人も《アイヌ、カイキ、》何でも《ネイランペカ、》善く出来た《エアスカイ、》人で、《アイヌ、ネー、》字《カンピ、》を書く《ヌイエ、》ことに《ネ、》至って《アナッカ、》は、日本人《シーシャム、》にも《パハノ、》負けなかった《エアスカイ、アイヌ、ネー、》。惜しい《アンシコロ、》人《アイヌ、》であったが《ネー、ワッカイキ、》、これも《スイ、》石狩川《イシカリナイ、》で《オッタ、》溺れて《アフン、》死んだ《オイサム、ヘマカ、》。この《タン、》人は、《アイヌ、ネアンペ、》私とは、大《テーコロ、》の親友《ウヅヤシカラ、》でよく話も《アン、アイヌ、ネー、》合い心も合って、同じ思想を抱いていた人《ウサアンペ、アヌコイエー、ナー、スイ、アンラム、ヅラ、ウネイノ、シネラム、ネイノ、アン、ラム、コロ、》であった。 樺太へ一所に行こ《カラプト、オンネ、イッシンネ、パイエ、アン、》うで《イケー、》はないかと云えば、君がさきに《テマナ、ヘタ、ネヤー、ナハ、アイ、イエー、オッタ、エアニ、ホシキ、》行っ《オマン、》て《テ、》見給《ヌカラ、》え、《ワ、》善《ピリカ、》かったら《チキ、》僕も後から《ヨーボニ、》行こう、な《パイエ、アン、クス、イキー、》ど云って《ナハ、イエー、》い《テ、》たら其の中に、《アン、アンペ、ネ、ヤー、オカーケタ、》川で亡く《ナイ、オッタ、オイサマ、》なったという話を聞いて、《ウエペケレ、ヘ、アン、ヌー、》実に残念であったけ《テーコロ、アネラムエン、ワッカイキ、》れど致し方《アネネカリ、》が無《イサム、》かった。

尚外に、《スイ、サマタノ、》今一人《シネ、》の土人、《アイヌ、》富之《トミノ》助という人が《スケ、ナハ、アイ、イエ、アイヌ、》あっ《アン、》た。 此人もやはり在学中非常に《タン、アイヌ、ネアンペ、ランマ、カンピ、ヌイエ、オッタ、》出《エアスカイ、》来た人で学校の助教見習仰せつけられた程《アイヌ、ネー、イチャーカシノトノ、コッサーケタ、ヘカチ、チャーカシノ、アタリマエ、コロ、》の人でした《アイヌ、ネー、》が、日露戦争後樺太《ウライケ、パー、オカーケタ、カラプト、》の久春《クシユン》内へ行って住んで《ナイ、オッタ、パイエッシ、テ、オカイ、アッシ、》いたが、其処《オッタ、》で死んだと聞いて居ます《オイサム、ヘマカ、マヌイ、ナハ、アン、ヌー、テ、アン、》。 此人も惜しい人でした《タン、アイヌ、カ、アノシコロ、アイヌ、ネー、ワッカイキ、》が何とも《アネネカリ、》仕方《イサム、》がない。

又遠藤周蔵《スイ、エンドー、シューゾー、》という土人が《ナハ、アイ、イエ、アイヌ、》ありました《アン、》。 私達と一所に学校へ這入った人で其か《アノカイ、アッシン、ヅラ、イッシンネ、カンピ、ヌイエ、アニチャーカシノ、カラッシ、アイヌ、ネー、》ら、私達が退校した後までも、永く勉強していた《テ、オロワ、アノカイ、アッシン、アシッパナッシ、オカーケタ、パハノ、オホーロノ、アン、》人です《アイヌ、ネー、》から、後に《クス、オカーケタ、》は、前に云った《エトコタ、アイ、イエ、》富之《トミノ》助と一所に《スケ、ヅラ、イッシンネ、》土人の学校の助教見習となった《イチャーカシノトノ、コッサーケタ、イチャーカシノ、アイヌ、ネー、》。 日露戦争後樺太へ帰って今は《ヌチヤ、ウライケ、ヘマカ、テ、オカーケタ、カラプト、オッタ、オマンイケ、タニ、》久春《クシユン》内に居る《ナイ、オッタ、アン》。

此人の《タン、アイヌ、》妹は内淵の千徳太郎治という土人の《ヅレシ、ヘ、ネアンペ、ナイブチ、オッタ、アン、セントク、タロージ、ナハ、アイ、イエ、アイヌ、》妻君になって《マハネコロ、テ、ヅラ、》いる《アン、》。 千徳《セントク、タ》太郎治《ロージ、》は《ネア》私達よりは小さかった、後に《ンペ、アノカイ、アッシン、アッカリ、ヘカチ、ネー、クス、ヨーポニ、》入学した人達で、字を書くことも、《カンピ、ヌイエ、チセ、オッタ、アフン、アイヌ、ネー、カンピ、ヌイエ、ナー、》書物《カンピ、》を読む《ヌカラ、》ことでも《ナー、》よく出来て、《ピリカノ、エアスカイ、テ、アニ、》殊に手紙を書くこと《カンピ、ヌイエ、ナー、》などは至って《ポロンノ、》上手である。《エアスカイ、テ、アン、》樺太へ帰っては《カラ　プト、オッタ、ホシピ、テ、》又露《ヌチヤ、》西亜の字《カンピ、》も覚え露西亜語も《ヌイエ、ナー、ヌチヤ、イタキ、ナー、》よく出来る。《エアスカイ、テ、アン、》非常《テーコロ、》によく何か《ウサアンペ、》と知って《ワンテ、》いる人である《アイヌ、ネー、ワッカイキ、》が、村《コタン、》の総代役《エサパネ、》などは、うるさい《エホータ、》から、《クス、》自分《ヤイ　コタ、》で別にやって《シーナイノ、アン》いる。

私《アノカ、》なども《カイキ、》総代役《サバネ、》などは《ネアンペ、》面倒で《エン、ナハ、》好まない《アン、ラム、》けれど、《ワッカイキ、》うっちゃって《アランノ、》置いては何時まで《アマン、コ、ヘネ、ネ、アナッカイキ、ヘンバラ、》立っても、土人《カネ、ネ、アナッカ、アイヌ、》達が苦境《ネアンペ、》を脱し得ないと思うから、《ピリカノ、ヘツク、ハネ、キー、クニ、アン、ラム、クス、》何とかして、《ネイラ、アン、キー、ワ、》今の小供等が生長す《タニ、シユク、ポン、ヘカチ、ウタラ、シユクパッシ、》る時代に《オッタ、》は、立派な《ピリカ、アイヌ、》もの《ネ、》になるように《アン、カン、》したい《ルスイ、クス、》ので、日本人並に《シーシヤム、ウタラ、パハノ、》は出来《ハンネ、》なくっても、《アナッカイキ、》其《エン》半《コホ、》分だけでも何かよく《パハノ、ヘネ、ネイランペ、カ、ワンテッシ、》解るように《ク　ス、》なっ《ネ、イケ、》たらいい《ピリカ、》と思う《ナハ、アン、ラム、》から、《ク　ス、》私の力に出来ない迄《アン、コヤクシ、パハノ、ネヤッカ、》も村の人達《タン、オッタ、オカイ、ウタラ、》の為に色々心配をしている《コッサーケタ、ウサ、イキンネ、アン、パーカリッシ、オカイ、アン、》のです。

（六）立志

道守先生《ミチモリ、トノ、》が学校《カンピ、ヌイエ、チセ、》を去られ《ヘマカ、》た時に、《オッタ、》私も学校を出て了った《アノカイ、ナー、カンピ、ヌイエ、チセ、アン、ヘマカ、》けれど、《ネ、ワッカイキ、》私は、何とかして《アノカ、ネアンペ、ネイラ、アナッカ、》今少し勉強したいと思った《ナー、ポンノ、カンピ、ヌイエ、ナー、アウワンテ、ルスイ、クス、》から、友達の市来善助と二人で、道守先生へ《アイ、シランコレ、アイヌ、イチキ、ゼンスケ、ヅラ、ヅ、アイヌ、ネー、ミチモリ、トノ、オッタ、》行って話し《アイ、イエー、》

た。すると《ネア、》道守先生は、《イチャーカシノトノ、オロワ、》門馬武と云う方へ《モンマ、タケシ、ナハ、アイ、イエ、ニシパ、オンネ、》私達二人を《アノカイ、ヅ、アイヌ、ネ、》預けられた《エオマンテ、》。此門馬《タン、モンマ、》という方は、《ナハ、アイ、イエ、トノ、ネアンペ、》三春県《ミハルケン、》という所のお侍で、《ナハ、アイ、イエ、コタン、オルン、トノ、ネー、》もとは二本差した《フシコ、オツタ、トノ、ナハ、アイ、イエ、アンペ、》お武家様《エムシ、シトムシ、ウタラ、》だという事で《エネ、アイイエー、ヘ、ネーテ、》道守先生《タン、ニシパ、ネアンペ、イチャーカシノ、トノ、》のお友達であった《ヅルクニ、ヘ、ネー、》。丁度此時は《ネア、オツタ、ネアンペ、》幌内炭山の側《ポロナイ、タンザン、サマケタ、》の市来尻と云う所《イチキシリ、ナハ、アイ、イエ、コタン、》の切開き《アシリ、コタン、カラ、》の時で、此処へ《オツタ、ネー、タン、テイタ、》人夫が《モンライケ、ウタラ、》ドシドシ《ポローノ、》入込んだ《アン、》。門馬氏は《モンマ、トノ、》此処へ《ネアンペ、タン、コタン、オツタ、》大きな《ポロ、》商店を《イホツチセ、》立てられた《ホタリカ、テ、》。私達《アノカ、》二人は、《ヅ、アイヌ、》其商店の奉公人《ネア、チセ、オツタ、チウテヘ、アイヌ、》になって、《アン、ネーシ、》夜分《クーネ、》に仕事《モンライケ、》が済んだ《ヘマカ、》時に仕事《オツタ、モンライケ、》の合間合間《ウヅル、》に、本《オツタ、カンピ、》でも教えて貰て、《アネシチャーカシノヤラ、》旁々商売上《カシケタ、イホツ、》の事も覚えたら、《オルシペ、ナー、アウワンテ、》善かろう《チキ、ピリカ、ナンコー、》と、そう《ナハ、》先生《トノ、》が考えられて、《エラム、クス、》此店へ《タン、チセ、オツタ、》預けられた《エオマンテ、》のであった《ネー》。

私達二人も、《アノカイ、ヅアイヌ、ナー、》其の《ピリカ、》積りで喜んで、《ナハ、アン、ラム、クス、》行った《パイエ、アナツシ》。

然るに、《ネー、ワツカイキ、》此商店は、《タン、イホツチセ、ネアンペ、》所謂士族商売で、《トノ、キー、アンペ、ネー、クス、》余り大ざっぱ《マシキン、ポロ、》に過ぎて《モンライケ、ネー、クス、》忽ち《モナシノ、》失敗して《ハーチリ、》了った《ヘマカ、》。そして《ネーテ、》主人は、《ニシパ、》国へ帰って《コタン、オツタ、ホシピ、》了った《ヘマカ、》。その後、店は、《オカーケタ、イホツチセ、ネアンペ、》番頭の中村熊吉という人が《イホツ、カンピ、カラ、ナカムラ、クマキチ、ナハ、アイ、イエ、》預って《シーシャム、》留守居をしていた《オハチルン、アイヌ、ネー、》。私達二人は《アノカイ、ヅ、アイヌ、》最初の《アシンノ、》目論見が《アン、パーカリ、アンペ、》すっかり、逃れて《ウハイタ、クス、》落胆していた《アネラムイライ、クス、》が《イケ、》その中に、《ネア、オロワ、》市来一人は、《イチキ、シネ、アイヌ、》石狩の方へ《イシカリ、オンネ、》帰って《ホシピ、》漁の手伝をする様に《ヘマカ、チエ、コイキ、モンライケ、》なり、《キー、クニ、ネー、》私一人は《アノカイ、シネネ、》尚踏み《ナー、オカイ、》止って《アン、テ、》何か善い工夫が《ネイラン、ピリカ、クニ、ネ、》無いか知らと《アンペ、イサム、ヘタ、ネヤ、》考えて居たが、《ナハ、アン、パーカリ、ネア、イケ、》番頭さんの《イホツ、カンピ、カラ、アイヌ、》弟に作太郎と云う《ヌカンラムフ、サクタロー、ナハ、アイ、イエ、》

私と同年の小供があった《アノカ、ツ゚ラ、ウネイノ、パーハ、アン、ヘカチ、アン、》。私と一所に《アノカ、ツ゚ラ、イツシンネ、》、越後《エチゴ、》へ行《オツタ、》って、内地の学校へ這入ろうと相《オマン、テ、シーシャム、コタン、カンピ、イチャーカシノチセ、オッタ、アフン、》談をきめ《クニ、ウレンカ、》て《テ、》、大喜び《アネラムシンネ、》をしていた《テ、》。私は、どうにか《ネイラ、》して《アン、キー、ワ、》越後《エチゴ、》までの旅費《オンネ、オマン、イコロ、》を欲しいと思《アン、コン、ルスイ、クス、》って、一箇月《シネ、トンピ、》に五円ずつ《オッタ、アシシネ、イコロ、》、給金に貰うのを一文も使わずに皆貯金をした《サニヨフ、ネ、アン、コロ、アンペ、ポンノ、カ、ハネ、アネイワンケ、テ、エムイケ、アイ、シカシマヤラ、》。足りない《ハイタ、》所は、労働をして《アンペ、ヘ、モンライケ、アン、テ、》、一日八十銭ずつ貰って《シネ、トー、ツペサン、クンクツ゚、イチャニ、》一生懸命に《ランケ、アン、コロ、モンライケ、》働い《ケサントー、》ていた《アン、キー、》。毎日内地の学校《ケ サントーノ、シーシャム、モシリ、》へ行くことばっかり考えて暮らして居た《イチャーカシノチセ、オッタ、パイエ、アン、アンペ、パテ、アン、パーカリ、カーネ、オカイ、アン、》。其処《ネー、テ、》へ石狩の共救組合から《イシカリ、オルン、キヨーキユークミアイ、オロワ、》、是非とも《ネイラ、ネヤッカ、》漁場へ来て働く《チエ、コイキ、モンライケ、》ように《キー、クニ、エツ、》と云って《チキ、ピリカ、ナハ、アン、》手紙《ソンコ、》が来た《エキヒ、》。

私は《アノカイ、》、ガッ《ネアンペ、》カリ《スイ、》してしまった《アネラム、イライ、》。けれども《ネー、ワツカイキ、》、土人一同《アイヌ、イツシンネ、》の云う《イエー、》事《アンペ、》に違反しては《アン、アツカリカ、》悪い《アナツカ》と《ヱン、ナハ》考え《アン、ラム、》たから《ク》、い《ス》や《ア》いや《ネ》ながら《ツ゚ーネ、ラム、コロ、アニ、》、石狩《イシカリ、オツタ、》へ出て往った《パイエ、アン、》。それから《ネア、》以来《オロワ、》漁の労働に《チエ、コイキ、モンライケ、》取掛っ《アン、キー、ヤイ》て金が沢山貰われる《ネ、イコロ、ナー、ポロンノ、アフン、アンペ、》のが面白い《アネキロラン、》の《ア》で、忘れるともなく打まぎれて、終勉強の《ニ、ホシキ、アン、パーカリ、ラム、エムイケ、アノチシ、ヘマカ、ネア、オロ、イチャーカシノチセ、》機会を《オッタ、》失って其ままになってしまった《アフン、アン、コヤークシ、アニ、アレアンヌ、オカイ、アニヒ、ネー、》。

（七）西郷中将と永山大佐

対雁に居る間に、色々な面白い《ツイシカリ、コタン、オッタ、オカイ、アン、カーネ、ウサアン、キロラン、》、事があった《オルシペ、アン、》。明治《メイヂ、》十六年の頃であった《イワンパー、イカシマ、ワンパー、ネー、パー、ケヘ、》。故西郷《サイゴー、》

従道侯が、私達の村へ見え《ナハ、アイ、イエ、ポロ、パーセ、トノ、アン、コタン、オッタ、エキ、》られて、《オッタ、》土人《アイヌ、》を数多集められて、土人一同へ、親しく酒肴を賜《ポロンノ、ウエーカーリカ、シ、テ、アイヌ、エムイケ、オッタ、ポロ、パーセ、トノ、オロワ、サケ、マラット、キー、》わった。その《ネ》時《ア、》侯爵は、御自身《オッタ、ポロ、パーセ、トノ、ネアンペ、》大杯《ポロ、ツーキ、アニ、》を引いて酒《サケ、》を土人に飲ましめ、《アイヌ、ウタラ、クーレ、》侯爵も亦土人《ポロ、パーセ、トノ、ネヤツカ、アイ》達から《ヌ、ウタラ、オロワ、》大杯で、《ポロ、ツーキ、アニ、》受けて飲まれた。《サケ、アンクーレッシ、》そして《ネーテ、》土人達《アイ ヌ、ウタラ、》が、段々《ネヤツカ、》酒気《サケ、マウ、》が廻ると、《コロッシ、》侯爵も《ポロ、パーセ、トノ、カ、》そろそろ陶然と《サケ、マウ、コロ、》なられた。やがて《ネーテ、》土人達《アイ ヌ、ウタラ、》が手を撃ち舞踏を始めた《タハカラ、ナー、ヘーナリ、ナー、キーシ、オッタ、》処が、侯爵興に乗じて《パーセ、トノ、エキロラン、クス、》土人の群中に入って、一所に手を叩き舞踏を始められた。《アイヌ、ウタラ、ツムケタ、アフン、テ、タハカラ、エイバ、ヘチリ、ウタラ、オッタ、ウマヘチリ、》其時、侯爵の同道の永山《ネア、オッタ、パーセ、トノ、ツラ、トノ、ナガヤマ、》武四郎《タケ シ ロー、》といって、《ナハ、アイ、イエ、トノ、》後には《ヨーボニ、》北海道《ホッ カイ ドー、》長官になられた方《イエルイ、サパネ、トノ、》が《ネー、》見て斯う《トノ、ヌカラ テ、》云われた。《エネ、イエイ、》

「閣下《パーセトノ、エアニ、》！　苟も開拓長官ともあろう方《ポロ、パーセ、トノ、エ、ネ、ヘ、ネヤ、ワ、》が、どうして《ヘマタ、クス、》こんな《エネ、アン、》土人《アイヌ、》風情《ウタラ、》のものと一所に《ツラ、イッシンネ、》なって踊ったり跳ねたり《ヘーチリ、ナー、》酒を呑んで《スイ、サケ、クー、》狂い廻る《ナー、》という《エ、キー、》ような《クス、》事を《ネ、》なされますか《アニー、》？　そんな事を《ナ ハ、エ、キー、》なされては《クス、ネ、イケ、オヤ、》余所の見る目もあり《トノ、ウタラ、ネヤツカ、》体面上《ヌカラ、クス、》宜しくない《ネイケ、エン、》と私は考えます《ナハ、エラム、オカイ、アナッシ、クス、イキ、》。」

所が侯爵は一向無頓着で、《ネヤ、イケ、パーセ、トノ、ネアンペ、エネ、イエイ、》

「何を汝は云うんだ《ヘマタ、エ、イエー、ヘ、》。　土人と一所に踊るのは《アイヌ、ツラ、イッシンネ、ヘーチリ、アニ、ヒ、》、悪いというのか《エン、ヘタ、ネヤ、》？　そんな訳は無いじゃろう《ナハ、アンペ、ハンネ、ナンコー、》。

土人じゃとて《アイヌ、ネ、アナッカ、》日本の臣民じゃ《アノカイ、ポー、ウタリヒ、ナハ、アン、ラム、》！　陛下の赤子じゃ《カシケタ、モシリ、カムイ、ウタリヒ、ネー、》！　然るにお前は、《クニ、アンラム、ネーヤ、ワ、》何を《ヘマタ、》云っとる《クス、エネ、エ、イエ、》

んじゃ《ヘタ、ネヤ、》!?　土人《アイヌ、》じゃから《ネー、マヌ、クス、》云ぅて差別をつけては、いかん《オヤ、ウタラ、ナハ、エラマン、クンペ、ハンネ、ナンコー、》！　お前の考が違うとるん《エ　アニ、エイパーカリヒ、シーナイ、ヒ、ハンネ、》じゃ《ャ》ないか？」

そう云って《ナハ、イエー、テ、》、どうしても《ネイラ、アナツカ、》、大佐の《ター、トノ、》言葉を《イタキ、ヒ、》聞き入れない《ハネ、ヌー、》。

永山大佐も中々負けては居ぬ《ナガヤマ、ナハ、アイ、イエ、トノ、ネアナツカ、テーコロ、シユプ、ウタシパ、》。　一人が《シネ、アイヌ、》そう《ナハ、》じゃない《ハン、ネー、》というと《ナハ、イエー、》、又一人が《スイ、シネ、アイヌ、》お前《エ　アニ、》の云う方こそいけない《エ、イエ、アンペ、カ、ナハ、アンペ、ハンネー、》と云う《ナハ、イエーシ、》。　とうとう《アナイネ、》激論になって《ポロ、ウイエイ、キー、シー、》、双方いがみ合の《ヅ、アイヌ、ネー、ウタシパノ、》姿となり《ウコシユプツシ、》帽《ハッカ》子を脱し、上着なども脱いで了《ハ、シン、ナー、アシンケツシ、ホイカーネ、イミー、ナー、アシンケ、》って《テ、》、夜明け近く《シシトー　ノ、》まで《エハ　ンケ、パハノ、》、大喧嘩を始められ《ポロ、ウイエイキー、シ、》た。　永山大佐は終に奮然として《ナガヤマ、ナハ、アイ、イエ、トノ、ケセケワ、》「じゃ《アカンペ、》、勝手にしろ！　おらア知らん《ネー、チキ、エアニ、エラム、レンカイネ、キー、アノカ、ネアンペ、アネラミシカリ、》。　帰る《ホシピ、アン、クス、イキ、》。」と云って馬に乗って《ナハ、イエー、テ、ウンマ、オー、テ、》札幌へ帰ってしまった《サツポロ、オンネ、ホシピ、》。　そこで《ネー、テ、》私達は、これア後にどうなる事であろうと思っていた《アノカイ、アッシン、エネ、アン、ラムツシ、ケセケタ、テマナ、アン、オルシペ、ヘヅク、クンペ、ヘタ、ネヤ、ナハ、アンラムツシ、》。　西郷侯爵は《ポ　ロ、パーセ、トノ、》翌朝自身で、永山大佐の方へ出かけられ《シンケヘ、ニサツタ、ヤイコタ、オロワ、ナガヤマ、ナハ、アイ、イエ、トノ、オツタ、オマン、テ、エネ、イエイ、》、

「昨夜は二人で、大分激論したのぅ《シリマン、エヅラ、ヅ、アイヌ、ネ、ポロ、ウエイ、アン、キー、タハネ、》！　お前も、中々強情《エアニ、カイキ、ラム、シユプ、》な男じゃな《アイヌ、エ、ネー、》！　じゃが彼の位《ルーフエ、アン、ナハ、カーネ、》強情なら沢山じゃ《シユプ、ラム、エ、コロ、チキ、ネワ、ピリカ、》」

と云って《ナハ、イエー、テ、》褒められた《エラ　ヤツ、》という話《ハウヘ、》であった《アン、》。　それから《ネ　ア、》、永山大佐は、西郷侯爵にすっかり気に入られて、ズンズン出世され、後には北海道長官にまで《オロワノ、ナガヤマ、ナハ、アイ、イエ、トノ、ネアンペ、ポロ、パーセ、トノ、オロワノ、テーコロ、アンラムツシ、マレツシ、ネア、オロワノ、オポキンノ、ヤクーヘ、リキン、ケセケタ、ホツカイドー、ポロ、パーセ、トノ、ネ、》、成られた《アンカラッシ、》。

（八）松本判官

その《ネア、》頃、《オッタ、》松本《マツモト、》(十郎)《ナハ、アイ、イエ、》判官という名判官《ピリカ、サパネ、トノ、》が居られた《アン、》。私達《アノカイ、アッシン、》が対雁《ツイシカリ、》へ来て、《オンネ、》間も《アシンノ、アリキ、》なく《アン、》ま《オッタ、》だ何も《ナー、ネイランペ、カ、》知らなかった《アネラミシカリ、》頃に、《オッタ、》川端《ナイ、チヤ、》の《ウン、》砂原《オタカー、タ、》で、遊んで《ヘーチリ、アン、》いる《オッタ、》と、此の判官《タン、サパネ、トノ、》が十銭銀貨《アッカシ、アリキ、ポン、シロンカニ、》を衣嚢《イコロ、ウシ、》から《オロ、》出して、《アシンケ、アニ、シネ、》一つずつ《ランケ、》皆の子供へ《ヘカチ、ウタラ、オッタ、》呉れられた《イコサンケッシ、》。私は《アノカイ、アッシン、ネイラン、》どういう善い《ピリカ、》もの《アンペ、》だか《ヘタ、カ、》も知ら《アネラミシ》なかった《カリ、》が、《ワッカイキ、》始めて《アシンノ、》ピカピカ《ニ ケ ニ》光る《ケ、アンペ、》のを貰って《アンコロ、アニ、》面白がった《アネキロラン、ナハ、アン、》事を記憶している《ラムイ、タニ、ナー、アネラム、オカイ、》。

当時、《ター、オッタ、》北海道では、《ホッカイドー、オッタ、》役人が《トノ、ウタラ、》非常に威張った《ネアンペ、テーゴロ、パケサラン、》もので、《カーネ、オカイ、アン、》今でいう《タニ、ネチキ、》と巡査、《ジュンサ、トノ、》其頃《ネア、オッタ、》は羅卒と云《ラソツ、ナハ、アイ、》った《イエ、》人達《トノ、ウタラ、》は、櫧の棒《ペーロニ、クワ、》を手に持って《アンパッシ、アニ、》巡回した《アッカサッシ、》。その《ネア、》当時《オッタ、》の羅卒《ラソツ、》と云った《ナハ、アイ、》ら、それは、《イエ、トノ、ネアンペ、》酷《ヤイキシ》い《テ、》恐ろしいもの《ウタラ、》であった《ネ、ハウエ、アン、》。石狩《イシカリ、》あたり《コタン、オッタ、》の人民《オカイ、ウタラ、》は、その為めに《テーコロ、》泣いた《エヤイヅツパレシ、》もので《マヌイ、》あるそ《ナハ、》うな《アン、ヌー、》。

松本判官《マツモト、ナハ、アイ、イエ、サパネ、トノ、》が其を《ネアンペ、》耳にして、《ヌー、テ、》大層《タンペ、》心配《エン、プーリ、ナハ、》をして、《エラマン、クス、》自分で《ヤイコタ、》労働者《モンライケ、》に身《カヅ、》を窶し、《エヤイカラ、テ、》山刀《ナタ、》など《ナー、》腰《シト》に《ムシ、》下げ、《テ、》木《ニー、》を斫る《ヅイエ、》様な《ネイノ、》振りをして、《シコラム、ヤラ、テ、》山の中《ニーヅン、》を徘徊《ペイカ、マカ マカ、クス、アン、》された。山林局《オッタ、ニー、ウレンカレ、》の役人《トノ、》が其を《ヌカラ、》見つけて、《イキ、》

「何《ヘマタ、》しに山《エ、キー、》の中《クス、》を歩《ニーヅン、》いて《タ、》いるか《エ、アッカシ、ヒ、》？」

と、果して《ナハ、イエー、》、非常に《テーコロ、》やかましい《エランタサスケ、》。其時、松本判官は、平あやまりに《ネア、オッタ、マツモト、ナハ、アイ、イエ、サパネ、トノ、オカアンキノー、》誤まってわびる《シエランボキウエン、ヤラ、》けれ《ネ、ワッカイキ、》ども、中《ハ》々許《ネ、ヘ、》さない《ヌー、》。其上《カシケ、》に、今《ネ、》度は《シュイ、》、

「お前《エ、》の名は《レイ、ヘ、》何と《テマナ、》いうか《ヘタ、ネヤ、》？」

と問詰める《ナハ、コピシ、》。けれ《ネ、》ども《ワッカイキ、》判官《サパネ、トノ、》は名は《レイヘ、》、明されぬ《イシーナ、》から《クス、》云《ハ》わず《ネ、》に居《イエー、》ると《クス、》、

「じゃ、家は何処か《エチセ、ヘ、ナッタ、アン》？」

と問う《ナハ、コピシ、》。それ《ネー、》でも云わずに《ワッカイキ、ヤイハンコ、エネー、》いるもんだから《ネアンペ、クス、》、家へ引張って《チセヘ、オンネ、ヅラ、》行こう《オマン、》とする。松本判官《マツモト、サパネ、トノ、》は、はいはい《ヤイ、オンカミ、》云いながら《アニ、》、役人と《ヅラ、》同道する《オマン、》。段々行って《オマン、ヤイネ、》家続き《チセ、テシ、》の町《ヅンタ、》の方へ来るの《ヅラ、オマン、》で、山林の役人が、此の奴、何処へ連れて《ニー、ウレンカレ、トノ、ネアンペ、タ、アン、シシャム、ナハ、ケネ、オマン、》行く《クス、》んだろう《ヘタ、ネヤ、》と思い《ナハ、エラマン、》ながら《カーネ、》附いて《ヅラ、》行くと《オマン、ヤイネ、》、松本判官《マツモト、サパネ、トノ、》の邸へ這入る《チセ、オンネ、ヅラ、》役人心の中で怪しみながら、附いて《アフン、ニー、ウレンカレ、トノ、ネアンペ、ラム、オッタ、エシロヤモッテ、アニ、ヅラ、》這入ると、判官《サパネ、トノ、》襤褸を脱ぎ《ヱン、イミ、アシンケ、》替えて本当に《ソンノ、》自分の《ヤイコタ、》着物を《イミーヘ、》着、座敷へ山林の役人を《ミーテ、ヅンプ、オッタ、ニー、ウレンカイ、トノ、》請じた《アフンケ、》。其処で《ター、タ、》懇々と《ランネナ、》説諭を《ヘコタ、》された《イエー、》。

又《スイ、》、或時は《オカーケタ、》、判官酒を《サパネ、トノ、サケ、》飲んで《クー、》、酔ぱらいの《イホシキ、アイヌ、》真似を《ネイノ、ヤイ》して《カラ、テ、》、路傍に《ルー、オッタ、》寝て居た《モコロ、クス、アン、》。巡《ラ》査が《ソッ、》来て《エッ、テ、》

見つけた《ヌカラ、》が、判官《サパネ、トノ、》とは知らないから《ナハ、ハネ、エラマン、クス、》、普通の《ヤイ、アン、》人間《ウタラ、》を叱り付ける《コチヤランケ、ヘ、》ように《ネイノ、》、叱り付けて《コチヤランケ、アニ、》起《モイ》した《モイエ、》。

「起き《ヌマ、》ろ！　起き《ヌマ、》ろ！」

と云い《ナハ、イエ、》ながら《ランケ、》、樒棒《ニー、クワ、》を以て《アニ、》つっついた《ソーチシパ、》。けれども《ネー、ワツカイキ、》尚眠った《トフセ、》振《ネイノ、》をして《カツ、》いる《カラ、》ので《クス、》、巡査《ラソツ、》は怒って《ネアンペ、イルシカ、ヅラノ、》、土足《キロウシ、》の《ケマ、》まま《アニ、》で足蹴《ケマエカーチウ、》にして《アニ、》起こ《モイモイ、》した《クス、》。松本判官起き《マツモト、サパネ、トノ、ヌマ、》上ると《オツタ、》巡査、

「お前の《エ、チセ、》家は、何処だ《ナツタ、アン、》!?　家へ行って寝ろ《エ、チセ、オツタ、オマン、カーネ、モコロ、》！」

と云う《ナハ、イエ、》。で判官は巡査諸共《マツモト、サパネ、トノ、ラソツン、ヅラ、》家《チセ、》へ行き《オンネ、オマン、》、そうして《ナハ、ネーテ、》前に《エトコタ、》やった《キー、》様に《ネイノ、》、自分《ヤイコタ、》の家《チセ、》へ《ヘ、》連れ込《オツタ、ラソツン、》んでは巡査を懇々御諭された《ヅラ、アフン、ネーテ、ラソツン、オツタ、ピリカノ、イオーチヨマレ、》。

「今後と雖も《タニ、オロワ、》、酔ぱらい《イホシキ、ウタラ、》が《カ、》あろう《オカイ、》。どんな《ネイラン、》人間《アイヌ、》にもせよ《ヘネ、》、酔って《イホシキ、》、道路に寝ている《ルー、オツタ、モコロ、》と《ヘネ、キー、アナ》も決して此様な《ツカイキ、ハンカ、イキ、ナハ、》事《キー、》をしてはならん。懇切に《ピリカノ、》採り起《モイモイ、》して《テ、》、家《チセ、》を持って《コロ、》いるもの《アイヌ、》なら家へ送るがいい《ネー、チキ、チセ、ヘ、オツタ、ルーラ、ヤン、》。決して《ハンカ、》木《ニー、》なんぞで《アニ、》、突いちゃ《コニクニネ、》いけない《ハンカ、》。又《カラ、》足《ケマ、》などで《アニ、》蹴ちゃ《ナー、モイモイ、ハンカ、》いけない《キ、ヤン、》。そんな事を《ナハ、ハネ、》しなくたって《エチ、キー、アナツカ、》、善く《イキ、ピリカノ、》云って聞かせれば《エチ、オーマレ、クス、ネ、》善いんだ《イケ、ピリカ、アンペ、ネー、》。今お前《タニ、エチ、キー、ヒ、》がした様な《ネイノ、》事をしては《エチ、キー、クス、ネ、イケ、》、誠に宜しくないぞ《ソンノ、エン、アンペ、ネー、》。」

と《ナハ、》、松本《マツモト、》判官《サパネトノ、》に《オロワ、》諭され《アネオチヨマレ、》た。《カラツシ、》それ《ネア、》以来《オロワ、》役人達《トノ、ウタラ、》が目が覚《ワン テツシ、》めて《ク ス、》、普通の人《ヤイ、オカイ、ウタラ》を余り《オツタ マシキン、》、乱暴《エンノ、》には取《ハネ、》扱わ《カラツシ、》なくなって、今日《タ ニ、》まで《パハノ、》善く人々《ピリカノ、ウタラ、》を労り世話《シカシマツシ、ヒ、》するようにな《タハネ、》った。

三　石狩に於ける青年時代

(一) 漁場の労働

明治《メーヂ、》十七年の年の秋《アルワン、イカシマ、ワン、パー、》に、丁度私が十八歳になった時、愈々石狩村の漁場へ下り、こ《ネー、パー、ケヘ、チユキータ、アノカイ、ヅペサンパー、イカシマ、ワンパー、アンネー、オッタ、アシンノ、イシカリ、チエ、コイキ、ウシ、オッタ、サ》れから同郷の土人達《パン、ネーテ、オロワ、アイヌ、イッシンネ、》と一所《ヅラ、》に魚漁《チエ、コイキ、》の働き《モンライケ、》に従事《アンキー、》した。

初め《アシンノ、》て対雁村《ツイシカリ、》へ来た、当初三年許《オッタ、アリキ、アン、パハノ、レ、パー、パハノ、》は、官から《トノ、オロワ、》扶持を宛て《イペ、アニコンテッシ、》がわれていた。けれども《ネーテ、》いつ迄も宛てがい扶持で居らせる《ヘンパラ、カーネ、ネヤッカ、トノ、オロワノ、イペ、アンヌ、アニコンテ、》訳にも行かない《ハネ、キー、》から、《クス、》六《イ》箇場所《ワン、パイヤ、》を網や、綱や、其外《ヤー、ナー、カイタ、ナー、》一切の漁具を添えて、土人達へ呉れ、そして共救組合というもの《ウサアン、チエ、イワンケ、オルンペ、ヘ、ヅラ、イッシンネ、アイヌ、オッタ、アンコンテッシ、ネー、テ、オロワ、キヨーキユークミアイ、ナハ、アン、レイ、》を組織さして、《アネカラカラッシ、》土人《テ、アイヌ、》一同独立《イッシンネ、ヤイコタ、》して漁をやる《チエ、コイキ、》所《コタン、》にして《ネ、》下附された《アンコンテッシ、》。

対雁の土人村から、《ツイシカリ、ウン、アイヌ、コタン、オロワ、》此石狩《タン、イシカリ、》の漁場までは、九里しか無《チエ、コイキ、コタン、パハノ、シネペサン、イチリ、パテ、》かった《アン、》から、《クス、》最初は対雁に老《アシンノ、ネアンペ、ツイシカリ、オッ》人と小供とを留守居さして、《タ、オンネルイ、ウタラ、ヘカチ、ウタラ、ヅラ、オハチルンナッシ、》働く者だけ《モンライケ、ウタラ、パテ、》石狩へ働くに出掛けるので《イシカリ、オンネ、モンライケ、エパイエ、オカイ、アッシ、》あった。

で、正月は《ネーテ、シヨンカチ、オッタ、》土人一同《アイヌ、イッシンネ、》対雁で《ヅイシカリ、オッタ、》暮らして、《オカイ、アナッシ、》二月の中頃から《シヨンカチ、チユフ、オロ、エンコヅラ、レチユフ、オロワ、》働く者が《モンライケ、ウタラ、》石狩の方へ下って《イシカリ、オンネ、サパッシ、》

浜で鰊の漁の支度にかかる《ピシ、サムタ ヘロツキ、コイキ、エヤイカラカラ、キーシ、》。材木《ニー、》を取るとか《ツ゚イエ、ナー、》、舟《チシ、》を造るとか《カラ、ナー、》、其外色々な仕事をし《ター、サマタノ、ウサアン、モンライケ、キーシ、》、そして、四月の月から《ネーテ、オロワ、イーネチユフ、ネー、チユフ、オロ、》愈々鰊漁の仕事に取《ヘロツキ、コイキ、モンライケ、》かかる《アン、》。鰊の漁が《ヘロツキ、コイキ、》済むと《ヘマカ、ランケ、》、石狩河や海浜《ナイ、オロワ、ナー、アツ゚イ、シャム、》などで《ワ、ナー、》鮭の漁が始まる《チユフ、チエ、コイキ、モンライケ、アン、》。それから十二月の月の二十日頃までかかって、それで、一年の漁が終わる《ネーテ、オロワ、ツ゚、チユフ、イカシマ、ワン、チユフ、ネー、チユフ、ホツネ、トー、ネー、トー、ケヘ、パハノ、モンライケ、アン、ネア、オッタ、ネア、パー、ケヘ、モンライケ、ヘマカ、》。土人一同《アイヌ、イッシンネ、》対雁《ツ゚イシカリ、》の方へ《オンネ、》引上げる《ホシピ》。

私《アノカイ、》も最早《タニ、》や働き盛りの若い者《モンライケ、イ、アスカイ、オッカヨ、》になった《アン、ネー、》から《クス、》、土人《アイヌ、》一同《イッシンネ、》と一所《ツ゚ラ、》に働かされた《モンライキ、ウマ、アン、キー、》。

此一《タン、》年の《チエ、》漁が終わって《コイキ、ヘマカ、ランケ、》対雁《ツイシカリ、》の部落へ《オンネ、》帰って来る《ホシピ、》のは《クニ、》、それは《ター、パテ、》楽みなものであった《アネヤイ、ヌノーカ、》。年寄り達や幼いものが《オンネルイ、アイヌ、ウタラ、ヘカチ、ウタラ、ナー、》、喜んで待っていてくれる《キロラン、カーネ、エテーレッツシ、》。久しい間《オホーロ、ノ、》離れていて《ハネ、ウヌカラ、ランケ、》今逢《タニ、ウヌ》う《カラ、》のだから《クス、》、小供達も《ヘカッタラ、ナー、》、年寄りも《オンネルイ、ウタラ、ナー、》、今日来るか明日来るか《タント、アリカン、ヘタネヤ、シーマン、アリカン、ヘタネヤ、》、と待ちに待っていてくれる《ナハ、ラムシー、カーネ、エテーレッツシ、》。誰か《ネ、アイヌ、ヘネ、》先き《ホシキ、》に着いた《エシレパ、》ものの《ウタラ、》話を聞いて《ウエーペケレ、ヘ、ヌーシー、コ、》、何処の誰は、帰り《ヨーポニ、》が遅れるそうだ《アリキ、アナッシ、ナハ、》など聞いて《ヌーシ、オッタ、》は力を落し《エラムエライクシケシ、》、今もう《タニ、モナシノ、》じき来る《アリキ、》と聞いては《アナッシ、ナハ、ヌーシ、オッタ、》愈々待遠うがって《ナールイ、イエシノオカッシ、カーネ、》待っている《エテーレッツシ、》。そうして《ナハ、アン、ランケ、》いる処へ帰って来ると《ホシピ、アナッシ、クス、》、人々《アイヌ、ウタラ、》久振なもんだから《イエヌシ、カーネッシ、クス、》、にこにこ《ミーナ、》して《アニ、》歓迎してくれた《イエヌシカーネッシ、》。

＊　＊　＊　＊　＊　＊　＊

私が《ネーテ、アノカイ、》石狩の漁場に働くように《イシカリ、チエ、コイキ、モンライケ、ウシ、タ、》なって、一年二年程は《シネ、パー、ツ゚、パー、パハノ、》、こう《ナハ、》いう風に《ネイノ、》して対雁に帰《ツイシカリ、オンネ、》

っては又漁場へ働きに出掛《ホシピ、アン、ランケ、スイ、モンライケ、エパイエ、アナツシ、》け出掛けしていたが、これが不便であるので《タンペ、ヱン、ナハ、トノ、ウタラ、ウレンカレ、アニ、》、それから後《ネーテ、オカーケタ、ヅペ》八百五十人の土人一同、対雁を引払って《サン、タンク、イカシマ、アシシネ、クンクヅ、アイヌ、イツシンネ、ツイシカリ、オロワ、》石狩《イシカリ、》の方へ《オンネ、》引越《ヅフ、》すよう《アナツシ、》になった。

此の以後官から貰った対雁の土人耕地は、日本人へ貸付けて《ネーア、オロ、オカーケタ、トノ、オロワノ、アニコンテツシ、ツイシカリ、アイヌ、ハタケ、カラ、コチヒ、シーシヤム、ウタラ、アネルサカラツシ、》開かせる《ハタケ、カラ、》ことにし《アンキーレツシ、》、開墾《ハタキ、》がうまく《ピリカノ、》出来たら《カラ、ヘマカ、オツタ、》、耕地《ハタケ、》から《オロワ、》、出来た《ヘヅク、イペ、》ものの少し《オロワ、ポンノ、》ずつ《ランケ、》、地代として《ハタケコ、アタイ、ネ、》土人《アイヌ、》の方へ《オンネ、》やる《サン、》という事に《クス、イキ、ナハ、》官《トノ、》から《ウタラ、》沙汰《イエー、シ、》があり、そう《テ、アン、ナハ、アン、》いう約束で、対《ウコイタ、ネー、テ、》雁から引越した。《ツイシカリ、オロワ、ヅフ、アナツシ、ヒ、ネー、》

*　*　*　*　*　*

石狩の新住地は、石狩河の《イシカリ、オツタ、アシリ、コタン、ネアンペ、イシカリ、ナイ、》(北岸)増毛寄りの《マシケ、ヅターノ、アン、》河岸で、雷札と云う所であった《ナイチヤー、ワ、ライ、サツ、ナハ、アイ、イエー、コタン、ネー、》。此処《タン、コタン、》に八百五十人の土人の家《オツタ、ヅペサン、タンク、アシシネ、クンクヅ、アイヌ、チセ、》を建て《ロシキ、》、大きな《ポロ、》部落《コタン、》を成して住むように《アンガラツシ、テ、オツタ、オカイ、アナツシ、》なった。此村へ《タン、コタン、》建てた家はもはや《オツタ、ヘヅク、チセ、ウタラ、ネアンペ、》古来《フシコ、》の土人《アイヌ、》風《チセ、》の家では《ハンネ、》無く《テ、》って、日本造《シーシヤム、チセ、》の形《カツ、》の様《ネイノ、》な家《チセ、》を建てた《アンカラツシ、》のであった。

対雁の土人学校は土人の引払後は、対雁村の小学校となって日本の小供がはい《ツイシカリ、カンピ、ウチヤーカシノ、チセ、ネアンペ、アイヌ、ウタラ、イサム、テ、オカーケタ、ツイシカリ、コタン、シシヤム、ウチヤーカシノ、チセ、ネー、テ、アン、シーシヤム、ヘカツタラ、オツタ、》るようになった《アフプ、アン、テ、オカイ、アン、》。今でも《タニ、ネ、》、あることであろう《アナツカイキ、アン、クニ、ネ、アン、ラム、》と思う。

私今に《アノカイ、タニ、》なって《オカイ、アン、オツタ、》、つくづく考《アン、パーカリ、》える《イケ、》と、こうして《ナハ、カーネ、》、対雁《ツイシカリ、》の村《コタン、》をただで《ヤイ、》棄てる《アノチツパ、》ようにして《ネイノ、アン、アンペ、》

了ったのは返す《テーコロ、》返すも惜しかった《アノシコロ、》が、何とも《ワツカイキ、エネ、》仕方がない《アンカリサム、》。

併乍《ネー、ワツカイキ、》黒田《クロダ、》長官《パーセ、トノ、》から六箇場所に於て《オロワ、イワン、パイヤ、オツタ、》魚漁を《チエ、コイキ、》土人達に《アイヌ、ウタラ、》さして頂いた《アンキー、レツシ、》から《クス、》、此頃鰊の《ター、オツタ、ヘロツキ、》大漁の時は、三箇場所《ポロンノ、アンライケツシ、オツタ、レ、パイヤ、》の上り高《ウコタンケノ、》、一年に二万円にも三万円にも《シネ、パー、オツタ、ホホネ、ワン、タンク、レ、クンクツ゚、ワン、タンク、パハノ、アン、》達する金を貰った《イコロ、チソキ、アタイ、ネ、アン、コロ》。詳しくいえば、一場所、千三百石ぐらい取ったが《ランネノ、アイ、イエー、アナ、シネ、パイヤ、レ、タンク、イカシマ、ワン、タンク、コク、パハノ、アン、ライキツシ、》、百石が千余円であった《シネ、タンク、コク、ワン、タンク、イコロ、ネー、》から《クス、》、千石で《ワン、タンク、コク、オ》一万円からの《ツタ、ワン、タンク、ワンペ、ヘネ、》金高《イコロ、》である《ネ、》から《クス、》、三《レ、》箇場所《パイヤ、》合計三万円に上る。故に、土人一人に百《ウコタンケ、ワンタンク、ランケ、レクンクツ゚、イコロ、ネー、ナハ、アン、クス、シネ、アイヌ、オツタ、シネ、》二十円程あたり、二人位ある家は《タンク、ツ゚、クンクツ゚、イコロ、パハノ、コロ、ツ゚、アイヌ、パハノ、アン、オツタ、ツ゚、》、二百《タンク、》円以上《アツカリ》の金《イコロ、》を得た《コロ、》から《ネー、クス、》、此の頃《ター、オツタ、》は、土人達は皆《アイヌ、ウタラ、イツシンネ、》立派に《ピリカノ、》暮らし《オカイ、》て居られた《アナツシ、》のであった。

（二）罪の無い賭

石狩の漁場で働いている《イシカリ、チエ、コイキ、ウシ、オツタ、モンライケ、》人達《ウタラ、》の中では《オツタ、》、私は一番年少であった《アノカ、ネアンペ、イエールイ、シユクフ、アイヌ、ネー、》。けれども《ワツカイキ、》、其頃《ター、オツタ、》もう私は体も大きかったし《アノカイ、ネアンペ、アン、ネトパケヘ、カ、ポロ、》、力も強かったし《キロロ、コロ、カイキ、アン、キー、》、それに《カシケタ、》負け嫌いであった《アニマケタリ、クニ、アネツ゚ーネ、》から《クス、》外のもの《オヤ、ウタラ、》のに《オロワ、》負けない《エポカシ、ハンネ、》ように、一人で、誰もいない所で《アン、キー、クニ、アノカ、シネネワ、ネアイヌ、カイキ、イサム、オツタ、》俵《ターラ、》を担いで見たり、運んで見たりして《アン、リキンケ、ワ、アン、ヌカラ、スイ、アン、ルーラ、ワ、アン、ヌカラ、アネアス》馴れていた《カイ、クニ、ネ、アン、キー、》。

併し、何と云っても小供なもんだから、女達が小供《ネー、ワッカイキ、ネイラ、ネ、ヤッカ、アノカイ、ネアンペ、ナー、シュクフ、アン、ネー、クス、マハネク、ウタラ、ヘカッタラ、》あしらいして仕方《ネイノ、アニカラカラッシ、》がない。私《アノカ、》もよく、冗談ばっ《カイキ、ヤイ、ヘーチリ、イタ、パテ、》かり云っ《アン、キー、》てるもんだ《クス、》から女達な《マハネク、ウタラ、》どは面白《キロラン、》がって《クス、》、からか《ヘーチリ、イタ、》って《キー、》いた。私も負けずに口答えを《アノカイ、ナー、マケタリ、ハネ、アン、キー、クニ、ウエー、キーシ、》した。

　ある晩の事であった《オッタ、シネアン、トー、ケヘ、ウクラン、オッタ、》。仕事も済んで、皆一所に家の中《モンライケ、カイキ、ヘマカ、テ、アイヌ、イッシンネ、チセ、オンナイケタ、》で色々談をしていた《ウサ、アン、ウエペケレ、アンキー、オッタ、》時、女《マハ》達が一所に《ネク、ウタラ、イッシンネ、》なって、こんな《エネ、》事を云《イエイ、》った。

「冗談ばっかり云わずに《ヤイ、ヘーチリ、イタ、パテ、ハンカ、キー、》仕事でもお仕よ《モンライケ、ヘネ、キー、カンネ、》。」

「冗談はうまいけれど、何も出来やしないんだよ《ヘーチリ、イタ、パテ、エアスカイ、ワッカイキ、エアニ、ネイラン、モンライケ、カ、エキー、コヤークシ、ネー、ナンコー、》。」

私は笑いながら《アノカイ、ミーナ、アニ、エネ、アイ、イエイ、》

「な《ヘ》あ《マタ、》に、あんな《ナハ、カーネ、》俵なんか、片手だって担がれらあ《ターラ、ネ、アナ、アノカ、アラッテ、カニ、ネ、アナッカイキ、アン、リキンケ、アスカイ、ナ、》！」

女連は一所に《マハネク、ウタラ、イッシンネ、》大笑い《アネミーナ、》をした。そして《ネーテ、》云うには《エネ、イエイ、》、

「嘘《エスンケ、》！」

「嘘《エスンケ、》！」

私は笑って「本当《アノカイ、スイ、ミナ、アニ、ソンノ、》だ。本当《ソンノ》だ」と云うと《ナハ、アイ、イエ、》、女連は《マハネク、ウタラ、ネアンペ、》

「そんなら《ネーチキ、》、あした《シーマン、》、みんなの見て居る前で《アノカイ、アッシン、アン、ヌカラ、オッタ、》、片手で《エアニ、シネテ、》担いで《アニ、リキンケ、ワ、》御覧よ《ヌカラ、》。」

「若し《エアニ、》、担げな《リキンケ、》かったら《コヤークシ、ネ、アナ、ネア、オロワ、》、もうお前《エアニ、》の云うことは、何一つ本当にしないことよ《エ、イエ、アンペ、ネアンペ、ネイラ、ネアナッカ、イキ、ハネ、アン、ヌー、クス、イキ、》。」

「そして《ネーテ、》仕事が《モンライケ、》済んで《ヘマカ、》家へ帰って《テ、チセ、オッタ、ホシピ、》来ても《ヤッカ、》妾達は誰もお前ともう口一つ聞かない《アノカイ、アッシン、ネアンペ、ハネ、アネヌカラ、スイ、シネイタ、ヘネ、アナッカイキ、ハネ、アイ》わ《イエー、クス、イキ、》」

私は可笑しくなって《アノカ、ネアンペ、アネキロラン、カーネ、》、

「よろしい《ピリカ、ワ、》。よろしい《ピリカ、ワ、》。」

と云った《ナハ、アイ、イエー、》。

翌日、土人達がみんな《シンケヘ、アイヌ、イッシンネ、》、鰊の〆粕《ヘロツキ、シラリペ、》を俵《ターラ、》に造って、それを、船に積み込ん《ネ、アン、カラッシ、テ、ネアンペ、チポー、アン、ルーラ、》だり、庫《スイ、》に運ん《プー、オンネ、アナフ》だりして《ンケ、アンキシ、》いた《オッタ、》。若い者共は盛ん《シュクフ、アイヌ、ウタラ、ポローノ、》に、競い合《ウラウケ、カラ、》って、やって《アン、キーシ、》いる《オッタ、》。向う《タラー、タ、》の小高い《オリーカー、》丘に《タ、》は小供等や、女たちが沢山集っていて《ヘカチ、ウタラ、ナー、マハネク、ウタラ、ナー、ポロンノ、アイヌ、オカイ、ランケ、》、見物《ヌカラッシ、》をしてる。

鰊の〆粕《ヘロツキ、シラリペ、》の一俵は、その重さ三十貫目からして《シネ、ターラ、ネアンペ、エネ、カーネ、パーセ、レクンクツ、パカリ、オロワ、》三十四五貫目位であるから《イイネ、パカリ、アシシネ、パカリ、イカシマ、レ、クンクツ、パカリ、ネー、クス、シネ、タ》、一俵を《ーラ、シネ、アイヌ、》一人で肩に挙げて《タハコマリ、テ、》運ぶ《ルーラ、》のは強い方で《オッタ、コソシッカーネ、》あった《アンペ、ネー、》。

私は俵を地へ《アノカイ、ネアンペ、ターラ、》立てて《ホタリカ、テ、》、上の端を自分の胸の《ホリコ、アン、エトクホ、アン、ラム、カ、ハ、》辺へ附けて《アネウツシ、テ、》、片手で《アラ、テ、カニ、》俵の横縄《クチヒ、》を攫んで《アニ、キシマカラ、》

ヨウ！《オアツテカニ、》　と許りに肩へ引張って《アン、タペラ、オンネ、アノクシ、テ、》肩の《タペラ、》上へ《オッタ、》載せると《アン、リキンケ、》すぐに、《ヅラノ、》落ちないように、俵の小口《カーナ、ハーチリ、ハネ、キー、クニ、ネ、オアラ、エヅフソキ、》へ手を持ち易えた。《オンネ、アン、テキ、アニタサレ、オッタ、》　一遍は、余り力を入れ《アシンノ、アンキ、オッタ、マシキ、キロロ、》過ぎて、背中を《ユフ ケノ、アン、キ、アニ、》超えて後へ《イオシマ、ケ、ネ、》おっこ《ハーチリ、》とした。

丘の上の女たちや《オリーカー、タ、オカイ、マハネク、ウタラ、》小供連《ヘカ ツタ ラ、》は、どっと《イッシンネノ、》挙げて、

「やあ《ヘー、》い！　大きな《エ、チャルフ、》口利いて《ユフケ、》！　やあい。《ヤナ、》　成程《エ ネ、》お前は《オカイペ、》強いよ。《エコソッシ、》　だから、《ク ス、》おっこ《エ、》とすわ《ハーチレ、ヘ、》い、やあい！」

と《ナ、》囃し《イエーシ、》立てて《アニ、》大笑い《エウミナレッシ、》をした。

くやしくって《アネオチシ、》、堪らないから《ク ス、》、すぐ又、其の《カーナ、ネア、》俵を《タ―ラ、》立て直して《アノタリカ、》、《テ、》前に《ホ シキ、》やった《アン、キ、》様に、《ネイノ、》胸の処《アン、ラム、カ、》へ立て掛けて《アネウシ、テ、》、横縄《クチ ヒ、》を摑んで《アン、キシマ、テ、》片手で以て《アラッテカニ、》再び《カーナ、》肩へ押し上げた《アン、タペラ、オンネ、アン、リキンケ、》。

今度は、《タニ、ネアンペ、ピリカノ、》よく落着いて《アネヤイラム、》やったから、《シロ マ レ、テ、アン、キー、オッタ、ピリカノ、》いい塩梅に肩へ納まった。《アン、タペラ、オッタ、シロマ、》　そこで《ネア、オッタ、》ヨイシ《テレケ、》ョヨイショと駆け出し《アン、アニ、アン、ルーラ、》た。

丘の女達や小供たちは《オリー、カー、タ、オカイ、マハネク、ウタラ、ヘカツタラ、》やんやと囃した《エヤラパッシ、》。

（三）不慮の災難

然るに此石狩に漁をしている間に《ナ、アンペ、ネ、ワツカイキ、タン、イシカリ、オツタ、チエ、コイキ、アン、ラーポキタ、ハメネ、アン、》、思いも寄《クニ、》らぬ事が起《アン、ラムフ、ネ、ヤ、》って、三百幾十人《レ、タンク、イカシマ、カーネ、》という土人《アイヌ、》が木《ニ、》でも《ホラ、ハ、》倒れる《ネイノ、》様に吾々を遺して《アイヌ、ウパツサン、ネ、》世を去《イホツパツシ、》った。これ《タンペ、》は即ち《ネ、アンペ、》明治《メーヂ、》十九年の年《シネペサン、パー、イカシマ、》の虎疫と痘瘡との流行のためであった《ワン、パー、ケタ、コレラ、ホーソー、ナハ、アイ、イエ、イコニ、アニ、ナハ、アン、アイヌ、ポロンノ、イサマンペ、ネ、》。

で、コレラ病の始まりは、十九年の年の夏からで、秋までに段々激烈になって行っ《ネーテ、コレラ、ナハ、アイ、イエ、イコニ、アシンノ、アニ、ヒ、ネアンペ、シネペサン、イカシマ、ワン、パー、ネ、パー、ケヘ、サキータ、オロ、チユキータ、パハノ、イシトシネ、アイヌ、イサム、キー、ク》て冬かけて春近くまでに、物の沈んで行く《ス、アン、ネ、アイネ、マタイタ、パハノ、パイカラ、イハンケ、パハノ、ネイランペカ、ラウトイ、ネイノ、》様に親戚の人や親しくしていた友達が《アイ、シランコレ、ウタラ、ナー、スイ、アン、トルコニ、ウタラ、ナー、》後から後から《オーポケンパノ、》みな私を置いて《エムイケ、アイ、シホツパレツシ、ヒ、》世《タ》を去《ハネ、》った。虎病《コレラ、》が済んだ《ヘマカ、》と思ったら、又、痘瘡という《ナハ、アン、ラム、ネア、イケ、シユイ、ホーソー、ナハ、アイ、イエ、》病《イコニ、》が流行《アニ、》って、又々《シユイ、》、土人《アイヌ、》が夥しく《ポロンノ、》、何か倒れる《ネツナラマハ、ネイノ、》様にバタリバタリと惜しい《ピリカ、》人達が世を《アイヌ、ウタラ、エムイケ、アイ、》去って《シホツパレツシ、》了った。

翌年の二月になって病気《オヤ、パー、ケヘ、ツ、チユフ、ネ、チユピ、ヒ、オツタ、イコニ、》も少し《ポンノ、》衰えかけた《サウレ、クス、カラ、》頃私も《オツタ、アノカイ、ナー、》とうとう罹《イコニ、マウ、》って了った《アン、コロ、》。

私が病気になった《アノカイ、イコニ、マウ、アン、コロ、》噂《ナハ、》を、知《チ》古《コ》美《ピ》郎《ロー、》が聞《ヌー》いて《テ、》、蔭で大層心配して呉れた《イセンピリケ、タ、エラムホカンパ、ナハ、イエー、》そうだが《ナハ、アン、ヌー、》、そ《テ、》の中に《シユイ、》、知《チ》古《コ》美《ビ》郎《ロー、》も《カ、》罹った《イコニ、》という《マヌイ、》事で《ナハ、アン、ヌー、》私も《オツタ、》大層心配をしていた《テーコロ、エネ、アン、ラム、アン、コロイ、パテ、アツシ、》。「土人達《アイヌ、ウタラ、》の世話を《シカシマ、》よく見て《シリ、ピリカ、》呉れる人で《アイヌ、ネー、テ、》あるんだのに、悪く《ポローノ、》でも《ヘネ、》なっ《キー、》たら《アナ、》、事だな《エン、》」と案じていた《ナハ、アネ、ラム、オカイ、》。どう《ネイラ、》にかして《アン、キー、ワ、》、見舞い《アン、カーオー、》に行き《ヌカラ、》たい《ルスイ、》と思ったけれど《ワツカイキ、》、私自身《アノカイ、》も《カ、》病気《イコニ、》でいる《アン、》から、見舞うこと《レンカイネ、イカーオーニカ、》

も出来ず、空しく《カイキ、アン、コヤークシ、クスヤイ、》床に《モコロ、》就て《アン、》いながら《ラーポキタ、》、色々な《ウサ、イキン、》事《ネ、》考えて《アネラム、》たけれど《オカイ、ワカ、》、何とも《アネネカリ、》仕方《イサム、》が無かった。その間に《ター、ラーポキタ、》、此《タン、》知《チ》古《コ》美《ビ》郎《ロー、》も《ナー、》亦遂にあの世《アイ、シホツパレツシ、》へ逝った。

（四）アイヌの英傑

此《タン、》知《チ》古《コ》美《ビ》郎《ロー、》という人は《ナハ、アイ、イエ、アイヌ、ネアンペ、》、土人中でも優れてえらい人で《アイヌ、オツタ、カ、イエールイ、パーカシノ、カーネ、アイヌ、ネー、》、思慮のある《テーコロ、ラムアスカイ、》、其上、弁舌も達《カシケタ、イタハ、オツ》者な人であった《タ、カ、ピリカ、アイヌ、ネー、》。

明治十二年か三年の頃であった《メーヂ、ヅパー、ヘネ、レパー、ヘネ、イカシマ、ワンパー、ネー、パーケヘ、ネクニ、》——総頭領《アンラム、サパネ、ニシパ、》樺《カバ》村《ムラ、》勇《ユー》登《ト》呂《ロ》麻《マ》加《カ、》が亡くなった《イサム、》時、《オツタ、》樺《カバ》村《ムラ、》勇《ユー》左《ザ》衛《エ》門《モン、》という土人が《ナハ、アイ、イエ、アイヌ、ネアンペ、》其亡父の後を継ぐべきもの《ター、イサム、アイヌ、カワリ、ヘ、ネー、クン、アイヌ、》であった《ネー、》が《ワツカイキ、》、まだ《ナー、》若年である《シユクフ、アイヌ、ネー、クス、》ので、勇左衛門《ター、ユーザエモン、》は先代の頭領役《タン、エトコツタ、ニシパケ、ヘ、》になる《カワリ、ヘ、》べきものだが《キー、クンペ、ネ、ワツカイキ、》、成人する《ラム、パハノ、》迄、暫時待命《ポンノ、ヤスミ、》して、其の《ネーテ、ヘ、》代りに《オロ、》此《タン、》木下《キノシタ、》知《チ》古《コ》美《ビ》郎《ロー、》が官家から《トノ、ウタラ、オロワ、》、此ものならば《タン、アイヌ、ネ、アナ、》八百五十人《ヅペサン、タンク、アシシネ、クンクヅ、》の土人《アイヌ、》の頭領《サパネ、アイヌ、》にして《ネ、アンカラ、》も結構《アナツカ、ピリカ、》務めて行ける《ナハ、トノ、ウタラ、》と、見込まれて《ウコパーカリツシ、テ、》、終に総頭領に挙げられた《サパネ、アイヌ、ネー、ヘ、タハネ、》。其下には《ター、コツサーケタ、》真岡の《マオカ、ウン、》土人《アイヌ、》西崎西郎《ニシザキ、ニシロー、》氏と、《ナハ、アイ、イエ、アイヌ、》白主の《シラヌシ、ウン、》土人、東山梅雄《ヒガシヤマウメオ、》氏と《ナハ、アイ、イエ、アイヌ、》、此二人が《タン、ヅ、アイヌ、》、副頭領にされた《ヨーヅタン、サパネ、アイヌ、ネ、アンカラツシ、》。

当時《ター、オツタ、》知《チ》古《コ》美《ビ》郎《ロー、》には《ネアンペ、》、自分《ヤイコタ、》の弟も《ヌカンラム、フ、カ、》あった《アン》。けれども《ワツカイキ、》、樺《カバ》村《ムラ》勇左《ユーザ》衛《エ》門《モン、》を何時でも《ヘンパラ、カネ、ネヤツカ、》自分《ヤイ》の側へ置いて《コタ、シサマ、タ、アマ、》総頭領の《アニ、サパネ、アイヌ、》事務を《ウサアンペ、》習い覚えさせて居た《エネキーヒ、イチャーカシノカラ、》。そして《ネー、》自《テ、》分の《ヤイ コタ、》死んだ後には《イサム、オカーケタ、》此樺村勇左衛門《タン、カバムラ ユー ザ エ モン、》を頭領にさせて《サパネ、アイヌ、ネ、カラ、テ、》、九春古丹の樺村の《クシュン コ タン、オルン、カバムラ、》家を《チセ、ヘ、》再興する《エアーレ、》様に《クス、》とそう云い《ナハ、イエー、テ、》遺して亡くなった《シマコライ、》。だから《ネー、クス、》知古美郎の《チ コ ビ ロー、》没後又樺村勇左衛門が総頭領となって《イサム、オカケタ、カバ ムラ ユーザ エ モン、ネアンペ、サパネ、アイヌ、ネー、》、自《テ、ヤイ》分の《コタ、》家の《アン チセ、》あとを《ケセケ、ヘ、》立てる《ホタリカ、》ことが《テ、》出来た《アン、》。

知古美郎《チ コ ビ ロー、》という人は《ネアンペ、》、そういう風に《ナハ、ネイノ、》、情誼の篤い《ウタレ、イサンペ、ハウケ、》、度量の広い《ラムフ、カ、》人で《ポロ、アイヌ、》あった《ネー、》から《クス、》、どんなものでも《ネイラン、ウタラ、》此人を《ネヤツカ、》悪く《エンノ、》いう《イエー、》ものが《ウタラ、》無かった《カ、イサム、》。村の人達の事などでも《コタン、オツタ、オカイ、ウタラ、オルシペ、》、知古美郎と《ネヤツカ、チ コ ビ ロー、》いう人は、色々人々の為に万事よい様に《ネアンペ、ウサアンペ、ウタラ、コツサーケ、タ、ウサアンペ、エネ、ピリカ、ネイノ、》よい様に取計って《キー、》呉れる《ワ、コンテ、》の《アンペ、》であった《ネー、》。若い者《シュクフ、ウタラ、》でも、年寄りでも、此人からは《ネヤツカ、パー、ポロ、ウタラ、ネヤツカ、タン、アイヌ、オロワ、》、叱られても、腹が立たない《アン、コチヤラクタシ、ヤツカ、ルシカ、ネアンペ、》と云っていた《ハネ、キー、シ、ナハ、イエーシ、》。私はこれまで《アノカ、ネアンペ、タニ、パハノ、》色々な《ウワツテ、》人を《アイヌ、》沢山見たけれど《ポロンノ、アン、ヌカラ、ワツカイキ、》、此の人程風采の《ナ ハ、アン、ニシパ、コエプー、》揚った人を《アイヌ、》まだ《ナ ー、》見た《ハネ、》事が無い《アン、ヌカラ、》。堂《ピリ》々《カ、》たる日本の《シシャム、》御役人方に《トノ、ウタラ、》比べても《オロワ、ネアナツカ、》、そう見劣り《マシキン、エポカシ、》はしない男振で《ネアンペ、ハン、キー、アイヌ、》あった《ネー、》。啻に《ヤイ、》風采《カツフ、》ばかり《パテ、》気高い《ピリカ、》のでは《アンペ、カ、》なく《ハンネー、》、ほんに、心から《ラムフ、》気高い《オロワ、ピリカ、》のであった《アイヌ、ネー、》から《クス、》、迚も、此の人に及ぶ《ネイラ、ネアナツカ、タン、アイヌ、パハノ、》程の《アン、》士人は《アイヌ、》、無かったと《ネアンペ、シシャハ、クニ、》私は思う《アン、ラム、》。だから、此の人の亡くなった時は《ナハ、アン、クス、タン、アイヌ、イサム、オツタ、》、士人達のみで《アイヌ ウタラ、パテ、》は無しに《ハン ネ、》、高官の人方までも《ピリカ、トノ、ウタラ、ネ、アナツカ、》、惜しがって《オシコロ、ク ス、》、好い人物を《ピリカ、アイヌ、》失って了ったなあと云って《イサム、ヘマカ、クス、ネ、アニ、ナハ、イエーシ、ランケ、シキ、》、涙を流して歎息された《オロ、ヌンペ、チシ、テ、カーネ、エラートトシ、アンペ、ネー、》。

知古《タナ》美郎《イヌ、》の墓石は、三百余人の《トイコフ、ネアンペ、レ、タンク、イカシマ、》と一所に、対雁の《アイヌ、ヅラ、イッシンネ、ツイシカリ、》江別村にある《エペチ、ナハ、アイ、イエ、コタン、オッタ、アン、》。上野正とい《ウエノマサ、ナハ、アイ、イエ、》う方は、開拓《トノ、ネアンペ、カイタク》使《シ、》の役《トノ、》人で吾々土人の世話係の役人であった《ネー、アノカイ、アッシン、アイヌ、イッシンネ、シカシマ、イレンカ、コロ、トノ、ネー、》が、或る時《シネ、アニー、》、知古美郎《チコピロー、》の墓《トイ、》へ詣で《オッタ、オマン》て《テ、》涙を流して手巾を以て《シキ、オロ、ヌーペ、チシ、テ、カーネ、ハンケチ、》自《アニ、》分《ヤ》の涙《イ、ヌーペ、》を拭い乍ら《ピル、カーネ、》、惜しい《ピリカ、》人《アイヌ、》を亡くなした《イサマンペ、》。実《テー》に残念だ《コロ、アノッシコロ、》と慨かれるので《ナハ、イエ、》私達までも《アノカイ、アッシン、ネアナツカ、ター、ハ、》、それを見ていたら《アン、ヌカラ、》非常《クス、テーコロ、》に泣き《チシ、》たい、心持《ルスイ、ラン、》にな《ネイノ、》ったので《アンペ、》あった《アン、コロ、》。

そういう《ナハ、アン、グス、》事で、此《タン、》の知古美郎《チコピロー、》でも《ネ、アナツカ、》、こんなに《ナハ、ネイノ、》土人《アイヌ、》達一同、私共に至るまで《ウタラ、イッシンネ、アノカイ、アッシン、パハノ、》、此人《タン、アイヌ、》をこ《ナハ、》う思うというのも《カーネ、エラム、アン、アンペ、ネヤツカ、》、矢張り《ランマ、》、黒田長官《クロダ、ポロ、パーセ、トノ、》が土人を石狩へ連れて《アイヌ、ウタラ、イシカリ、パハノ、ヅラ、》来られて《エッ、》、此処《オッタ、》でお歴々《トノ、ウタラ、》の大勢《ポロンノ、》の間へ《トモケタ、》立ち交って《アフン、カーネ、》諸事万端《ウサ、アン、ペ、》土人の為めに《アイヌ、コッサーケタ、》面倒見て居た《エオコイタ、キー、アニ、》から皆から思われ《ナ、カーネ、アイヌ、イッシンネ、》るようになった《オロワ、ナハ、アネラム、オカイ、アッシ、》。これ《タンペ、ネ、》というのも《アナツカ、》北海道へ上命のまま《ホッカイドー、オッタ、トノ、イレンカ、アニ、》に渡来して《アリキッシ、》、それ以来こ《タンペ、ケセケ、ワ、ナ、カー》ういう人物《ネ、アン、アイヌ、》になった《ネー、ヘ、》ように《ネー、クニ、》私《アン、》は思う《ラム、》。それ《タンペ、》と《ネ、》いうのも《アナツカ、》、お歴々《トノ、》の方から《オロワノ、》も好く思《ピリカノ、アンラ》われて《ムッシ、》いたから《クス、》こそ、ああ《ナハ、》も色々《カーネ、》の事《ウサ、アン、ペ、》も知り《カ、》役人方《ワンテ、トノ、》から、此《オロワ、》だけの《パハノ、カ、》えらい《ピリカ、》ものにも《アイヌ、ネ、》、仕上げられ《アンカラッシ、ヒ、》たろう《ネー、》と《クニ、》思う《アネラム、オカイ、》。

（五）悪闘

私など、《アノカイ、》若い時分には力も強かったし負けん気であったから、色々な事を仕出来《シュクフ、オツカヨ、アン、ネー、カーネ、キロロ、コロ、カイキ、アン、キー、オヤ、ウタラ、オロワ、エポカシ、アン、キー、エヅーネ、クス、ウサ、アン、オルシペ、カ、アネヅクレ、アン》か《ペ、》し《カ、》ては《アン、》、知古美郎《チコピロー、》にも《ナー、》生前心配かけたこともあった《アシシヌ、カーネ、エラムカンパー、クニ、アン、ヱン、プーリ、アン、キー、アンペ、カ、アン、》。

或年《シネ、パー、》の正月に、知人の家へ呼ばれて御馳走になった《シヨンカチ、オツタ、アウワンテ、アイヌ、チセ、オツタ、アニオサカンケツシ、テ、マラツト、アニコサンケツシ、オツタ、》。其時大勢の客があって《ネア、オツタ、ウアツテ、アイヌ、オカイ、テ、》色々な話を《ウサ、アン、ウコイタ、》しながら《キーシ、アニ、》、酒《サケ、》を飲んでいた《クーシ、クス、オカイ、アツシ、》。私達などは《アノカイ、アツシン、ネアンペ、チセ、》、家の人達の《コロ、ウタラ、オカイ、イ、》席の方で御馳走に《オツタ、マラツト、アニコサ》なっていた《ンケツシ、》。其時、何とか云う《ネア、オツタ、テマナ、レイ、コロ、》人だか、知らない《アイヌ、タカ、アネラミシツカリ、》人が《アイヌ、》其座に列して居て《ター、チセ、オツタ、ウマ、アン、》、向うの方で《テ、ター、カクヅルコロノ、》酒を飲みながら《アン、テ、サケ、クー、ラーポキタ、》無暗に《エタラカノ、》、土人を《アイヌ、》悪口し始めた《ヱンノ、イエー、クス、アン、》。それが段々、激しく《ネア、イタキ、ヒ、アナイネ、ユフケノ、》なって《キー、》、馬鹿だの《アイヌ、ネアンペ、ラムフ、サ》意気地無しだの迚も聞くに聞かれない程、罵詈嘲弄をしている《ツペ、ネー、クス、ネイラ、アン、カラ、アナツカ、ピリカ、ナ、イエ、アニ、アノカイ、ネアンペ、アン、ヌー、エヅーネ、クニ、ネ、ウサ、アン、イタキー、》。私共は、それを聞《アノカイ、アツシン、ネアンペ、アン、ヌー、》いて《ヤイネ、》、飲んだ《アン、クー、》酒も《サケ、カ、》醒めて《オポキノ、》了い《ヨーポソ、》飲む酒《サケ、カ、》も、苦く《ケーラ、ヱン、》なる様《ナハ、》な気が《アン、ラム、》した。けれども《ネ、ワツカ、イキ、》堪え堪え《アネヤイラム、コキ》てじっ《シマ、アニ、》として《オカイ、》いたが、終に怺え切れ《アン、ワツカイキ、アナイネ、アレハウサ、オカイ、》なく《カ、》なって斯う云った《アン、コヤークシ、レンカイネ、エネ、アイ、イエイ、》。

「もしもし《オイ、オイ、》！　向うの《タラ、》檀那《ニシパ、》！　お正月《シヨンガチ、》ですよ《ネー、クス、》。どうか《ハウラツカーネ、》御手柔かに《アイヌ、エンノ、》願います《イエー、カーネ、》。」

と、斯《ナハ、》うやっ《アイ、イエ、》たら、こちらを、《オツタ、イヘコタ、》ジッ《インカラ、》と見《テ、》て、

「何《ヘマタ、》だ？　正月《シヨンカチ、ヘタネヤ、》だ？　正月だから《シヨンカチ、ネー、クス、》、どうした《テマナ、》ってんだ《アン、ヒー、》？」

斯う《ナ、》云う《イエ、》から《クス、》、私《アノカイ、》も《ネアナツカ、》負けん気《アニマケタリ、》だから《クニ、アネヅーネ、クス、》、斯う《エネ、》返した《アイ、イエイ、》。

「正月《シヨンカチ、》というもの《ネアンペ、》は、お互いに《ウネイノ、》笑って《ミーナ、》面白く《アン、カーネ、キロラン、カーネ、》酒《サケ、》を飲む《アン、クー、》がいい《クス、ネ、》んだろうと思う《イケ、ピリカ、ナンコー、》。幾ら《ネイラ、》土人《アイヌ、》だって《ネアナツカ、》、正月早々《シヨシカチ、オロワ、》悪口《エン、イタ、》聞かされちゃ《ヌー、イケ、》、好い心持ち《ピリカ、ラム、》がしないんだ《ネアンペ、ハネ、コロ、アンペ、ネー、》。」

と、やった《ナハ、アイ、イエ、》。そしたら《ネア、イケ、》、其の《ネア、》お客は《ニシパ、エネ、イエイ、》、

「何《ヘマタ、》!?　生意気な《パケサラン、ヅラ、》！　土人《アイヌ、》の分《ネー、》際に《ランケ、》！　俺《クアニ、》を知らんか《エ、エラムシカリ、ヒ、》？　此《タン、》の顔を知らんか《ク、ナヌフ、エ、エラムシカリ、ヒ、》？　誰《ナータ、》だと思《ナハ、エエ》って《ラマンテ、》、そんな《ナハ、アン、》生意気云う《パケサラン、イタ、エキー、ヒ、》？」

よせば《ハネ、アネヅニヨ、アナ、》、よかったのに《ピリカ、クス、ネヤー、》、私《アノカイ、》も《カ、》終若気《シユクフ、》のむら気で《アン、オツタ、ネー、クス、》、グット癪に据え兼ねて《アネランタサシキ、ラム、アニ、》「なあに《エアニ、》、糞《ヘマタ、》！」と《ナハ、》思って《アン、ラム、》了《クス、》ったから《エネ、アイ、イエイ、》、

「何人だか知らない《テマナ、アン、アイヌ、タ、カ、アネラミシツカリ、》けれど《ワツカイキ、》、見た所《アン、ヌカラ、》余り《イケ、マシキ、》大した《ポロ、》おっかない《アネオハイネ、》人《ウタラ、》でも《カ、》無い《ハン、ネー、》」

斯う《ナハ、》やったら《アイ、イエイ、》、大将怒る《ヘ、ネヤ、ター、ニシパ、》の怒らない《テーコロ、ポローノ、》の、肩を《イルシカ、アニ、タツスヅフ、》捲くって《アシンケ、》怒鳴って来た《アニ、イコヌハーワイエ》。

「何ほざき上がる《ヘマタ、イエ、ヘ、》！　もう《ナー、》一遍《アツスイ、》云って《イエー、ワ、》見ろ《ヌカラ、》！　俺《アノカイ、》の此の《アン、》腕は柔道で錬えた腕だぞ《タツスヅフ、ネアンペ、ヤワラ、エアスカイ、アン、テキヒ、ネー、》！」

こう、やって《ナハ、イエー、テ、》、立ち上って怒鳴って《イコキヤラツシ、アニ、イコヌハーワイエ、》来るから《クス、》、

「ハハ《アネミナ、》ハハハハ《アニ、》何腕だか知らないが、腕なら、私にもある。《テマナ、アン、タッス、タカ、アネラミシカリ、ワッカイキ、タッスフ、ネアンペ、アノカ、カイキ、アン、コロ、》」
と私もビクともしないでいた《ナハ、アイ、イエ、テ、アネ、オハイネ、サーヌ、カ、ハマン、キー、テ、オカイ、アン、》。到《ナ》頭《ニ、》其男、拳を振り上げ《ネア、ニシパ、モナンカリ、イコイキ、クス、》て、立《ヌ》ち《マ、》上《ワ、》って来《エッ、》た。其時《ネア、オッタ、》一座《ターダ、》の人々が驚いて止めに掛《イッシンネ、オカイ、ウタラ、エホペヌシ、クス、オカハワシシ、》ったけれ《ネ、ワカイキ、》ど聞かば《ハネ、ヌー、テ、》こそ、

「我輩《アン、》の腕《タッスヅ、》を見ろ《ヌカラ、》！」

と《ナ、》叫び《イエー、》乍ら《アニ、》、私の方へや《イコーヌハーワ、エッ、》って来た。だから私も斯う云った《ネ、アンペ、クス、アノカ、ネアナッカ、エネ、アイ、イエ、》。

「これア面《キ》白《ロ》い《ラン、ナー、》。どういう《テマナ、》腕だか《テ、ヘ、ヘタネヤ、》、見せると云うなら《イ》見せて《ヌカンテ、》貰おう《ワ、アン、ヌカン、ルスイ、》。」

と云って私も立ち上った《ナハ、アイ、イエ、アニ、アノカイ、ナー、パイケ、アン、》。皆はあわてて止めにかかる《アイヌ、イッシンネ、エホペヌッシ、クス、イ、オカハワシッシ、ネ、ワカイキ、》けれ《エネ、》ど、どうも《アン、ラム、イ、》、勢いこう《アッスイ、ナハ、》なって《アン、》は《アンペ、》、もはやどう《ネイラ、》なろ《ネ、》うと《アナッカ、》仕方《ピリカ、》がないと《ナハ、》思ったから《アン、ラム、カーネ、》立った《パイケ、アン、》。向うの《イクシ、ワ、》男は《アン、ク、》目を《ネアンペ、》怒らして《イキヒ、カラカラ、アニ、》、

「庭へ《ヘソイネ、》出ろ《アシン、》！　庭へ出ろ《ヘソイネ、アシン、》！」

と《ナ、》云い《イエ、》乍ら《アニ、》、自分で《ヤイコタ、》庭へ《ソイ、タ、》出て《アシン、》待構えて《テ、イテーレ、クス、》いる《アン、》から、私もおい来たと《アノカイ、ネアナッカ、イタサ、》、のそり《レンネタラ、》のそり出て行《アシパアン、ヒ、》く《ネア、》と、

「此《セタ》畜《ポ》生《ー》！」

と云い《ナハ、イエ、》さま、《アニ、》矢《ナ》庭《ニ、》に私の胸倉《アン、ヌイ、サマ、ハ、》グイ《ウフ、》と《クス、》攫む《カラ、オツタ、》。其の手《アニ、テキヒ、》の来《モ》るが《ナシノ、》早いか《アツカリ、》、こっち《アノカイ、》から《イタサ、》其手《テキヒ、》をムズと《アヌキーネ、》取って哄《ナニ、》！　と許りに投倒《アネシシタ、》した。

足も手も宙に《ケマ、ハ、ナー、テキ、ヒ、ナー、》向けて《ホタリ、》暫時《テ、》、《ルリシケ、》起き上れ《ヘテス、カ、》なかった《ハンキ、》。

それを《ネア、オツタ、》見て《アノカ、》私は《ネアンペ、マシキ、》、余り強く《ユフケノ、》やり過ぎたか《アン、キ、ヒ、》知ら《ハンネ、ヤー、》？　こんなに《ハネ、ヘ、》するんじゃ《アネモンタサカラ、》、無かった《アナ、ピリカ、》と、《クス、ネ、》気の毒に《ヤー、》思ってると《ナハ、アンラム、》、むっくり《ヅラノ、》起き《ヌ》上って《マ、テ、》墻根に《チャーシ、ネ、ニ、》結ってある木を《シネ、ニ、》一本引っこ抜い《ウツテ、》て、其で《イ、エター、》私を打とう《カラ、》と《クス、》振り被って《イコニ、イツスイ、》打ち掛って《カヅ、カラ、》来た《ヅラノ、》。《ナニ、》下をくぐって《ネア、ニ、エンボキ、パーニーネ、》打とう《イター、》と《クス、》する其《カラ、》肘を《テキヒ、》グイと《モナシノ、》攫むと《アヌツ、》、木は《ニー、ヘ、ネアンペ、》カラリと後の《イオシマ、ケ、》方へ《ワ、》ころげ落ちる《ハーチリ、》。引っ《イタサ、》ぱずして《アヌキー、ネ、》どしんと《ユフツケノ、》鳴る程《アニシツシター、》据えつけた。

起き直る《ヌ マ、》かと《ク ニ、》見て居たけれど《アン、ヌカラ、ワツカイキ、》、起き上がり《ヌマ、》もしない《カ、ハネ、キー、》。必ならずも腹立ちまぎれ《ヤイ、イツサイカノ、アン、ラム、テ、イルシカ、ヅラノ、》にしはした《アン、キ、アンペ、》けれ《ネ ア、》ど、こんな《イケ、ナハ、》人《カーネ、》いじめを《コイハウケレ、》して《シリヒ、》、いやな目を《アン、ヌカラ、》見たから《クス、》自分の《アン、チセ、》家へ帰って《オツタ、ホシピ、アン、》来た《テ、オカイ、アナイケ》――

其晩遅く《ネア、ウクラン、》なって、呼ばれた家の妻君《モイレノ、オツタ、サケ、クー、アン、チセ、オルン、チセコル、マハネク、》が、何か心配そうな顔を《ネイランペ、エラム、ホカンパ、クニ、ネイノ、イポロ、コロツテ、》して、私の家へ這入っ《アン、チセ、オツタ、アフン、》た。そして《ネーテ、》私に向って云うには《イ、オツタ、エネ、イエ、イ、》、

「大変《テーコロ、》な事に《エン、オルシペ、》なって《ヘツク、》しまっ《クス、》たよ《カラ、》。あんまり《マシキン、》お前強く打って《ポローノ、キロロ、ツラ、》やった《エ、キー、》と《アン、》見えて《ク ス、》、彼の《ター、ニシ》人《パ、》は、もう《アナイネ、》助から《エン、》ない《ヘネ、》そう《キー、》だ《クス、カラハ、ネー、シリ、アン、》。私はよくも《ピリカノ、》知らない《アウ、ワンテ、ハネ、》けれど、何でも《ワツカイキ、エネカ、》肋骨とか《テフル、ポネ、ヘネ、》が折《カイ》れたんだ《テキ、ヘ、ネー、クニ、》そうな《イエ、》。まあど《テ マ ナ、》うし《アン、キ、》たら《イ ケ、》いい《ピリカ、》んだ《クンペ、》ろうね《ヘタネヤ、》え。何とか《ネイラ、カ、ピリカ、》しな《クニ、ネ、》きゃいけま《ハネ、キー、アナ、エン》いねえ《クス、イキー、》。」

と、途《ナハ、イエテ、》方に暮れて居た《テーコロ、ヤイコパーカリ、クス、アン、》。私はそれを聞いて《アノカイ、ネア、オッタ、アン、ヌー、テ、》、今更後悔を《ホロカ、スイ、アネヤイオカパシ、テ、》した。私も見舞に行ったも《エウンチヤ、クス、オマン、アンペ、》んだろうかどう《テマナ、》したら《アン、キー、》よかろう？　一旦こうや《アッスイ、ナハ、アン、キー、》って《ヘマカ、》しまっ《アンペ、》たもの、どうされよう《テマナ、アン、カラ、クス、》。どうならば《ネイラ、アナッカ、》なれ、警察署なり、裁判所なり《イチヤナッテ、チセ、ヘネ、ウコイタ、チセ、ヘネ、オッタ、》、行く所へ、行こう《パイエ、アン、ワ、》。悪い事した《ヌ ン ノ、ア ニ、》以上、警察へ《イチヤナッテ、》上げ《カラツシ、》られよう《アナッカ、》と、仕方《ピリカ、》がない。

と、そ《ナハ、》う覚《アネラム、》悟を《オカイ、》きめ《クス、》て落ち《アレハウサ、オカイ、》つい《アン、》て居た。

二三日立って御年始に行く途中で《ヅ、トー、レ、トー、パハノ、オカイ、アン、テ、シヨンカチ、オンカミ、エオマン、ルー、オッタ、》知古美郎《チ コ ピ ロー、》に、ふいと逢《アン、コイカーリ、》った。そして《ネーテ、》私に《イ、オッタ、》、こう《エネ、》云った《イ、イエイ、》。

「飛ん《エン、》でもない《プーリ、》事仕出来《エ、コロ、ホ、》かしたな《タハネ、》　俺が平生《イシランマ、》お前達に云って《エチ、ヘコタ、アイ、イエ、》聞か《イ ケ、》せてるのに、聞《ハネ、》かずに《エチ、ヌー、》さ！　乱暴《エン、》な事《プーリ、》しちゃ《ハンカ、》、いけ《コ ロ、》ないぞ。今後《ナツテ、オロ、》、こんな振舞《ナハ、アン、プーリ、》したな《エ チ、》らもう今度は《コロ、アンペ、ネー、チキ、》

俺《アノカイ、》は知《アネラミシツカリ、》らんぞ。　お前《エチ、オカイ、》ら、勝《エチ、ラムフ、レンカニ、》手に、臭い飯《エン、トコ、オッタ、エチ、アフフ、》食おうと、何しようと、《アナツカイキ、》俺は知らんぞ《アネラミシツカリ、クス、イキ、》！」

と云《ナハ、イエ、》った《テ、》。　連れの西崎《イヅラ、アイヌ、ニシザキ、》西郎•東山梅雄《ニシロー、ヒガシヤマウメオ、》の此二人《ター、ヅ、アイヌ、》は微笑して、《ポンノ、イミーナツシ、テ、》

「どうも、《マシキン、》力が《キロロ、》強いんだ《コロ、》からなあ《クス、》！　そんなに、《ハウケノ、》ひどく《キー、》やる《ナハ、》積もり《ラム、アンペ、》では《ネー、》無かったろう《ワツカイキ、》が勢い《キロロ、》込んで余程えらく《ユフケノ、キー、アニ、ポローノ、》行ったんだなあ《エ、コイシウ、カラ、ハ、ネー、シリ、アン、》！　お前《エアニ、》は強力者だから、なあ《キロロ、ユフケ、アイヌ、エネー、クス、エネ、アニヒ、タハネ、》！」

と云《ナハ、イエ、》った。

（六）盟契

そんな《ネア、》事が《オロワ、》あって、物の二十日《ホホネ、トー、パハノ、》も立《アン、》った《テ、》頃、私の投げつけた《アン、コイシウ、》人《ニシパ、》から《オロワ、》伝言《ソンコ、》の使が来《コロ、アイヌ、》た。《エキ、》　伝言が云うには、《ソンコ、イエ、エネ、アン、》

「一寸私の《イルカイ、アン、》宅の主人《チセ、オッタ、ニシパ、》が、先頃喧嘩をした《ケシトーノ、ウコイシウ、》方《ニシパ、》に一寸《イルカイ、》宅までお出で下さるよう《アネウタサレ、》と云う《ナハ、イエ、ウ》ことで、《テカラ、》お使に《クス、》参り《アリキ、》ました《アニ、》の《ヒ、》です《タハネ、》。」

と云う《ナハ、イエ、》。　私は、《アノカイ、》何のために、《テマナンペ、》どういう《ヘター、クニ、》事が《ネイラ、》云《アン、ペ、》い《イエ、》たいのだろう《ルスイ、ヘタネヤ、》！　まあ行《パイエ、アン、》って《テ、》見よう《アン、ヌカラ、》と《ハ、ネー》

いう気になって、《ナンコ、ナハ、アン、ラム、テ、》其人《ネア、ニシパ、》の処《オッタ、》へ出掛けた《パイエ、アン、》。

そして《ネーア、》其人の《ター、ニシパ、》家へ《チセ、ヘ、》行っ《オッタ、》たら、《パイエ、》まだ《アン、》床へ就いて《モコロ、オマイ、オッタ、》居る《アン、》という事《ルーフエ、》であった。《アン、》けれど、《ネーア、》其《ネア、》の後の経過が宜しかったそうで、《オカーケタ、アン、コイシウ、アンペ、ピリカ、クニ、ネ、アン、クス、》これならば、目出度全治しそうだ、《ナハ、カーネ、アン、クス、ネ、アナ、ピリカ、ネー、ナンコ、》まあ心配した程《マシキン、アネラムホカンパ、パハノ、》ではなかったと、やっと安心した。《ハネアン、クニ、ネ、アン、シリヒ、アン、ナハ、アン、ラム、》

そして《ネーテ、》向の人は、《ネア、ニシパ、》私の《アノカ、》来た《アリキ、》のを《アンヒ、》見て、大層喜んで《ヌカラ、テ、エラムシンネ、》床の上へ《クス、オマイ、》坐っ《カータ、アン、》て《テ、》私へ断う話した。《アノカイ、オンネ、エネ、イエイ、》

「こないだは、《ケシトーノ、》僕が《アノカイ、》酔払って、《イホシキ、アン、クス、》失敬な《エン、》事を《イタ、》云った。《アン、キー、アニ、》何も酒の上の事であるから、決して《ネイランペ、カ、サケ、ヅイ、カー、タ、アン、アンペ、ネー、クス、ハンカ、イキ、》悪くとって《エンノ、》呉れ給うな。《エラム、アン、ワ、イコンテ、》僕も此通り《アノカイ、カ、ナハ、ネイノ、》ひどい《アン、》目に逢っ《コイウニン、アンペ、》たけれど《ネ、ワツカイキ、》君も酒の上《エアニ、カ、サケ、》で《ヅイ、カー、》やった事だから、決して《タ、ウネイノ、アンキ、アンペ、ネー、クス、》警察だの裁判所へだのと云わずに二人で《イチヤナツテチセ、トノ、パハノ、ナー、ウコイタ、チセ、パハノ、ハネ、アイ、イエ、ノ、ヅ、アイヌ、ネ、》内内に《ホカンパ、》済ま《ハ、ハネ、》す《キー、》積りだ。就ては、《クニ、ネー、》酒でも《サケー、》買って《ヘネ、アン、コロ、》仲《テ、》直りをし《ウコランペタ、アン、キー、》ちゃどうか？《アナ、ピリカ、》　これ《ケセケタ、》から《オロ、》後改めて、《ホロカ、シユイ、》別懇《ウヅヤシカ》になりたい。《ラ、アン、キー、クニ、ネ、》何処で《ネイ、タ、》又逢っても仲善く《シユイ、ウヌカラ、アン、オツタ、ピリカノ、》懇意にして欲しいと思う」《ウヅヤシカラ、アン、クニ、ネ、アン、キー、アナ、ピリカ、ナハ、アン、ラム、》

そう《ナハ、》云っ《イエ、》て《テ、》私に《イ、ヘコタ、》話した。《イエ、》

私も元から恨みのある《アノカイ、カ、エトコ、オロワ、アニコオチシ、》人で《ニシパ、》も《カ、》ないし、こうやさしく《ハン、ネー、クス、ナハ、ネイノ、ピリカノ、》話《イ、ヘコタ、》され《イエー、》ては、《オツタ、》今更《ホロカ、シユイ、》誠に気の毒《アネヤイ、ネコロシ》になった。《マ、ラム、アン、コロ、》

そこで《ネーテ、》云うには、《エネ、アイ、イエイ、》

「イヤ《アノカイ、》ど《カ、》うもそ《ナハ、ピリカノ、》う云《イ、ヘコタ、》われて見る《エ、イエー、オッタ、》と、私は今更誠に面目がない《アノカイ、ネアンペ、ホロカ、シユイ、アネヤイオカパシテ、クス、》。何も彼も酒《ネイランペ、ネヤッカ、サケ、》の上で《ヅイカータ、》やった《アン、キ、》事で《アンペ、》ある《ネー、》んだから、免じて下さい《クス、ナ、イイエー、オッタ、ソンノ、カ、ナ、アン、ラム、》。だ《ネー、》から《クス、》君《エアニ、》の云われる《エ、イエ、》通り《ネイノ、》、酒《サケ、》でも《ヘネ、》買っ《アン、コロ、》て、仲直り《チキ、ナカナオリ、》をして《アン、キー、》今《テ、》より後《ケセケ、オロワ、》、何処《ネイ、タ、》で逢ってもお互懇意にしましょう《ウヌカラ、アン、アナツカ、ウヅヤシカラ、アン、クニ、アン、キ、アナ、ピリカ、》。」と云って《ナハ、アイ、イエ、》、私五升買い《アノカイ、アシシネ、チヨンパイ、オロワノ、》、それから、向の人《アニ、ヒ、》も五升買って私の方の人達も此の人の宿の《アシシネ、チヨンパイ、アンコロ、テ、アン、ヅルクニ、ウタリ、ヒ、ナー、ター、ニシパ、ヤンド、ネ、チセ、》人達も一所に兄弟名乗《オルン、ウタラ、ナー、イッシンネ、ウコランシピ、アン、》をするように《クニ、》約束《アネウコイタ、》をきめ《ヘマカ、》て兄弟名乗《ウコランシピ、》の酒《サケ、》を酌み交わ《アン、クーシ、》した。私も若い時分《アノカイ、シユクフ、アン、》迄は、何でも負けている事が嫌い《パハノ、ネアンペ、ネイランペ、カ、アニエマケタリ、カラ、アンペ、アエヅー、ネ、》だったから《クス、》、度々人と喧嘩もし、警察へも召喚された《ウヅルケタ、オヤ、ウタラ、ヅラ、ウコイキ、カ、アン、キー、ウチヤーナッテ、パハノ、ヤイ、パイエ、アン、》。けれども《ワッカイキ、》何時でも、自分の方《ヘンパラ、カネ、ネアナツカ、ヤイコタ、》から手出しをした《オロワ、ウコイキ、エホツペカラ、》事《カ、》は無《ハネ、》かった《アン、キー、》から《クス、》、処罰される《アニチヤーナッテ、》程の《パハノ、》悪い《エンノ、》事を《アン、キー、》仕出来かし《ポロ、オルシペ、カ、》はしない《イシヤム、》。

石狩で魚取りをして暮らして《イシカリ、オツタ、チエ、コイキ、アン、キー、》いる間《パハノ、》にも、随分永い《オホーロ、》間《ウヅル、》であっ《オツタ、》た《ネー、》から《クス、》、色々な《ウサ、アン、》事が《オルシペ、》ある《アン、》。

漁場には、到る処に、内地を食いつめて北海道へ渡った《チエ、コイキ、ウタラ、オツタ、ネイタ、ネヤツカ、エント、モシリ、オロワ、ヱンノ、キー、ランケ、ホツカイドー、オツタ、オマン、》浮浪の徒《ヱン、ラム、コロ、ウタラ、》がごろごろ《ポロンノ、》して《アン、》いた。こういう《ナハ、アン、》先生《ウタラ、》たちが《ネアンペ、》土人《アイヌ、》達の漁を終えて《ウタラ、チエ、コイキ、ヘマカ、オツタ、》給料《サニヨ、》を受取《コロ、》ったばかり《オツタ、》の処をつ《ヌカ》け《ラ、》覗って《ランケ、》どしどし《ポローノ、》入込んで《オフプ、》来る《アッシ、》。そして《ネイ、ランケ、》散々だまかして捲き上げて《アイヌ、ウタラ、コカンタマ、ランケ、イコロ、コウフ、ランケ、》行ったり、中《オマン、ウタラ、カ、オカイ、》

には、ひどい《オロワ、スイ、テーコロ、》乱暴を働いて、無理無体に《エン、プーリ、コロ、ランケ、ウサ、アンペ、アンノ、》掻払って《ウフ、ランケ、》行く《オマン、》ものも、《ウタラ、カ、》沢山《ポロンノ、》あった《アン、》。こう云う《ナハ、アン、ペ、》所が目にはいると、《アン、ヌカラ、アニ、オッタ、》どうしても《ネイラ、アナッカ、》黙って《ヤイ、》見て居れない《アン、ヌカラ、アン、コヤークシ、》から、《クス、》こんな《ナハ、アン、》先生達《ウタラ、》を何人《ヘンパキウ、カ、》打ちのめして懲らして《アン、ラマツコンテ、テ、アナマ、》置いたか、《アンペ、カ、》知れない《アネラミシカリ、》。

けれどもこんな話は、《ネー、ワカイキ、ナハ、アン、ウヱ ペケレ、》唯々《ネアンペ、》自分の《ヤイコタ、》自慢をする《ヤイオルイエテ、》ようでいやだから《ネイノ、アン、アンペ、ネー、クス、》こんな話は此に《ナハ、カーネ、パテ、》止めておく《アイ、イエ、テ、アナマ、》。

四　帰郷

(一) 扁舟

石狩《イシカリ、》の漁場には、魚がまだ沢山捕れるし、私達は、何ひとつ不足な《チエ、コイキ、ウシ、オッタ、チエ、ネアンペ、ナー、ポローノ、アン、コイキッシ、ネーテ、アノカイ、アッシン、ネアンペ、ネイランペ、シネ、》事もなく暮らし《ヘネ、アネネカリサム、アンペ、ネアン》ていた《ペ、イサム、》。けれども《ワッカ、イキ、》、国《コタン、》から一所に出て来た親しい《オロワ、ヅラ、イッシンネ、アリキ、アン、アイ、シランコレ、》人達《ウタラ、》が皆世を去《エムイケ、イホッパ、》ってしまって《ヘマカッシ、》か《テ、オロワ、》ら何の楽しい《アネーラム、マイサン、》事もなく《オカイ、アン、》なって《キー、クス、》、小さい《ハチコ、》時に《オロワノ、》、振棄て《アノッパ、》て来た故郷《アン、モシリヒ、》が恋しく《アウヱオマンテ、》なった。そ《カシ》の上《ケタ、》、お祖父さん《アン、チンケウ、》お祖母さん《ウタリ、ヒ、ネ、アナッカ、》も、みな、一所に眠《エムイケ、アン、コ、モコンテ、》ってい《アン、》られる故郷《モシリヒ、》の地、其東《アルッ》海《ル、》岸《ケ、》に《ワ、》は遠い《ヅイマ、》けれども《カーネ、》、縁つづき《アイ、シランコレ、》の人達《ウタラ、》も《カ、》尚残《ナー、オカイ、》っているそう《ハウエ、ヘ、》に聞いて《アン、ヌー、クス、》いる。どうして《テマナ、》居ら《オカイ、》れるの《キーシ、》であろう《ヘタネヤ、》か、其《カ、》さえわからない《アネラミシッカリ、》のであるけれ《ワッカ、イキ、》ど、私などは、国の事は、夢のよう《アノカイ、ネアンペ、アン、モシリ、ヒ、ネアンペ、タラハ、ネイノ、》にしか《パテ、》、知らないが《アウ、ワンテ、ワッカイキ、》、年寄り達から聞けば《オンネルイ、ウタラ、オロワ、アン、ヌー、イケ、》、河には《ナイ、オッタ、》魚が《チエ、カ、》溢れて《ポローノ、》居、海にも同様魚が溢れ《アン、アヅイ、オロワノ、カ、ウネイノ、チエ、カ、ポローノ、》ているそうな《アン、ハウヘ、アン、ヌー、クス、》！　一度でも《アッシユイ、ヘネ、》自分《ヤイ、》の故郷に《コタン、エネ、》、どんな人達《アン、アイヌ、》が居るか《オカイ、キ、ヒ、》、見て見たい《アン、ヌカン、ルスイ、》ような気《ナハ、》がする《アン、ラム、》。

　そこで《ネーテ、》、石狩から《イシカリ、オロワ、》遥々函館にあった《ヅイマ、カーネ、ハコダテ、オッタ、》役所へ行って私共一同、郷里の先祖の墓参り《ヤクシヨ、オンネ、パイエ、アン、テ、アノカイ、アッシン、アン、ヘヅク、コタン、アン、チンケウ、ウタリ、トイ》に行きたいから、旅行免状を下附して《ヘ、アンペ、アン、ヌカラ、エオマン、ルスイ、クス、オマナン、カンピ、アン、コン、》戴きたい《ルスイ、》、と願って見たら、案外容易に免状が《ナハ、アネイコランヌー、ワ、アンヌカラ、ネア、オッタ、エネ、アンパーカリ、アッカリ、》下りた。《イッサイカノ、カンピ、アニコンテッシ、》

　それから《ネーテ、オロ、》、明治二十六年の年八月の月、石狩の雷札の村を去って樺太へ帰る仕度《メイヂ、ヅクンクヅ、イワンパー、ネー、パーケヘ、ヅペサン、チユフ、ネー、チユピ、ヒ、イシカリ、ライサツ、ナハ、アイ、イエ、コタン、カラフト、オンネ、ホシピ、エアイウコ》をした。《ライパ、アン、キーシ、》　其時《オッタ、》の同行者は、私の家内と私の子《アン、ヅラ、ウタラ、ネアンペ、アノカ、アン、チセ、アヌタリヒ、アン、ポーポ、》の八代吉《ヤヨキチ、》、それから《オロワノ、》内友《ナイトム、》の昔の《エトコ、タ、》頭領の《ニシパ、ウタラ、》後胤の内藤忠兵衛と其家内と娘の芳子、《オカーケタ、ヘヅク、アイヌ、ナイトー、チユーベー、ヅラ、ネア、ウタリヒ、マツポーホ、ヨシコ、》それから《オロワノ、》、雲羅宇志計《ウンラウシケ、》という人(此人は後に《ナハ、アイ、イエ、アイヌ、タナイヌ、ネアンペ、オカ》真岡へ行って亡くなった)《ーケタ、マウカ、オッタ、オマン、テ、オイサム、ヘマカ、》尚外に、《スイ、サマタ、》年寄り《オンネル、アイヌ、》が三人居た。《レ、アイヌ、アン、》　一人は、胡蝶別の昔の頭領の《シネ、アイヌ、ネアンペ、コチヨペツ、オルン、フシコ、ニシパ、ケシ、》後胤で、一人は、淵瀬遠淵の人で、今一人は、皆淵の人であった。《ネアイヌ、ネー、シネ、アイヌ、ネアンペ、ブッセ、トー、ブッ、オルン、アイヌ、ネー、ナー、シネ、アイヌ、ネアンペ、ミナブチ、オルン、アイヌ、ネー、》

　此人数すべて、私と共に十三人で河崎船一艘に色々な漁具や米などを積込んで《タノカアイヌ、ウタラ、イッシンネ、アノカ、ヅラ、レ、アイヌ、イカシマ、ワン、アイヌ、ネー、カワサキ、ナハ、アイ、イエ、チシ、オッタ、ウサ、アン、チエ、コイキ、イワンケ、ナー、アマム、ナー、アン、ク》石狩川の口を出た時は、八月の十三日であった。《サ、テ、イシカリ、ナイ、チヤラ、オロワ、アシパン、オッタ、ヅペサン、チユフ、ネー、チユフ、レトー、イカシマ、ワントーホ、ネー、トーケヘ、オッタ、ネー、》

　十三人の中から、老人二人と女や小供等を除いた残りの四人の男が舟子となっ《レ、アイヌ、イカシマ、ワンアイヌ、オロワ、オンネル、アイヌ、ヅ、アイヌ、ネワ、マハネク、ヘカチ、ウタラ、ナハ、カーネ、ハネ、アイ、イエ、テ、オロワ、アン、イーネ、オッカヨ、ネ、チポー、ウタラ、ネー》た。　其四人の中で《タン、イーネ、アイヌ、オッタ、》内藤忠兵衛が最年長者の故を以て、《ナイトー、チペーカ、ネアンペ、イエールイ、パーポロ、アイヌ、ネー、》船頭となり、《クス、チシ、サパネ、アイヌ、》あとの《ネー、》吾々三人《オロワ、アン、レ、》の若者が水手となった。《シユクフ、アイヌ、ネアンペ、チポルナイヌ、ウタラ、アン、ネーシ、》

始めて《アシンノ、》出か《ホプニ、》けた《アン、》日は浪も無く《トー、ネアンペ、コイ、カ、イサム、》風が《レーラ、》よかっ《ピリカ、》たから《クス、》ずんずん《モナシノ、》進んだ《パイエ、アン、》。翌日《シンケヘ、》は増毛へ《マシケ、オッタ、》着き、其翌日は《エシレパ、アン、スイ、シンケ、ヘ、》筑別へ着いた。少《チクペチ、オッタ、エシレパ、アナッシ、ポンノ、》し浪気《コイ、マウ、》があっ《アン、》たから《クス、》、筑別川に《チクペチ、ナイ、オッタ、》船を入れて、二三日《オフプアン、テ、ヅトー、レトー、》程日和を見合《パハノ、シン、ヌカラ、アナッシ、》わせた。それから《ター、オロ、》出発して《ホプニ、アナッシ、》天塩川へ《テセウ、ナイ、オッタ、》船を入れ《オフプ、アナッシ、》、ここに一夜を明かし《ター、タ、シネ、ウクラン、レウシ、アナッシ、》て、翌日宗谷《シンケ、ヘ、ソーヤ、》の稚内へ到着した《ワッカナイ、オッタ、エシレパ、アナッシ、》。それから《ター、オロワ、》昔の会所前という所へ《エトコタ、カイシヨマエ、ナハ、アイ、イエ、トコ、オッタ、》船を着けた《エシレパ、アン、》。

（二）難船

ここから愈々宗谷海峡の荒汐を乗り切らねばならぬ。そこで、八日の間日《ター、オロワ、タニ、アッシ、ソーヤ、アヅイ、ヘ、トモヅイエ、ユッケ、アヅイ、ウヅル、アン、トモヅイエ、シ、テ、パイエ、アナッシ、クス、ナハ、アン、ラム、ネーテ、タータ、ヅペサントー、オッタ、シン》和見をして、八日目に愈々乗り出した《ヌカラ、アナッシ、ヅペサントー、ネー、トー、オッタ、タニ、アッシ、ホプニ、アナッシ、》。途中から風《シシヅカリ、オロ、レーラ、》が悪く《エン、アニ、》なって、浪《コイ、》が荒《ユフケ、》れるから《クス、》、《ネイ》迚も進む《ラ、ネヤッカ、パイエ、アン、》ことが出来《コヤークシ、》ない《クス、》。途中から《シシヅカリ、オロ、》一先ず引返し《ホシピ、アナッシ、》宗谷《ソーヤ、》の灯台《ラッチヤク、》の下の、左内という《エンポキ、タ、サーナイ、ナハ、アイ、イエ、》処に一日暮らして《コタン、オッタ、シネ、トー、オカイ、アン、》、明くる日《シンケ、ヘ、》又《スイ、》出掛けて行っ《パイエ、アナッシ、》たが《ヒ、》、今《ネア、》度《タ》は霧が深く《ニ、ネアンペ、ウーララ、》下りて《ラン、アニ、》、更《ネ、》に行《オロ、》先《カ、》が見えない《アン、ヌカラ、カ、ハン、キー、》。能登呂《ノトロ、》の岬へ船《オッタ、チシ、》を着け《ヤパナッシ、》よう《クス、》と思ったが《ナハ、アン、ラム、ネヤ、》誤っ《ハンネー、》て《テ、》、能登呂《ノトロ、》の外海へ出て《アルヅル、ケ、ワ、》、白主村《シラヌシ、コタン、》の方へ《ヘコタ、》行っ《パイエ、アン、》たのであった《ルーフエ、アン、》。それ《ネア、》から《オロ、》、逆に又船《ホロカ、スイ、チシ、》を引返して《アノシピカ、》能登呂《ノトロ、》の崎を是《ネイ》非とも《ラ、ネヤッカ、》廻ろうとする《アネカリ、ルスイ、》と《アニ、》浪《コイ、》のために《アニ、》能登呂《ノトロ、》の鼻へ《エトコ、》打《タ、》ち付けて閣岸《アニ、ヤンケッシ、》したが、其《ネア、》の岬角《ノホ、エトツ》

の岩の上へ《タ、スマ、カータ、》船《チシ、》が上《ヤン、》って《アニ、》こなごなになった《チヱンテ、》。

此の時の辛苦艱難は、譬えんに物なし《ネア、オッタ、ラムホカンパ、カシケタ、シンカ、ネアンペ、ネイランペ、アッカリノ、》で、口で《チヤラ、オッタ、》私は述べ切れない程であった《アイ、イエ、カ、アン、コヤークシ、パハノ、アン、ヤイケ、ムホース、アン、キーシ、》。自分の体一つは《ヤイコタ、アン、ネトパケ、シン、ネアンペ、》どんなにでもして、《ネイラ、ネアナツカ、イキ、》上ろ《ヤータ、》うと《ヤパン、》すれば《エアスカイ、》上られる《アンペ、》。けれども元より《ネー、ワッカイキ、エトコ、オロワノ、》

船中の人々は《チシ、オー、ウタラ、ネアンペ、》、自分ひとり《ヤイコタ、パテ、》助かろ《シッシヌ、》うと《クニ、》は思わない《ナハ、エラ マン、ハネ、キー、》。目の前で、自分の妻《アン、ヌカラ、カーネ、ヤイコタ、アヌタリ、へ、》や子供《ヘカチ、ナー、》の死《ライ、》ぬのを《テ、》自分のみどうして生きられよう《アノカ、パテ、テマナン、キ、ワ、シッシノ、アン、クンペ、ハンネー、クニ、アン、ラム、》。そこで《ネー、クス、》有らん《アン、キー、》限り《エアス カイ、》の死力を尽して女た《パハノ、モンライケ、アナッシ、アニ、マハネク、》ちや、《ナー、》小供等を、やっと《ヘカチ、ウタラ、ナー、ヱンノツカ、》の事で陸へ《ヤー、タ、》救い上げた《アイ、ヤン、ケッシ、》。

それ《ネーテ、》から、《オロワ、》沈んだ《チロリ、》船《チシ、》の中の荷物や米などを《オッタ、アン、ウサ、アンペ、アマン、ナー、イッシンネ、ライ》死力を尽して《コリ、》上げた《アイ、ヤンケッシ、》。その中に《ネーテ、オロ、》ただ《パテ、》塩など《シシポ、ナー、》水に浸って了ったもの《ワッカ、アニ、ペーネ、ヘマカ、アンペ、ネアンペ、》は、皆うっちゃって《エムイケ、アノチシカ、ヘマカ、》そして、《ネーテ、》人々一同《アイヌ、イッシンネ、》やっと命から《ライコシマノ、》がら砂浜へ《オタ カー、タ、》上った《ヤパナッシ、》。そこで《ネア、オロ、》始めて、《アシンノ、》懐かしい《アウヱオマンテ、》故郷の土を踏みには踏んだが、気も体も《アン、モシリへ、トイへ、カシケタ、ヤパナッシ、ネーテ、オロワ、アン、ラム、シン、ナー、アン、ネ》労れはてて動く事も出来なかった《トパケ、シンカ、ヅラノ、オカイ、アナッシ、》。

(三) 故国の流浪

どっち《ナッタ、》へ行《オカイ、》ったら《アナツシキ、》よかろう《ピリカ、ヘタネ、ヤ、》?

途方に暮れて居ると《ナ、アン、ラム、カーネ、オカイ、アナッシ、ヒ、ネヤ、》、其処へ《ネ ヤ、》、近く《コイ カリ、》の大きな《ポ ロー、》灯明台《ラッチャク、》の守衛《ブンキ、》らしい《ネ、》露兵《ヌチャ、ヘイタイ、》が一人《シネ、エキ、》、やって来た。其の露西亜人《ネーア、ネア、ヌ チャ、》が吾々一同《アノ カイ、アッシン、》を見つけて《イヌカラ、クス、》、こっち《イ、オッタ、》へ寄って来た《エッ、》。露西亜語も《ヌ チ ヤ、イタ、カ、》吾《アネ》々は知らない《ラミシカリッシ、》けれど《ネ、ワッカイキ、》、露西亜人《ヌ チ ヤ、》から《オロ ワ、》何か話しかける《ヘマタ、イエー、》から聞いて《クス、アン、ヌ、》見たが《ワッカイキ、》一向通じない《アネラミシッカリッシ、》。《ネー、》ただ《ヤ イ、》、吾々一同《アイヌ、イッシンネ、》相談をして《アン、ウコパーカリッシ、》見た《キ、》が露西亜人《ヌ チ ヤ、》が、手だの足だの《ネアンペ、テキ、ヒ、ナー、ケマ、ハ、ナー、》で以て《アニ、》身振で《ノカター、アニ、》云う《イエ、》ことは《アンペ、》、考えて《ヤイ、》見る《アン、》のに《パーカリシ、イケ、》、何やら《エネ、 カ、》、あちら《タラー、タ、》に人家《チセコ、》でも《ヘネ、》ある《アン、》とか《ヘタネ、ヤ、》又水もある《スイ、ワッカ、ナー、アニ、ヒ、》とか、そんな《ナ、 イエ、ヘ、》事《ネ、》話して《クニ、》る様に思われた《アン、ラムッシ、》。

そこで《ネーテ、》私達が《アン、ヅラハ、テ、》附いて行って《パイエ、アナッシ、》見ると《アン、ヌカラ、ハ、ネヤー、ソンヌ、カ、ワッカ、ナー、エハンケ、アン、》、本当に水も間近にあり、又家《スイ、チセ、》に用いた材木《ニー、》な《ナー、》どもあった《オカイ、》。それから《ター、オロワ、》人々一同《アイヌ、イッシンネ、》其処へ《ター、タ、》やって《アリキ、》行って《アナッシ、》、《テ、》家《チセー、》を建て《アン、カラッシ、オッタ、》、それから長い間《オホーロノ、》、其《ター、》の能登呂《ノ ト ロ、》の崎《オッタ、》に暮らしていた《オカイ、アナッシ、》。

そうして《ヤ イ ネ、》いる中に能登呂《ノ ト ロ、》灯台《ラッチャク、》の守備隊長《ブンキ、ネー、サパネ、》の妻君《ヌチャ、マチ、ヒ、》の兄《ユピ、ヒ、》だという《ネー、》人《ヌチャ、》でカチメル《カ チ メ ル、》と《ナハ、》いふ露人《アイ、イエ、ヌ チャ、》が其処《ター、タ、》へ来た《エキ、オッタ、》。此人は、土人語を少し《タン、ヌチャ、ネアンペ、アイヌ、イタ、ポンノ、》知って《ワンテ、》いる露西亜人《ヌ チ ヤ、》であった《ネ ー、》から《ク ス、》其人の《ネア、ヌチャ、》云う話を《イエー、アンペ、》聞くと《アン、ヌーシ、イケ、》、此処から《テ ー、オ ロ、》露西亜《ヌ チ ヤ、》の里《イ》程で三十里余程行くというと《チリ、アニ、レ、クンクヅ、イチリ、イカシマ、カーネ、パイエ、アナッシ、クス、ネ、イケ、》、利屋泊《リヤ》と云う所がある《トマリ、ナハ、アイ、イエ、コタン、アン、》。其処に《ター、タ、オ》小樽の岡田《タル、オルン、オカダ》ダイサン《タ イ サ ン、》という漁業家の番屋がある《ナハ、アイ、イエ、チエ、コイキ、ニシパ、コロ、バイヤ、アン、》。今は《タニ、ネ、》

もう《アナ、》九月《チユキータ、》間近で漁場の《エハンケ、クス、チエ、コイキ、》人達は《モンライケ、ウタラ、》内地へ《シシヤム、コタン、》引揚げ《オンネ、ホシピ、》たけれども《ヘマカ、ネアナツカイキ、》越年《リヤ、》の人々は《ウタラ、ナー、》、まだ居るか《アン、ク》ら《ス、》、そ《タ、》こへ《エ》、行くがいい《ネ、エチ、パイエ、クス、ネ、イケ、》という《ピリカ、》ことであった《ナハ、イエ、》。

そこ《ネー》で《テ、》、どう《ネイラ、》かして《ネアナツカ、》、利屋泊《リヤトマリ、》の方《オンネ、》へ《パ》行き度い《イエ、ルスイ、》と思った《アナツシ、》けれど《ワツカイキ、》、今《ター、》は舟さえ《チシ、カイキ、》も無くな《イサム、》したから《クス、》、何と《エネ、》も仕様こと《ヤイカリサム、》なしに《アナツシ、オカイ、》暮らして《アナツシ、》いた。処が《オツタ、》、或る日《シネ、トー、》海岸伝いに《アヅイ、サン、カリ、》歩いて《アツカシ、》い《アナツ》たら《シ、オツタ、》、小さい《ポン、》舟《チシ、》が一艘《シネ、》砂浜の上《オタカー、タ、》にあるのを《アン、ヌカラ、》見つけ《アナツシ、》た。此《タン、》舟《チシ、》は思う《ネアンペ、》に、きっと《エネ、カ、》利尻辺《リーシリ、》からで《オロ、》も《ヘネ、》流《モン、》れて来て寄《チシ、》ったもの《ネー、》で《クス、》あろう《イキ、》。其舟《タン、チシ、》を露西亜《ヌチヤ、》の番人へ《ウタラ、ヘコタ、》話したら《アイ、イエツシ、テ、》、私達が《アネイ》其を使《ワンケ、》用しても《アナツカイキ、》宜し《ピリカ、》いと云《ナハ、》った《イエツシ、》から《クス、》其から《ネア、オロワノ、》其破船《ヱンテ、チシ、》を修理して《ネー、クス、カーナ、アン、カラツシ、テ、》利屋泊へ《リヤトマリ、オツタ、》行った《パイエ、アナツシ》。利屋泊《リヤ、トマリ、》へ《オツタ、》着い《エシレパ、》て《アナツシ、》、越年《リヤ》の人達《ウタラ、》に《オツタ、》話して《アイ、イエシ、テ、》大きな《ポロ、》船《チシ、》を借り《アネイコヅシ、》て来《タニ、》、愈々《アシウサ、》荷物《アンペ、》を積込んで《アン、クサツシ、テ、》一同利屋泊《リヤトマリ、》へ《オンネ、》往《パイエ、》って了った《アナツシ、》。

(四) 異郷の同胞

やっと《ライコロ、》利屋泊《リヤトマリ、》へ《オツタ、》着い《エシレパ、》て《アナツシ、》番屋《バイヤ、》の越年《リヤ、》の日本人《シシヤム、ウタラ、》に逢ったら《アン、ヌカラツシ、オツタ、》、人々《リヤ、ウタラ、》非常に同情《イエラムポキヱン、》して《アツシ、》呉《ク》れて《ス》、よく《ピリカノ、》世話をして《イカラカラツシ、》呉れた。私共《アノカイ、アツシン、》も《カイキ、》、其親切の返礼に《イタサ、アネヤイライキ、クス、》、人々の仕事《モンライケ、》を手伝った《イエカオイキアナツシ、》。

越年《リヤ、》の人達《ウタラ、》の仕事《モンライケ、》というのは《ネアンペ、》来年《オヤパー、》の薪を採る《エイワンケ、ニーナ、》仕事であった《モンライケ、ネー、》から、私達《クス、アノカイ、》も山へ行《アッシン、ナー、ニーツン》って薪を切って手伝っていた《タ、マカパナッシ、イケ、ニーナ、モンライケ、アナイカースイ、ヤーシ、》。

その中《ネーテ、》に、池辺讃《チペサニ、》の方から《オロワ、》、帆船《ホマイ、》が一つ《シネ、》見えた《エキ、》。此は《タンペ、》抑々《ネアンペ、》池辺讃《チペサニ、》地方は《ワ、ネアンペ、》、利屋泊《リヤトマリ、》辺よりも《アッカリ、》漁期《チエ、コイキ、》が遅れて《モイレ、》いるから《アニ、》、やっと《エネカー、》今時分《アーシ、》切り上げて《ヘマカ、テ、》内地へ帰ろう《ホシピ、クス、》とする所で《カラ、ハ、》あった《ネー、》。そして《ネーテ、》此人達も《タノカイウタラ、カイキ、》、やはり《ランマ、》同じ《ウネイノ、》岡田《オカダ、》の番屋《ニシパ、パイヤ、》の人達《オルン、ウタラ、》なので《ネー、クス、》、今《タニ、》帰る《ホシピ、》途中《シシヅカリ、》此処《オッタ、タン、》の番屋《テイタ、パイヤ、》へ寄って《オッタ、》行こう《アリキ、》とするので《クス、カラハ、》あった《ネー、》。私達はその船の人達から故郷の池辺讃《アノカイ、アッシン、ネアンペ、タン、チシ、オー、ウタラ、オロワ、アン、ヘヅク、コタン、チペサニ、》あたり《コタン、》の様子《オルシペ、》を茲で始めて《タニ、アシ、アシンノ、》聞くことが出来た《アン、ヌーシ、》。

能登呂《ノトロ、》から《オロワ、》知床《シレトコ、》に至る沿岸《パハノ、アン、ウヅル、》一帯の土人は十八年前の昔、ことごとく日本の役人《オッタ、オカイ、アイヌ、ウタラ、ネアンペ、ヅペサンパー、イカシマ、ワンパー、エトコタンパー、アイヌ、イッシンネ、シシャ》に連れられて《ム、ニシパ、ウタラ、ヅラ、テ、》、北海道へ《ホッカイドー、オッタ、》往って《パイエ、》了って《ヘマカッシ、》、今では、此辺一帯に《タニ、ネアンペ、タン、ウヅル、》、私達の《ケタ、アン、》生れた《ヘヅク、》村さえも《コタン、ネアナッカイキ、》土《アイ》人《ヌ、》跡を絶って《イサム、》、露西亜《ヌチヤ、》人のみ、あちにも《パテ、》、こちにも《コタン、オッタ、》住んで《オカイ、》いる《アッシ、》という話で《ハウ、ヘ、》あった《アン、ヌー、》。故《ネー、》に私達は、この利屋泊から太泊へ出て、一遍は、やはり《クス、アノカイ、アッシン、ネアンペ、タン、リヤトマリ、オロワ、オートマリ、パハノ、パイエ、アナッシ、テ、アッスイ、》、吾々の生れ《ヤイコタ、》故郷へ《アン、コタヌフ、オッタ、》寄って《レンネ、》見て《アナッシ、テ、》、それから《オロワ、》は、すぐ《ナニ、》吾々の親戚《アイ、シランコレ、アイヌ、》の居る《オカイ、》という富内村《トンナイチヤ、》の方へ《オッタ、》往って《パイエ、》了おう《アナッシ、》と《クス、ナハ、》決心した《アン、ラムツシ、》。

* * * * * * * *

此《ター、》の帆前《ホマイ、》に乗《オー、》って来た頭の人《ニシパ、》は、《ネアンペ、》池辺鑽番屋《チペサニ、パイヤ、》の支配人《オルン、ニシパ、》で《ネー、》松井《マツイ、》という《ナハ、アイ、イエ、》老人《パー、ポロ、ニシパ、》であっ《ネ、》た。此人は、《タン、ニシパ、ネアンペ、》永い間《オホーロノ、》樺太《カラプト、》に《オッタ、》居た《アン、》人《ニシパ、》だと見《ネ、アン、》えて、《クス、》土人《アイヌ、》の言葉《イタ、》も《カイキ、》よく知って《ポロンノ、ワンテ、》いる人《ニシパ、》であ《ネー、》った。それに、《カシケ、タ、》大層《テーコロ、》神《カムイ、》信心の深い《オッタ、イノニタ、パテ、キー、》人《ニシパ、》だそうで、《ネー、ルーフエ、アン、ネーテ、》非常に《テーコロ、》私達一同《アノカイ、アッシン、》を同情して呉れる《イ、エラムポキ、ヱン、》人《ニシパ、》であった《ネー、》。樺太《カラプト、》という所は、《ネアンペ、》米《アマン、カ、》も不自由《イサン、》な所《コタン、》だから、《ネー、クス、》米《アマン、》を若し不足《ネアンペ、ハイタ、》にしたら《クス、ネ、イケ、》困るだ《ヱン、》ろうと《ナハ、イエ、》云って、《テ、》三俵《レ、ターラ、》ばかり《パハノ、》呉れた《イ、コンテ、》。余り有り難い《ヤイライキレ、アン、》ので、《クス、》御礼に仕事《モンライケ、》の手伝い《アネイカーシュイ、》をした《ネヤー、》ら、又米など《スイ、アマン、ナー、》を御礼《アンノ、》に貰った《アン、コロ、》。本当に有難かった《アネヤイライキ、》。久しい間、《オホーロノ、》此《タン、》の人達《ウタラ、》の許に《オッタ、》居て、《アンノ、》ただ《ヤイ、》手渥く《ピリカノ、》もてなされて《シカラカラ、ヤラ、》居た《アン、テ、》其上に、《カシケ、ネ、》今度は、《シュイ、》さんば《クンカシ、》船まで《ナー、》も貸して呉れた《アニイコツシ、》。且つ、《カシケタ、》此処《ター、オカイ、》の人達《ウタラ、》の云うには、《イエ、アンペ、ネアンペ、エネ、アニ、》こうだ――。

「此船をば《タン、クンカシ、ネアンペ、》池辺鑽《チペサニ、》まで諸道具《パハノ、ウサアンペ、》を積んで行って、《イクサ、カラ、》荷揚げ《ヤン、》をして《テ、》了ったら、《ヘマカ、オッタ、》太泊へ、《ポロアントマリ、オッタ、》いい《ピ》様《リカノ、》に漕いで来て、《マカンケ、》丘へ上げて《ヤン、テ、》小屋《チセヘ、》掛け《カラ、》でも《ヤン、》して、《テ、》置いて呉れ。来春《オヤパ、パイカラ、》こちから若い《モンライケ、》者等《ウタラ、》が来たら、《アリキ、オッタ、》太泊《ポロアントマリ、》へ取り《パハノ、》に遣るから《アヌナンテシ、クス、イキ、クス、》。」

と云って《ナハ、イエ、テ、》貸して呉れた《イ、エルサ、カラッシ、》。

私達の一行は、《アノカイ、アッシン、》篤くお礼《アネヤイイライキ、》を述べて《クス、アイ、イエッシ、テ、》利屋泊を立った《リヤトマリ、オロ、ホプニ、アナツシ、》。

（五）カルサコフ領事館

そして太泊へ着いた《ネーテ、ポロアントマリ、オツタ、エシレパ、アナツシ、》。今桟橋のある《タニ、リウカ、オツタ、アニー、》カルサコフと云う所へ往った《カルサコフ、ナハ、アイ、イエ、トコ、ホ、タ、パイエ、アナツシ、》。けれども《ネー、ワツカイキ、》桟橋《リウカ、》の側に居ることを《サマケ、タ、オカイ、アン、クニ、》露西亜人等《ヌチヤ、ウタラ、》が許さないから《エツ゛ーネツシ、クス、》、わきの方へ《オヤツタ、》行っていると《パイエ、アナツシ、テ、オカイ、アナツシ、》、露西亜人《ヌチヤ、》が一人来て《シネ、エキ、テ、》、一の沢の方へ《ペルワヤパーチ、オツタ、》行けという《パイエ、アン、ナハ、イエ、》。そこで《クス、》又一の沢の方へ《スイ、ペルワヤパーチ、オツタ、》舟を廻しているのに《パイエ、アナツシ、テ、オカイ、アナツシ、》、朝から昼過ぎるまで《ニシヤツタ、オロ、トーノシキ、ヘマカ、》そうして《パハノ、》置かれた《オカイ、アナツシ、》。

其時一人の《ネア、オツタ、シネ、》日本の商人が《イホツ、シシヤム、》見えた《アン、ヌカラツシ、》。此人は、山本という人で《タン、シシヤム、ネアンペ、ヤマモト、ナハ、アイ、イエ、シシヤム、ネー、》、その頃此のカルサコフの町《ネア、オツタ、タン、コタン、ナイオンナイ、タ、》にある山本商店の主人であった《アン、イホツ、チセ、ヤマモト、ナハ、アイ、イエ、イホツチセ、オルン、シシヤム、ネー、》。日本人だから《シシヤム、ネー、クス、》、茲に始めて《タン、オツタ、アシンノ、》、斯く斯くの次第で《エネ、アン、オマナン、》、やって来た《アン、キーシ、》という一分四什を《アネコウエベケレ、》物語ることが出来た。すると《オツタ、》、此人も親切な人で《タン、シシヤム、パシテ、クス、》、そんなら、領事館へ云えばいい《ナハ、アンペ、ネ、アナ、リヨージカン、オツタ、アイ、イエ、アナ、ピリカ、》と云って《ナハ、イエ、テ、》、領事館へ云いに行った《リヨージカン、オツタ、イエ、クス、オマン、》。其お蔭でやっと《ケライ、クス、タニ、アーシ、》、私達一行は《アノカイ、アツシン、》、桟橋の側へ来いと領事館から云われた《リウカ、サマケ、タ、アリキ、ヤン、ナハ、リヨージカン、オロワ、イエ、》。

それから《ネーテ、オロ、》露西亜の検疫官と日本の副領事の鈴木陽之助という方が来て《ヌチヤ、イシヤントノ、ヅラ、シシヤム、リヨージ、ヅターノ、アン、トノ、スズキヨーノスケ、ナハ、アイ、イエ、トノ、エツ、テ、》、私達の一行も一同体格検査をし《アノカイ、アツシン、ナー、アイヌ、イツシンネ、ネトパケ、ヘ、ヌカラ、》、船も中まで見《チシ、ナー、オンナイケ、ヘ、ヌカラ、》、荷物も一々調べて《クサ、アンペ、ナー、ウレンカレツシ、》、それから《ネーテ、オロ、》、やっと《タニ、アーシ、》領事館《リヨージカン、》

の本館《チセ、ヘ、》の下にある《エンポキ、タ、アン、》小屋へ《ハチコ、チセ、》あが《オッタ、》って、そこ《マカパン、カーネ、》に居れ《オカヤン、》と領事館から《ナハ、リヨージカン、トノ、》申渡《イエ、》された。

それ《ネーテ、》から、《オロ、》四日五日程《イーネ、トー、アシシネ、トー、パハノ、》厄介に《オカイ、》なってい《アナツシ、》た。時の領事は口井様と《ター、オッタ、リヨージ、ネアンペ、クチイ、》云う大層立派な《サン、ナハ、アイ、イエ、テーコロ、ピリカ、パ》方で《ーセ、トノ、》あった。《ネー、》私達の《アノカイ、》一行を《アッシン、》大層不便に《テーコロ、イ、エラム、ポキエン、》思われて、《クス、》親切に《ピリカノ、》取扱われた。《イカラカラ、》口井領事の《ネーテ、クチイ、リヨージ、》云われる《イエーヘ、》には、《ネアンペ、エネ、アニ、》——

「これから《タニ、》余程《オロワ、》永く《オホーロノ、》こっちに《エチ、オカイ、》いる《クス、》だろう《イキー、》から、《クス、》お前たち《ヤイコタ、》が持って来た《エチ、アンパ、》米は、矢鱈に《アマン、ネアンペ、エタラカ、》食べ《ハンカ、》ない《カラ、》様に《ヤン、》せい。若しも《ニーサハノ、》越年《リヤ、》中に米を《ヅカツタ、アマム、》切らす《ハイタ、》様な《クス、》事が《ネ、》あって《イケ、》は悪か《エン、》ろう。《クス、》今此処に《タニ、テイタ、》逗留する《エチ、オカイ、》中は《パハノ、》米は領事館から食わせやろう。《アマン、ネアンペ、リヨージカン、オロ、エー、ヤン、》」

と《ナハ、》云われ《イエ、》、それから《ネーテ、》又領事の《リヨージ、》云わるるには《イタキ、ヒ、ネアンペ、エネ、アニ、》——

「吾々と《アノカイ、》いうものは、《ネアンペ、》我国の《アヌ》人々が《タリ、ヘ、》若しも、《ニーサハノ、》こういう《ナハ、ネイノ、》難渋《エンノ、》艱難して《アッカシツシ、テ、》来る《エ、オッタ、》もの《イキ、》があっ《クス、ネ、》た場合に《イケ、》いつでも、《ランマ、》それを《アノカ、オロ、》救助《アノシクヌ、》してやる《クンペ、》ので《ネー、》其が《タンペ、》職務で、此の地へ《アタリマエ、ヘ、アニ、タン、モシリ、オッタ、》来て居る《オカイ、》の《アン、》で《アンペ》あるから、《ネー、クス、》決して、《ハンカ、》遠慮《イキ、イ、コヤイシトマ、》はいらないから、安心して居れ。《ナハ、エラム、オカ、ヤン、》」

と丁寧に、《ナハ、ピリカノ、》私達へ《イ、ヘコタ、》諭された。《イエ、》

時は《タニ、》已に秋で《チユキータ、》あった《ネー、》から、《クス、》口井領事は内地へ引上げられる《クチイ、ポロ、パーセ、トノ、ネアンペ、シシヤム、モシリ、オンネ、ホシピ、》所で《クス、》あった。《カラ、》そこで《クス、》

あと《オカーケ、》へ《タ、》居残る《オカイ、》人達《ウ タラ、》に向って《オッ タ、》、「土人《アイヌ、》を親切に《ピリカノ、》取扱って《シカシマ、》やれ《ヤン、》」と云い《ナハ、》遺され《イタコツパ、》、それから《オロワノ、》又《スイ、》「越年《リ ヤ、》中に《オッタ、》米《アマン、》でも《ヘネ、》切らした《ハイタ、》場合《クス、ネ、》には《イケ、》、領事館《オハ チ ルン、》の留守《ウタ ラ、》の人達に《オッ タ、》、云って《イエ、ヤン、テ、》よこす《オマン、ネヘ、》がいい《カーナ、ヤン、》」と《ナハ、》そう云《イエ、》って《テ、》立たれた《ホプニ、》。

けれ《ネー、》ども私達は、越年中米《ワッカイキ、アノカイ、アッシン、ネアンペ、アマン、》を切らし《ハイタ、》もしな《ハネ、》かった《キー、》から《クス、》、願いに《アン、カーナ、》行きもしなかった《カイキ、ハネ、キー、テ、オカイ、アン、》。

（六）想い出の郷

さて《ネーテ、》、私達が今此処へ《アノカイ、アッシン、タニ、タンテ、タ、》着いている《シレパ、アン、》、そして《ネーテ、》此から《タニ、オロワ、》富内村《トン ナイ チヤ、》の方へ《オンネ、》行こうとしている《パイエ、アン、クス、イキ、》と云う《ナハ、》事を、富内村《トン ナイ チヤ、》の方へ《エネ、》知らしやり度い《アネユータラ、》と考えていた《ナハ、アン、ラム、》。恰も好し《オッタ、》、私達の一行《ネア、オッタ、アン、ヅラ、》の老人の一人《オンネル、アイヌ、シ ネ、》が山路越《ルーチシ、コロ、》の近路《ルー、》を記憶して《ワンテ、》るというから《クス、》、所用あって《コイカーリ、》行く日本人一人《シ シ ヤム、シ ネ、》を案内《ヅ ラ、》し《テ、》乍ら池辺鑽《チ ベ サニ、》を経て《カリ、》、富内村へ《トン ナイ チヤ、エネ、》出かけた《パイエッシ、》。

それ《ター、》から《オロ、》、私達は、又漁船《アノカイ、アッシン、スイ、チシ、》へ諸道具《オッタ、ウサ、アンペ、》と積込んで《アン、クサッシ、テ、》太泊《ポロアントマリ、》の港を《オロ、》出て、愈々故郷の村《タニ、アーシ、アン、ヘヅク、コタン、》の方へ《ヘコ タ、》と漕いで行った《パイエ、アナッシ、》。

十八年前の昔、このあたり《ヅベサンパー、イカシマ、ワンパー、エトコタ、タン、ウヅルケ、タ、》を舟で渡した《アン、クシ、》時分に《オッタ、》は、まだ《ナ ー、》ほんの《ハチコ、》児供《ヘカチ、》であったから《アン、ネー、クス、》

何《ネイラ、》と云う事もなく夢《アン、ラム、カ、》中《ハネ、》で過《キー、》ぎたのであ《ヘ ネ、ヤー、》った。今日《タ ニ、》三十近《レ、クンクツ、》い男盛《エハンケ、オツカヨ、》りになって《アン、ネー、》若い《シュクフ、》妻を携えて《マチ、ナー、アン、ヅラ、テ、》、こんな《ナハ、》風にして《カーネ、》、帰って《ホシピ、アン、》来て《オッタ、》見ると《アン、ヌカラ、イケ、》、故郷の山《アネヘヅク、コタン、》河、見違える程《エトコタ、アニ、ヘ、オロ、》、様を替《シーナイ、》えて了《テ、》って何処へ《ネイ、タ、》住っても《パイエ、アン、ヤツカ、》ことごとく《エムイケ、》、露西亜《ヌ チ ヤ、》の里になっている《コタン、ネイノ、アン、ルーフエ、アン、》。

船は今、恋しい懐しい《アノー、チシ、タニ、アン、ヌカラ、ルスイ、》野満別《ヤマ ベ チ、》村の沖に近く《コタン、エハンケ、アヅイ、クシ、》来たけれど《ワツ カイ キ、》野満別《ヤ マ ベチ、》の村さえも、悉く《コタン、ネ、アナツカ、エムイケ、》、露《ヌ》西亜《チ ヤ、》の郷に《コタン、》なっている《ネー、ヘマカ、》。のみならず《カシ ケタ、》、露西亜《ヌ チ ヤ、》の官憲が《イラーナツカ、》うるさいから《クス、》、此処へは《タ ー、タ、》、船も《ハネ、》寄せずに《レンネ、アン、》断念して《テ、》、池辺讃《チ ベ サニ、オッタ、》へ上がった《ヤパン、》。此処《タンテ、》は《オ ロ、》、さすが《ネアンペ、》日本人《シ シ ヤム、》の漁場もある《パ イヤ、カ、アン、》だけに《クス、》幾らか《ポンノ、カ》、故郷へ帰った様な心持をした《アン、コタン、オッタ、ホシピ、アニ、ヒ、ナハ、アネーラム、オカイ、ラム、アン、コロ、》。

此処で《タン、テ》土人の《タ、アイヌ、》礼式で《プーリ、アニ、》神様を拝し、此の里の神様を《カムイ、オッタ、オンカミ、アナツシ、タンテ、ワ、オロ、カムイ、》通じて《オンネ、》、我が《ヤイ》生れた《コタ、》村《アン、コタン、》の地《オルン、》の神《カム》様へ《イ、》、斯うして《オンネ、ナハ、カーネ、》遥々帰って《ヅイマ、カーネ、ホシピ、》来ました《アン、 アンペ、》と云う事を告げて、生れ故郷の神様を《アン、イエーレ、ナハ、アイ、イエ、テ、アン、コタン、オルン、カムイ、》蔭ながら《センピリケ、タ、》、式だけに《ヤイ、ウーセ、》拝した《オンカミ、アン、キー、》。

（七）異域の故人

池辺讃《チ ベ サ ニ、》湖を舟で《オロワ、チポー、》越して富内《トン ナイ》村へ抜けようとしたが《チヤ、オンネ、パイエ、ルスイ、アナツシ、ワツカイキ、》、湖《トー、》の口《チヤラ、》が無《イサム、》くって舟がはい《アニ、チシ、カ、アフ》

れ《ソン、》ないので《コヤークシ、クス、》陸上を《ヤー、ペーカ、》諸道具《ウサ、アン ペ、》背負って《アイ、シエー、アニ、》運搬した《アン、ルーラ、》。それ《ター、》から《オロワ、》、小さい《ポン、》舟で《チシ、》何遍も何遍も《ヘンパッスイ、》渡《ホ》して《カリ、》は、運んだ《アン、ルーラ、》。

池《チ》辺《ペ》鑚湖の端《サニ、トー、キタイ、》から《オロ、》、富内湖の端まで《トンナイチヤ、トー、キタイ、》の間、一里半《ウヅルケ、ヘ、エンコ、ヅラ、ヅ、》許ある《イチリ、パハノ、》処は《ウヅル、》昔栖原家の《エトコ、タ、スワラ、ウタラ、》人々が大《イ》金《コロ、》を投じ《サンケ、》て《アニ、》切開《カラ、》いた道路《ルー、》があった《アン、》。其道路は今尚《ネア、ルー、ネアンペ、タニ、ナー、》幽かに《ポ ン ノ、》痕跡を《カヅフ、》止めて《アン、》いたから《クス、》其の《ネア、》道《ルー、》に従って《カリ、》、諸道具《ウサ、アンペ、》を銘々《アイ、》背負《シエーシ、》って《アニ、》越えて行った《アン、ルーラッシ、》。

其間《ウヅルケ、》往々《タ、》大木《ポロ、ニー、》が倒れて《ホラハ、》いる《アンペ、》処《カ、》もあり《アン、》、或は《スイ、》其《タ》後《ニ、》に延びた《ヅ フ、》木《ニー、》や或は《ナー、スイ、》雑草《ウサアン、キナ、》などが、非《ポロー》常《ノ、》に生い《ヅフ、》茂って《アニ、》、大層《テーコロ、》辛苦艱難《シンカ、ヅラノ、》して、富《トン》内《ナイ》湖のはずれ《チヤ、トーキタイ、》まで《パハノ、》死《ラ》ぬ《イ》様な目《コロ、》を見て、やっと《パイ》着いた《エ、アナッシ、》。

富内湖《トン ナイ チヤ、》の涯まで来て見ると、富内村から吾等を迎いの人々が《トー、キタイ、パハノ、パイエ、アナッシ、テ、アン、ヌカラッシ、ネヤ、トンナイチヤ、オロワ、イエーカンライ、ウタラ、》丸木舟に《チポーシ、》乗って《テ、》其《ター、》処《タ、》へ来て居た《オカイ、アッシ、》。此時は《ネア、オッタ、》、何とも《ネイラ、カ、》云い様の《アイ、イエ、》無い《コヤークシ、》程嬉しかった《パハノ、アネ ラムシンネ、》。

此時迎いに来た《ネア、オッタ、イエーカンライ、》人達は《ウタラ、ネアンペ、》、富内村の《トンナイチヤ、ウン、》時朝《トキアサアイヌ、》(今の名は《タニレイ、ヘ、》植村時朝という《ウエ ムラ、トキアサ、ナハ、アイ、イエ、》。もと遠古丹《ウエンコ タン、》の人で《アイヌ、》ある《ネー、》から《クス、》そ《ネ》の《ア、》遠古《ウエンコ》丹《タン、》の名《レイヘ、》を取って《アニ、》、植村《ウエ ムラ、》と云う《ナハ、》のである《アイ、イエーヘ、ネー、》)イカサアイヌ《イ カ サ ア イ ヌ、》(今の名《タニ、レイ、》は《ヘ、》勝村源蔵という《カツムラ、ゲンゾー、ナハ、アイ、イエ、》。此名は《タン、レイ、ネアンペ、》、日露戦争の時に《ヌチヤ、ウライケ、オッタ、》、我軍大勝利の記念に陸軍の人達から《タン、シシヤム、モシリ、オルン、ウタラ、ヤンノ、イキッシ、クス、ター、アニ、ナハ、アン、レイ、ウライ》

付けて貰った名前であった）《ケ、ニシパ、ウタラ、オロワノ、アン、コンテッシ、ヒ、タハネ、》呂《ロ》礼の土人《レイ、ウン、アイヌ、》宗《ソー》吉《キチ、》及び《ツ゚ラ、》東内忠蔵《トーナイチユーゾー、》の弟その外二人《ヌカンラム、ター、ツ゚イサマケタ、ツ゚、》の土人《アイヌ、ナハ、》などであった《カーネ、アン、アイヌ、ネー、》。

此《タン、》の人々《アイヌ、ウタラ、》と逢った《アン、ヌカラ、》時は、誰も誰も初めての対面であった《オッタ、ネアンペ、ネイラン、アイヌ、ネアナッカ、アシンノ、アン、ヌカラ、アイヌ、ネー、》。色々話し合って《ウサ、アンペ、アヌコイエーシ、》、お互《オロペーカ、》いに、では、お《エ》前《アニ、》はそういう人《ナハ、アン、アイヌ、エネー、》であったか《ヘネ、アニ、》と《アー、》やっと解かった《ナハ、アン、ラムッシ》。

そこで《ネア、オッタ、》、皆《アイヌ、》の人々《ウタラ、》と一《アネ》所に逢って《カーリッシ、テ、》、もう村へ帰た《コタノッタ、エシレパ、アン、ヒ、》ような気がした《ナハ、アン、ラムッシ、》。

それ《ネー、》から《テ、》、迎いの《イ、エカンライ、》丸木舟《チシ、》に《アニ、》、荷物だの《ウサアンペ、ナー、》、人々《アイヌ、》半数《エンコ、》ほど《パハノ、》、乗られるだけ《チシ、オーシ、パハノ、》、乗って《オーシ、テ、》、ひと先ず《ホシキ、》行った《パイエッシ、》。小さい《ポン、》丸木舟《チシ、》の事《ネー、》であるから《クス、》、人々一同乗る《アイヌ、ウタラ、ツ゚ラ、イッシンネ、オー、》訳には行かなかった《コヤークシ、》から《クス、》、私《アノ》達《カイ、》は後に遺って《アッシン、ネアンペ、ケセケタ、》湖岸に《オメーカ、アナッシ、テ、》一晩泊って《タータ、シネ、ウクラン、》明くる日又《レウシ、アナッシ、テ、シンケ、ヘ、スイ、》迎いの《イエカンライ、》舟へ《チシ、オッタ、》人々一同乗って《アイヌ、イッシンネ、オーシ、テ、》富内村《トンナイチヤ、》へ《オッタ》始めて落付いた《アシンノ、エシレパ、アナッシ、》。

石《イシ》狩から《カリ、オロワ、》八月の十三日に立ってから今まで《ツ゚ペサン、チユフ、ネー、チユフ、レ、トー、ネー、トーケヘ、ホプニ、アナッシ、テ、タニ、パハノ、》一月半を旅に《エンコ、ツ゚ラ、ツ゚、チユフ、オッタ、》過し、やっと《ライコロ、》、富内《トンナイ》村《チヤ、》の部落《コタン、》へ着いて《オッタ、エシレパ、アナッシ、テ、》、此村《タン、コタン、》の総代《サパネ、アイヌ、》の東内忠蔵《トーナイ、チユーゾー、》の家へ《チセカ、オッタ、》旅装を解いた《ヤスミ、アナッシ、》のは《ネア、オッタ、ネアンペ、》、そろそろ《ヘンパラ、》冬げ《マタ イタ、》しきに《エハンケ、》なりかかって、そろそろ《ヘンパラ、》雪《ウパス、》など《ナー、》のポツ《ポンノ、》ポツ降り《ポンノ、ラン、》そめてる頃《カーネ、》であった《アン、》。

五　湖畔の漁民

(一)トンナイチャ湖

富内村《トンナイチヤ、》の部落は、湖水と海との《コタン、ネアンペ、トー、ネワ、アヅイ、ヅラ、》間に《ウヅルケ、タ、》ある美しい《アン、ピリカ、》郷であった《コタン、ネー、》。湖水にも、海にも、《トー、オッタ、ナー、アヅイ、オッタ、ナー、》鰊や鱒が沢山に居た《ヘロッキ、ヘモイ、ポロンノ、アン、》。朝起きると《ニシヤッタ、パイケ、》林の《アン、コ、》方から《ニー、タイ、》鷹や鷲などが《オロ、オンネウ、ナー》餌をあさりに《アチウチカハ、ナー、イペ、》出て《フ　ナ　ラ、》来て《クス、サパッシ、》湖水の上を静かに《トー、エンカーペ、カ、レンネノ、》舞っている《カーリッシ、》。岸の方には、鴨や《トー、チャー、タ、ネアンペ、コペチヤ、ナー、エエ、》鴫や色々の水禽が、沢山群れて遊《ナー、ウサ、アン、チカ、ウタラ、ポローノ、ウエーカリシ、ランケ、》んでいる《ヘーチリ、クス、オカイ、アッシ、》。

土人達が《アイヌ、ウタラ、》丸木舟を漕いで《チポーッシ、》、朝早くまだ《ランケ、ニシヤッタ、モナシノ、》、あたりが《シリ、》眠っていると《モイレ、》き《カーネ、》湖水の《トー、》面を《カー、タ、》靄の《ウーララ、》間から出て来る《ツム、ワ、》様を見ると絵が画けたら《アシン、ランケ、エッ、シリヒ、アン、ヌカラ、イケ、ノカハ、アン、カラ、》善かったと《アナ、ピリカ、》思う《クニ、》様な、《ネ、》惚れ惚れする《アン、コヌプル、》奇麗さ《イラマスレイノ、アン、アンペ、》である《ネー、》。

其頃富内村には《ネア、オッタ、トンナイチヤ、タ、》十三軒の土人が居た《ネアンペ、レチセ、イカシマ、ワン、チセ、アイヌ、アナッシ、》。隣り村の《ネア、サマ、タ、》落帆村には三軒、《オチヨポッカ、オッタ、ネアンペ、レ、チセ、》負咲村にも三軒、《オプサキ、オッタ、ナー、レ、チセ、》愛郎村には二軒あった《アイロップ、オッタ、ネアンペ、ツ、チセ、アン、》。此四箇村の《タン、イーネ、コタン、オルン、》土人は、昔からごく仲の善い《ウタラ、ネアンペ、エトコタ、オロワ、ウコラムピリカ、》間柄で《ウタラ、ネー、》、魚を捕《チエ、コイキ、》

ってる間に《ウヅル、オッタ、》は、互《ウコ、》に往復《ウタサ、》して、歩いて《アッカシ、》行ったり《アニ、ナー、》、舟《チポー、》で行ったり《ナー、》、或は《スイ、》冬《マタイタ、》であったら《ネアンペ、》、犬《ヌ》橇《ソ、》に乗《オー、》ったり《アニ、》して交る交る《ウタシパノ、》訪問し合って《ウコウタサッシ、》、一家《シネ、ウ》内《タラ、》の様に《ネイノ、》していた《オカイ、》もの《ウタラ、》である《ネー、》。

私達の一行《アノカイ、アッシン、》が、到着した《エシレパ、アナッシ、》時《オッタ、》は漁が済んだ《チエ、コイキ、ヘマカ、》あとで、湖水にも、浜にも《ケセケタ、ネー、クスト、オッタ、カ、アヅイサム、ワ、カ、》仕事が無かった《モンライケ、イサム、オッタ、ネー、》。

そこで《ネーテ、》先ず私は《アノカ、ネアンペ、オプサキ、》負咲村を訪問して《オッタ、パイエ、アン、テ、》前々《エトコ》から《タ、》話に聞いて《アン、ヌー、》いた親戚の《アイ、シランコレ、》人達に《アイヌ、ウタラ、》も始め《アシンノ、》て逢っ《アン、ヌカラ、》た《テ、》。二日《ツトー、》三日《レトー、》ほど《パハノ、》逗留して《トーリ、アン、テ、》又富内村に帰って、そ《スイ、トンナイチャ、オッタ、ホシピ、アン、テ、ネア、》れから《オロ、》、始めて《アシンノ、》冬の《マタイタ、》貂捕り《ホイヌ、コイキ、》や《ナー、》其《ス》外《イ、》色々な《ウサ、アン、》山の獣《キムン、カムイ、》の猟《コイキ、》の仲間入《ウマ、アン、キー、》などをした。此の《ネア、》年は、こうして《パーケ、ネアンペ、ナハ、アンテ、》暮《リヤ、》れて行《アン、》った。

* * * * * * *

こうして私は、心安らかな湖畔の民となって、全く樺太に暮らしていた《ナハ、アン、テ、アノカイ、ネアンペ、アネフムシンネ、テ、トー、サマケタ、アン、コタヌン、アイヌ、アン、ネー、テ、アンペネ、カラプト、オッタ、オカイ、アニ、ヒ、ネー、》。自分一《アノカ、シネ、》人《ネ、》では帰ろうとも思えないし《ホシピ、アン、ナハ、アン、ラム、カ、ハンネ、キー、》、又命がけの旅立ちを《スイ、アニキマテツ、カーネ、オマナン、アン、クニ、》してまでも《ネ、アン、》是非とも《ネイラ、アン、》戻らなけ《アン、キー、エ、オマナン、》ればならぬ用《クニ、ネ、アン、アンペ、カ、》も無かったから《イサムノ、オカイ、アン、》。

（二）角丁の番屋

富内村の土人部落《トンナイチャ、ウン、アイヌ、コ タン、》の端れ《サマケ、タ、トー、ネワ、》、湖水と海《アヅイ、ヅラ、》との合する処には《ウコイシシチウ、ウヅルケ、タ、》、相原治三《アイ パラ、ジ》郎という日本の《サブロー、ナハ、アイ、イエ、シシャム、》

漁業家の漁場が《チエ、コイキ、ニシパ、パイヤヤ、ハ、》あった《アン、》。　相原氏の《アイバラ、ニシパ、》歿後其子に当る岩五郎《イサム、オロワ、エイ、ポーホ、ネー、ク、イワゴロー、》という若主人が《ナハ、アイ、イエ、シュクフ、ニシパ、》、あとを《ケセケ、エ》嗣いで《テスフ、》やったけれど《ネー、ワッカイキ、》、余り思わしく《マシキン、ピリカ、》行かなかった《ハネ、キー、》。　そこで《クス、》函館の佐々木平次郎と《ハコダテ、オルン、ササキ、ヘージロー、ナハ、》いう人が《アイ、イエ、ニシパ、》其後を《ター、ケセケ、》承けて《オロ、》今日に《タニ、》至るまで《パハノ、》此処に《タン、テイ、タ、》漁業を《チエ、コイキ、》営んで《キー、ヒ、》いる《タハネ、》。　岩五郎という《イワゴロー、ナハ、アイ、イエ、》人は佐々木氏から《ニシパ、ネアンペ、ササキ、ニシパ、オロワノ、》こういう《エネ、》話が《イエ、イ》、あった——。

「今後吾々の《タニ、オロワノ、アノカ、》方に来て《イ、オッタ、アン、》居て《ワ、》、漁場の《チエ、コイキ、》網船頭の《セントー、》頭分になり《サパネ、ク、ネー、》、兼ねて番屋の《カシケタ、スイ、パイヤ、》頭にするか《サパネ、ニシパ、アネカラ、ク》ら《ス、》、此方に《イオッタ、》居て《アン、》はくれまいか」と《ナハ、》、そういう話で《イエー、》、岩五郎氏は《イワゴロー、ニシパ、ネアンペ、》「それならば《ネー、クス、ネ、》、宜しい《アナ、アノカ、ピリカ、》。　居ま《ナハ、アン》しょう《ラム、》」と答えて《ナハ、イエー、》、以来《テ、》今日まで《タニ、パハノ、》佐々木氏の《ササキ、ニシパ、》番屋に《バイヤ、》頭分になって《オッタ、サパネ、ニシパ、ネー、》居られる《テ、アン、》。

富内村の土人達は《トンナイチヤ、ウン、アイヌ、ウタラ、ネアンペ、》、捕った《コイキ、》魚を《チエ、》此佐々木氏の《タン、ササキ、ニシパ、》漁場へ売って《パイヤ、オンネ、エイホッカッシ、テ、》、米だの、着物だの《アマン、ナー、イミー、ナー、》其外《スイ、》の日用品に《ウサアンペ、》交えて貰い《タサレッシ、》、年々《ケサン、パー、ネ、キーシ、》そうやって《クス、》暮らして《オカイ、》いるのであった《アッシ、》。

此から永い間《タンペ、オロワ、オホーロ、ウプル、オッタ、》、富内村の土人達は《トンナイチヤ、ウン、アイヌ、ウタラ、ネアンペ、》佐々木氏と《ササキ、ニシパ、》心を合せ《ヅラ、シネ、ラム、アニ、》、親味《ウツ》に世話に《ヤシカラ、キーシ、》なっていた《タハネ、》。それ故に《ナハ、アン、アニ、》土人達は佐々木氏を《アイヌ、ウタラ、ネアンペ、ササキ、ニシパ、ネアンペ、》思うこと自分の《ヤイコタ、》縁者の方の様に《シランコレ、アイヌ、ニシパ、ネイノ、》考えている《エラム、オカイ、アナッシ、》。　毎年《ケサン、パー、》春になると《パイカル、エッ、コ、》、佐々木氏の《ササキ、ニシパ、》函館から《ハコダテ、オロ、》出て来る《オマン、クニ、》のを待っている《テーレッシ、》。　愈々《エネ、》やって来られる《エキー、ネイノ、》と、色々な《ウサアン、》土産を《ミヤンケ、》貰い《コロッシ、》、又別に佐々木氏へ注文した品物を函館から《スイ、シーナイノ、ササキ、ニシパ、オッタ、エオリタコーカラッシ、ウサアンペ、ハコダテ、オロ、》持って《ヅラ、》来られる《エ、》。

何でも不自由な《ネイランペ、ネヤツカ、ハイタ、》事なく《イサマノ、》土人《アイヌ、》を世話され《オッタ、キー、》るから《クス、》、その《タンペ、》為土人達は、佐々木氏は、不当な《アニ、アイヌ、ウタラ、ネアンペ、ササキ、ニシパ、ネアンペ、ヱン、ラム、》事をする《コロ、ニシパ、》人ではない《ハン、ネー、》と思っている《ナハ、エラム、オカイ、アッシ、》。今に《タニ、》至る迄《パハノ、》、佐々木氏の恩恵に浴し《ササキ、ニシパ、オロワ、ウサアンペ、コロッシ、》、又よく親《スイ、ピリカノ、ウツ》密に昵《ヤシカラ、》んで、土人一同《アイヌ、イッシンネ、》佐々木氏と相提携《ササキ、ニシパ、ヅラ、キーシ、ヒ、》してい《ネー、》る。

* * *

私達が、こうして《アノカイ、アッシン、ナハ、カーネ、》樺太へ戻ったあと、二年三年程立って《カラプト、オッタ、ホシピ、アン、ケセケタ、ヅパー、レパー、パハノ、アンテ、》、又石狩に移住《スイ、イシカリ、オッタ、オマン、》した樺太土《カラプト、アイヌ、》人三十人許り《レ、クンクヅ、アイヌ、パハノ、》樺太へ《カラプト、オッタ、》帰って来《ホシピッシ、》た。今度は《ネア、オッタ、》、東山梅雄《ヒガシヤマ、ウメオ、》が、先立《サパネ、》で《テ、》千徳太郎治《セントク、タロージ、》が其帳場《パイヤ、カンピ、》で《ネー、テ、》橋村弥《ハシムラヤ》八は其網先頭《ハチ、ネアンペ、ヤー、セント、》であ《ネー、》った《テ、》。そして《ナハ、アン、テ、》、西海岸の真岡《マウカ、》の方へ《オッタ、》落着い《パイエッシ、》て《テ、》、漁に取り《チエ、コイキ、キーシ、》掛かろう《クス、カラツシ、ヒ、》としたが《ネア、》、止して《ハネ、キーシ、テ、》橋村弥《ハシムラヤ》八は、富内村へ帰り《ハチ、ネアンペ、トンナイチャ、オッタ、ホシピ、》、千徳太郎治は《セントク、タロージ、ネアンペ、》内淵に帰って《ナイブチ、オッタ、ホシピ、》、今《タニ、》でも其処《ネヤツカ、ター、タ、》にいる《アン、》。

* * *

三十一二年の頃《レクンクヅ、シネパー、ヅパー、ネー、パー、ケヘ、》、富内村の土人達《トンナイチャ、ウン、アイヌ、ウタラ、》、東内忠蔵《トーナイ、チユーゾー、》・内藤忠兵衛《ナイトー、チユーベー、》・橋村弥《ハシムラ、ヤ》八など《ハチ、ナハ、カーネ、》が相談して《エ、ウコランヌーシ、》富内湖の中《テ、トンナイチャー、トー、オッタ、》の鰊《ヘロツキ、》を漁することを《コイキ、ルスイ、アッシ、クス、》露西亜《ヌチヤ、》の役所へ歎願した《トノ、オンネ、エシエランポキエナッシ、》。それ《ター、》までは、河や湖水《パハノ、ネアンペ、ナイ、ナー、トー、》内の《オルン、》魚《チエ、》を漁《コイキ、》することは禁制《ハットホ、》であったが《アン、ワッカイキ、タ》今度《ニ、》は容易く許可《イッサイカノ、ウレンカ、》された。

私《アノカ、》は《ネアンペ、》、其頃《ネア、》に《オッタ、》、落帆《オチヨポッカ、》のイ《イ》タ《タ》タ《タ》ク《ク》ス《ス》ナ《ナ》イ《イ、》に居る《オッタ、アン、》漁業家《チエコイキ、ニシパ、》吉村清吉《ヨシムラ、セイキチ、》という人《ナハ、アイ、イエ、ニシパ、》の漁場《パイヤ、オッタ、》に使《モン》われ《ライケ、》て其処《アン、》の番屋《ター、パイヤ、》の越《リ》年《ヤ、》の仕事など《モンライケ、ナー、》をして《アン、キー、》い《クス、》たが《オカイ、》、今度、そう《アン、ヒ、ネア、タニ、ナハ、》なった《アン、》から《クス、》、富内村へ《トンナイチヤ、オッタ、》帰って《ホシピ、アン、テ、》、土人達と《アイヌ、ウタラ、ヅラ、》一所に《イッシンネ、》鯟《ヘロッキ、》の漁《コイキ、》の仲間入をする《ウマ、アン、キー、》ように《クニ、》に《ネ、》、土人達が《アイス、イッシンネ、》承知をした《レンカッシ、》。 網や《ヤー、ナー、》色々《ウサ、アン、》の漁の道具《チエ、コイキ、イワンケ、》は《ネアンペ、》佐々木氏《ササキ、ニシパ、》の漁場《パイヤ、》から出して《アン、コロッシ、》、貰って《テ、》、其代りに、其《ネア、》網《ヤー、》で《アニ、》捕る《アン、コイキ、》魚《チエ、》は《ネアンペ、》佐々木氏《ササキ、ニシパ、》の方へ《オッタ、》やって《アン、コンテ、》、米や着物や日用品《アマン、ナー、イミー、ナー、ウサアンペ、》と替える《アン、タサレ、》ように《クニ、》に《ネ、》した《アン、キー、》。

そして《ネーテ、》、捕った《アン、ライキ、》魚《チエ、》の受け渡し《アヌレンカレ、》の勘定《ヘ、》などは《ネアンペ、》、村の人達《アイヌ、ウタラ、》には出来なかった《エラミシカレッシ、》から《クス、》、私が《アノカ、》其の《タンペ、》勘定《レンカレ、》の役になった《アタリマエ、アン、コロ、》。

（三） 漁業の改革

村の人達《アイヌ、ウタラ、》は《ネアンペ、》、捕った《ライキッシ、》魚《チエ、》を生魚《フー、チエ、》のままで《アニ、》、番屋へ売渡して《パイヤ、オッタ、オマンテッシ、》いる故《クス、》余り《マシキン、》に値が安かっ《アタイ、ヘ、ハイタ、ナハ、アン、》た《クス、》。 北海道では《ホッカイドー、オッタ、》、糟に製造して《シラリペ、ネ、カラッシ、》て《テ、》乾《サッケ、》して《テ、》から《オロ、》売ると、値が善く売れる《エイホッ、キー、イケ、アタイ、ピリカノ、エイホ、》の《アンペ、》を見覚えて《アン、ヌカラ、》いるから《クス、》、やはり《ランマ、》、その《ナハ、》様に《ネイノ、》したら善かろう《アン、キー、アナ、ピリカ、》と《クニ、》話《ナハ、》して土人達へ《アイ、イエー、テ、アイヌ、ウタラ、オッタ、》相談をかけて《アネコランヌ、カラ、》見たが始《アシ》めて《ンノ、》の事で《ネー、》あって《クス、》、面倒臭い《ホカンパ、》仕事《モンライケ、》不案内な《エラミシカレシ、》ものだから《クス、》、やる《キー、》事を嫌がった《エヅーネッシ、》。 けれど《ネー、ワッカイキ、》

も、北海道《ホツカイドー、》へ行って《オツタ、》、仕事《モンライケ、》を知っている《ワンテ、》内藤忠兵衛《ナイトー、チユーベー、》や橋村弥八《ハシムラ、ヤハチ、》此人達《タン、ウタラ、》は、「そうしたら《ナハ、アン、キー、アナ、》善かろう《ピリカ、》。骨の折れる《シンカ、カーネ、》仕事《モンライケ、》をする《アン、》だけ、価《アタイ、》は沢山《ポローノ、》に取る《アン、コロ、》ことが出来る《アスカイ、》もんだ《ナハ、》」と云《イエーシ、》って《テ、》、人々へ《アイヌ、イツシンネ、オツタ、》話して聞かせた《イエーシ、》。すると《ネア、》、富内村の《オツタ、タン、コタン、オルン、》人《アイヌ、》でも東内忠蔵《トーナイ、チユーゾー、》や勝村源蔵《カツムラゲンゾー、》など《ナハ、カーネ、》は
やって見よう《ピリカ、》と《ナハ、》云い出した《イエーシ、》。
そこで《ネーテ、》始めての年《アシンノ、アン、キ、》は賛成な《パー、ケヘ、ピリカ、》人達だけで《ナハ、イエー、ウタラ、パテ、》、共同に《イツシンネ、》やって見た《アン、キーシ、》。愈々《アイネ、》それに《タン、》取掛った《モンライケ、キー、》人達は、前に云った四人とそれに野村某《ウタラ、ネアンペ、アノカ、ヅラ、エトコタ、アイ、イエ、イイネン、ヅラ、オロワノ、ヌマル、》、子供等《ヘカツタラ、》では、英吉《エーキチ、》嘉一郎《カイチロー、》及び《ネワ、》勝村《カツムラ、》の悴《ポーホ、》など《ナハ、カーネ、》合計九人であった《ウコライノ、シネピサン、ニウ、ネー、》。子供連は《ヘカツタラ、ネアンペ、》大人の半分ずつとして《ポロ、アイヌ、エンコ、ランケ、ネー、》皆で百四十石程製造した《エムイケ、オツタ、シネ、タンク、イイネ、クンクヅ、コク、パハノ、アン、カラツシ、》。金額《イコロ、》にすると一人に百円以上ずつ当る《ネ、アン、カラ、オツタ、シネ、アイヌ、シネ、タンク、イコロ、イカシマ、カーネ、コロ、》。漁をして《チエ、コイキ、》いる間に食べた《アン、パハノ、アネーシ、》米や、日用品の《アマン、ナー、ウサ、アンペ、》価を払っても《アタイ、ヘ、アネシリツシ、》、大層な金が余って《ワツカイキ、ポロンノ、イコロ、イカシマ、》、衣類だの色々なもの《イミー、ナー、ウサ、アンペ、》の沢山に《ポローノ、》吾々働いた《モンライケ、キー、ウタラ、》ものが貰《オツタ、》った《アン、コンテツシ、》。
それから《ネア、オロワノ、》、村の人《アイヌ、》達も《エムイケ、》見習って《ヌカラツシ、テ、》斯ういうもの《ナハ、アンペ、》なら《ネー、ネアナ、》成程《ソンノ、》結構な《ピリカ、》仕事《モンライケ、》だと《ネー、》云って《ナハ、イエーシ、テ、》、以来《オロワノ、》土人一同《アイヌ、イツシンネノ、》此仕事《タン、モンライケ、》をする《キー、》ように《ヒ、タハネ、》なった。此は明治三十三年の事で《タンペ、ネアンペ、メーヂ、レクンクヅ、レパー、》、以後《イカシマ、パー、ケヘ、》今日まで《オロワ、タニ、パハノ、》やっている《アン、キツシ、ヒ、タハネ、》。

(四) 一諸

二年《ヅトー、》三年《レトー、》は夢《タラハ、》の様《ネイノ、》に過ぎ《オマン、》た。《ヘマカ、》 私《アノカ、》は何の為《ネアンペ、ネイラン、》す所もなく《ピリカ、アンペ、カ、ハネ、》唯々《アン、キー、アニ、》安らかに《ヤイ、アネラムシンネ、》湖畔の《テ、トー、ウン、》村に《ナイ、チャ、》年《コタン、》を重《オッタ、パー、》ね《ポロアイヌ、》た。《アン、》 二《ネー、》十七《アルワンパー、》歳の《イカシマ、》若盛《ヅホッパー、》り《パハノ、》の時《シュク、》に《アイヌ、》始《ネー、》め《オッタ、》て此《アシンノ、》の《タン、》里《コタン、》へ流《パハノ、》転《ヅラ、》して《アリキ、》来《アン、》てから《オロワノ、》、も《タニ、》はや《アーシ、》十年《ワン パー、》も《パハノ、》、こ《ナハ、》うして《カーネ、》、此《タン、》の湖水《トー、》に、漁をし《オッタ、チエ、コイキ、》て暮らして《アニ、オカイ、アニ、ヒ、》いた。

明治《メーヂ、》三十六年《レ、クンクヅ、イワン、パー、》の秋《ハ、チュキーケ、》も佐々木《タ、ササキ、》の番屋《パンヤ、》の人々《ウタリ、》は例年《ヘ、ネアンペ、ケサン、パーネ、》の通り《ヘ、ネイノ、》に漁《チエ、コイキ、》を仕舞って《ヘマカ、ヅラノ、》、湖畔《ヅンナイチャ、》の村《オロ、》から日本《シーサム、コ》の内地《タン、オンネ、》へ引揚げ《ホシピシ、》た。 あとに《オカーケタ、》は、三人《レ、アイヌ、》の越年《リヤ、》者《テ、》が番屋《パイヤ、》の見張り《プンキ、》に《ネ、》止って《オカイ、アッ》いる《シ、》。 番屋《パンヤ、》の人達《オルン、ウタラ、ナー、》や、佐々木《ササキ、》氏の《ニシパ、》持船《コロ、ペンザイ、》など《ネアンペ、》は、来年《アシリパ、》の四月《イイネ、チュフ、》、漁の始まる《オッタ、チエ、コイキ、》迄は《アシンノ、》来《キー、》ない《オッタ、パハノ、》の《ハネ》であ《アリキッシ、クス、》る。《イキ、クス、》

尤も三月下旬《レ、チュフ、ヘマカ、クニ、》には、人夫《オッタ、モンライケ、》の人達《ウタラ、》が真先に《シーノ、ホシキノ、》大泊《オートマリ、》の定期船《パハノ、オマナン、ペンザイ、》で、やって来る《アニ、オーシ、テ、アリキッシ、》習《クス、》い《イキ、》である。 その為《クス、》番屋《パイヤ、》の倉庫《プー、》には《オッタ、》、米《アマン、》が沢山《ポローノ、》に置いて《アン、》ある。 塩《シシッポ、》も、七百《ナー、アルワン、》俵《タンク、》ほど《ターラ、》あっ《パハノ、》た《アン、》。

其年《ネア、パー、》も暮れて《ケヘ、ヘマカ、テ、》、三十七年《レ、クンクヅ、アルワン、パー、》の二月《ヅ、チュフ、》になると《ネー、チュフ、オッタ、》、日本《シシヤム、》と《ネワ、》、露西亜《ヌチヤ、》と《ヅラ、》戦を《ウライケ、》始めたという噂《ウヱペケレ、》を聞い《アン、ヌー、》た。

する《ネア、》と《アニ、》、越《リヤ、》年番《ウタラ、》の三人《レ、アイヌ、》も、内地へ引揚げることに《シシャム、コタン、オンネ、ホシピッシ、クニ、ネ、》なり《アン、》、米《アマン、》だの、塩だの《ナー、シシツポ、ナー、ス》、其外《イ、》色々《ウサ、アン、》な漁具《チエ、コイキ、イワンケ、アンペ、ナー、ポロンノ、ホッパッシ、》などを沢山残して、私達一同へ宜しく頼むと《テ、アノカイ、アッシン、オンネ、エイタコッパッシ、》云い遺《テ、》して立《ホプニッシ、》った。そして《ネーテ、》私に《アノカイ、オッタ、》、番屋《パイヤ、》を始終《イシランマ、》見廻って《イヌカンテッシ、》呉れと《クス、》云って《ナハ、イエーシ、》ったから《クス、》、野幌《ノッポロ、》という所に《ナ、アイ、イエ、イ、オッタ、》ある角丁《ササキ、》の元番屋に《ニシパ、シーノ、パイヤ、オッタ、》毎《ケシ》夜夜番《ウクラン、レウシ、》をする《アン、》ことに《クニ、》した《ネ、アン、キー、》。

野幌《ノッポロ、》の番屋《パイヤ、オロワ、》は、吾々《アン、コタン、》の部落から《ウヅル、ケヘ、》一里も離れている《シネ、イチリ、パハノ、カクヅルコロ、》し、露西亜《ヌチャ、》人の強盗は中々猛々《イシカ、クル、ネアンペ、ウヅリサンノ、》しいから《エキ、アンペ、ネ、》、夜番をして《ブンキ、カラ、アン、》いるにも《ネヤッカ、》随分楽ではなかった《イッサイカ、ランネ、アン、コロ、アンペ、カ、ハンネー、》。どうかすると《ニーサハノ、ランケ、エキッシコ、》、越年《リヤ、》小屋《チセ、》の窓《プヤラ、》から鉄砲《カリ、テッポー、》を打込んで《エアッ、》やって《ナー、》来《キー、》たり《ウタラ、》など《ネー、》する《ナハ、アン、ヌー、》。夜更けて《シリ、クンネ、ランケ、》風の《レイラ、》強く《ユッケ、》吹いて来る《イシヤンケー、コ、》折など風の《レーラ、》音《フム、》で、寝る《アニ、》ことも《モコロ、ハ、》、出来ないよう《アン、コヤークシ、ネイノ、》な塩梅《オカイ、アンペ、》であった《ネー、》。

＊　＊　＊　＊　＊　＊　＊

私達は《アノカイ、アッシン、》、誰も心《アン、ラムフ、》はみな《ネアンペ、》日本へ引いているのであるが《シーシャム、オンネ、イカーシユイ、ラム、アン、コロ、ワッカイキ、》、身は露西亜の国に居る《アン、ネトパケ、ネアンペ、ヌチャ、モシリ、オッタ、オカイ、アナッシ、》。力に思う番屋の人達は、皆内地へ帰って了ったあとであるから《クス、キロロ、ネ、アン、コロ、パイヤ、オルン、ウタラ、ネアンペ、エムイケ、シサム、コタン、オッタ、ホシピ、ヘマカッシ、オカーケタ、ネー、クス、》、心細い事と云った《テーコロ、アネラムイサッセ、》ら《へ、》ない《ネー、》。

夜になって《シリ、クンネ、コ、》番屋へ寝に《パイヤ、オッタ、モコロ、》行ってる《アン、》間に《ラポキタ、》、色々考えて《アン、パーカリ、》見ると《イケ、》、米だの《アマン、ナー、》、塩だの《シシツポ、ナー、》、木綿《イミー、》だの《ナー、》

諸道具《ウサ、アンペ、》だの山程《ポローノ、》引受けて《アン、テ、》夜番をして《アン、コ、プンキ、カラ、》いる《オカイ、アン、テ、》が、若しかしたら《ニーサハノ、》、盗賊《イシカ、ウタラ、ヘネ、》などが目を付けて《ヤイインカンノ、オカ、》いぬとも限るまいな《ハン、キー、アンペー、ヘタネヤー、》あと《ナハ、》思って《アン、》見る《ラム、》。私自身の《アノカ、ヤイコタ、》所有物《アン、コロペ、》でも《ネ、》あったら《アナ、》、そんな《ナハ、アン、》奴《エン、》等《ウタラ、》来たら、手に合うだけ《エキ、オッタ、アン、キー、アスカイ、》、どんな《パハノ、》事でも《ネーラ、ヘネ、アン、キー、ワ、》して罷り間違って《アニ、ライ、ヘ、ネ、キーシ、》死んだって《アナツカ、イキ、》構う《ピリカ、》ことあ無い《ナハ、アン、ラム、》。けれども《ワッカ、イキ、》、他人から《オヤ、ウタラ、》、依托された《シカシマヤラ、》もので《アンペ、》あるから《ネー、クス、》、若しもの事が《ニーサハノ、》あって、奪われて《アニコウッヘーネ、キーク》は、たとい《ス、ネ、イケ、》、死んでも《ライアン、》何と申訳が立たない《アナツカ、エネ、アイ、イエーカ、アネ、ネ、カラ、イサム、》。そう考えると《ナハ、アネラム、アン、アニ、オッタ、ソンノ、》、本当に夜の目も《モコロ、カ、》碌に寝れ《アン、コヤークシ、》なくなる《パハノ、アン、ラム、》。余り変な《マシキン、エン、》、イヤな晩には、英吉など《クニ、アン、ラム、ウクラン、ネアンペ、エーキチ、》を連れて《ヅラ、》行って《アリキ、アン、ランケ、》、二人《ヅ、アイヌ、》で泊った《ネー、レウシ、アン、》。

そうやって《ナハ、アン、キー、》まあ居たが《クス、オカイ、アシ、》、すると《ヤイネ、》、村の方に《コタン、オッタ、》いる《オカイ、》人達が《アイヌ、ウタラ、》私を案じ出した《イ、エ、ラム、ポッターラッシ、クス、》。若しも《ニーサハノ、》悪《エン、》党《ウタラ、》どもでも《ヘネ、》、押掛けて《エキ、》来た日には《アナー、》、人死にを《アイヌ、ライケ、》出すような《カイキ、》事になる《キーシ、クス、》んだから、危いから《ヤイキシテ、》止す方だといって《ナハ、イエーシ、》くれる。それも《タンペ、カ、》本当に《ソンノ、》そうだ《アンペ、》、とも《ナハ、》思うけれど、今まで《アネラム、オカイ、ワッカイキ、タニ、パハノ、》お蔭で《ケライ、クス、》吾《ウサ、ア》々が結構に暮らして《ンペ、カ、アン、コピリカ、カーネ、》居れた《オカイ、アン、》其主人の《ニシパ、》所有物で《コロペ、ヘ、オカイ、》ある。たとい《カシ》頼まれなくとも《ケタ、ハネ、イエーシ、アナツカイキ、》しな《アン、キー、》きゃならない《クンペ、ネー、》のだ。まして口ずから《オチャローナシナー、》私に云って《イヘコタ、イエーシ、》行かれた《アンペ、》ものだ《ネー、》もの、今更《ハネ、》よす事《アン、》は《キー、》私には出来ない《アン、コヤークシ、クス、》。兎も角も《ネイラ、》出来得る《アナツカ、アン、キ、エアスカイ、》だけの《パハノ、》事を私は《アン、キー、》するから《クニ、》、とそう《ナハ、》考えたか《アネラム、オカイ、》ら、村の人達には《クス、コタン、オルン、アイヌ、ウタラ、オッタ、エネ、》斯う云って《アイ、イエイ、》置いた。

「まあまあ幸い《ピリカ、》犬《セタ、》が居る《カイキ、》から《オカイ、》。犬《セタ、》の声《ハウ、》がしたら《アン、》、どの様《アナー、ネィラ、》にも、隠れるなり《ヤイ、ヌイナ、》、逃げ《ヘネ、キラ、》るな《ヘ》り、しよう《ネ、アン、キー、》から、そう《アナー、》さえしたら、そん《マシキン、》な恐ろしい《アネヤイヅーパレ、》ようなこと《ハネ、キーヒ、》は《ネー、》無《ナン、》かろう《コー、》よ。」

と《ナハ、》云って、毎《アイ、イエ、テ、ケス》晩夜に《ク ラン、》なると《エッ、コ、》、夜番に《ブンキ、カラ、》行って《アン、》いた。

神《カ》様のお蔭《ムイ、レンカイ、ネ、》で其春までは《ネア、パイカラ、パハノ、》、何の《ネッ、カ、》変《ヱン、》事も《オルシペ、カ、》無く過ぎた《イサン、ノ、ヘマカ、》。

（五）再会

幸いにして《カムイ、レンカイ、ネ、》、其春までは《ネア、パイカラ、パハノ、》、何事も《ネッ、カ、ヱン、オルシペ、カ、》無く過ぎて来た《イサン、ノ、ヘマカ、》。

春が来ると《パイカラ、エッ、》、イトー《コ、チ ラ イ、》という魚が《ナハ、アイ、イエ、チエ、》真先きに川へ《シーノ、ホシキノ、ナイ、オッタ、》登って来る《アン、》。そこで《ネーテ、》、私達は《アノカイ、アッシン、》、其魚を《ネアンペ、チライ、》取る為に《コイキ、アナッシ、クス、》トーキタイ《トー キ タ イ、》の川《ナイ、》やキムナイ《キ ム ン ナ イ、》などの《ナハ、カーネ、》川の方へ《ナイ、オッタ、》、湖水を《トー、オロ、》渡って出かけた《アン、トモヅイエッシ、パエ、アナッシ、》。そして《テ、》、もう魚を《チエ、》捕ろう《コイキ、タニ、》として仕掛けを《アン、キー、クニ、ネ、ウライ、ナー、》仕終わり《アン、カラ、ヘマカッシ、テ、》、いざ此から《タニ、オロワ、》、捕りにかかると云う所《チエ、アン、コイキ、ナハ、アネラム、オカイ、トコ、》へ、英吉等が浜から迎いに《オッタ、エーキチ、ウタラ、ホピッサンネ、》やって来た《マカパッシ、》。どうして《ヘ マタ、》来た《キー、》のか《エ、マカパッシ、ヒー、》知らと思ったら《ナハ、アン、ラムフ、ネヤー、》、佐々木《サ サ キ、》氏の帆船が《ニシパ、ベンザイ、ヘ、》着いたから《エシレパー、クス、》、土人《アイヌ、》一同《イッシン ネ、》一足も早く《モナシノ、ホシピ、》戻って来て《チキ、》くれ《ピリカ、》と云うのであった《ナハ、イエーシ、》。

番屋の人達が《バイ ヤ、オルン、ウタラ、》来た《エキ、マヌ、》！　と聞くや《ナハ、アン、ヌーシ、クス、》、久し振ではあり、嬉しくって嬉しくって《アネヌシカーネ、ナハ、アン、ラムッシ、クス、アイヌ、イッシンネ、》、取る物《キロラン、ヅラノ、モナシノ、》

も取あえず、川から《ナイ、オロワ、》浜へ下りて《サパナッシ、》来た。そうして《ネーナ、》、話を聞くと《イタコオルシペ、アン、ヌー、イケ、》いうと――

佐々木《ササキ、》氏《ニシパ、》の帳場番頭《パイヤ、オルン、カンピ、》の香川《カガワ、》という人と、《ナハ、アイ、イエ、シシャム、ネワ、》船頭親分《セントー、サパネ、ク、》の相原《アイパラ、》岩五郎《イワゴロー、》という人と《ナハ、アイ、イエ、》二人《ニシパ、ヅラ、ヅ、アイ》で《ヌ、ネー、》人夫《モンライケ、ウタラ、》を連れて《ヅラッシ、》東察加《カミシヤツカ、》の方へ《オンネ、》密猟《チエ、コイキ、》に行く《エパイエッシ、クス、》途中寄った《アリ、レンネッシ、》のだと云う《ヒ、ナハ、イエーシ、》。佐々木《ササキ、》氏《ニシパ、》は召《ネアンペ、》集されて戦地《ウライケ、コタン、》へ行ってる《オッタ、オマン、マヌ、》という《ナハ、イエー、シー、》。そして《オロワノ、》佐々木《ササキ、》氏《ニシパ、》の実弟《ヌカンラム、》の佐藤平吉《サトー、ヘーキチ、》氏《ニシパ、》が《ネアンペ、》函館に《ハコダテ、》居て《オッタ、アン、》「土人達《アイヌ、ウタラ、》が《テマナ、》どうして居るだろう《アン、オカイ、キー、ヒ、ヘタネヤ、》。吾々が居なく《イサム、アナッシ、テ、》なった後で《オカーケタ、》、みんなが《アイヌ、ウタラ、》、米など《アマン、ネアナッ》欠乏して《カ、コハイタッシ、ヒ、》困ってるだろう《ネー、ナンコー、》」と《ナハ、》心配《イエー、》をして《テ、》「米《アマン、》を富内村へ《トンナイチヤ、オッタ、》持って行ってやれ《オマンテ、》」と《ナハ、》云うから、《イエー、》持って《エッテ、》寄った《ヘ、ネー、》所だと《マヌ、》云う《ナハ、アン、ヌー、》。

そして《ネーテ、》帆船から《ベンザイ、オロワ、》米を《アマン、》六十俵ばかり陸へ揚げた《イワン、クンクト、ターラ、パハノ、アイ、ヤンケッシ、》。私達は此の時、番屋の人達の親《アノカイ、アッシン、ネアンペ、タンペ、オッタ、パイヤ、ニシパ、ウタラ、イ、》切に、《エラムポキエン、ナッシ、クス、ヅイマ、オロ、ネヤッカ、》遠い所をもかまわず、こうして、《ナハ、カーネ、》食料を《イペ、》送って呉れた《オマンテッシ、アンペ、》のを何よりも《ネヘ、》有難く思っ《アッカリノ、ヤイイライキレ、ナハ、アネ》た。《ラム、オカイ、アッシ、》

内地の《シシャム、コタン、》方の様子も、《オルシペ、》随分久しく《オホーロノ、》聞かなかったから、《ハネ、アン、ヌーシ、クス、》聞き度い《アン、ヌー、》聞き度いと思ってた《ルスイ、》処、《イ、オッタ、》今《タニ、》日本軍が連勝していると《シシャム、ウライケ、ウタラ、ヤンノイキ、》聞いて、何よりも嬉しく感じた《ナハ、アン、ヌーシ、オッタ、ネイランペ、アッカリノ、アネラムシンネッシ、》。

そして、《ネーテ、》番屋《パイヤ、》の倉庫《プー、オッタ、》にある《アン、》塩《シシッポ、ナー、》だの、木綿《イミー、》だの、《ナー、》残してあるもの《オメイカ、アンペ、》を、此処《テイタ、》へ置くという《アン、クス、ネ、イケ、》

と、露西亜《ヌチヤ、》人《ウタラ、》どもがやって来て《アナイネ、》、奪って行く《エイシツカ、クス、》と悪い《ネ、イケ、ヱン、》から持って《クス、ヅラ、》行って下さい《パイエ、ヤン、》、と云って《ナハ、アイ、イエーシ、テ、》、帆前《ペンザイ、》へ積んで《オツタ、アン、》やり《クサツシ、》「尚《ネーテ、》外に網《ヤー、》だの《ナー、》網《カイタ、》だの《ナー、》ある《オカイ、》けれど《ワツカイキ、》、其《ターハ、》は、《ネアンペ、》春《パイカラ、》の雪《オパツシ、》が消える《ニン、》前に《エトコ、タ、》、土《アイ》人《ヌ、》部落《コタン、》の方へ《オツタ、》運んで行って《アン、ルーラツシ、》、倉《プー、》を建てて《アン、カラツシ、テ、》其中へ《オツタ、》保管して《アン、シカシマツシ、》置こう《クス、》。若しも《ニーサハノ、》露西亜《ヌチヤ、》人に《オロワ、》聞かれたら《ピシー、クス、ネ、イケ、》、「此は《タンペ、》日本《ネアンペ、》人《シシヤム、》の品《コロペ、》ではない《ハン、ネー、》。吾々土人《アイヌ、》が魚代《チエ、ヅラ、》に貰った《タサレ、》もの《アンペ、ネー、》だ」と詐《ナハ、アイ、》れば持って《イエーシ、クス、ネイケ、》行きも《ヅラ、オマン、》すまい《ハネ、》から《キーシ、》」と《クニ、》話す《ナハ、アイ、イエーシ、》。相原氏は、では宜しく保管して置いて《ネヤー、アイパラ、ニシパ、ネアンペ、ネーチキ、ピリカノ、シカシマ、ヤン、》呉れと云って《ナハ、イエーシ、テ、》、直様《ナニ、》帆船に乗って《ペンサイ、アニ、オー、》立ち去った《パイエ、ヘマカツシ、》。

こうして《ナハ、カーネ、》、久振に逢った《アネヌシ、カーネ、》人達《ウタラ、》と、一寸《ネーテ、ヤイ、イルカエ、》逢って《アン、ヌカラ、パテ、》又すぐに《ネーテ、スイ、》分れてしまった《パイエ、ヘマカツシ、》。

（六）奇禍

それから《ネア、オロワ、》、三日許立って《レ、トー、パハノ、オカイ、アナツシ、テ、》、露西亜《ヌチヤ、》の兵隊《ウライケ、ウタラ、》が海岸《インカラ、》見巡り《エ、アツカシ、》の為《クス、》やって来た《アリキツシ、》。其頃《ネア、》大泊《オツタ、オートマリ、》から一週間に一度ずつ巡回する《オロワ、アルワン、トー、オツタ、アツスイ、ランケ、アリキツシ、》様に《クニ、》なっていたから《ネ、アン、アンペ、ネー、》。

見巡りの兵隊たちが《ネーテ、インカラ、エ、アリキ、ウライケ、ウタラ、》砂浜の上に《オタ、カー、タ、》人《アイヌ、》の足趾《ルー、》の沢山《ポロンノ、》あるのを《アン、アンペ、》見付けて《ヌカラツシ、》怪しんで段《オヤモツテツシ、クス、》々囂しく《ウサ、イキンネ、》穿議し《ピシヒツシ、》出した《クス、》。私達は何も《ウワナツキレ、》知らない《ナハ、》と云った《アイ、イエーシ、》。近い《タニ、》頃に《カンネ、》日本の《シシヤム、》船でも《ベンザイ、ヘネ、》

来《エキ、》たの《ヒ、》では無い《ハン、ネー、ヤー、》かと云う《ナハ、イエーシ、》。私達は、女連に甘く云い抜けさせる様に《アノカイ、ウタラ、ネアンペ、マハネク、ウタラ、オッタ、ピリカノ、エネ、イエーシ、クニ、ネ、》、云い含めて置《アネ、オチヨマレカラッシ、》いた《テ、》から《アナマッシ、》、そこで《ネー、クス、》「女達が《マハネク、ウタラ、》知っている《ワンテッシ、ヒ、》かも知れない《ネー、ナンコー、ナハ、アイ、イエーシ、》。私達は、イトー《アノカイ、ウタラ、ネアンペ、チライ、》を捕るために《コイキ、アナッシ、クス、》、皆《エム》山手《イケ、キン、タ、》の方へ、出かけて《マカパ、ナツシ、》い《テ、》た時分の事《オカイ、アナッシ、オッタ、》だから《ネー、ク　ス、》、何も知らない《ネイランペ、カ、アネラミシカリッシ、》」と云って、女達の方へ、かこ《ナハ、アイ、イエーシ、マハネク、ウタラ、オンネ、アイ、》つけてやった《イエーレッシ、クス、ナハ、アイ、イエ、》。

露《ヌ》西《チ》亜人たちは《ヤ、ウタラ、ネアンペ、》、女達を穿議し初めた《マハネク、ウタラ、オンネ、イピシッシ、》。船が着きは《ペンザイ、ハネ、エキー、》しなかった《ヘタネヤー、》かという《ナハ、イエーシ、》。女達《マハネク、》の《ウタラ、》云うには《エネ、イエーシ、》、

「今時分は《タニ、ネアンペ、》、男達は、浜辺に《オッカヨ、ウタラ、アツ゚イサム、ワ、》ジッと《ヤイ、》して暮らして《オカイ、》いるようなもの《ウタラ、》は無い《イサン、》。皆イトー《チライ、》だ《ナー、》の熊《イシヨ、》など《ナー、》を取りに《フナラ、ウタラ、》一里《シネ、イチリ、》も二里《ツ゚、イチリ、》も遠く山の方へ《ツ゚イマノ、キン、タ、》行って《パイエッシ、》いる《オカイ、》んだから《アッシ、クス、》、浜の方に《アツ゚イ、サム、オッタ、》何か起っても何も知らずにいるんだ《ネイラ、オルシペ、ヘタ、ホプニ、アナッカイキ、ネイランペ、カ、エラミシカリ、ヒ、ネー、ナンコー、》。又私達の様なものは《スイ、アノカイ、アッシン、ネアンペ、》、女だから、歩くこと《マハネク、アン、ネーシ、クス、アッカシ、カ、》もせず《ハネ、アン、キーシ、》ただ家の中《チセ、オンナイ、》で《タ、》ばっかり《パテ、》、仕事《モンライケ、》をしている《アナッシ、》もんだから《クス、》、浜に《オタカー、タ、》何があるんだか《ヘマタ、アナンペ、タ、カ、》知らずに居る《アネラミシカリッシ、》。」

と答えた《ナハ、マハネク、ウタラ、イエーシ、》。露《ヌ》西《チ》亜人の《ヤ、ウタラ、》云うには《エネ、イエーシ、》、

「お《エ》前《チ、》たちは《オカイ、》、そう《エチ、》いう《イエー、》けれど《ワッカイキ、》、砂浜に《オタカー、タ、》は人《アイヌ、》の足跡《ルー、》が沢山ある《ポローノ、アン、》。どう《ネイラ、》しても《アナッカ、》船《ペンザイ、》が来《エ》

たに《キ、ヒ、》違い《ネー、》ない。《クス、イキ、》日本人《シシヤム、ウタラ、》が密猟にでも来たのじゃ《イシカ、チエ、コイキ、ヘネ、キーシ、クス、エキッシ、ハン、ネ、》無いか？《ヤー、》浜へ上って、何か持《オタカータ、ヤパッシ、テ、ネイランペ、ツラ、》つて行った《パイエッシ、》のでは《ハン、ネー、》無いか？《ヤー、》知らぬ知らぬ《エラミシカリ、》と言い《ナハ、パテ、》張って、知って《イエーシ、テ、エラマン、》ること《アンペ、》を隠す《エシーナ、》と《チキ、》後で《ヨーポニ、》解った《パシテ、》時に《オッタ、》、土人みな《アイヌ、エミーケ、》殺して《ライキ、》しま《クス、》うぞ《イキ、》。」と云って《ナハ、イエーシ、テ、》威嚇した《シエフミヤラッシ、》。女達も《マハネク、ウタラ、ヤ》、唯々《イ、》知らぬ知らぬ《エラムシカリ、》とばっ《ナハ、パテ、》かり云って《イエー、》居ては悪《アナッカ、イキ、ヱン、》いと思っ《クニ、ラム》たから《シ、クス、》斯う《エネ、》云った《イエーシ、》。

「私達は決して何も隠すのではない《アノカイ、アッシン、ネアンペ、ネーラ、アンペ、アネシーナ、アンペ、カ、ハン、ネー、》。本当に《ソンノ、》何も知らないのだ《アネラミシカリッシ、アンペ、》。けれども《ネー、ワッカイキ、》或日《シネ、トー、》の朝《ニシヤッタ、》海の《アツイ、》方を《オッタ、》見たら《インカラ、》愛郎の沖に帆船の帆《アナッシ、ネヤ、アイルップ、エトコ、タ、ペンザイ、カヤ、》の様な《ネイノ、》もの《アンペ、》を見たことがある《アン、ヌカラッシ、》。船《チシ、》の帆《カヤ、》のような《ネイノ、》もの《アンペ、》であった《ネー、》から《クス、》、大かた《エネ、カ、》夜の《クーネ、》間にでも《ヘネ、》船を揚げて《ネ、ペンザイ、ヤン、テ、》、何か持って《ネイランペ、ツラ、》往った《オマン、ヒ、》のかも知れない《ネー、》けれど《ワッカイキ、》、どうだか解らない《アネラミシカリッシ、ヒ、ネー、ナンコー、》。」

と《テ、》云う《イエーシ、》。露西亜人《ヌチヤ、ウタラ、ネアンペ、》は

「じゃ《ネ、チキ、》よろしい《ピリカ、》。では《ネ、イケ、》、船は確かに《チシ、ネアンペ、ソンノ、》お前たち《エチ、ヌカラ、》見《ハ、》たな《アー、》！　人は見なかったか《アイヌ、ヘ、シン、ハネ、チ、ヌカラ、》？」

と尋ねる《ナハ、イエーシ、》。

「人は《アイヌ、ヘ、》見えなかった《ハネ、アン、ヌカラ、》」

と女連が答えた《ナハ、マハネク、ウタラ、イエーシ、》。

お蔭で、《ケライ、クス、》露《ヌ》西《チ》亜人等《ヤ、ウタラ、》胡魔化されて、《エイソーコロッシ、テ、》何も《ネイラ、》それきり《カイキ、》事《イエー、》なくして《ハネ、キーシ、テ、》済んだ《ヘマカ、》。

＊　＊　＊　＊　＊　＊　＊

（七）消息

戦《ウライケ、》になって《ホプニ、》から、《オロワ、》もう大分《オホーロ、》月日《ウヅル、》が《オッタ、》立《ネー、》った《クス、》。

私達《アノカイ、》と云う者は、新聞《アッシン、ネアンペ、ウエペケレ、カンピ、》と云う者を《カ、》も見《ハネ、》ないし《アン、ヌカラッシ、》日本人《シーシャム、》と名のつく《ナハ、アイ、イエ、》もの《ウタラ、》は一人《カ、シネッ、》とし《カ、》て見る《ハネ、》ことが無く《アン、ヌカラッシ、》なったから《クス、》、戦争《ウライケ、》の模様《オルシペ、》などは、ちょっと《ポンノ、》でも《カ、》聞く《ハネ、》ことが無い《アン、ヌーシ、》。よもや《マシキン、》、負けては居まい《マケタリ、ネアンペ、ハネ、キー、クニ、》とは思うものの《アン、ラム、ワツカイキ、テマナ、》、どういうもの《アンペ、ヘタネ、ヤ、》か、心に《ラム、》かかって忘れる暇《オッタ、アウヱオマンテ、アニ、アノイラ、》も無い《カ、ハネ、キー、》。露《ヌ》西《チ》亜《ヤ、》の人《ウタラ、》に尋ねる《オッタ、イピシ、カ、》のも《アンキ、》イヤだけれど《エヅーネ、ワツカイキ、》、思い余って偶々聞いて見るとき《マシキン、アン、ラム、ホカンパ、アニ、ウヅルケタ、アン、ピシ、オッタ、ネアン》っ《ペ、》と、高慢ちきに、《テーコロ、》自分《ヤイコタ、》の方ばっかり《パテ、》勝って《ヤンノ、》居る《イキッシ、》ような《マヌ、》事のみ《ナハ、パテ、》を云う《イエーシ、》。

「日本《シシャム、ネアンペ、》の方は、すっかり《エムイケ、》敗北して《アン、マケタリッシヒ、エムイケ、》、全く弱りきって《エネヤイカラ、イサマッシ、マヌ、》いるそうだ《ナハ、イエーシ、》」

「軍艦《ウライケ、ペンザイ、ナー、》などもみな沈没《エムイケ、チヱンテ、》して了《ヘマカ、》ったそう《マヌ、》で、露西亜《ヌチヤ、ペンザイ、》の軍艦《ネアンペ、》は《ター、》あの湖《トー、》水に《オッタ、》浮んで《アン、》いる鴨群の様に海一面《コペチャ、サイ、ネイノ、アツイ、シシッテ、ノ、》悉く露西亜《ヌチャ、》の軍艦《ペンザイ、》ばかり《パテ、》にな《アン、》ってるそうだ《マヌ、》。」
など云って《イエーシ、》いる。 私達は残念で残念で堪らない《アノカイ、アッシン、ネアンペ、テーコロ、アネオチッシ、》けれども《ワッカイキ、》、唯々《ヤイ、》「本当《ソン、》だろう《アンペ、アー、》」と《ナハ、》答えて《アイ、》いたが、心の《イエーシ、ランケ、ラム、》中で《オッタ、》は、くやしく《ネアンペ、オチシ、ラム、》て《アン、》泣いた《コロ、》。 が何と《ヤッカ、》すること《エネ、アン、カリ、》も出来ない《イサム、》。

又或時は《スイ、シネ、アニ、》、心の中で《ラム、オッタ、ネアンペ、》「何だ《ヘマタ、》？ 露西亜《ヌチャ、》の本国から《コタン、オロワ、》、もう大分永く《オホーロノ、》、船も来ないので《ペンザイ、カ、ハネ、エキ、クス、》商店《イホッチセ、》には《オッタ、》商品が皆品切れ《エイホホ、アンペ、カ、》になってる《イサマンペ、》じゃないか？ それでも《ネー、ワッカイキ、》、まだ《ナー、》船も《ペンザイ、カ、》来ようと《ハネ、》もしな《エキ、》い。 砂糖《サトー、》でも《ナー、》、麦粉でも《スイ、ムギコ、ナー、》茶でも《チャー、ナー、》、切れて了って《イサム、》る。 煙草《タンパコ、》さえも《カイキ、》無い《イサム、》。 これを《ターハ、》見ると《アン、ヌカラッシ、》いうと《イケ、》（心の中で思うに）《ラム、オッタ、エネ、アン、パーカリッシ、》何程《ネイラ、》大きな《ポロ、》事、口で《イタ、》云って《キー、》も《ヤッカ、》、こういう物《ネー、アンペ、》の《モ、》切れて《ハイタ、》いる《オカイ、》のに《オッタ、》、船も来ないのでは《ペンザイ、カ、ハネ、エ、アンペー、ネーチキ、》、どうも《エネ、カ、》、日本《シーシャム、》の為に《オロワ、》恐ろしく《ポローノ、》打ち敗かされて《アン、マケタリシ、》、それで《クス、》船も何も《ペンザイ、カ、》来《ハネ、》れない《エキ、ヒ、》のじゃないか《ナン、コー、》知ら、」とも考えた《ナハ、アン、ラムツシ、》。

此の前支那というあの大国と戦争《エトコタ、シナ、ナハ、アイ、イエモシリ、オッタ、ウライケ、アン、オッタ、》した時だって、あれ程大きな《ナハ、カーネ、ポロ、》国で、人数も《コタン、ネー、ウタリ、カ、》多い《ポロ、モシリ、》国、軍艦も《ネ、ペンザイ、カ、》沢山ありは《ポローノ、アン、》したが《ネー、ワッカ、イキ、》、やっぱり負けて《アン、マケタリ、ヘマカ、》しまったもの《アンペ、ネー、》！ 今度《タニ、》だって《ネ、アナッカイキ、》、やっぱり《ランマ、》、あんな《ターハ、》様なもの《ネイノ、》かも《アニ、》知れ《ヒ、ネー、》ない《ナンコー、》。 今に見て居ろ《ナー、ポンノ、アン、チキ、ヌカラ、ヤン、》！ 日本《シシヤム、》の軍艦や、日本の軍隊がきっ《ウライケ、ペンザイ、ナー、シシヤム、ウライケ、ウタラ、ナー、》と、どしどし《エネ、カ、ポローノ、》、やって《エキ、》来る《クス、》から《イキ、》！

そう思って《ナハ、アン、ラムツシ、カーネ、》、今日《タント、》見えるか《アン、ヌカラ、ヘタネヤ、》明日《シーマ、》見えるか《アン、ヌカラ、ヘタネヤ、》と、待ち設け乍ら《ナハ、アン、ラムツシ、カーネ、》、待って《イテーレ、》いた《アナッシ、》。

六　日露戦争（上）

（一）遠雷

其中に、三十七年《ネア、オッタ、レ、クンクヅ、アルワン、パー、》の夏も来た《ネーパー、ケヘ、サキータ、》。村の人達《ネー、オッタ、アイヌ、ウタラ、》は、一同《イッシンネ、》鱒《ヘモイ、》漁の為《コイキッシ、クス、》に、例年《ケサン、パー、》の通り《アニ、ヒ、ネイノ、》落帆村《オチヨポカ、》の方へ漁に出かけた《オンネ、チエ、コイキッシ、クスパイエッシ、》。但し部落に土人《ター、オッタ、コタン、オッタ、アイヌ、》が一人も居なくなろう《シネン、ヘネ、カイキ、イサン、クス、ネ、》ならば《イケ、》露西亜《ヌチヤ、》人等《ウタラ、》が色々《ウサ、アン、》な悪い《エン、》事《プーリ、》をやる《コロッシ、》だろうから《クス、》、私は《アノカイ、》、土人《アイヌ、》半数《エンコ、》ほどと共《ヅラ、》に、部落《コタン、》を守って《プンキ、》遣《ネ、》って《オカイ、》い《アン、》た。

或る日《シネ、アン、》の《トー、》事、日も漸く《ケヘ、シリ、クーネ、》暮《アン、》れかかって《カーネ、》来た時《オッタ、》、遠く《ヅイマ、》の方に《カーネ、》雷の音《カムイ、フム、》の様な《ネイノ、》大きな《ポロ、》音が《フム、》した《アン、》。

「雷の音《カムイ、フム、》だろうか知ら《ヘタネ、ヤ、》？」一人《シネ、》の土人《アイヌ、》が斯う《ナハ、》云った《イエ、》。或は又《スイ、》土人《アイヌ、》の半ばは《エンコ、ネアンペ、》、

「東風《アイ、》だから《ネー、クス、》、浪《コイ、》の音《フム、》だろう《ネー、ナンコー、》！」

と云う《ナハ、イエ、》のもあった《ウタラ、カ、アン、》。私達はどうかして、早く日本《アノカイ、アツシン、ネアンペ、ネイラ、イキ、ワ、モナシノ、シーサム、》の軍隊が上陸《ウライケ、ウタラ、ヤンケ、》して呉れれば《チキ、》いい《ピリカ、》

と思って《ナハ、アン、ラム、》いた処《クス、》だから、

「大砲の《ポロ、テッポー、》音《フム、》じゃ無《ハンネ、》いか？《ヘタネ、ヤ、》」

と云い出《ナハ、アイ、イエ、》したら、

「あ《ア》あ、そう《ア、ソンノ、》かも《ネー、》知《クス、》れな《イキ、》い！」

と応ずる《ナハ、イエ、》もの《ウタラ、》も《カ、》あった《アン、》。

一同《ソイタ、》外へ出て、《アシプ、アナツシ、》しばらく、《オホーロノ、》聞いて《アン、ヌーシ、》いた《テ、》が、其うち《ネー、》に、《テ、》其音《ネア、フム、》が絶えて《イサム、》了った《ヘマカ、》。それ《ネーテ、》から《オロワ、》
土人《アイヌ、》一同斷う《イッシンネ、エネ、》云って《アイ、イエーシ、》いた。

「本当《ソンノ、》に大砲の音《ポロ、テッポー、フム、》だと《ネ、》すれば、《アナ、》も少し《オカーケ、》立《タ、》ったら、何か《ネイラ、》知らん、《ネアイネ、》話が《アン、ヌー、》あるに違《エアスカイ、》いがない《ナンコー、》なあ！」

そんな事云って《ナハ、アイ、イエーシ、テ、》いた《オカイ、アナツシ、》。

＊　＊　＊　＊　＊　＊　＊

八月の月であったと思う、或る日露西亜《ツペサン、トンピ、ネー、トンピー、ヒ、オツタ、ネー、クニ、アンラム、シネ、アン、トー、ケヘ、ヌチヤ、》の義勇兵少尉《アシリ、ウライケ、ウタラ、ポン、サパネ、》がドブキー《ニシパ、ドブキー、》の方から《オロワノ、》浜を《アヅイサン、》伝って《カリ、》巡回のために《インカラ、エアツカシ、クス、》私達の《アン、》村まで《コタン、》やって《パハノ、》来た《エキー、》。此の人《タン、》は以前漁場の監督役をし《ニシパ、ネアンペ、エトコ、タ、チエ、コイキ、ヌカラ、アタリマエ、》

て《コロ、》た人《アイヌ、》で《ネー、》あったから《クス、》、私達《アノカイ、アッシン、》の知ってる《アウワンテ、》人《ニシパ、》であった《ネー、》。人《ラム、》のいい《ピリカ、》人《ニシパ、》であった《ネー、》から《クス、》、心易《エ、ヅヤシ》く付き合《カラ、》っていた《アナッシ、》のであった。で、今《タニ、》巡廻《エッ、》して来たから《クス、》、網倉《ヤー、プー、》の中を一人《シネ、アイヌ、》居られる《アン、パハノ、》程明けて《アン、カラッシ、》やって《テ、》、其処《ター、タ、》に居らせた《アナマッシ、》。

私など《アノカ、ナー、》東内忠蔵《トー ナイチユーゾー、》などと《ヅラ、》一所に《イッシンネノ、》よく遊び《ウタサ、》に行って《アン、クス、》見た《パイエ、アン、》。此人《タン、ニシパ、》は、露西亜人《ネアンペ、ヌチヤ、》で《ネ、》はあ《ワッカ》るけれど《イキ、》、自分《ヤイ コタ、》の国の高官連《モシリ、オルン、ポロ、ニシパ、ウタラ、》を蔭で呪って《センピリケタ、ヱンノ、》いた《イエ、》。

「今度《タン、》の戦争《ウライケ、》だって《ネアンペ、》、日本《シ サム、》の方から《オロワノ、》悪くした《エン、アンペ、カ、》んじゃ《ハン、》な《ネー、》いんだ。吾々《ヤイコタ、》の国《コタン、オルン、》の大臣《ポロ、》だの総督《ニシパ、》だの《ウタラ、》が馬鹿《ラマサッ、》で《クス、エネ、》、こんな《アン、》戦《ウライケ、》を起した《ヘヅクレ、アンペ、ネー、》んだ。今《タニ、》に見て《ヌカラ、チキ、》いるがいい《ピリカ、》。食料も尽《イペ、カイキ、ハイタ、》き砂糖《サ トー、ナー、》でも、又茶《スイ、チヤ、》でも《ナー、》、煙草でも《タンバコ、ナー、》、無く《イシヤム、》なったのに《ヤッカ、》、船《ペンザイ、カ、》も来やし《ハネ、エ、》ない。しまいには《アナイネ、》食《イペ、》物が無く《イサム、》なって人間《アニ、アイヌ、》みな死んで《エムイケ、ヱン、クス、》しまう《イキ、》だろう。」

斯う《ナハ、イエー、》云って《テ、》、自国《ヤイコタ、モシリ、》の大官達《ポロ、ニシパ、ウタラ、》を罵倒《ヱンノ、》して《イエ、》いた。

私達《アノカイ、アッシン、》は此人《タン、》に問うてみた《ニシパ、オツタ、アン、コピシ、》。

「先達《ケシトーノ、》て、聞えた《アン、ヌー、》大《ポロ、》きな音《フム、》は、何《ヘマタ、》の音《フミ、ヒ、》だったろうか《ヘタネヤー、ナハ、アイ、イエ、》？」

「大砲《ポロ、テッポー、》の音《フミ、》では無い《ハン、ネー、》かしら?!」と云えば《ナハ、アイ、イエ、ネア、》其人は《ター、ニシパ、》、

「大砲《ポロ、テッポ、》の音《フム、》では無い《ハン、ネー、》だろう《ナンコー、》。私も茲へ来る舟の中で《アノカイ、カイキ、アリカン、カーネ、チシ、オッタ、》聞いた《アン、ヌー、》のだから《イケ、》、よくは《ピリカノ、》知ら《アネラミ》ない《シカリ、》けれど《ワカイキ、》、カルサコフに《カルサコフ、オッタ、》戦が《ウライケ、》始まるには《アン、アンペ、ネー、オッタ、》、まだ少し《ナー、ポンノ、》早過ぎる様《モナシノ、クニ、アン、ラム、》だ。雷じゃないか《カムイ、フム、ヘーネ、ハンネ、》ね」《ナハ、イエ、》など云う。

＊　＊　＊　＊　＊　＊　＊

そう《ネー、》して《テ、》いる中に《オカイ、アナッシ、ヒ、ネア、》、今度は《タニ、》大泊《オートマリ、》の方から《オロ、》七人《アルワン、》の露兵《ヌチヤ、》が村《コタン、》を見廻りに《ヌカル、クス、》やって来た《アリキッシ、》。そ《テ、》して、前から《ホシキ、》来て《エッ、》いる人《ニシパ、》と、低い声で《ヅラ、ハウケ、ヌ、》話し合っていた《ウコイエーシ、》。私達も聞きたい《アノカイ、アッシン、アン、ヌー、》んだ《ルスイ、》が、詳しく《ワッカイキ、ランネノ、》聞く《ハネ、》訳には行かない《ウマ、アン、ヌーシ、》から《クス、》、唯々《ヤイ、》「日本の軍艦《シシヤム、ウライケ、ペンザイ、》」と云う事《ヅラ、》と、「露西亜《ヌチヤ、》のノーウィック《ノーウィック、》と云う軍艦《ナハ、アイ、イエ、ウライケ、ペンザイ、》」など云うのだけ《イエーシ、ヒ、》が聞えた《アン、ヌー、》。そこで益々聞き《ネーテ、アン、ヌー、ルスイ、》たくなるんだ《ワッカイキ、》が、隠して話さなかった《イ、シーナッシ、クス、ハネ、イエコウペエケレッシ、》。

此時内藤忠兵衛《ネア、オッタ、チペイカ》の家に小熊を飼っていた《チセ、オッタ、ポン、イシヨ、レシケッシ、》。露西亜《ヌチヤ、》人達《ウタラ、》が、其《ターハ、》を見に、其処へ行っ《ヌカラッシ、クス、ター、タ、ヌカラ、エパ》

て寄った《イエツシ、》。其人々《ネア、ウタラ、》の中に《オツタ、》、韃《タ》靼人《ターリ、》と云う又《ナハ、アイ、イエ、スイ、》一種違った国人《オヤ、モシリ、オルン、アイヌ、》が一人《シネ、》交《ター、》って《タ、》いた《アン、》。あ《ホー》と迄《カエウヌ、》一人《シネニ、》残って見て《インカラ、》いるから、私どもが《クス、アン、アノカイ、アツシン、》、其《タ、》側へ行って、斯う尋ねた《アイヌ、サマケタ、パイエ、アナツシ、テ、エネ、アン、コピシ、》。

「此の間《ケシトーノ、》、大砲の《ポロ、テツポ、》音が《フム、》聞えたが《アン、ヌー、イケ、》カルサコフ《カルコサフ、》にどんな《オツタ、ネイラ、》事が《オルシペ、》あっ《アニ、》たのか《ヒー、》？」と云《ナハ、》うと《アイ、イエ、》、其《ター、》韃靼人の奴は《タターリ、ナハ、アイ、イエ、オヤ、アイヌ、ネアンペ、》、

「さ《ウ》あ《ワー、》！　どうだか《アネラミシカリ、》、おいら、知らねえ！」と云う《ナハ、イエ、》。

「お前《エアニ、》、何を《ヘマタ、》云う《エ、イエ、》んだ？　大泊《オートマリ、》の方から《オロワ、》来た《エキ、ヒ、》んじゃない《ランケ、》か？　何も《ネーラ、》知らないという《カイキ、エ、エラミシカリ、》事《ナハ、エ、》があるもんか《イエー、ヘタネヤ、》！　何が《ネイラ、》あった《オルシペ、アニ、》んだ、ほんとうに《ヒー、イエー、カンネ、》？」と問いつめると《ナハ、アン、コピシツシ、コ、》、韃靼人は《ター、タターリ、》斯ういう《ネアンペ、エネ、イエ、》。

「何も無いよ《ネイランペ、カ、イサム、》。」

「何も無いことが《ネイランペ、イサム、》、あるもんか《ナハ、エ、イエ、アナツカイキ、》？　知ってるよ《アノカイ、アン、ヌーシ、》。大砲の音《ポロ、テツポー、フム、》だという《ネー、ワ、》事は知ってるん《アウワンテツシ、》だよ。隠さずに《ハンカ、エ、シーナ、》、さ《テ、》っぱり、云いなって《アツサラーノ、イエー、ワ、》のに！」と云ったら《ナハ、アイ、イエーシ、オツタ、》、

「じゃ、決して《ネーチキ、ハンカ、》誰にも《ネイ、タ、》、私が云った《アイ、イエ、ヘ、》と云うなよ《ナハ、ハンカ、イエ、ヤン、》。本当は《ソンノ、》なあ《アンペ、》、カルサコフへ《カルサコフ、オツタ、》日本の《シーサム、》大《ウライ》きな《ケ、》軍艦が《ポロ、ベンザイ、》露西亜の《ヌチヤ、》軍艦を追っ掛けて来て大泊で《ウライケ、ベンザイ、゜ツラ、ウノシパツシ、ワ、アリキツシ、イケ、オートマリ、オツタ、ヌチヤ、》露西亜の軍艦《ベンザイ、》が沈没《チロリ、》して了《ヘマ》

っ《カ、》たよ。けれども《ネ、ワツカイキ、》日本《シーサム、》の軍艦も《ペンザイ、カ、》、中から非常に《オンナイケ、ハ、ポローノ、》煙《パー、》を立て乍ら《アシン、カーネ、》、行ったから《オマン、クス、》、ひょっ《エネ》とすると《カ、》、日本《シー サム、》の艦も沈んだ《ペンザイ、カ、チロリ、ヒ、ネー、》んだろう《ナンコー、》。能登呂《ノ ト ロ、》の方へ《ヘコタ、》行く《オマン、》に随って《カーネ、》煙も《パー、ハ、》見えな《ハネ、アン、ヌカラ、》くなって了った。」

此で、始めて《ネア、オッタ、アシンノ、》露西亜《ヌ チ ヤ、》の軍艦《ウライケ、ペンザイ、》のノーウィック《ノ ー ウ イ ッ ク、》号という軍艦が《ナハ、アイ、イエ、ポロ、ペンザイ、ネアンペ、》日本《シーサム、》の軍艦《ペンザイ、》の為に《オロワ、》砲《アン、》撃され《ヅカナツシ、アニ、》て轟沈した《チロリ、アンペ、》事を、やっと知った《ウエペケレ、アン、ヌーシ、》。其時の《ネア、オッタ、》私達の嬉しさと云ったら無かった《アノカイ、アッシン、ネアンペ、テーコロ、アネラムシンネッシ、》。(其後、大泊の方へ《ネア、ケサケワ、オートマリ、オッタ、》出かけた《パイエ、アナッシ、》時、見ると《オッタ、アン、ヌカラッシ、》、成程大きな《ヒ、ネア、ソンノ、カ、ポロ、》露西亜《ヌ チ ヤ、》艦が《ウライケ、ペンザイ、》海上に《アヅイ、カータ、》、横になって《サマツケ、》沈《チロリ、》んで《テ、》いるのであった《アン、ルーフエ、アン、》。其を《ネア、》見た時は《オッタ、》、私達は《アノカイ、ネアンペ、》非常に《テーコロ、》、愉快であった《アネヌノーシ、》)。

それ《ター、》からは《オロワ、》、もう日本の《シーサム、》軍隊も遠からず《ウライケ、ニシパ、ナー、モナシノ、》、樺太へ《カラプト、オッタ、》上陸する《アリキッシ、》であろう《クニ、》と、それ《タンペ、》ばっか《パテ、》り楽みにして待っていた《アネヤイキニン、テ、カーネ、アン、テーレッシ、》。

(二) 怨恨

こうして《ネーテ、》、三十八年の春になると《レ、クンクヅ、ヅペサン、パー、パイカラ、オロワ、》、露西亜《ヌ チ ヤ、》の人達《ウタラ、》の云う《イエーシ、アンペ、》には《エネ、アニ、》、

「日本の《シーサム、》軍隊が何時《ウライケ、ウタラ、ヘンパラ、カネ、》何処へ《ナツタ、》、やって来る《ヤパッシ、》か知れない《クンペ、カ、アネラミシカリ、》から《ク ス、》、今から《タニ、オロワ、》は無暗に《エタラカ、》勝手な処《ネ イタ、》

へ出かけて《アッカシ、ネアンペ、》行って《ハンカ、》はならない《キー、ヤン、》」

そう《ナハ、》云って《イエーシ、》、《テ、》富内村に五十名の守備隊を置き《トンナイチヤ、オッタ、アシシネ、クンクツ、プンキ、カラ、ウタラ、アマッシ、》、そ《ネ》れ《ア、》から《オッタ、》は、毎日《ケサン、トー、》、朝々《ニサッタ、》に、村の土人《オウマンヅラ、アイヌ、》を一同一つ処《イッシンネ、シネ、コツ、》へ《タ、》集めて《ヌーカリ、カ、》人数《ランケ、》を調べ《ウレンカレシ、》、露西亜《ヌチヤ、》の里程《イチリ、》で一里以外《アニ、シネ、イチリ、オロワ、》へ、遠く行く《ヅイマノ、オマン、》こと《クニ、》を禁じ《エヅーネッシ、》、「若《ニー》し、一里以上余所《サハノ、シネ、イチリ、アッカリ、オヤッタ、》へ、出かけ《オマン、》たの《アイヌ、》があったら、殺してしまう《アン、クス、ネイケ、アン、ライケ、クス、イキ、》。 それから《オロワノ、》、留守居《オメイカ、》をした《ウタラ、》ものでも《ネ、アナッカ、》一所《イッシンネ、》に殺して《アン、ライケ、》しまう《クス、イキ、》。 だから《ネー、クス、》、それ《ナハ、》でも宜しい《ネアナッカ、ピリカ、》と思う《ナハ、エラマン、》ものがあったら《ウタラ、ネー、クス、ネ、イケ、》、余所《オヤッタ、》へ行って《オマン、》見る《ヌカラ、》がいい《クス、ネ、イケ、ピリカ、》。」と云い乍ら《ナハ、イエーシ、アニ、》、

「其時は《ネア、オッタ、》、断うして《ナハ、アン、キー、》、殺すぞ《アニ、エチ、ライケ、アン、クス、イキ、》」

と云って、顔先き《ナハ、イエーシ、アニ、ナヌフ、カータ、》へ、銃剣を付きつ《オペ、ウシ、テッポー、エッテ、》けて《アニ、》、土人《アイヌ、》を刺殺す《ライケ、》真似《サーニ、》をした《キーシ、》。 村の《アイヌ、》人達《ウタラ、》は恐怖《オハイネ》して《カッシ、》一同何処へも遠く行く《クス、アイヌ、イッシンネ、ネイタ、ヅイマノ、オマン、》こと《カイキ、》もならず《コヤークシノ、》、一つ処へ《シネン、コッ、タ、》小さく《パテ、》なっていた《オカイ、アナッシ、》。

私の《アノカイ、》考えるのに《アン、パーカリ、イケ、》富内村の土人《トンナイチヤ、ウン、アイヌ、》達は《ウタラ、》、昔から日本の人《ネアンペ、エトコ、オロワ、シーサム、》と一所になって《ヅラ、イッシンネ、オカイ、》いたものが《ウタラ、》沢山ある《ポローノ、アン、》し、又北海道《スイ、ホッカイドー、》の方から《オロ、》渡ったものも《アリキ、ウタラ、ナー、》居るもんだから《オカイ、クス、》、日本人へ《シーサム、オッタ、》内通し《シネ、ラム、コロ、》はせぬか《クニ、》と、気遣って《パーカリッシ、テ、》、こんな《エ ネ、》事し《キーシ、》たので《ヒ、ネー、》あった《クニ、》ろう《アネラム、》と思う《オカイ、》。

それから《ネーテ、》又《スイ、》、色々《ウサ、》な獣《アン、カムイ、》を猟する為め《アネコイキ、カラ、クス、》に土人一同《アイヌ、イッシンネ、》鉄砲《テッポ、》を一《シネ、》挺ずつ《ランケ、》持って《コロ、》いる《アンペ、》のを《ネアンペ、》

まで《ナー、》全部《エムイケ、》取り上げ、《ウカツシ、》火薬や丸も悉く没収された。《テツポ、クスリ、ナー、タマ、ナー、エムイケ、ウイナツシ、》其上に、魚を《ネア、カシケ、タ、チエ、》漁する《コイキ、》にも、《ネアンペ、》家《チセ、》の前の《コツサー、》魚だけ《タ、チエ、》捕れと云う。《コイキ、ヤン、ナハ、イエーシ、》又薪を採るのでも、家の《オロワノ、チホカロー、ニー、ネ、アナツカ、チセ、》向うに《サン、タ、》ある《アン、》木だけ《ニー、》取れと云う。《ター、ヤン、ナハ、イエーシ、》

此の様な《ナハ、アン、》圧制は、古来曽て例のない事であるから、《オルシペ、ネアンペ、フシコ、オロワノ、アイヌ、イツシンネ、エラミシカリ、オルシペ、ネー、》村の人達、一同恐ろしく怖れ戦いて《コタン、オツタ、オカイ、ウタラ、イツシンネ、テーコロ、オハイネ、ラム、コロ、カーネ、》何時《ヘンパラ、カネ、》どの《テマナ、》ような《アン、》目に逢う《アニカラカラ、》為に、《キー、クンペ、》今《エネ、》こんなに《アニー、》されるの《ヘタネ、》だろう《ヤー、》と人々談し合って《ナハ、アイヌ、ウタラ、ウコ、イエーシ、ランケ、》怨み恨んでいた。《テーコロ、エオチサツシ、》到頭、《ヤイネ、》

「余り、《マシキ、》こんな《ナハ、アン、》圧制《イレンカ、》ばっかり、《パテ、》ハイハイ聴いて《アン、ヌー、》居ちゃ、《アナツカ、》際涯がない《エン、》し、《クス、》こんな《ナハ、アン、》下級な役人《ハチコ、ニシパ、》風情に《オツタ、》何を《ネイラ、》云ったって《アイ、イエーシ、ヤツカ、》つまり《エン、》やしない。《クンペ、ネー、》それより《クス、》は、誰か《ネ、アイヌ、》カルサコフ《カルサコフ、》に《オルン、》いる一番の大将の許へ行って《イエールイ、ポロ、サパネ、ニシパ、オツタ、パイエ、アン、テ、》直接に陳情するが善い《アツサランノ、アネシエランポキエン、テ、アナ、ピリカ、》」と、《ナンコー、》一同そう云って、《ナハ、アイヌ、ウタラ、イエーシ、テ、》激昂しながら《イルシカ、ヅラノ、》議決した。《エウコイタカツシ、》

それをば、《ネアンペ、》東内忠蔵《トーナイ、チユーゾー、》何も《ネイラ、》考えずに、《カ、ハネ、エラマン、》ウッカリ《クス、》守備隊長《プンキカラ、サパネ、ク、》の居る前で《セコロケ、タ、》云って了った《イエー、》—

「俺等一同、《アノカイ、アツシン、》何の悪い事もありもせぬのに、《ネアンペ、ネイラ、アン、エン、アンペ、カ、ハネ、アン、キー、》どうして《ヘマタ、クス、》こんなひどい《マシキン、ナハ、カーネ、》圧制を《ホカンパ、イレンカ、》するんだい？《パテ、エキー、ヘタ、ネ、ヤー、》俺等明日《シーマ、》誰か《ネイ、》露西亜語《ヌチヤ、イ、タ、》の出来る《エアスカイ、》やつを《アイヌ、》大泊へやって、《オートマリ、オツタ、アノマンテ、》上長官へ《ポロ、サパネ、ニシパ、オツタ、》直訴して少《アイ、イエーシ、》

しでも《テ、ポンノ、》穏か《ピリカ、》に《クニ、》して《ネ、キーワ、》貰おう《イコンテ、》と思ってるんだよ《クニ、アン キー、ルスイ、ナハ、アン、ラム、》。」
と云った《ナハ、イエ、ヘ、》から《ネア、》、守備隊長《プンキ、サパネ、クル、ネアンペ、ナールイ、》は愈々警戒を厳に《エヅーネ、》し、一人でも《シネ、アイヌ、ヘネ、》行こう《オマン、》とするなら《クス、》、大泊へ出《オートマリ、オンネ、》る間の《オマン、ウヅル、オッタ、》キムナイ《キムナイ、》駐在の《タ、オカイ、》人々《ウタラ、》にも牒し合わせて《オンネ、ナー、イエー、テ、》、行こう《オマン、》とする《クン、》ものがあったら《アイヌ、》、其処《ター、タ、》で、殺せと命じ《ライキ、クス、ナ、イエ、》、尚又《スイ、》、富内村《コタン、》に居る土人《オッタ、オカイ、ウタラ、》をも《ナー、》併せ《イッシンネ、》、殺せと命じ《ライケ、クス、ナ、イエー、テ、》、村の人達をも威しつけ《コタン、オッタ、オカイ、ウタラ、ナー、エセフミ》たから《レ、カラ、》人々恐れて《アイヌ、イッシンネ、》縮み上り、夜でも昼でも《エホッハイネ、クス、クーネ、ナー、トーノ、ナー、》憂苦に満たされて《エアイエオマンテツシ、クス、》夜の目も眠れずに恨《モコロ、カ、アン、コヤークシ、パハノ、》みを重ねた《アネオチツシ、》。

それでも《ネーテ、》飽き足らずに、今《タニ、》度は《ネアンペ、》、漁場《パイヤ、》にある船《クンカシ、》の数、残らず《エムイケ、》トーキタイ《トーキタイ、》の方へ《オンネ、》持ち《ルーラッシ、》去って、持去られない破船をば悉く《ヱン、クンカシ、ネアンペ、エムイケ、フクイカツシ、》火をかけたり、壊し《ヱンテ、》たりして《ナー、》しまった《キーシ、》。

私達は、皆腸が煮え返る心持ち《アノカイ、アッシン、ネアンペ、アネコーチサツセ、》が《クス、》した。焼けになって、櫂は山の方の叢《ホニヱ、ネアンペ、ニーヅン、タ、》へ隠し、錨《アン、ヌイナッシ、イカ》は倉の中の蓆を積んだ下へ隠した《リ、ネアンペ、プー、オンナイ、タ、ムシロ、エキリ、エンポキ、タ、ヌイナッシ、》。露西亜人《ヌ チヤ、ウタラ、》が来て《ネアンペ、》、

「櫂《ホニヱ、》は何処《ナツタ、》にある《アン、》か《ヘタネ、ヤ、》」

「それから《ス イ、》、錨《イカリ、》は何処《ナツタ、》にある《アン、》か《ヘタネ、ヤ、》」

と云って《ナハ、イエーシ、》いるけれど《ワッカイキ、》「知りません《ウワナツキレ、》」「知らないよ《ウワー、》」と云ってやった《ナハ、アイ、イエーシ、》。露西亜人奴等《ヌ チ ヤ、ウタラ、》むか《エランタ》

腹立てて《サッシケシ、クス、》、「土人は《アイヌ、ウタラ、》一人残らず《エムイケ、》殺して了う《ライケッシ、クス、》」と罵っている《ナハ、イエーシ、》。それでも私達一同は《ネー、ワッカイキ、アノカイ、アッシン、ネアンペ、》、「知りません《アネラミシカリ、》な」と答えて《ナハ、アイ、イエーシ、テ、》、「日《シ》本《サム、》の人達《ウタラ、》が何処《ナッタ、》へか隠して行っ《ヌイナッシ、ヌイアンペ、》た《タ、》んだか《カ、》知りやしない《アネラミシッカリシ、》。」と云い《ナハアイ、イエーシ、》、「吾々は《アノカイ、ウタラ、》一々見てる《アン、ヌカラ、》訳《アンペ、》でも《カ、》無い《ハンネ、》んだから何処《ネイ、タ、》なり《ヘネ、》、勝手に《ラム、レンカイネ、》探して《フナラ、ヤン、ワ、》見るがいい。」と《ナハ、》云って《アイ、イエーシ、テ、》、飽迄《アンペネ、》白ッぱくれていた《アネラミシッカリ、カヅ、アン、カラッシ、テ、》。そのうちに《オカイ、アナッシ、ネア、パハノ、》、莚《ムシロ、》の下《ヅンタ、》の錨《アン、イカリ、》も山の方に《ナー、ニーヅン、タ、》隠した《アン、》櫂《ホニエ、》も見《ナー、》つけられた《パシテッシ、》。併し私たちが隠したもの《ネー、ワッカイキ、アノカイ、アッシン、アン、ヌイナ、アンペ、》だとは《ナハ、》心付かずに《ハネ、エラム、オカイアッシ》、「ニ《ニ》ッ《ツ》ポ《ポ》ン《ン》ス《ス》キ《キ》ー《ー、》　こ《コ》こ《コ、》、か《カ》く《ク》し《シ》た《タ、》」と云っていた《ナハ、イエーシ、》。

(三)　女連の結束

露《ヌ》人《チヤ、》の暴虐は《ホカンパ、イレンカ、タンペ、》これだけに《パテ、》止まらなかった《ハン、ネー、》。「お前等が《エチ、オカイ、ウタラ、ナハ、》、そう吾々の《アノカ、》云う事を《アネイタキ、ヒ、》聞かない《ハネ、エチ、ヌー、》ならば《クス、ネ、》、明日《イケ、シーマ、》、男だちは《オッカヨ、ウタラ、》、皆縄掛けて《エムイケ、アン、タシコッシ、テ、》大泊へ《オートマリ、》引っぱって行く《パハノ、アン、ヅラ、》から《クス、》、そう思え《エチ、エラマン、》！」と厳命を下した《ナハ、ヌチヤ、イエーシ、》。

村《コタン、》の人々《オカイ、ウタラ、》は再び《スイ、》恐怖して《オハイネカッシ、クス、》、露人《ヌチャ、》を怨嗟した《テーコロ、エオチサッシ、》。

「どう《ヘマタ、》いう訳で《クス、》そんな《ナハ、》事《エチ、キ、》するのか《ヘタネ、ヤー、》？」

「吾々に《アノカイ、アッシン、》どういう罪《ネイラン、エン、アンペ、アン》があるか《キ、ヘタネ、ヤー、》？」

と露人に尋ねると《ナハ、ヌチャ、オッタ、アン、コピシッシ、》、露人は《ネア、ヌチャ、ネアンペ、》斯う《エネ、》云う《イエ、イ、》。

「お前《エンノ、》達は《エチ、キー、》よくないから《クス、》、皆《エムイケ、》捕えて牢屋《ウチャーナッテ チセ、》へぶち込むんだ《オンネ、エチ、ルーラ、アン、クス、》！」と云う《ナハ、イエーシ、》。そこで《ネア、》私たちは《オッタ、アノカイ、アツシン、ネアンペ、》、

「若し《ナハ、》そんな《アンペ、》事に《ネー、クス、》するならば《ネー、チキ、》、あとに《オカーケ、タ、》残る《オカイ、》女子どもや《マハネク、ウタラ、》、子供等は《ヘカチ、ウタラ、》どうするのだ《テマナ、カラ、クス、ヘタネヤ、》」と云う《ナハ、アイ、イエーシ、》。

「男だち《オッカヨ、》が居れば《オカイ、》こそ《クス、》、其力で《ケライ、》、小供や女が食って行かれる《クス、ヘカチ、ナー、マハネク、ナー、イペレ、アンペ、》のではないか《ネー、》？男たち《オッカヨ、》が、皆《エムイケ、》居なくなったら《イシヤン、クス、》、あとに《ネ、アナー、オカーケ、タ、》残る《オカイ、》不便なもの《エン、ウタラ、》が、どうして《テマナ、キー、ワ、》食って《イベ、》行かれる《エアスカイ、》と思う《クンペ、ネ、ヤー、》のか？露西亜《ヌチャ、》の役人《ト ノ、》から《オロワ、》小供や《ヘカチ、ナー、》女だちに《マハネク、ウタラ、ナー、》食《イペ、》を宛てがって《コンテ、》呉れる《クス、ネ、》なら、《イケ、》吾々の《アノカイ、ウタラ、》ことは《ネアンペ、ネイラ、》、何と《アニカラカラ、》されるとも《アナツカ、》宜しい《ピリカ、》」と云ったら《ナ、アイ、イエーシ、オッタ、》、露西亜《ヌチャ、》の守備隊長《プンキカラ、サパネク、》の云うには《エネ、イエ、イ、》、

「露西亜《ヌチャ、》の立派な《サパネ、ニシパ、》役人達《ウタラ、》の食う食物《エー、クンペ、イベ、》さえも《カイキ、》欠乏して《イサム、》いる《テ、》。お前《エチ、》たちの家族《ウタリヒ、》など

に食わ《イペレ、》せること《ネアンペ、》は、役人《ニシパ、》達《ウタラ、》が許し《エヅーネ、》はしない《クス、イキ、》。」と云う《ナハ、イエ、》。

「そんならば《ナハ、ネ、アナー、》、吾々《アン、》の家族は、飢餲して《ウタリ、ヒ、ネアンペ、マワー、アニ、》死ん《ライ、》で了っても《アナツカ、》かまわ《ピリカ、》んという《ヘタネ、ヤ、》のか？」と云《ナハ、イエ》った《ーシ、ネーテ、》ら露西《ヌ チ ヤ、》人ども《ウタラ、》は、仕方がなくて《エネヤイカリサム、ワ、》、行って《パイエッシ、》しまった。

其あと《オカーケ、タ、》で、女たち《マハネク、ウタラ、》へ《オッタ、》、云って聞かして《アイ、イエーシ、テ、》、女たちへあとで《マハネク、ウタラ、オッタ、ヨーポニ、》露人が又来た折に《ヌチヤ、ウタラ、スイ、アリキッシ、オッタ、》は、斯う云《ナハ、イエー、》えよ《ヤン、》。

（男たちを皆《オッカヨ、ウタラ、エムイケ、》引っぱ《ヅ ラ、》って行って《オマン、》、牢屋へ入れたあとに、私たちは、どうして、食ったら《ウチヤナッテ、チセ、オッタ、アフンケ、テ、オカーケ、タ、アノカイ、アッシン、ネアンペ、テマナ、イキ、ワ、イペ、アナッシ、》よか《ヘタ、ネ、》ろう？《ヤー、》隊長《ポロ、ニシパ、》から《オロワ、》でも食物《イ ペ、》を下さ《コンテ、カ、》るんでなか《ハネ、キー、クス、》った《ネ、》なら《アナ、》、唯々《ヤ イ、》腹《マワー、》がすいて《アニ、》、死ぬ《ライ、アナ》許りだ《ツシ、クンペ、ネー、》。その位なら、私たちをも一所《ナハ、アン、クンペ、ネ、アナ、アノカイ、ウタラ、ナー、イッシンネ、》に男たち《オッカヨ、ウタラ、》と共《ヅラ、》に牢屋へなりと、連れ《ウチヤーナッテ、チセ、オンネ、ヘネ、イヅラ、》てって《ヤン、》呉れ！）

そう《ナハ、》女たち《マハネク、ウタラ、》が云え《イエー、ヤン、》、と、女たちに《マハネク、ウタラ、オッタ、》そう教えて置いた《ナハ、オチヨマレカラツシ、テ、アナマツシ、》。

そして、夜に《ネーテ、オロワ、オヌーマン、》なったら、露西亜《ヌ チ ヤ、》人等《ウタラ、》が又来た《スイ、エキッシ、》。其折《ネア、オッタ、》も又土人《スイ、アイヌ、》一同《イッシンネ、ヅラ、》引っぱって行く《オマン、》と云う《ナハ、イエーシ、》。そこで《オッタ、》、女たち《マハネク、ウタラ、》が、私が教えて《アネオチヨマレカラツシ、》置いた様に《ネイノ、》云った《イエーシ、》。すると《ネア、イケ、》、露西亜人《ヌ チ ヤ、ウタラ、》は、こう云《エネ、イエ》った《ーシ、》。

「女《マハネク、》や小供《ヘカチ、》を連《ヅラ、》れて行くこと《ネアンペ、》は、そり《ハネ、》ゃいけない《アン、ヅラッシ、クス、》。」と云う《ナハ、イエーシ、》。女たち《マハネク、ウタラ》が、「私《ハ》達《ネ、》をば《イヅラ、》連れて行かないと云ったって《ナハ、イエー、アナッカイキ、》、何が《ネイラ、》何として《アン、アナッカ、》も、一所《ウマ、》に《イヅラ、》ついて行《アン、クス、イキ、》く」とい《ナハ、イエ》ふ《ーシ、》。露人《ヌチヤウタラ、ネアンペ、》は、

「そう《ナハ、》女たち《マハネク、ウタラ、》が連れ《イヅラ、》て行けと云ったって《ナハ、イエーシ、アナッカイキ、》吾々《アン、タシコ、テ、》は縄をかけて、放って《アノッパッシ、》行《クス、》く《イキ、》までだ」といって《ナハ、イエーシ、テ、》、まあ舟《チシ、》を用意しようとて帰って《アネッテ、クス、イキ、ナハ、イエーシ、テ、ホシピッシ、》しまった。

帰って《ネーテ、》たあとで《オカーケタ、》、女たちは非常に興奮して《マハネク、ウタラ、ネアンペ、テーコロ、ウランコユプッシ、》こんな《エネ、》ことを口々に云っていた《エウコイタカッシ、》。

「こうして《ナッ、テー、》、明朝《シーマ、》本当《ソンノ、》に男《アイヌ、》たち《ウタラ、》を連《ヅラ、》れて行《パイエ、》くと云うならば《ナハ、イエーシ、クス、ネ、アナ、》、私《アノ》たち《カイ、》はみな《アッシン、》、小さい《ポン、》小《ヘカ》供《チ、》等《ウタラ、》をおんぶして《アン、パッカ、ヤッシ、テ、》、何が何でも《ネイラ、ネヤッカ、》、船へ《クンカシ、オッタ、》一所に乗《ウマ、》って沖へ出て《レパ、アナッシ、》ついて行って《テ、イヅラ、アナッシ、》やる。」

と《ナハ、》云って《アイ、イエーシ、》いた《カーネ、》。

「露《ヌ》西《チ》亜《ヤ、》の奴等《ウタラ、》が見て手荒な《ヌカラ、カーネ、シユプ、》事を《アナッシ、》する様《クス、》だっ《ネ、》たな《イ》ら《ケ、》、本当《ソンノ、》に暴虐な《エン、プーリ、》ことを《コロッシ、》して《クス、》来《ネ、》る様《アナー、》だったら、殺《エンノ、》されたって構《イ、カラッシ、アナッカ、》いや《ピリカ、》しない」そう《ナハ、》云って《イエーシ、》激昂し《テ、ウ、ランコ、》切って《ユプッシ、》いた。

それ《ネア、》なり《オロ、》に、夜が明け《シン、トーノ、》た。けれども《ネー、ワッカイキ、》露《ヌ》西《チ》亜《ヤ、》人《ウタラ、》も、男《オッカヨ、》たち《ウタラ、》を連《ヅラ、》れて行《オマン、》くとも《ナハ、カイキ、》、何とも、もう云わず《ハネ、イエーシ、テ、》に、其《アリアンノ、》まま《アン、》になった。

（四）　兵燹

其《ネーテ、》うちに、七月になった《オロ、アルワン、チユフ、ネー、チユピ、ヒ、ネー、》。　富内村守備隊の露兵は富内村引上げ《オッタ、トンナイチヤ、ブンキカラ、ヌチヤ、ウタラ、ネアンペ、トンナイチヤ、オロ、キラ、》の仕度をした《エヤイカラカラッシ、》。　夜《ウクラン、》になったら、佐々木《ササキ、》氏《ニシパ、》の番屋《パイヤ、》を一つ残らず《エムイケ、》皆火をかけた《フクイカッシ、》。　元番屋も、中番屋も《シーノ、パイヤ、ナー、ノシキ、ウン、パイヤ、ナー、》湖の口の番屋も《トー、チヤラ、ウン、パイヤ、ナー、》、倉庫も《プー、ナー、》、皆火を掛けた《エムイケ、フクイカッシ、》。

此の夜は《ネア、ウクラン、》、私達は《アノカイ、アッシン、》一寸も《イルカエ、》家から出られなかった《アシン、カ、アン、コヤークシ、アッシ、》。　家の中に《チセ、オンナイケ、タ》灯火を《チヤハラク、》点すこと《ウワー、クニ、》さえ《カイキ、》も許さなかった《エッ゚ーネッシー、》。（どう《ヘマタ、》いう訳《クス、》かと《ヘタネ、》云えば、こういう次第《ヤー、ナハ、アイ、イエーシ、ヘ、ネヤ、エネ、イエー、シー、》——沖を走る艦が窓から《アッ゚イ、オッタ、アッカシ、ペンザイ、プヤラ、カリ、》漏れる灯影を見ると、この村へ寄せる《チヤツラク、ニケ、ヌカラ、クス、ネイケ、タン、コタン、オッタ、レンネ、クス、ネイケ、》、そしちゃ大変だ《ヱン、》からというのであった《ナハ、イエーシ、》。）

此《タ》の晩《ヌクラン、》こそ愈々《アッシ、》私達が《アノカイ、ウタラ、》本当に殺されるのだなと思った《ソン ノ、アニライケッシ、クス、ヘネ、ネー、シリヒ、アン、ナハ、アン、ラムッシ、クス、》。　故に夜にも寝もせず《クーネ、トッセ、カ、ハマン、キ、アニ、》にいた。　寝て何も知らずに居て《ニヱシラム、アン、コロ、カーネ、》、若しかすると《ニッサハノ、》、露西亜人奴が《ヌ チヤ、ウタラ、》乱入して《アフパッシ、テ、》私達を殺し《イ、ライケッシ、》にかかるかも知れない《クニ、ネ、アン、》。　起きてさえ居れば《アン、ヌカラ ハ、ネ、アナ、》、向うの持ってる《アン、パッシ、》鉄砲でも《テッポー、》取り返し《ヘネ、アヌッ、》、出来るならば《エ アスカイ、ネ、アナ、》、ふんづかまえて《アン、コウフ、テ、》一匹でも《シネ、ヌチヤ、ヘネ、》いいから、冥途《イタサ、》の道連に、ぶち殺そう《アン、ライケ、テ、》、そうして《オロワ、カ シケ、ネ、》からなら、殺されても《アニ、ライケッシ、》本懐だ《アナッカ、ピリカ、》と思った《ナハ、アン、ラム、》。

唯《ヤイ、ラム、》、胸の中《オッタ、》で考えて見る《アン、パーカリ、ネアンペ、》に、女《マハネク、》たち《ウタラ、》や小供等《ヘカチ、ウタラ、パテ、》ばっかりは、不愍《イヌヌカレ、》でならないと思う《ナハ、アン、ラム、》。何にも《ネイランペ、カ、》知らない《エラムシカリ、》小供等《ヘカチ、ウタラ、ナー、》と、そうして《スイ、》女たち《マハネク、ウタラ、》を、無惨《ヱンノ、》な事《カラッシ、》をして《テ、》殺《ライケッシ、》して了《クス、》うのか《カラッシ、》な《ヒ、》あ、《アー、》ああ可愛《イヌヌ》想《カレ、》だ！　そう《ナハ、》思って《アネラム、》いた《オカイ、》。

一夜《タイ、シネ、ウクラン、》が十夜《ネアンペ、ワヌクラン、》のように《ネイノ、》長く《オホーロノ、》思われた《アネラム、オカイ、》。今や《タニ、アッシ、》、やっと夜が明けた《シシトーノ、》。夜が明ける《シシーノ、》と《ツ゚ラノ、》、露《ヌ》西亜人《チヤ、》奴等《ウタラ、》、船《チシ、》を用意《カラ》して《カラッシ、テ、》荷物《ウサアンペ、》を積込み《クサッシ、テ、》、湖《トー》水の彼岸《キタイ、》の方へ《オンネ、》引上げ《マカパッシ、》よう《ク》と《ス、》するので《エヤーカラカラッシ、》あった《テ、》。朝《ニシャッタ、》、全く明け放れて《シシトーノ、ヘマカ、テ、》(七月七日)《（アルワン、チユフ、アルワン、トー）》大泊《オートマリ、》の方に雷《ヘコタ、カムイ、フム、ネイノ、》のような大きな《ポロ、》音《フミ、》がして《アン、ヌーシ、》、黒い《クーネ、》煙《パー、》が盛んに《ポロンノ、》上り《リキン、》、日《カーネ、》が暮れ《シリ、クーネ、》たら《テ、》豊原《ウラジミロフカ、ヘコタ、》の方の雲《ニシクル、》が真赤《フーレ、》に火焔が挙り《カーネ、ウンチ、ニケ、アン、ヌカラッシ、》大砲の音《ポロ、テッポ、フモロ、ナー、》も、益々激しく《ユフケ、カンネ、》聞えた《アン、ヌーシ、》。

私達は《アノカイ、アッシン、ネアンペ、》、愈々今こそ《タニ、アッシ、ソンノ、》、日本軍《シサム、ウライケ、ニシパ、ウタラ、》が上陸した《ヤパッシ、》音《ネ、フミ、》だと云って《アン、ナハ、イエーシ、》、大喜びだ《ランケ、エキロラン、シ、》。

（五）湖畔の敵塞

翌日《シンケヘ、》私は《アノカイ、ネアンペ、》、果して《ソンノ、》日本軍《シーサム、ウライケ、ニシパ、ウタラ、》がやって来た《エキ、シ、》のならば《ヘネ、アナ、》守備《プンキ、カラ、》隊へも通知が届いて《ヌチヤ、ウタラ、オンネ、セイヌヤラ、ウタラ、ヘネ、》いるだ《エキー、》ろう《ナンコー、》と《ナ、》思って《アン、ラム、カーネ、》、露西亜人《ヌチヤ、ウタラ、》の所へ《オッタ、》行って《パイエ、》見た《アン、》。露《ヌ》西亜人《チヤ、ウタラ、》は、まだ《ナー、》残って《オカイ、》いる《アッシ、》。赤十《クスリ、》字《カラ、》

の医者《ヌチャ、》もまだ《ナー、》居た《アン、》。

其時私は、手を少し許傷つけて《ネア、オッタ、アノカ、ネアンペ、アン、テキ、ヒ、ポンノ、ピリ、コロ、》居たから《クス、》医者の所へ《クスリ、カラ、ヌチャ、オッタ、》見て貰いに《アン、ヌカンテ、》行った《クス、パイエ、アン、》。 医者が《クスリ、カラ、ヌ》薬《チャ、クスリ、》を付けて、繃帯を《アニカラ、テ、シシナ、》掛けて《エカラカラ、》呉れた《ヘマカ、テ、》。 其時遥か《ター、オッタ、》向から《ホマコホネーテ、》二人《ヅ、》の露《ヌ》人《チャ、》が舟に《チポー、》乗って来た《サパッシ、》。大《ヤ》急《オ、》ぎで遽てて来た《サカンケ、》ものだから、《ウタラ、ネー、クス、チシ、》舟には《オッタ、》水が《ワッカ、》一ぱい《ポローノ、》這入ってる《アフン、》けれど《ワッカイキ、》其まま乗って《アランノ、オーシ、》濡《テ、》れて来た《エキシ、》。 何を《ヘマタ、》云うか《イエーシ、》聞いて《クス、アン、ヌー、》見たかった《ルスイ、》から、《クス、》側へ寄って《サマケ、タ、》行くと、《パイエ、アン、ネヤ、》露《ヌ》人から、《チャ、オロ、》此《テイ》処《タ、》へ来《ハンカ、》ちゃいけない《アン、》。 そっちへ《ヅイマ、》行け《カーネ、》と《オマン、》云われた《ナハ、イエー、オッタ、》。 少し《ポンノ、》離れて《ヅイマ、》居ながら《カーネ、オカイ、アン、》話を聞く《ウエペケレ、アン、ヌ》と、《ー、イケ、》「日本軍が五六十人ばかりさんば船に乗って、《シサム、ウライケ、ウタラ、アシシネ、クンクト、イワン、クンクト、パハノ、アイヌ、クンカシ、オー、テ、》荒栗へ上った《アラクリ、オッタ、ヤン、マヌ、》」と云っている《ナハ、イエー、》。又《スイ、》「ペーライカーメン《ペーライ、カーメン、》という処へは、大勢の《ナハ、アイ、イエ、コタン、オッタ、ポロンノ、》日本軍が上った《シサム、ウライケ、ウタラ、ヤン、マヌ、》」と云っている《ナハ、イエーシ、》など《ハウ》仄《ケ、》かながらに、《カーネ、》聞きとれた《アン、ヌー、》。

それから《ネーテ、》露西亜人たち《オロ、ヌチヤ、ウタラ、》は逃げ《キラ、》仕度に取り掛り、《エヤイウコライパシ、》皆淵方面へ、《ミナプチ、オンネ、》海豹捕りに《カムイ、コイキ、》出かけた《エパイエ、》人数《ウタラ、》をも、《ナー、》馬で《ウーマ、》追っかけて、《アニ、ノシパッシーケ、》途中から《シシヅカリ、》帰らして、《オロ、ホシピッシ、テ、》コソコソ《ピーノノ、》話をし《ウコイタカッシ、》乍ら、露人《アニ、ヌチャ、》一人残らず《エムイケ、》漁船に《クンカシ、》乗って《オーシ、テ、》湖水を渡って《トー、トモヅイエ、》去って了った《パイエッシ、》。

其時露西亜人《ネア、オッタ、ヅ、ヌチャ、》二人馬に《ウーマ、》乗って、《オーシ、》草原を見廻っていたが《テ、キナ、ヅンタ、インカラッシ、クス、オカイ、アン、ヒ、ネヤ、シサム、》日本の密猟船が一つ《チエ、コイキ、ペンザイ、シネ、》砂浜《オタ、》

近く《エハンケノ、》へ着いた《ヤン、》。愛郎《アイルプ、ネワ、》と富内《トンナイ》村《チヤ、ツ゚ラ、》との間《ウツ゚ルケタ、》へ着け《ヤン、》て《テ、》上陸し《ヤパッシ、テ、》、其処《ター、オロ、》から三人《レ、アイヌ、》砂浜《オタカー、》の上《ペーカ、》を土《ア》人部落《イヌ、コタン、》の方《オンネ、》へやって来た《アリキッシ、》。間近《エハンケノ、》へやって来る《アリキッシ、》と《オッタ、》、露西亜《ヌチヤ、》の見張り《プンキカラ、》の兵隊《ウライケ、ウタラ、》ども、二人《ツ゚、アイヌ、》とも、草原《キナ、ツ゚ン、タ、》へ隠れて《オカイ、アッシ、》見ていた《テ、インカラッシ、》。私達《アノカイ、ウタラ、》は此の日本人等《ネアンペ、タン、シサム、》三人《レ、アイヌ、》今《タニ、》討ち殺される《ツ゚カナッシ、》のかな《クス、カラッシ、ヒ、アー、》と《ナハ、》思って見ている《アン、ラム、カーネ、アン、ヌカラ、クス、》と、日本の人たち《オカイ、アン、ネヤ、シサム、ウタラ、》が間近く《エハンケ、》やって来たら《アリキッシ、ヒ、》露西亜《ヌチヤ、》人《ウタラ、》は、見て《ヌカラッシ、テ、》あわてく《シツ゚シマ、ツ゚ラ》さって《ノ、》、馬《ウーマ、》に乗って《オーシ、》て《テ、》湖水《トー、》を渉って《トモツ゚イエ、》、逃げ出した《ウキラレッシ、》。から意気地が無い《オハイネ、ウタラ、ネー、ナハ、アン、ラム、》。

* * * * * * *

次の日《シンケヘ、》も、起きて見たら《パイケ、アナッシ、》豊原《ウラジミロフカ、》の焼ける《ウンチ、》煙《パー、》がまだ《ナー、》、切りと上る《アン、クス、アン、》。戦《ウライケ、》はずんずん《ナニ、》進む《ユフケ、カーネ、》らしい《アン、シリヒ、アン、》。私達の《アン、コタン、》村へ《オッタ、》、早く《モナシノ、》、日本軍《シサム、ウライケ、ニシパ、》が来れば《アリキ、アナ、》いい《ピリカ、》と《ナハ、》思いつつ《アン、ラム、カーネ、》待っている《アン、テーレ、》。けれども《ワッカイキ、》大泊《オートマリ、》の方から《ネワ、》此処《タン、コタン、》へ来る《ツ゚ラ、》中間《ウツ゚ル、ケタ、》には、湖《トー、》の彼岸《イクシタ、》のトーキタイ《トーキタイ、》と《オッタ、ナー、》キムナイ《キムナイ、》とに《オッタ、ナー、》、露西亜《ヌチヤ、ウタ》人《ラ、》が陣地《ウライケ、コホ、》を構えて《カラッシ、テ、》倉庫《プー、》を《ナー、》築き塹壕《スイ、トイ、ポイッシ、》を掘り、それに《オッタ、》機関砲《キカンホー、》を据えて《オカイ、アッシ、アニ、》、警備している《プンキカラッシ、》か《クス、》ら、うっかり《エタラカ、》通ると《アン、クシ、アナッカ、》、危険である《エヤイキシテ、》故《クス、》、ただ《ヤイ、》日本《シーサム、》の軍隊《ウライケ、ウタラ、》の来る《アリキ、》のを《クニ、》ばっかり《パテ、》待っている《アン、テーレ、》。魚《チエ、》を取って《コイキ、》いる間にも《アン、キーシ、ラーポケタ、》毎日《ケサント、》沖《アツ゚イ、》の方《オンネ、》を眺めて《インカラ、アナッシ、》大きな《ポロ、》艦《ベンザイ、》の姿でも《カツ゚フ、ヘネ、》見えはせぬかと《アン、ヌカラ、クニ、》、そ《ター、》れば《パ》っ《テ、》かり待ち兼ねて《アノハイキシタン、》暮らして《アニ、》いた《オカイ、アナッシ、》。

七　日露戦争（中）

（一）日章旗

七月十九日の日は、落帆村に土人たちの網下ろし《アルワン、チユフ、シネピサン、トー、イカシマ、ワントー、ケヘ、オチヨポツカ、オツタ、アイヌ、ウタラ、チエ、コイキ、》の祝《イノミ》いがあった《キー、トー、ケヘ、ネー、》。これ《タニ、》まで《パハノ、》私は、富内村の方に《アノカイ、ネアンペ、トンナイチヤ、オツタ、》留守番をしていた《オハチルン、アン、クス、オカイ、アン、》。此《ヘマタ、》は何の為《クス、》かと《ヘタ、》いうに、ひょっ《ネヤー、ナハ、イエー、チキ、ニー》としたら《サハノ、》、土人《アイヌ、》全部《エムイケ、》居なく《イサム、》なった、あと《オカーケ、タ、》へ、露西亜《ヌチヤ、》人《ウタラ、》が来《エキツシ、》でも《アナ、》して、火でも附け《シルクイ、カ、ヘネ、》られ《キーシ、》ち《クス、》ゃ困ると思ったら《ネ、イケ、ヱン、ナハ、アン、ラム、クス、》、それで勝村源蔵《イカサア》と二人で留守居をして《イヌ、ヅラ、ヅアイヌ、ネー、オハチルン、アニ、ヒ、》いた《ネー、》のであった。勝村《イカサアイヌ、》は露西亜《ヌチヤ、》語《イタ、》を知って《ワンテ、》いる土人《アイヌ、》である《ネー、》から《クス、》、露西亜《ヌチヤ、》人と《オンネ、》何か云う《イタハ、》時に《オツタ、》、都合《ピリカ、》がいいから《ナハ、アン、ラム、クス、》、それで《ツラ、》一所にいた《オカイ、アニ、ヒ、ネー、》。

然るに、此日だけは《ネー、ワツカイキ、タン、トー、ネアンペ、》、祝い《イノミ、》日である《トー、ネー、》から《クス、》、是非とも《ネイラ、アナツカ、》一寸来て《イルカエ、エヘ、ワ、》呉れと土人《イコンテ、ナハ、アイヌ、》一同《イツシンネ、》が云う《イエー、》から《クス、》、一寸《イル》落帆村《カエ、オチヨポツカ、》の方へ《オンネ、》出かけた《パイエ、アン、ヒ、ネー、》。

村の人達は総がかりで《コタン、オツタ、オカイ、ウタラ、アイヌ、イツシンネ、》、色々な《ウサ、アン、》御馳走《イペ、》を拵え《カラツシテ、》大きな《ポロ、》家へ《チセ、オツタ、》一同集まって《アイヌ、イツシンネ、》、酒宴に取《ヱーカリツシ、テ、サケ、クーシ、》

掛った《カラッシ、》。私は今日にも日本の軍艦が《アノカイ、ネアンペ、タン、トー、パハノ、シサム、ウライケ、ペンザイ、ヘネ、》、ひょっとしたら《ニーサハノ、》、来《エキ、》はしまいか《ハネ、キー、ヘタネヤー、》と、気《ナハ、》を配って《アン、ラム、》いたから《クス、》、戸《ソ》外《イタ、》に遊んで《ヘチリ、》いる小供等《ヘカツタラ、》へ《オツタ、》斯う《エネ、》云って置いた《アイ、イエ、イ、》。

「若しも《ニーサハノ、》沖《アヅイ、》の方から《オロワ、》煙《パー、》を吐いて《アシンケ、》来る《カーネ、》船《ペンザイ、》が見えたら《アン、》、早く、知らして《クス、ネ、イケ、モナシノ、イヌーレ、》呉れ《ヤン、》。」

そう云《ナハ、アイ、イエー、》って《テ、》、宴会《マラット、》の席へ《オツタ、》這入《アフプ、》った《アン、テ、》。暫く《タニ、》あって《ウフナツシ、》、酒《サケ、》になり《アン、クーシ、》、そ《テ、》ろそろ《ポンノ、》私《アノカ、》も少し酒飲《ナー、ポンノ、サケ、ア》みかけた《ン、クー、》時《カーネ、》、小供等《ヘカツタラ、》が遽しく《ヅーナシノ、》駆けて《テレケ、アニ、》這入って《アツカシ、アツシ、》、斯う《エネ、》云った《イエーシ、》。

「蒸気船が富内村の方へ《ウンチ、コロ、ペンザイ、トンナイチヤ、ヘコタ、》這入《アフン》った！」

と叫った《ナハ、イエーシ、》。聞くや否や《アン、ヌー、ヅラノ、》、外へ《ソイタ、》出て見ると《アシパン、アン、ヌカラ、》、果して大きな《ソンノ、カイキ、ポロ、》蒸気船《ペンザイ、》が、富内村《トンナイチヤ、》の方《ヘコタ、》へ、急い《ヘンパラ、》でいる《エアン、》。

そこで《ネーテ、》、私は《アノカイ、》三人許り《レ、アイヌ、》の土人《パハノ、》を引率《アン、ヅラ、》して《テ、》、砂浜へ《オタカー、タ、》下りて行《サパン、》ったら《オツタ、》、既に、一人与四郎《シネ、アイヌ、ヨシロー、》が船の《チシ、》仕度《カラカラ、》をして、もう《タニ、》出掛ける《オマン、クス、》ばかりに、汀へ《チシ、》下ろして《サンケ、クス、》いた《カラ、》処《トコ、》だから《オツタ、》、同行の四人《アン、ヅラ、ウタラ、ナー、イ》もすぐ《ツシンネ、モナシノ、》其丸木舟《チシ、》へ乗って《オツタ、レパアナツシ、テ、》、そこから《ター、オロ、》、舟《チポー、》を漕いで勇ましく《コシユプ、アニ、》出発した《パイエ、アナツシ、》。

大きな《ポロ、》汽船は《ペンザイ、ネアンペ、》、富内村の《トンナイチヤ、》港へ這入って《トマリ、オツタ、アフン、ヘマカ、》了って《テ、》、見えなく《ハネ、》なった《アン、ヌカラ、》。私達一同は《アノカイ、アツシン、ネアンペ、》、それ《ター、》でも進んで《ヘネ、パイエ、アナツシ、クス、》、オムト《オム》の沖を《トー、ペーカ、ノ、》通り掛るとき《パイエ、アナツシ、カーネ、》、陸《ヘヤ、》の方を見ると《オホ、インカラ、アナツシ、ネヤー、》、小高い所に《オリー、カー、タ、》、人間《アイヌ、》が、沢山見《ポローノ、アン、》

えた《ヌカラ、》。さて《オツタ、》此の《ター、》人間《ウタラ、》は、どういう《ヘマタ、》人達《ウタラ、》であろう《ヘタネ、ヤー、》？　日本《シサム、》の軍人《ウライケ、》方《ウタラ、》で、件の汽船《ペンザイ、》から《オロワ、》上《ヤ》陸《ン、》した人数《ウタラ、》でもあろうか《ヘタネ、ヤ、》？　それ《ネ、》にしては《ワッカイキ、》、余り《マシキ、》早過ぎる《モナシノ、》。けれども《ワッカイキ、》、日本《シーサム、》の軍隊《ウライケ、》は行動《ネアンペ、》が機敏《モンライケ、モナシノ、》である、という話《ハウヘ、アン、》だから、もう上陸《ヤパッシ、》して了って《ヘマカ、ヘー、》いるの《ネ、》か知ら？　どうだろ《ハンネ、ヤー、》う？など考えて《ナハ、アン、ラム、クス、》、

「陸へ《ヤー、タ、》着けろ《ヤパン、》。行って見るから《アン、ヌカラ、クス、》！」と私が云った《ナハ、アイ、イエ、》。若い《シユクフ、》人達《ウタラ、》は、

「危い危い《ヤイキッテ、》！　若し、《ニーサハノ、》露西亜《ヌチヤ、》人だったら《ヘネ、ネ、》、どうするか《イケ、テマナ、》？」

私の云うのには《アノカイ、エネ、アイ、イエ、》、

「露西亜《ヌチヤ、》人だった《ネー、》ら、東内忠蔵《アナ、ラマンテ、》！お前《エアニ、》露西亜《ヌチヤ、》語で《イタ、》以って《アニ、》、家《チセ、》を見廻る《ウオーネカ、》に、村へ行く所《クス、コタン、オッタ、エオマン、ヒ、》だ、と云え《ナハ、イエー、》！若し、日本人だった《ニーサハノ、シーサム、ウタラ、ネ、》ら《アナ、》、私が宜《チオカイ、ピリカノ、》しく云うから《チイエー、クス、イキ、》。」

そう云って《ナハ、アイ、イエー、テ、》、陸の方《ヘヤ、オホ、》へ舟《チシ、》を向け《アネスイエー、テ、》、斯う云った《エネ、アイ、イエ、イ、》。

「旗印《ハタ、シロシ、》をよく見ろ《ピリカノ、ヌカラ、》見ろ《ヤン、》！白地の真中《デタラ、アンペ、ノシキ、》へ、赤い《タ、フレ、》丸星があったら《シカーリンパ、シロシ、コロ、ネアンペ、》、日本《シーサム、》の旗だよ《ハタ、ネー、》。若し《ニーサハノ、》赤と黒と、白とで、三色に染まって《フレアンペ、クーネアンペ、デタラアンペ、ヅラ、レ、ヅン、コラ、アンペ、》いたら、其は《ターハ、》露西亜《ヌチヤ、》の旗だから《ハタ、ネ、》。」

そう云って《ナハ、アイ、イエー、テ、》、舟《チポー、》を早め《シユプ、》ながら《アニ、》、陸へ《ヘヤ、》近寄って《オッタ、ヤバナツシ、》、よく、よく見る《ピリカノ、》と、日章旗であった《アン、ヌカラ、ヤイケ、シノマルハタ、アン、ヌカラ、》。

「さあ《ケー、》、愈々《タニ、》日本《シーサム、》の旗《ハタ、》らしい《ネー、シリヒ、》ぞ！《アン、》」

この《ネア、》時《オッタ、》と云ったら、実に実に《テーコロ、》嬉しかった《アネラムシンネ、カーネ、》。陸へ《ヤー、タ、》急いで《モナシノ、》、上ると《ヤパナッシ、》、向うの人々《イクシ、タ、オカイ、ウタラ、》も舟《チシ、》の着《ヤン、》いたのを見て《ヌカラッシ、》、すぐに《ヅラノ、》、私達一同の方へ《アノカイ、アッシン、イ、ヘコタ、》、やって来て《アリキッシ、》、人々《アイヌ、》すっかり《エムイケ、》私達を《イ、オイカーリ、》取り《オカイ、》巻いて《アッシ、テ、》色々訊《イ、》ねられ《コイピッシ、》る。

「どうだ《テマナ、》露西亜《ヌチヤ、》にいじめ《オロワ、エンノ、》られは《エチカラヤン、》しなか《ヘタネ、ヤ、》ったかい？」

「露西亜《ヌチヤ、》の奴等随分《ウタラ、ポローノ、エンノ、》乱暴したろう《エチ、カラ、ネー、ナンコー、》！」

など云って《ナハ、イエー、》、尚あちから《シー、スイ、イクシ、ワ、》も《オロ、》、こちからも《ナー、スイ、オヤ、アイヌ、スイ、》、そういって訊ね《ナハ、イエー、アニ、イピシ、》られ、中々返答に忙がしい《アネ、イエー、ツネヨッカ、アネモンタピ、》。

＊　　＊　　＊　　＊　　＊　　＊　　＊

此の人々は、平尾大尉に引率された第五中隊の人々であった《タン、シーサム、ウライケ、ニシパ、ウタラ、オッタ、ヒラオ、タイイ、サパネ、ニシパ、ネー、テ、ダイゴチユータイ、ウタラ、ヅラ、アリキッシ、ヒ、ネー、》。

樺太征討軍は、七月の七日に樺太の大泊《シサム、ウライケ、ニシパ、ウタラ、タン、チユフ、アルワン、トー、オッタ、カラフト、オートマリ、》へ始めて《アシンノ、》、上陸《ヤパッシ、》したので、超えて、七月の十《ネア、オロワ、タン、チユフ、アルワン、トー、》七日、第一中隊が池辺讃方面へ、第五中隊は、富内村へ出る様に、大泊を出発された《イカシマ、ワン、トホ、オッタ、ダイイッチユータイ、ネアンペ、チペサニ、オンネ、ダイゴチユータイ、ネアンペ、トンナイチヤ、オンネ、アリキ、クス、オートマリ、オロワ、ホプニッシ、ヒ、》の《タ》であった《ハネー、》そうな。

第一中隊の方は《ダイ、イッチユー、タイ、ネアンペ、》、海岸づたい《アヅイサン、カリ、》に池辺讃《チベサニ、》まで予定通りに、十七日の日到着したそう《オッタ、エネ、アン、パーカリ、ヒ、ネイノ、アルワン、トー、イカシマ、ワントー、ネー、トー、ケヘ、アリ》

な《キッシ、》。

第五《ダイゴ》中隊《チユータイ、》の方は《ネアンペ、》、キ《キ》ム《ム》ナ《ナ》イ《イ、》越の山道《ルーチシ、》を《カリ、》、富内村《トンナイチヤ、》へ向《オンネ、》けて来たが《アリキッシ、》、此《ネー、》の山《ワッカイキ、》道《ター、》は《ルー、》密《ネアンペ、》林の《ニーヅム》中《ウン、》の嶮路《ヌン、ルー、》で《ネー、》、木《クス、》が《ニー、》倒《ナー、》れて《ホラー、》居たり、殊《スイ、》に夏《サキー、》時分《タ、》であ《ネー、》る《クス、》ので、雑草《キナ、》など《カイキ、》さえ、人《アイヌ、》のた《サパ、》け以《アッカリ、》上に蔓《オリー、》びて居るのみなら《オロワノ、》ず、川《ナイ、》が山《ヌプリ、》の切《スッ、》り岸《カリ、》を通《オマン、》って、川《ナイ、》の岸《チヤー、》へ山《ヌプリ、》の土《トイ、》が《ヘ、》崩込《メスフシ、》んで《テ、》、馬《ウンマ》の通れ《アッカシ、》る《クニ、》よう《ネ、》、道《ルー、》を《ヘ、》切開《カラ、》き乍《アニ、》らやって来た《アリキッシ、》もんだか《クス、》ら、予定より《アン、パーカリ、オロワ、ヅ、》二日遅れ《トー、モイレノ、》て、今《タン、》十九《シネピサ》日《ン、》の日に、此処まで《トー、イカシマ、ワン、トー、オッタ、》来た所《アリキッシ、ヒ、》なの《ネー、》であった。

(二) 東道

それ《ネーテ、》か《オ》ら《ロ、》私は《アノカイ、》中《ネアンペ、》隊長《サパネ、》平《ニシパ、》尾大《ヒラオ、》尉《タイイ、》の面前《アン、カラ、》へ《オッタ、》出て色々なこと《ウサアン、オルシペ、》を具申《アン、ヌーレ、》した。

平《ヒラ》尾《オ》大尉《タイイ、》の云《エネ、》わる《イエイ、》るには、

「こ《タ》れ《ニ、》から《オロ、》、行《パイエ、》かれるだけ《アン、アスカイ、》行って、《パハノ、パイエ、アン、》露営《テ、レウシ、》をし《アン、》、明日《シーマ、》更《スイ、》に、露《ヌ》軍《チヤ、》の居る所《オカイ、トコ、》を捜索《アン、フナラ、》しようと《ナハ、》するの《アン、ラム、》だ。」

と《ナハ、》云われ《イエー、》るから《オッタ、》私は断《エネ、》う具《アイ、》申《イエイ、》した。

「此処《テーワ、》から《オロ、》、ド《ト》ブ《プ》キ《キ》ー《ー、》へ至《パハノ、》る間《ウツル、》には露《ネアンペ、ヌ》軍《チヤ、》は居《イサム、》りません故《クス、》、余所《ソイタ、》へ寝《モコロ、》られるより《アツカリ、》は、此《テー》処《ワ、》から《オロ、》一里《シネ、イチリ、》程行《パイエ、》かれる《アン、》なら《クス、》ば《ネ、》、私《イケ、》達《アン、》の村《コタヌフ、》で、富内村《トンナイチヤ、》という《ナハ、アイ、イエ、》村《コタン、》があります《アン、》。今《タニ、》は丁《ネア》度《ンペ、》土人《アイヌ、》が全部《エムイケ、》、落帆村《オチヨポツカ、》へ《オツタ、》漁《チエ、コイキ、》の為めに《クス、》行って《オマン、》、空家《オハ、チセ、》ばっかり《パテ、》あります《オカイ、》から《クス、》、少々《ポンノ、》魚臭《チエ、フラ》い《ー、》家《コロ、チセ、》で、おまけに中《オンナイ、》が誠にむさ苦しい《イチヤツキレ、》ですけれど《ワツカイキ、》、我慢をして下すって《チソナイ、アンオーマレ、テ、》、中へ御住《オンナイケ、タ、エチ、》まい《オカイ、アナハ、》下さるれば結構な事《ピリカ、ナン、コー、》です。」

と《ナハ、》そう《アイ、》云った《イエ、》。そこで《ネーテ、》、平尾《ヒラオ、》中隊長《チユータイチヨー、》と、山田《ヤマダ、》少尉《シヨーイ、》、向井《ムカイ、》少尉《シヨーイ、》と一同《ヅラ、イツシンネ、》オムト《オムト、》湖口《チヤル、》から《オロ、》富《トン》内村《ナイチヤ、》の方へ《オンネ、》同行し《ヅラ、アリキ、》、それから《ター、オロ、》、私達が《アノカイ、アツシン、》平尾《ヒラオ、》大尉《タイイ、》が歩行《アツカシ、》されては足《ケマ、》が疲れ《シンカ、》られるだろ《ナンコー、》うから《ネー、クス、》、此処から《テー、オロ、》、村の家《チセ、》まで《パハノ、》舟《チシ、》に乗せて《オー、》行《エヅラ、》って《パイエ、》上《アン、》げます《クス、》からと云って《ナハ、アイ、イエ、》私達《アン、ヅラ、》が一所《テ、》に舟《チポー、》を漕いで私達《アン、》の村《コタン、》へ同行した《オンネ、アン、ヅラ、エヘ、》。

そして《ネーテ、》、土人《アイヌ、》の家《チセ、》へ全部明けて《エムイケ、アン、チヤツケ、チセ、》、家の中《オンナイ、》の埃を掃い《モニ、ヘ、アイ、サンケ、》、床は《セツカー、》水《ワツカ、》を以て《アニ、》洗い流し《アン、フライ、》、倉《プー、》の中《オロワ》から蓆《モシロ、》を出して《アナシンケ、》床に《テ、ソー、》敷詰めた《ネ、アネカラカラ、》。若い者《シユクフ、ウタラ、》たちは、湖水《ネアンペ、トー、》を横ぎって《トモヅイエ、》、幾回も幾回も《ヘン、パツシユイ、》往復し《ヤイコホロカシ》て兵隊《ピ、アニ、ウライケ、ウタラ、》を舟で渡して《クサツシ、》いた。そして《ネーテ、》、夜の十一時頃までかかって《クーネ、シネ、トキ、イカシマ、ワン、トキ、パハノ、アン、ウヅル、》、やっと《オツタ、》宿舎が《モンライケ、》出来《ヘマカ、》た。　内藤忠兵衛《チペーカ、》の新築《アシリ、》の家《チセ、》を以て、中隊本部に充て《ネアンペ、ウライケ、ニシパ、ウタラ、チセ、ヘ、ネ、アン、カラ、》、その他の家を以て《オロワノ、オカイ、チセ、ネアンペ、》、全部兵士方《エムイケ、ウライケ、ウタラ、》

の宿舎《オッタ、オカイ、アッシ、》とした。

そう《ネーテ、》してから《オロワ、》、中隊本部へ出頭して《サパネ、ニシパ、ウタラ、オカイ、チセ、オッタ、パイエ、アン、》、此辺の地理や《テ、タン、コタン、オルシペ、》、敵の所在地の状況や《ヌチャヤ、ウタラ、オカイ、トコホ、ナー、》、又、それを《スイ、イオーネカ、》偵察すべき《エ、アツカシ、》道筋《ルー、》など《ナー、》、色々下問された《アニコピシッシ、》。その《オッタ、》時には《ネアンペ、》、斯う私はお話をした《エネ、アニ、ネイノ、アネヌーベケレ、》。

「此処《テー、》から《オロ、》、陸路、湖岸《ヤーペーカ、トー、》を伝って《オエカーリ、》、池辺讃《チベサニ、》方面《ヘコタ、》へ出るのは《オマン、ネアンペ、》、谷地が《キーヌフ、カ、》多く、川もあり、陸路は《ポロンノ、アン、ナイ、カ、オカイ、アン、アニ、ヤー》行く《ペーカ、》こと艱難です《アツカシ、ネアンペ、エン、クス、》。湖水《トー、》を舟で《オッタ、チポー、》越して、此処から湖水の《タン、コタン、オロワ、トーキタイ、》彼岸《パハノ、》へ出ると《パイエ、アン、テ、》、此処《ター、》から《オロ、》池辺讃《チベサニ、》までは《オンネ、》僅か一里半《エンコ、ヅラ、ヅイチリ、》ばかり《パハノ、》しか無い《ネー、》、林中には《ヅンペーカ、》道路《ルー、》も出来ている《アン、》。露軍は《ヌチャヤ、ウライケ、》此の春以来《ウタラ、タン、パイカラ、》、此処《オロ、タン、》、トーキタイ《トーキタイ、》の山道《ルーチシ、》の中程《ノシキ、タ、》に陣地を構えて《ウライケ、コホ、カラッシ、テ、》居り、塹濠を掘り《オカイ、アッシ、トイ、ポイエッシ、》、機関《スイ、キカン》砲《ホー、》を据付け《ナー、アマッシ、》、倉庫《プー、》をも《ナー、》建てて《カラッシ、テ、》堅固に《ピリカノ、》守備《ター、タ、》している《オカイ、アッシ、》。此辺《タ、オロ、》の地の偵察は《アン、ヌカラ、ハ、ネアンペ、》やはり陸《ヤーペ》路《ーカ、》は行けない《オマン、ルー、エン、》。故に《クス、》土人《アイヌ、》の丸木舟《チシ、》にでも《アニ、》乗って《ヘネ、アオー、カーネ、》、土人が《アイヌ、ウタラ、》魚取る《チエ、コイキ、》様に《ネイノ、》思わせて《アン、ラムレッシ、テ、》湖《ト》上《ー、》を行《カリ、》ったら《パイエ、アナッシ、》善かろう《アナ、ピリカ、ナンコー、》と思われます《ナハ、アン、ラム、》。」

そう《ナハ、》述べた《アイ、イエ、》。そこで《ネーテ、》、土人《アイヌ、》の舟《チシ、》を今一艘《ナー、シネ、》に、五人《アシシネ、》の土人を取り寄せる《アイヌ、パハノ、アノカサンケッシ、》ために《クス、》、若い者《シュクフ、アイ》を《ヌ、》一人《シネ、アイヌ、》落帆村《オチヨポッカ、》の方へ《オンネ、》迎いにやった《アノマンテ、》。夜遅《クーネ、モイレ、》かったけれど《ワッカイキ、》、すぐさま《モナシノ、》、一艘《シネ、》の丸木舟《チシ、》に五人許《アシシネ、パハノ、》乗って《オーシ、テ、》、急いで《モナシノ、》、やって来た《アリキッシ、》。その時《オッタ、》にはもう、夏の樺太《サキータ、ネー、クス、》の短夜がようよう白《タニ、モナシノ、シシトーノ、エハンケ、》

みそめた。

(三) 湖岸の偵察

さて、夜の白みそめた、《ネーテ、オロ、シシトーノ、エハンケ、》二十日《ホホネ、トー、》の午前、二時頃《ニシヤッタ、ヅトキ、ネー、》である《オッタ、》。土人《アイヌ、》の丸木舟《チシ、》二《ヅ、》艘《チシ、》に各々頭《ウサッパノ、》に軍曹一人《グンソー、シネ、アイヌ、》を頂き、上等兵一人卒一人ずつを載せ、五人ずつ《ジョートーヘイ、シネ、アイヌ、ソツ、シネ、アイヌ、チシ、アン、ヅラ、シ、テ、アシシネン、ランケ、》の舟を漕ぐ《チポー、》土人《アイヌ、》を指図《アヌレン》して《カレ、》斥《テ、》候に出掛けた《パイエ、アナッシ、》。

一艘の舟《シネ、チシ、》は、ト《ネアンペ、ト》ー《ー》キ《キ》タ《タ》イ《イ、》の方面《オンネ、》へ向い《オマン、》、今《スイ、》一艘《シネ、》の舟はキ《チシ、ネアンペ、キ》ム《ム》ナ《ナ》イ《イ、》方面《オンネ、》へ向かった《オマン、》。

私は母袋軍曹を戴いて《アノカイ、ネアンペ、モタイ、グンソー、サパネ、テ、》、ト《ト》ー《ー》キ《キ》タ《タ》イ《イ、》へ向う《オンネ、オマン、》丸木舟《チシ、アノー、》に乗って《テ、》行った《パイエ、アン、》。

私《アノカイ、》の思う《エネ、》のには《アン、ラム、》、日本軍が大泊や、荒栗などへ、上陸したことは《シーサム、ウライケ、ウタラ、オートマリ、オッタ、ナー、アラクリ、オッタ、ナー、ヤパッシ、アンペ、》、露人も知っている《ヌチヤ、ウタラ、ワンテッシ、》。けれども《ワッカイキ、》、富内村の方へ来たことは知るまい《トンナイチヤ、オッタ、アリキッシ、アンペ、ナー、エラミシカリッシ、》。故に《クス、》此の《タン、》最初の《アシンノ、》斥候には《イオーネカ、》兵隊も皆《オッタ、ウライケ、ウタラ、ナー、》土人たちの様な《エムイケ、アイヌ、ウタラ、ネイノ、》姿に《カツフ、》身を替えて《アンカラ、テ、》丸木舟《チポー、》で越して行ったら《アン、ヅラ、》、《アナ、》露西亜《ヌチヤ、ウタラ、》方では《ネアンペ、》、湖《トー、》上の方《オンネ、》を眺めて《インカラッシ、》居ても《アナッカイキ、》、日本の兵隊だとは《シーサム、ウライケ、ウタラ、ナハ、》気が付かずに《ハネ、エラム、オカイ、アッシ、テ、》、土人《アイヌ、》だけ《パテ、》、魚《チエ、》を取り《コイキ、》に来《クス、》たんだと《アリキッシ、ヒ、ナハ、》思うだろう《エラム、オカイ、アッシ、》。そうする《アナ、》といい《ピリカ、》んだな《クニ、》と考えた《アン、ラム、》。

そこでそう《ナハ、》云《イエ、》ったら《ネア、》、平《ヒラ》尾《オ、》大《タイ》尉《イ、》は、其の謀は善い謀《ネアンベ、タン、イレンカ、ピリカ、イレンカ、》だと《ナハ、》云った《イエー、テ、》。そこで、そうやっ《ネー、チキ、ナハ、アン、キーシ、》て《テ、》土人《アイヌ、》風《カツフ、》に身を窶して《エヤイカラッシ、テ、》、出た《パイエ、アナッシ、》。

で愈々《タニ、アーシ、》私共は《アノカイ、アッシン、》湖上を《トー、カリ、チポー、》乗り出した《パイエ、アナッシ、》。短夜の空《タッコン、アンチカラ、》が何《ヘン》時《パラ、》の間に《カ、》かしらじらと《シシトーノ、》明けて《ヤイカラ、》来た《テ、》。湖《ト》水《ー、》の中島《モシリ、》の側《サマケ、タ、》の出崎に舟を着けて《エンルム、オッタ、チシ、アイ、ヤンケッシ、》、此処《ターワ、》から《オロ、》、岸上《ヤー、ペーカ、》を処々方々《ピシカノ、オロ、》偵察《アン、ヌカラ、》しなが《アニ、》ら、進《パ》んで《イエ、》行った《アナッシ、》。人《アイヌ、》の足跡《ルー、》が沢山《ポロンノ、》あった《アン、》が古い《ワッカイキフシコ、》足跡《ルー》のみ《パテ》であった《オカイ、》。五六日位も《アシシネ、トー、イワン、トー、》経た《アン、》かと思われる様な足跡《アイヌ、ルー、》ばかり《パテ、》であった《オカイ》。

そこ《ター、》から《オロ、》、トーキタイ《トーキタイ、》の川口まで、湖岸を《ナイ、チャラ、パハノ、ヤー、ペーカ、》伝って、行って《パイエ、アナッシ、テ、》、川口《ナイ、チャラ、》の処に《オッタ、》上陸《ヤパナッシ、》をした。此時《ター、タ、》は、もはや昼《トーノシキ、》も過ぎた《オカーケタ、》から、川口で遅昼を済まし、此処へ二人の土人を《ナイ、チャラ、オッタ、モイレ、トーノシキ、イペ、アン、キーシ、タン、テータ、ツアイヌ、》丸木舟《チシ、》へ《オッタ、》残して《アノッパッシ、テ、》三人の土人《レ、アイヌ、》は《ネアンペ、》、兵隊三人に《ウライケ、ウタラ、レ、アイヌ、》伴をして《アン、ツラッシ、テ、》トーキタイ《トーキタイ、》の山《ニーツム、エネ、》の方へ這入って《アフプ、》行った《アナッシ、》。這入って行く《パイエ、アナッシ、》時に《オッタ、》、舟へ《チシ、オッタ、》残る《オメイカ、ツ、》二人の土人《アイヌ、》に《オッタ、》斯う私が《エネ、アイ、》云った《イエイ、》。

「若しも《ニーサハノ、》、山の方に《ニーヅメネ、》鉄砲《テッポー、》の音《フム、》が聞えたら《エチ、ヌー、アナ、》、舟《チシ、》を出崎の陰へ持ってて、沖の方へ流して《エンルム、センピリケ、ネ、パイエ、ヤン、テ、アツイ、カータ、レパー、ヤン、カーネ、ヤイ、モンテ、》待って居れ《ヤン、カーネ、イテーレヤン、》。日の暮までも《シリクーネ、》誰も《パハノ、》此処《ネ、アイヌ、カ、》へ帰らなかったら《ハネ、ホシピ、》、吾々が《チキ、アイヌ、》全部殺されたも《エムイケ、ライ、ヘマカハ、》のと、思って中隊本部へ帰って其事を言上せ《ナハ、エラム オカ、ヤン、テ、サパネ、ニシパ、ウタラ、チセ、オッタ、ホシピ、ヤン、テ、エーペケレ、ヤン、》。若し又、生きて《ニーサハノ、スイ、シシノ、テ、》還る《ホシピ、》もの《アイヌ、》があった《アン、アナ、》

ら、此処へ《タン、テ、タ、》来て《エッ、テ、》、呼ぶ《カヨー、》から《クス、イキ、》、その時は《ネア、オッタ、》舟《チシ、》を岸へ着けて《ヤンケ、ヤン、テ、》、人々を載せ《ツラ、ヤン、》、そして《カネ、》早く帰れ《モナシノ、ホシピ、ヤン、》。」
そう《ナハ、》云いつけて《アイ、イエーシ、テ、》山《ニーッ》の方《メネ、》へ這入った《アフプ、アナッシ、》。

（四）危機一髪

密林の方《ニー、ツメネ、》へ這入って《アフプ、アナッシ、》、少し許《ポンノ、》進むと、木原の中に《パイエ、アナッシ、ヒ、ネヤ、ニーヅン、タ、》立派な《ピリカ、》道路《ルー、》があった《アン、》。此は露西《タンペ、ネアンペ、ヌチ》亜人《ヤ、ウタラ、》どもが、トーキタイ《トーキタイ、》の陣地《オンネ、》へ食糧《イペ、》を運ぶ《ルーラ、》ための道である《ルー、ヘ、シン、ネー、》。母袋軍曹が此道の《モタイグンソー、ネアンペ、タン、ルー、》まま進んで行こうとする《オカー、カリ、オマン、クス、カラ、》。私《アノカイ、》は斯う《エネ、》云った《アイ、イエ、イ、》。

「こういう《ナハ、アン、》道《ルー、》の通りに《オカー、カリ、》行こう《パイエ、》なら《アン、》露西亜人《アナ、ヌチャ、ウタラ、》の方もいつでも《ネ、アナッカ、》気を附けて《イシランマ、》道に人の《ルー、オッタ、アイヌ、》来る《エキ、》のを《クニ、》見ている《ヌカラッシ、》だろうから《クス、イキ、》、林《ニーッ》の中へ《メネ、》這入って《アフプ、アナッシ、テ、》道の方向に《ルー、エネ、》行く様に《オマニイ、》進んだら《ネイノ、パイエ、アナッシ、》善さそうだ《アナ、ピリカ、ナンコー、》。」

と云った《ナハ、アイ、イエ、》。母袋軍曹《モタイ、グンソー、》の云うには《エネ、イエ、イ、》、

「其の《タン、》策《イレンカ、》が本当に《ソンノ、》いい《ピリカ、》。そうしたら《ナハ、アン、キー、アナー、》善かろう《ピリカ、》。」

と云い《ナハ、イエ、》、それから《ネーテ、オロ、》密林の中《ニーヅン、ペーカ、》を進んで行った《パイエ、アナッシ、》。トーキタイ《トーキタイ、》の露人《ウン、ヌチャ、》の倉庫《プー、》のある《アン、》辺《トコオロ、》か

ら川口への中程迄行ったと《ナイ、チャラ、ヅラ、ウヅルケ、タ、パイエ、アナツシ、クニ、ネ、》思った時、不意に人の声らしい《アン、ラム、オツタ ニーサハノ、アイヌ、ハウ、ネイノ、アンペ、》ものが聞え《アン、ヌー、》た。落ちつ《ラン》いて《ネノ、》よく見ると五十人許の兵隊を見とめた《アン、ヌカラ、ネア、アシシネ、クンクト、パハノ、アン、ウライケ、ウタラ、アン、ヌカラ、》。

「おや《ヘマタ、》！　日本《シーサム、》の兵隊《ウライケ、ウタラ、》じゃないか《ハン、》知ら《ネ、ヤー、》?!」

と思った《ナハ、アン、ラム、》瞬間《ヅラ ノ、》、密林《ニーヅン》の彼方《タ、》に号令の声《ウラン、ヅーナシカ、ハウ、》が聞え《アン、ヌー、》た。スワと《ヅラノ、》見るまに、一同《イツシンネ、》ズラリと並《ウオレンカレツシ、》んで銃《テツポ、》を構え《アニ、》て差し向けられた《イノーレツヒ》。危いと思う瞬間《ヤイキツテ、ナハ、アン、ラム、ヅラノ、》母《モ》袋《タイ》軍《グン》曹《ソー、》大声《ポロ、ハウ、》を挙げ《アニ、》て、

「日《ニ》本《ホン》だ《ダ》！　日《ニ》本《ホン》だ《ダ》！」

と叫んだ《ナハ、イエ、》けれども《ワツカイキ、》林の中《ニーヅン、タ、》だから《ネー、クス、》、聞え《ハネ、》ない《ヌーシ、》。其中《ネ ア、》に更に《カシケタ、》カチ《カ チ、》カチ《カ チ、》カチ《カ チ、》カチ《カ チ、》という《ナハ、アン、》撃鉄の音《フム、》がする《アン、ヌー、》。母《モ》袋《タイ》軍《グン》曹《ソー、》士人風《エバウシ、アンペ、》の被り物を脱ぎ《ウツテ、》去って、

「第《ダイ》五《ゴ》中《チユー》隊《タイ》だ《ダ》！」

と大声《ナハ、ユフケ、ハウ、》に叫び《アニ、》乍ら、向う《イクシ、》の人達《ワ、オカイ、ウタラ、》の面前《ヘコタ、》へ飛び《テレケ、》出《アニ、》した《オマン、》。向う《イクシ、ワ、》の人々《オカイ、ウタラ、》は吃驚して《エホペヌツシ、》引金《クス、テツポ、》を引こう《エアツ、》とした《カラ、アンペ、》手を止めて《アマツ、シー、テ、エネ、イエーシ、》

「あ《ヤ》ぶ《イ》ない《キシテ、》！　あ《ヤ》ぶ《イ》ない《キシテ、》！」

「やあ《ヤイキシテ、》！　もう《オルシペ、》少しだった《ナーヌフンコ、アン、キーシ、》なあ！」

と云った《ナハ、イエーシ、》。向うの人々も、私達一行も、《イクシ、ワ、オカイ、ウタラ、ナー、アノカイ、アッシン、ナー、》相寄って《イッシンネ、》一つ所に《シネン、コッタ、》集まり、《エーカリ、アナッシ、テ、》互に驚きながら《エホペヌ、ランケ、》且《スイ、》つは喜んだ《エラムシンネ、》。

向うの人達は、第一中隊の《イクシ、ワ、オカイ、ウタラ、ネアンペ、ダイイッチユータイ、》人々《ウタラ、》であった《ネー、》。

＊　＊　＊　＊　＊　＊

始め、《エトコタ、》第一中隊は《ダイイッチユータイ、ネアンペ、》予定の通り、《エネ、アンパーカリッシ、》十七日の日《ネイノ、アルワン、トー、イカシマ、ワン、トー、》池辺讃へ《ケヘ、チベサニ、》到着してから、《エシレパッシ、テ、》翌十八日の日、第《シンケヘ、ツ゚ペサン、トー、イカシマ、ワン、ト》五中隊は《ホ、オッタ、ダイ、ゴチユータイ、》富内村へ《トンナイチヤー、タ、》已に到着したものと《エシレパ、クニ、》思って、《ラムッシ、》兵隊大勢船に乗じて、《クス、ウライケ、ウタラ、ポローノ、チシ、オー、テ、》斥候の為め、池《チ》辺讃《ペ、サニ、》湖の湖の涯へ《トー、キタイ、》出かけて《オッタ、》みた《アリキッシ、》。霧が《ウーララ、》深く、《ポロ、》途の《シリ》暗い《クロ、》晩であったから、《ウクラン、ネー、クス、》露人の居る《ヌチヤ、ウタラ、オカイ、》処のすぐ前へ《アッシ、トコホ、コッサーケ、タ、》船を《チシ、》着けた《ヤン、》から堪らない。露西亜人から《ヌチヤ、ウタラ、》猛烈に《オロワ、》砲撃された《アン、ツ゚カナッシ、》。そこ《オッタ、》で船から《チシ、オロワ、》人々一同《アイヌ、イッシンネ、》上陸して、《ヤパッシ、テ、》露人を追っかけたが《ヌチヤ、ウタラ、ノッシパッシ、》密林の方へ《ニーツ゚メネ、》這入って《アフパッシ、》行った時、《オッタ、》草《キナ、》むらの中に《ツ゚ンタ、》隠れていた《ヤイ、ヌイナ、》露兵の傍を通った《ヌチヤ、ウタラ、サマケ、ペーカ、》上等兵が《オマン、ジヨートーヘー、》一人露西亜人の為に《シネ、アイヌ、ヌチヤ、オロ、》狙撃され《アン、ツ゚カナッシ、》て戦歿した《アニ、ライ、ヘマカ、》。今一人の兵は《ナー、シネ、アイヌ、》少し《ポンノ、》遅れて《ヨーカオホ、》行方知れずに《アニ、オマン、ウシケ、ヘ、》なって了った《アネネイサマッシ、》。

翌十九日の日には、再び斥候に出掛けたけれども、《シンケヘ、シネピサン、トー、イカシマ、ワン、トー、オッタ、スイ、イオーネカ、クス、アリキッシ、ワッカイキ、》倉庫など《プー、ナー、》全部焼き払って《エムイケ、フクイ、ヘマカ、》露西《ヌチ》亜人ども《ヤ、ウタラ、カイキ、》一人もいず、《エムイケ、》何処へ《ナケネ、》行ったものやら、《パイエッシ、アンペ、ヘタネヤ、》見えないので、《イサマッシ、クス、》帰って来た《ホシピッシ、》。

尚又其翌日二十日の日には《ナー、スイ、オヤ、トー、ケヘ、ヅ、クンクト、トー、ホ、オッタ、》、将校引率の下に《サパネ、アイヌ、イヅラ、テ、》斥候を出《イオーネカ、》したら、今度は《エ、アリキッシ、オッタ、タニ、》富内村から《トンナイチャ、オロ、》私達と《アン、ヅラ、》一所に出た母袋軍曹一行《モタイ、グンソー、ヅラ、ウタラ、》と、此の池辺《ヅラ、ター、チベ》讃の山道《サニ、ルーチシ、》の真中で《ノシケ、タ、》邂逅した《アネカーリッシ、ヒ、》のであっ《ネー、》た。

* * * * * *

さて《ネーテ、》、私達は此辺の地には、露西亜人の《アノカイ、アッシン、ネアンペ、ター、タ、ネアンペ、ヌチヤ、ウタラ、》居なくなった《イサマッシ、》事《アンペ、》を探知し且つ第一中隊の《アウワンテッシ、カシケタ、ダイイッチユータイ、ウタラ、》方と《ヅラ、》連絡が付いた《エーカーリ、アナッシ、》から《クス、》此処《ター、》から帰ることにした《オロワノ、ホシピ、アナッシ、》。帰った《ネアオッタ、》時は二十日の《ヅ、クンクト、》夜《トー、》十一時《ウクラン、シネ、》時分であった《トキ、イカシマ、ワン、トキ、オッタ、ネー、》。

（五）第二次偵察隊

翌日二十一日の日には、斥候隊長が交代して、柿沼軍曹を始とし、《シンケヘ、トー、シネト、イカシマ、ヅ、クンクト、トー、ホ、オッタ、イオーネカ、イサパネ、ニシパ、イタサレ、テ、カキヌマグンソー、ネワ、スイ、》上等兵一名外に《ジョートーヘー、シネ、アイヌ、スイ、》卒一名、此等の人々《ソツ、シネ、アイヌ、ナハ、カーネ、》を私が案内して《アン、ヅラッシ、テ、》トーキタイから《トーキタイ、オロ、》トーパーの方面へ出かけること《トーパー、ヘコタ、パイエ、アナッシ、》になった。

トーキタイから《トーキタイ、オロ、》二里許も行って、《ヅ、イチリ、パハノ、パイエ、アナッシ、テ、》湖水の小さい《トー、ポン、》泊《トマリ、》のある処へ《アニ、オッタ、》寄せて見た《レンネ、アナッシ、》。林の《ニーヅン、》

方《タ》を柿沼軍曹《カキヌマ、グンソー、》一行の人々《ツラ、ウタラ、》を率《ツラッ、》いて《テ、》偵察《イオーネカツシ、》しようとて《クス、》這入って行《マカパッシ、》かれた。

其処《ネア、》のわき《イ、オッタ、》に、露西亜人《ヌチヤ、》どもが《ウタラ、》露営《レウシ、》した跡を見つけ《コチ、ヒ、シン、アン、ヌカラ、》た。私たちは、《アノカイ、アッシン、》湖水の汀《ネアンペ、トー、チャヤー、タ、》の叢《キナ、ツ》の中《ン、タ、》に何だか《ヘマタ、タ、カ、》、草《キナ、》を被って《カムー、テ、》いるもの《アン、》があるから《クス、》、草《キナ、》を開けて見て《アン、チャヤツケ、テ、》、みると《アン、ヌカラ、ネヤー、》大きな《ポロ、》箱《シポ、》が三《レツ、》つあった《アン、》。其《ター、》を急いで《モナシノ、》鹵獲して《アヌカッシ、テ、》丸木舟《チシ、》へ《オッタ、》積込んだ《アン、クサッシ、》。

暫く《ネー、》して《テ、》柿沼軍曹等《カキヌマ、グンソー、》が林の方《ニーヅン、》から《ワ、》帰って来た《ホシピッシ、》から《オッタ、》私は「《アイ、イエ、》露西亜人等《ヌチヤ、ウタラ、》が隠して《ヌイナ、》置いた物《アンペ、》を分捕して《アヌカッシ、イケ、》舟へ置きました《チシ、オッタ、アナマ、》」と告げた《ナハ、アイ、イエー、シ、》。柿沼軍曹行って見た《カキヌマ、グンソー、パイエッシ、テ、ヌカラッシ、》。軍曹の云《カキヌマグンソー、エ》う《ネ、イエ、イ、》には、

「此《タン、》の大きな《ポロ、》箱《シポ、》二個は、《ツフ、ネアンペ、》露西亜《ヌチヤ、》の鉄砲《テッポ、》丸《タマ、》を入れて《オッタ、》ある《アフン、》箱だ《シポホ、タハネー、》。それから《オロワノ、》此《タン、》の一つ《シネ、》の大きな《ポロ、》箱は、《シポ、ネアンペ、》牛肉の缶詰《ペコ、カム、カンツメ、》が這入《オロ、オ、》ってる箱だ《シポ、タハネー、》。」と柿沼軍曹が云った《ナハ、カキヌマ、グンソー、イエ、》。

それ《ネーテ、》から《オロ、》、此処《ターワ、》から《オロ、》一寸一里許《ポンノ、シネ、イチリ、パハノ、》トーパー《トーパー、》の方《ヘコタ、》へ行ったら《パイエ、アナッシ、》、トーパー《トーパー、》の方《ヘコタ、》へ退却《パイエ、》した足跡《ルーヘ、シン、アン、》がある。馬《ウンマ、》だの《ナー、》牛《ペコ、》だの《ナー、》まで引《ツラ、》張って《アニ、》行《パイエ、》った形跡《ルーヘ、シン、アン、》がある。これに《ナハ、》由て《アン、》観る《クス、》に、どうして《エネ、》も《カ、》トーパー《トーパー、》に立て《オッタ、》籠って《オカイ、》いる《アッシ、》様《クニ、》に推測された《アン、パーカリッシ、テ、》から、其処《ター、》から《オロ、》、帰途《ホシピ、》に就《アナッシ、》いて富内村へ《トンナイチヤ、コタン、オッタ、》帰った時には《ホシピ、アン、オッタ、》、夜の十二時で《ヅ、トキ、イカシマ、ワン、トキ、オッタ、》あった。柿沼軍曹《カキヌマ、グンソー、》私達《アン、》の分捕り《ウカッシ、》した弾《タマ、》

丸の箱《オロ、シポ、》や牛肉《ペコ、カム、》の這入《オロ、》った箱など《シポ、ナー、》中隊本部へ《サパネ、ウタラ、チセ、へ、オッタ、》持って《ヅラ、》いっ《オマン、》て《テ、》、献じた《ヌカラヤラ、》。

将校方《サパネ、ウタラ、》の会議《ウコイタキへ、》の結果《ネアンペ、》は、やはり《エネ、》土人達《カ、アイヌ、ウタラ、》が云う様《イエーシ、ネイノ、》に、トーパー《トーパー、》とやら云う《ナハ、アイ、イエ、イ、》方面《オッタ、》に、ど《エネ、》うやら《カ、》敵が《ヌチャ、ウタラ、》行っている《オカイ、アッシー、ネー、》ものらしい《クス、イキ、》と云う《ナハ、イエーシー、》ことであった。

（六）砲烟弾雨

翌二十二日の午前二時に黒石少尉《シンケへ、ヅクンクト、ヅ、トーホ、ニシヤツタ、ヅトキ、オッタ、クロ イシ、ショーイ、》の率《ヅラ、》いる《ウライケ、》一隊二十五名《ウタラ、ヅ、クンクト、アシシネ、》、さんば《アイヌ、クンカシ、》船に乗《オー、》り土人《テ、アイヌ、ヅペ》八名《サン、ネウ、ナー、》をすぐって《カーネ、》私《アン、》が引率し《ヅラッシ、テ、》、トーパー《トーパー、》方面《ヘコタ、》偵察の為め《イオーネカ、アナツシ、クス、》に出掛《パイエ、》ける《アナッシ、》ことになった。トーパー《トーパー、》の方へ近づいても《エ、ハンケノ、パイエ、アナッシ、テ、》はや《タニ、》はトーパー《トーパー、》へ一里半ばかりもあろう《オンネ、エンコ、ヅラ、ヅ、イチリ、パハノ、アン、ナンコー、》と思われ《ナハ、アン、ラム、》る処《トコ、》であっ《オッタ、》た。此処《ター、タ、》で日《シリ、》がとっぷり《クーネ、》暮れたから《クス、》、水《ワッカ、》でも汲んで《アン、ターシ、テ、》、沖《アヅイ、》の方へ《カータ、》舟を《レパ、》乗出《アナッシ、》し《テ、》て、夕飯《イベ、》でも認め《アナツシ、テ、》、それから《オロワ、》船《レ》上《ウシ、》に一睡《アナッシ、》して明日《シーマ、》早朝露人どもの所在地をよく《ニシヤツテ、カス、ヌチヤ、ウタラ、オッタ、オカイ、アッシ、イ、ピリカノ、》見《ア》届けて《ン、ヌカラツシ、》やろう《クス、》と、黒石小尉《ナハ、クロイシ、ショーイ、》が云う《イエー、》。そこで《ネー、テ、》水《ワッカ、》を探す《フナラ、》ため《アナッシ、》に《クス、》、船を岸《ヤー、タ、》へ着けて《ヤパナツシ、》、東内忠《トーナイ、チュー》蔵《ゾー、》が岸の上を《ネアンペ、ヤー、ペーカ、》、川《ナイ、》のある方《オンネ、》へ、まず《ホシキノ、》岸づた《ヤー、ペーカ、》いに行っ《オマン、》た。

あとの《アイヌ、》土人《エンコ、》達《ネアンペ、》は兵隊と《ウライケ、ウタラ、》、一所《ヅラ、》に船に《チシ、》居て、湖水《オーテ、トー、》の渚を《サム、ペーカ、》川《ナイ、》のある方《ヘコタ、》へと漕《パイエ、》いで行《アナッシ、》く。

その《ネア、》時《オツタ、》土人《アイヌ、》達《ウタラ、》が水があるか《ウ コ カ ヨーシ、》と呼んだ。忠蔵は《チユーゾー、ネアンペ、》、

「川《ナイ、》はもう《タ ニ、》じきだよ《エハンケ、》！」と云って《ナハ、イエー、》、

「船《クンカシ、》を着けろ《ヤンケ、》着けろ！」

と呼ぶ《ナハ、イエー、》から、船《クス、クンカシ、》に乗って《オー、》る人々《ウタラ、》、川口《ナイ、チヤラ、》の方へ《オンネ、》、船《クンカシ、》を漕寄せて《ヤンケ、テ、》、愈々《タ ニ、》岸へ《ヤー、タ、》船を着け《クンカシ、ヤン、》終るか《ヘマカ、》終らぬに《ヅラノ、》、密林《ニー、ヅム、》の方から《ワ、》、猛烈《テツポ、アニ、》に射撃された《アン、ヅカナツシ、》。人数《アイヌ、》が余程《ポロンノ、》居る《ネ、アン、》と見えて《クス、》鉄砲《テツポ、》の音も《フモロ、カ、》夥しい《ワツテノ、アン、》。丸《タマ、ネアンペ、》は船の左右《クンカシ、サマケ、タ、ナー、》へも落ちて《ハーチリ、》来、船の上《クンカシ、カシケ、ペーカ、ナー、》へもやって《タマ、》来、雨《パイエ、アツト、》の降る《ラン、》様に《ネイノ、》丸《タマ、》が繁く《ポローノ、》来る《エツ、》。

其の時《ネア、オツタ、》、黒石少尉は《クロイシ、シヨーイ、エネ、イエ、イ、》、

「以前《ホシキ、》に一中隊《イツチユータイ、》の人々《ウタラ、》が湖水《ヘ、トー、》の方へ来た《アリキツシ、》のに出逢った《アン、ヌカラ、》こと《ヤイケ、》があるが、若しや《ニーサハノ、》、此《スイ、》も一中隊《イツチユータイ、》の人達《ウタラ、》でも《ヘーネ、》あるまいか《ハンネ、ヤー、》？」そう云って《ナハ、イエ、テ、》、

「第一中隊万歳《ダイイツチユータイ、バンザイ、》!!!」

と《ナハ、》大きな《ポロ、》声で《ハウ、アニ、》人々《アイヌ、》一斉に呼んでみた《イツシンネ、ナハ、イエー、シー、》。その《ネ ア、》時《オツタ、》、少し《ポンノ、》鉄砲《テツポー、》の音《フム、》が弱まった《サウレ、》、と思う間《ヅラノ、》に又《スイ、》、鉄砲《テツ ポ、》の音《フム、》が一層夥しく《ポ ロンノ、》、弾丸《ナー、タマ、》も雨《ナー、アツト、》の降る《ラン、》様に《ネイノ、》夥しく《ポローノ、》やって来た《エヘ、》。黒石少尉人《ネ ア、オツタ、クロイシ、シヨーイ、ウタ》

々《リ、》へ《ヘ、》、号令して《ランヅナシカ、》、臥せ《ホツケ、》と《ナハ、》命じた《イエ、》。そこで《オツタ、》人々《アイヌ、》みな《エムイケ、》、船《チシ、》の中へ《オンナイ、タ、》這ってしまった《ホツケツシ、》。

私《アノカイ、》ひとりは《ネアンペ、》、船を《クンカシ、》若し横にして《サマツケ、アン、》は《アナー、》、丸《タマ、》が余計に《コイカーリ、》あたると《クニ、》思ったもんだ《アネヅーネ、》から《クス、》、丸《タマ、》の来《エヘ、》る方向と一直線に《オカー、カラ、》船を《クンカシ、》保って《アナマ、テ、》、艫楫をば、臥しながら握って《トモン、ガイ、ネアンペ、ホツケ、アニ、アン、キシマ、》、そしてジッとして《ネーテ、》風《レーラ、》のまにまに《アニ、》船を《クンカシ、》遥かの《アヅイ、》沖《カ、》へ《エネ、》流し《モン、》出した《アニ、レパ、アン、》。それ迄《パハノ、》鉄砲《テッポ、》で以て《アニ、》絶えず《アニヅ》打たれ、船の上へ《カナツシ、クンカシ、カシケ、ペ》も《ーカ、ナー、》丸《タマ、》が走り《パイエ、》、船の左右へ《クンカシ、サマケ、ペーカ、》も落ちた《ナー、チヨコロツセ、》。船が《クンカシ、》段々遠く《ヅイマノ、》沖へ《レブン、》出て、あたり《シリ、》も暗く《クーネ、》なる《ナー、キー、》に従《クス、》い、露西亜《ヌチヤ、》方《ウタラ、》でも鉄砲《テッポ、》を打つ《エアハ、》音が《フミ、シン、》、やっと《タニ、》絶えた《イサム、》。

さて《ネーテ、》吾々は《アノカイ、アツシン、》船を《クンカシ、》湖上に《アヅイ、カータ、》流し《モン、》夕飯《イベ、》をし《アナツシ、》たためて《ヘマカ、テ、》そのまま一《レウシ、》睡する《アナツシ、》ことにした。

（七）再生の歓喜

私の事は《アノカ、ネアンペ、》、水上にいて《アヅイ、サムワ、アン、》、渚《トー、サム、》の方から《ワ、》船を《チシ、》繰って来て《アン、ヅラ、エッケ、》其処で《ター、タ、》一泊した《レウシ、アナツシ、》が《ネー、ワツカイキ、》、東内忠蔵《トーナイチユーゾー、》だけは《パテ、》可愛想《イヌヌカレ、》だ《テ、》。一人《シネネワ、》陸へ《ヤーペーカ、》取残されて《アノツパレ、ヘマカ、テ、》！どう《テマナ、》している《アンペ、》だろう《ヘタネ、ヤ、》？　露西亜《ヌチヤ、》人奴等《ウタラ、》が見《ヌカ》つけて《ラツシ、テ、》殺し《ライケ、》て《テ、》しまった《ヘマカツシ、》ろう《アンペ、》か《ヘタネ、》知ら《ヤー、》？そう考える《ナハ、アン、ラムツシ、》と《クス、》、無性に《テーコロ、》可愛想《イヌヌカレ、》になって《ナハ、アン、ラムツシ、》仕方が《オツタ、》ない。軍人《ウライケ、》たちも《ウタラ、ナー、》一同《イツシンネ、》、忠蔵《チユーゾー、》は死《ライ、》んで了った《ヘマカ、》もん《アンペ、》だか《タカ、》？それとも、どうにか《ネイラ、カ、》して《キー、》逃《ワ、キ》

げ《ラ、》でも《ヘネ、》し《キー、》おおせて《アスカイ、》いると《チキ、》いい《ピリカ、》がなあ《アンペ、ネー、》。併し《ワカイキ、》、どうも《エネカ、》死ん《ライ、》でしまっ《ヘマカ、》た《ネー、》ろうな《ナンコー、》！そう《ナハ、》
人々《アイヌ、イッシンネ、》云《アイ、》い合って《イエー、シー、》いた。
翌日正午過ぎ《シンケ、ヘ、シシトーノ、》て、私共《ヘマカ、テ、アノカイ、》の一行《アッシン、》は、露人《ヌチャ、》ども《ウタラ、》の所在《オカイ、トコホ、》をも《タ ニ、》、もうつきとめて《アウワンテ、》しまった《ヘマカ、》か《ク》
ら《ス、》、富内村《トンナイチャ、》へ《オッタ、》帰って《ホシピ、アナッシ、テ、》、中隊本部《サパネ、ウタラ、チセ、》の方へ《ヘコタ、》漕いで《サパナッシ、》来る《カーネ、》と、兵士たち《ウライケ、ウタラ、》も、将校方《ニシパ、ウタラ、》も、《ナー、》一同《イッシンネ、》湖岸《トー、チャー、》へ《タ、》
立ち並んで《ウオレンカレッシ、テ、》、私達の船《クンカシ、》の到着する《エシレパ、クネ、》のを待ち迎えて《エトコマッシ、クス、オカイ、》いる《アッシ、》。そこへ《オッタ、》、段々近寄って行き《エ ハンケノ、パイエ、アナッシ、カーネ、》
乍ら陸《ヤータ、》の上に居る《オカイ、》人々《ウタラ、》を眺めやる《アン、ヌカラッシー、ヒ、ネヤー、》と、人々《アイヌ、》の群《ツン、》の中に《タ、》、東内忠蔵《トーナイ、チューゾー、》の顔《ナヌフ、》が見えた《アン、ヌカラッシ、》。そ《ネア、》
の時《オッタ、》、黒石少尉《クロイシ、ショーイ、》首唱《サパネ、》して《テ、》、人々《アイヌ、》一斉《イッシンネ、》に万歳《バンザイ、》を歓呼した《ナハ、イエーシ、》。する《オッタ、》と、岸上《ヤー、タ、オカイ、》の人々《ウタラ、》も、《ナー、》一度《イッシンネ、》に
万歳《バンザイ、》を《ナハ、》呼んだ《イエー、シー、》。
それから《ネーテ、オ》、陸へ《ロ、ヤー、タ、》上って《ヤパナッシ、》中隊本部《ニシパ、ウタラ、チセ、》へ《ヘ、オッタ、》行って《パイエ、アナッシ、》、東内忠蔵《トーナイ、チューゾー、》にも《ナー、》逢い《アン、ヌカラッシー、》、どうしたと問う《アン、ピシッシー、》と《オッタ、》、忠《チュー》
蔵《ゾー、》の云う《エネ、》には《イエイ、》――、
僕は逃げた《アノカイ、ネアンペ、キラ、アン、》。岸の上《ヤー、ペーカ、》を逃げて《キラ、》逃げて《アナイネ、》、林の中《ニーツン、ペーカ、》をも《ナー、》潜り、湖水の水際《トー、チャー、ペーカ、》だの《ナー、》を逃げて《キラ、アン、ヤイ》
逃《ネ、》げて、トーキタイへ行った。私の考では《アノカ、アンパーカリ、ネアンペ、》、船の方を《クンカシ、アン、》見たら《ヌカラ、イ》、《ケ、》段々《オポキ》船が小さく見え《ノ、オンネ、ハチコノ、》、到《アン、ヌカ》
頭《ラ、》遂には《アナイネ、》船も《クンカシ、》見えなく《カイキ、ハネ、アン、ヌカラ、》なったから《クス、》、どうも《エネ、》《カ、》船は《クンカシ、》これあ《ネアンペ、》、沢山《ポローノ、》の弾《タ》丸《マ、》のため《ア ニ、》壊れてし《アウエンテッシ、》

まって、船も人も《クンカシ、ヘネ、カ、》湖水《トー、》の真中で、沈没《ノシキ、タ、ヘネ、チロリ、》して了って《アナー、》ては、人々《アイヌ、》全部《エムイケ、》死んで《ライ、》了った《ヘマカ、》に《ハ、》違いな《ネー、クニ、》いと思込んだ《アン、ラム、》。で、トーキタイ《トーキタイ、》へ落延びて《オッタ、パイエ、アン、テ、》トーキタイ《トーキタイ、》に泊って《オッタ、レウシ、》いた舟《チシ、》へ《オッタ、》、そう云って《アイ、イエ、テ、》取あえず《ナニ、》、其の《ター、》舟《チシ、》を私が《アノーシ、》漕いで《アニ、》、委細報告《アネアスラネ、》しよう《クス、》と、大急ぎ《ホナシノ、》で帰って《サパナッテ、ヒ、》来たのだ」と云《ナハ、イエ》う《ーシ、》。

死んだ《ライ、ヘマカ、》とばかり《ナハ、カーネ、パテ、》おもいに《ウ、エラム、》思って《オカイ、》いたの《アッシ、ヒ、ネヤー、》が生きて《タニ、》又逢うこと《スイ、ウ、ヌカラッシ、》が出来て《テ、》互いに喜《テーコロ、ウ、エラム》び会った《シンネ、テ、オカイ、アニ、ヒ、》。

（八） 落帆村の遭難

然るに《ネーテ、》、アイヌの《アイヌ、ウタラ、》話を聞けば《ヱーペケレ、》、私達が露兵の為めに夥しく射撃され《アン、ヌー、アノカイ、アッシン、ヌチャ、ウタラ、オロワ、テッポ、アニ、ポローノ、アネヅカナッシ、》たその《ネア、》同じ日《トー、ケ》に《へ、》、落帆村の人達も亦露西亜兵の為め《オチヨポッカ、オッタ、オカイ、アイヌ、ウタラ、ナー、ヌチャ、ウライケ、ウタラ、オロワ、》に襲《テッポ、アニ、》われたそうだ《アネヅカナッシ、マヌイ、》。

落帆村《オチヨポッカ、》には《オッタ、》、若い者《シュクフ、》どもは《オッカヨ、ウタラ、》、みな軍に出て《エムイケ、イサマッシ、》、女達や《マハネク、ウタラ、ナー、》小供等や《ヘカチ、ウタラ、ナー、》、年寄りたち《オンネ、ルイ、ウタラ、》など《ナー、》ばっかり《バテ、》留守《オカイ、》をして《カーネ、》いた其処へ《ター、タ、》、露西亜の《ヌチャ、ウライケ、》兵隊《ウタラ、》が六十人程川上の方から《イワン、クンクト、パハノ、ナイ、ホキモホ、オロ、ネーテ、》現われて《サパッシ、》来て《テ、》、鉄砲《テッポ、》を打ちかけた《エアカッシ、》。家《チセ、》の中《ナー、》へも丸《タマ、》が這入って《ポスパー、》来土人達《アイヌ、ウタラ、ナー、》も避難した《キラッシ、》。

其《ネア、》の時《オッタ、》、密漁《チエ、コイキ、》に来ていた日本人《シーサム、》が一人《シネヘ、》、銃剣で以て《テツポ、オホ、アニ、》突かれ《チワツシーケ、》、二《ツ、》突き《スイ、》刺されて《アニ、》傷を蒙《ピリ、エカラカ》った《ラッシ、》。土人達《アイヌ、ウタラ、》はみな泣き《エムイケ、》騒《チサッシ、》いで《アニ、》逃げ惑《キラッシ、》うた。そして《ネーテ、》、土人《アイヌ、》達《ウタラ、》をつか《オッタ、》まえて、《エネ、》こう云《イエー、》った《シー、》。「今後一人でも余所へ《タニ、オロワ、シネ、アイヌ、ヘネ、ソイタ、》出かけて《オマン、》行ったら《クス、ネ、》、晩に二時間程《オヌーマン、ヅ、トキ、パハノ、》たって《オカイ、アン、》又やって《テ、スイ、》来る《サパン、クス、イキ》から《ー、》、その時に《ネア、オッタ、》余所へ《オ ヤ、タ、》行ってる《オマン、》もの《アイヌ、》があったら、土人《アン、クス、ネ、イケ、アイヌ、》を全部殺して了う《エムイケ、アン、ライケ、》から《クス、》」と《イキ、》、脅迫《ナハ、イエー、シ》し、土人達《ー、テ、アイヌ、ウタラ、》の家財など《コロペ、ヘ、ナ》私自身《ー、アノ カイ、アン、》の家財など《コロペ、ヘ、ナー、》をも掠奪して《エ、イシカッシ、テ、》、更に倉に《オロワ、プー、》あった《オッタ、》日本の《チエ、コイキ、》漁業《シーサム、》家たち《ウタラ、》の米だの《アマン、ナー、》酒だの《サケ、ナー》其外《ス イ、》日本人たち《シー サム、ウタラ、》の鞄や毛布など《カパン、ナー、ケット、ナー、》掠奪して《エムッカッシ、テ、》、山林の方へ《ニーヅメネ、》去っ《マカパッシ、》て了ったということ《マヌイ、》だ《ナハ、アンヌー、》。

（尤も私達は《ネ、ワカイキ、アノカ、ネアンペ、》、富内村の方に《トンナイチャ、オッタ、》戦の勤務をしている《ウライケ、モンライケ、モンタピ、アン、》身であれば《クス、》、自分の家は帰って見《ヤイコタ、アン、チセ、オッタ、カ、パイエ、カ、ハマン、》もし《キー、》なかった。）

そこで《ネー、クス、》、富内村《トンナイチャ、》の中隊から《チュータイ、オロワ、》、落帆村へ《オチヨポツカ、オッタ、》百人の兵隊が進軍し《シネ、タンク、ウライケ、ウタラ、パイエッシ、》、山田少尉《ヤマダ、ショーイ、》・向井少尉など《ムカイ、ショーイ、ナハ、カーネ、》がその隊長と《イサパネッシ、》なって《テ、》行った《パイエッシ、》。そして《ネーテ、》山《ニー、》の林《ヅン、》の中《タ、》や、川《ナー、ナイ、》筋の林に沿うて《ケナッシ、カリ、ナー、》露兵を《ヌチャ、ウタラ、》捜索《フナ》し《ラッシ、》たけれ《ワッカイギ、》ども、もう居《イサマッシ、》なかった。

そこへ《ネア、オッタ、》東内忠蔵《トーナイ、チューゾー、》が、露人に打たれて《ヌチャ、ウタラ、オロワ、テツポ、アニ、ヅカナシ、テ、》逃げ帰って《ホシピッシ、》来て偵察隊《イオーニカ、ウタラ、》が悉く《アイヌ、エムイケ、》やられた《ライヘマカ、》様だ《ネー、クニ、ア》

と報告した《ン、ラム、ナハ、エアスラネ、》。

忠蔵の《チユーゾー、》話を将校方が聞き取って、《ヌーペケレ、ウライケ、サパネ、ニシパ、ウタラ、ヌーシ、テ、》落帆村《オチヨポツカ、》へ出《オツタ、》かけた《オマン、》軍隊へ手紙を遣して、そして《ウライケ、ウタラ、オンネ、カンピ、ヘ、オマンテツシ、ネーテ、》落帆村へ《オチヨポツカー、タ、》は、守備隊と《ブンキ、カラ、ウタラ、》して、少々《ポンノ、》遣して置《ホツパシ、》いて、《テ、》向《ム》井少尉《カイシヨーイ、》・山田《ヤマダ》少尉以《シヨーイ、ヅラ、》下一隊《ウライケ、》の兵と共《ウタラ、ヅラ、テ、》に富内村の《トンナイチヤ、オンネ、》方へ召還し《ホシピツシ、》た。

＊　＊　＊　＊　＊　＊　＊

落帆村にいる人々は《オチヨポツカ、オツタ、オカイ、ウタラ、ネアンペ、》昨日は《ヌーマン、》あんなに、《エネ、パハノ、》露西亜人に《ヌチヤ、ウタラ、オロ、》いじめられて、《アン、キマテツテツシ、》翌くる《シンケ、ヘ、》日の今日《タン、トー、》は又、《スイ、》東内忠蔵の話しで、《トーナイチユーゾー、ウエペケレ、》船《アニ、》で出《クンカシ、》かけた《オー、》一行《ウタラ、》が全部《エムイケ、》死んだ《イサム、》ろうと《ヘタネ、ヤ、ナハ、》思い《エラム、》込んでい《オカイ、アツシ、》たか《クス、》ら、年寄り《オンネ、レ、》達も《ウタラ、ナー、》婦女《マハネク、》子連《ウタラ、》も散々《ナー、エムイケ、》泣き《チサツシ、》沈んでいた《クス、オカイ、アツシ、》。

そこへ、《ネア、オツタ、》私達の《アノカイ、》一行が一所にさんば船《イアツシン、イツシンネ、クンカシ、》に乗《オー、》って、恙なく富内村《トンナイチヤ、》へ帰《オツタ、》って《ホシピ、》来たか《アナツシ、》ら、《クス、》土人《アイヌ、》達《ウタラ、》が聞い《ヌーシ、》て《テ、》、始め《ケライ》て、《クス、》大歓びを《エラムシンネツシ、》した。

八　日露戦争（下）

（一）トーパーの敵塁

さんば船《クンカシ、》に乗った《オー、》一行《ウタラ、》も帰村し《ナー、ホシピ、》、落帆村へ《ヘマカ、オチヨポツカ、》出かけ《オマン、》た一隊も《ウタラ、ナー、》、一斉に《イッシンネ、》帰村して《ホシピ、ヘマカ、テ、》、富内《トンナイ》村で《チヤ、オッタ、》、人々一同残らず《アイヌ、イッシンネ、》相会合した《ウエーカーリ、ヘマカ、》。そ《テ、》こで大《タニ、アッシ、》に酒宴を催し、私達一同も《サケ、マラット、ナー、アン、アノカイ、アッシン、ナー、》大杯を重《サ　ケ、アン、クー、》ねて少々酔が廻る《ポン　ノ、サケ、マウ、アン、コロ、》と日頃《カーネ、》の勇気百倍し《シュプ、ラム、》、人々《アイヌ、》一同《イッシンネ、》勇み立ち《コロ、テ、》将校方を始めとして《ウライケ、ニシパ、ウタラ、ナー、》、兵《スイ、》卒《ウタリ、ヒ、》たちも《ナー、》、土人たちも《アイヌ、ウタラ、ナー、》、諸共《イッシンネ、》にトーパー《ト　ー　パ　ー、》に屯して《オッタ、》いる《オカイ、》露兵《ヌチヤ、ウタラ、》を鏖《ライケ、》にしよう《クス、》と出掛《パイエ、》けた《アナッシ、》。

私は、さんば船へ、土人達と《アノカイ、アッシン、クンカシ、オッタ、アイヌ、》共に乗《イッシンネ、アノーシ、》って《テ、》、食糧《イ　ベ、》や《ナー、》其他の荷物《ウサ、アンペ、》を積込んで行った《アン、クサッシ、テ、パイエ、アナッシ、》。あ《アイ》との土《ヌ、エン　コ、》人達は《ネアンペ、》、土人《アイ　ヌ、》の丸木舟《チ　シ、》に乗って《オーシ、テ、》行った《パイエ、アナッシ、》。陸軍の人達《ウライケ、ウタラ、ネアンペ、》は汀《アヅイ、》に沿うて《サム、カリ、》イチャン《イ　チ　ャ　ン》キタイ《キ　タ　イ、》と云う処《ナハ、アイ、イエイ、》を通《カリ、》って、トーパー《ト　ー　パ　ー、》の方《オンネ、》へと行《パイエッシ、》った。

露西亜《ヌチヤ、》の方《ウタラ、》では機関砲《ネアンペ、キ　カン　ホーナー、》もあり《アン、》、又塹濠《スイ、トイ、ポイッシ、》を掘って、地中に《トイ、ヅン、タ、》居て鉄砲を打つ《オカイ、アッシ、テ、テッポ、》から《エアッカシ、クス、》、日本《シーサム、》の軍隊で《ウライケ、ウタラ、》鉄砲《テッ　ポ、》打っても《エアハ、》、唯々《ワカイキ、ヤ　イ、》丸《タマ、》を棄てる《ウスラ、》ばっ《パ　テ、》かりで、其上《オロワ、》直に《ナニ、》其面前《サマケ、タ、》へ突撃し《オマン、テ、ウライケ、》よう《ルス》と《イ、》しても《ワカイキ、》、トーパー《トーパー、》という処は前面に《ナハ、アイ、イエ、トコ、ネアンペ、コッサーケヘ、》大き《ポロ、》な湖水《トー、》を控《ネー、》え、のみならず《オロワ、》、側《サマケ、》の方《タ、》には《ネアンペ、》川《ナイ、》があり《アン、》、川《ナイ、》から《オロワ、》後の方には《オスマケ、タ、ネアンペ、》今一つ《スイ、》小さい《ポン、》湖水《トー、》がある《アン、》。其中間《タン、ウヅルケタ、》に露人《ヌチャヤ、》が陣《ウタラ、》を敷い《オカイ、》て《アッ》居《シ、》日本の軍隊《シーサム、ウライケ、ウタラ、》が寄り《カリ、》附こう《パイエッシ、》とする《クニ、》入口《チャルフ、》には《オッタ》又、木《ネアンペ、ニー、》を沢《ウカ》山に《エネ、》倒して《ホラッテーシー、》置いてる《アン、》から、容《イッ》易《サイカ、》に人《アイヌ、》の進み《オマン、》入る《カ、》ことの出来《コヤー》ない《クシ、》様な場所《ウヅル、》である《ネー、》。

それ故《ナハ、アン、アニ、》にさすが日本《シーサム、》の軍隊《ウライケ、ウタラ、》も、進もう《オマン、》とは《ルスイ、》したが《ワカイキ、》、何《エネ、》とも仕方《カリ、イサム、》がなかった。そこ《クス、》で、此処《ター、ワ、》から、村《オロワノ、コタン、》の方《オンネ、》へ引上《ホシピ、》げて《テ、》、大泊《オートマリ、》の方《オンネ、》へ、大砲《ポロ、テッポー、》だの砲兵隊《ナー、スイ、ポロテッポー、エアハ、ウタラ、》だのを取り寄せ《ナー、ウサカンケ、》て、それ《オロ》から《ワ、》、露軍《ヌチャヤ、ウタラ、》と一戦《ヅラ、ウライケ、》しよう、と《クス、ナハ、イエーシ、》、そう云うこと《テ、》で、一先ず引上《ホシピッシ、》げた。

此戦《ネア、オッタ、》に露西亜《ヌチャヤ、》方《ウタラ、》には、十二名戦死《ヅ、アイヌ、イカシマ、ワン、アイヌ、ライ、》しそして《オロワノ、》、負傷者《ヤイ、ピリ、コロ、ウタラ、》は、三十二名《レ、クンクト、ヅアイヌ、》あった《アン、》。日本軍《シーサム、ウライケ、》には一名戦死《ウタラ、シネ、アイヌ、ライ、》し、八名の負傷者《ヅペサン、アイヌ、ピリ、コロ、アイヌ、》があった《アン、》。

（二） 総攻撃

二《ヅ、》日《トー、》三日《レ、トー、》程たつと《パハノ、オカイ、アナッシ、テ、》、愈々《タニ、》吾妻艦《アッシ、アヅマカン、》という大きな軍艦《ナハ、アイ、イエ、ポロ、ウライケ、ペンザイ、》だの水雷艇《ナー、ポン、ウライケ、ペンザイ、ヅラ、》が一所にやって《アリキッシ、》来た。そして《ネーテ、》第二《ダイニ》大隊長《ダイタイチヨー、》晴気《ハルキ、》少佐《シヨーサ、》が砲兵隊《ポロ、テッポー、ヅラ、ウタリ、》を率いて《ヒ、ナー、ヅラ、テ、》来られた《アリキッシ、》。

そして《ネーテ、》湖水からと、陸からと、両方から、《トー、オロワノ、ナー、ヤーワ、オロワノ、ナー、ウ、ヘコタ、》大砲《ポロ、テッポ、》を以て《アニ、》露軍《ヌチャ、ウタラ、》を砲撃《ツカン、》しよう《クス、》という《ナハ、》計劃《パーカリッシ、》であった《ヒ、ネー、》。が湖水《ワカ、イキ、トー、》の口《チャラ、》が浅く《オハハ、》って、《アニ、》水雷艇《ポン、ウライケ、ベンザイ、》を入れる《アフン、》ことが出来なかった《コヤークシ、》。そこで《ネアニ、》吾妻《アヅマ》艦《カン、》のボート《ウライケ、ポン、チシ、》二艘《ツプ、》を満潮《チウ、》に乗じて《リキン、オッタ、》湖中に入れた《アナフンケッシ、》。其の折《ネア、》には《オッタ、》、軍人たち《ウライケ、ウタラ、》や《ナー、》私達《アノカイ、》土人連《アッシン、アヌタリ、》や一所になって《ヒ、シン、ナー、イッシンネ、》、夕方から《オヌーマン、オロ、》夜の明ける《シシトーノ、》迄《ツラノ、》かかって、やっと《ライコロ、》湖水《トー、》の深み《オホイ、》まで《パハノ、》送《アナ》り入れた《フンケッシ、》。

さて、《ネーテ、》此の日《ネア、トー、》に《ケヘ、》陸軍《ヤータ、ウライケ、ウタラ、》の方は、陸上を《ヤー、ペーカ、》イチャンキタイ《イチャンキタイ、》迄《パハノ、》軍を進め《パイエッシ、》、海軍の方は、《チシ、ウライケ、ウタラ、》船《チシ、》に乗《オー、》って水上《トー、》を《カリ、》イチャンナイ《イチャンナイ、》の川口《オホ、》まで《オンネ、》進んだ《パイエ、アナッシ、》。そして《ネーテ、》其の日《ネア、トー、》の夕方《オヌーマン、》イチャンナイ《イチャンナイ、》の川口《オプッタ、》へ、ボートが到着した《ウライケ、ポン、チシ、エシレパ、》。其処へ《ター、タ、》みな軍人方が眠って《イッシンネ、ウライケ、ウタラ、レウシッシ、》、翌《シンケ、ヘ、》午前《ニシヤッタ、》二時に《ツ、トキ、オッタ、》陸軍の人《ヤータ、》達が陸路を《ウライケ、キー、ウタラ、ヤーペーカ、》露軍《ヌチャ、ウタラ、》の陣取って《オカイ、》いる処《アッシイ、》から、《オロワノ、》一里許《シネ、イチリ、》隔たりたる《ウヅル、コロテ、》オプフサナイ《オプフサナイ、》と云う《ナハ、アイ、イエ、》川《ナイ、》の処まで《オッタ、》進軍し《パイエッシ、》、海軍の方は、三時に出発した《チシ、ウライケ、ウタラ、ネアンペ、レ、トキ、オッタ、ホプニ、》が、其時私は海軍の人々の水先案内と《ネア、オッタ、アノカイ、ネアンペ、チシ、ウライケ、ウタラ、シレチヤーカシヌ、アン、キ》して《ー、クス、》同行《イヅラ、》した《アン、》。

然るに《ネーテ、》此日という日は、《タン、トー、オッタ、ネアンペ、》非常に《テーコロ、》深い《ポロ、》濃霧《ウーララ、》があって《アン、》、何処《ネ、オロ、》もかしこ《カ、イキ、》も、見えはしない《ハネ、アン、ヌカラ、》。濃霧《ウーララ、》の中《ヅン、》を進んで《ペーカ、パイエ、》行く《アン、》。海軍《チシ、ウライケ、》の将校方は《サパネ、ク、》私に向うて、

「露軍の《ヌチヤ、ウタラ、》占め《オツタ、》ている方《オカイ、アッシイ、》は、どっち《ナツタ、》に当る《ヘタネ、》かな《ヤ、》？」と云う《ナハ、イエ、》私は《アノカイ、ネアンペ、》「濃霧がある《ウーララ、アン、》から《クス、》、ハッキリは解らない《アネラムペウテ、》けれど《ワッカイキ、》、ただ心《ヤイ、ラム、》で《アニ、》たどってみる《アン、パーカリ、イケ、》に、あっち《タラー、》で《タ、》しょう《ネー、ナンコー、》。」と云い乍ら《ナハ、アイ、イエ、ランケ、》、指で以て《モンペ、アニ、》指ざした《アネモンペヅシ、》。其の《ネア、》方向《イ、オンネ、》へ舟《チシ、》を向け《エスイシ、》乍ら《ランケ、》、やって行《オマンテッシ、》った。

夜が明《シシトーノ、》け放れて《ヘマカ、テ、》、濃霧《ウーララ、》が、カラッ《リキン、》と上る《ヘマカ、テ、》と、眺めて見《インカラアン、》たら、オプフサナイ《ネヤー、オプフサナイ、》で、陸軍の将校達《ヤータ、ウライケ、ニシパ、ウタラ、》のいる《オッタ、オカイ、アッシ、》其オプフサナイ《オプフサナイ、》の地《オッタ、》へ到着《アリキ、》している《ヘマカ、アン、》のであった《ルーフエ、アン、》。舟に居る《チシ、オー、》海軍の将《ウライケ、ニシパ、》校方《ウタラ、》が賞歎《エラヤパッシ、》して、

「アイヌ《アイヌ、》と云う者《ネアンペ、》は、磁石《チシヤク、》も見ず《ハネ、》に《ヌカラノ、》、唯々胸《ヤイ、ラム、》で以て《アニ、》計って水先案内する《パーカリ、カーネ、シレチヤーカシノ、ホ、》のだ《ネー、》が《ワカイキ、》、少し《ウハイタ、》も間違わず《イサンノ、》此処《タ、テー、タ、》へ来たんだなあ《アリキ、アン、ルーフエ、アン、》！」

と云って《ナハ、イエー、テ、》賞めた《エラヤハ、》。

（三）　湖上の競漕

それ《ネーテ、》から《オロ、》愈々本当《タニ、アッシ、ソンノ、》の戦《ウライケ、》になった《アン、》。

陸《ヤー、タ、》に居る人々《オカイ、ウタラ、》は大砲《ポロ、テッポー、》を打放《ヅフ、》して《アニ、》露軍の方《ヌチヤ、ウタラ、オンネ、》を砲撃し《エアカッシ、》、水上《アヅイ、》から《オロ、》は海軍《ウライケ、》の《ポン、》ボート《チシ、》二《ヅ》隻《フ、》から《オロ、》やはり《スイ、》大砲二門《ポロ、テッポー、ヅフ、アニ、》で以て露人《ヌチヤ、ウタラ、》を射撃《ヅカナッシ、》した。

その《ネア、》中《パハノ、》、私たち《アノカイ、アッシン、》は、土人《ネアンペ、アイヌ、》の丸木舟《チ　シ、》で《アニ、》陸上《ヤー、タ、》の軍《オカイ、ウタラ、》と、湖上の《ヅラ、アヅイ、オッタ、》ボート《アン、ポン、》に乗っている《ウライケ、チシ、オー、》海軍《ウタラ、》の方《オンネ、》との連絡《ソンコ、》の伝令一人を載せ《コロ、ウライケ、アイヌ、シネ、アイヌ、》運んで《アン、ヅラッシ、テ、》、伝令隊の役にあたっていた《ソンコ、コロ、エ、アッカシ、アタリマエ、ヘ、アン、コロッシ、》。

そして《ネー、テ、》、陸上《ヤー、タ、》から《オロワ、》陸軍《オカイ、ウタラ、》が大砲を以て《ポロ、テッポー、アニ、》露人を砲撃し《ヌチヤ、ウタラ、ヅカナッシ、》、又、湖上《アヅイ、》から《オロワ、》、海軍ボート《ポン、ウライケ、チシ、》から《オロ、》大《ポロ、》砲を以て《テッポー、アニ、》露人を砲撃し《ヌチヤ、ウタラ、ヅカナッシ、》、両方《ウヘコタ、》から砲撃《ヅカナッシ、》した。その時《ネア、オッタ、》に海軍のボート《ポン、ウライケ、チシ、オロ、》に居る将校方《オカイ、ニシパ、》の使命に云うに《ウタラ、ソンコ、ホ、シン、エネ、アニ、》、

「今日午前《トーノシキ、エトコタ、》の十時迄に《ワン、トキ、パハノ、》、陸軍《ヤータ、》方《アン、》の大隊長《ポロ、ニシパ、》から《オロワ、》、しっかり《ピリカノ、》した報知《ソン、コ、》を承り《エッテ、》たし《チキ、ピリカ、》。」

と《ナハ、》伝言された《エイウタラッシ、》。私は土人の丸木舟《アノカイ、ネアンペ、アイヌ、チ　シ、》を乗り出して《アノーシ、テ、》陸へ上り《ヤー、タ、ヤパナッシ、》、陸軍方《ヤー、タ、》の大隊長殿《ポロ、ニシパ、》へ具《オッタ、アイ、》申《イエーシ、》した。

大隊長《ポロ、ニシパ、》の返事《エネ、》には《イエ、イ、》、

「九時までに《シネピサン、トキ、パハノ、》、しっかり《ピリカノ、》した報告《ソンコ、》を上げます《アノマンテ、クス、イキ、》。」

と云う《ナハ、イエ、》ことであった。

それ《ネア、》から《オロワノ、》、暫らく《オホーロ、》の間《カーネ、》、大砲《ポロ、テツポ、》をあびせ掛け《エアツカシ、》て《テ、》いた。それ《オロワ、》に、向うの方《ター、オカイ、ウタラ、》では、鉄砲《テツポ、》を打《エア》って《ハ、》も《コロカ、》、遠く《ツイマ、》間隔《ウツル、》を取ってるもの《ネー、》だから《クス、》、機関砲《キカンホー、》の丸《タマ、》でも《ナー、》、又《スイ、》唯々《ヤイ、》普通《チ、コ》の打ち方《アツ、》の鉄《テツ》砲《ポー、》の丸《タマ、》でも《ナー、》、遠すぎ《ツイマ、》て《クス、》途中《ウツル、ケンタ、》へおっこって《ランケ、》しまい、一つ《シネ、タマ、》や二つ《ツ、タマ、》位、力のぬけ《マウ、コツイエ、》た丸《タマ、》が飛ん《エヘ、》で来るけれ《ワツカイキ、》ども、恐くも《アネヤイツパレ、》、何ともない《ハネ、ヘ、キー、》。

その《ネア、》中に《パハノ、》、露西亜軍《ヌチヤ、ウタラ、》で白旗《デタラ、ハタ、》を掲げ《リキン、》て降参した《ケツシ、ヤイウンナシカツシ、》。それ《ネア、》と見て《オロ、》我が砲兵隊《ポロ、テツポ、エアハ、ウタラ、カ、》も打方や《ヘマカレ、》めて《テ、》、露軍《ヌチヤ、ウタラ、》の方へ《ヘコタ、》バラバラと駆けて《パイエツシ、》行く。

で砲兵隊《ナハ、テ、ポロ、テツポ、》も打方《エアハ、》やめたから《ヘマカ、クス、》、海軍の方の人々《アツイ、オツタ、オカイ、ウタラ、ナー、》にも「打方やめ《ヘマカレ、》」と陸軍方《ナハ、ヤー、タ、》の大隊長《ポロ、サパネ、ク、》か《オ》ら《ロ、》伝令《ソンコ、》を命ぜられた《コロ、アナツシ、》から《クス、》、私《レパ、》は漕ぎ出そう《アナツシ、ヒ、》とすると《ネヤー、》沖に《ツカリ、》いた《ケ、タ、》ボート《ウライケ、ポン、チシ、》が此時早く《タニ、》、露《ヌ》軍の《チヤ、ウタラ、》白旗《デタラ、》の上がる《リキン、》を見る《ヌカラ、》や《ツラノ、》、露軍の方《ヌチヤ、ウタラ、》へ向って《ヘコタ、》漕ぎ《オマン、》初めた《クス、》。私達も《アノカイ、アツシン、ネ、アナツカ、》負けぬ気で件《ター、》のボート《ウライケ、ポン、チシ、》を追っかけて《アン、ノツシパツシ、クス、シユプ、ツラノ、》、懸命に丸木舟《チポー、》を漕いで《アニ、》やって《パイエ、》行った《アナツシ、》。

海軍の真白な《ウライケ、ウタラ、デタラ、》ボート《ポン、チシ、》と吾々《ネワ、アイヌ、》の丸木舟《チシ、》と《ツラ、》、戦争《ウライケ、》の真最中《ウツルケタ、》、此《タン、》富内茶湖上《トンナイチヤ、トー、カシケタ、》に於て時な《ハネ、アン、パー》らぬ《カリシ、》競漕《チポー、》を演出し《ウパツテ、》た。

海軍の《ウライケ、》ボート《ポン、チシ、ネアンペ、》は、真直に《ナニ、》湖水の尖り《トーパー、》へ向けて《オンネ、》走った《オマン、》。私達は《アノカイ、アツシン、ネアンペ、サマケタ、ター、》横合から同じ所へ《オツタ、》

向けて走った《パイエ、アナッシ、ヒ、ネヤー、》。どうしたって《ネーラ、ネアッカ、》、海軍のボート《ウライケ、ポン、チシ、》は早く《モナシノ、》発足《ホプニ、》した《クス、》し、私達の舟《アノカイ、アッシン、アッカリ、》より一足《ポンノ、》早く《ホシキノ、》トーパーへ《トーバータ、》着いて《エシレパ、》、錨《イカリ、》を入れ、風《アフンケ、レイラ、》の為め《アニ、》にクルリと《チビ、ヒ、ホス》一回転《イエ、カーネ、》した所《ター、タ、》へ私達の《エシレパ、》が追《アナッシ、》付いて《テ、》大隊長《ポロ、ニシパ、》の命《ソンコ、》を伝えた《アイ、イエー、シ、》。ボートにいた将校方《ウライケ、ポン、チシ、オッタ、オカイ、ニシパ、ウタラ、》は、みな土人《エムイケ、アイヌ、》の丸木舟《チシ、》へ《オッタ、》載せて《アノーレ》岸へ上陸した《シ、テ、ヤー、タ、アイヤンケッシ、》。

此の時《ネア、オッタ、》、第一中隊の人々《ダイイッチユータイ、ウライケ、ウタラ、》は、対岸の山《アラベッチャー、ワ、》から湖岸《トー、チャー、カリ、》を伝って露軍《ヌチャヤ、ウタラ、》に突進《ヘコタ、アリキッシ、》し、更に《ヘ、ネワ、》、オプフサナイ《オプフサナイ、》から《オロ、》こちら《ヤー、タ、》の陸兵《ウライケ、ウタラ、》が露軍《ヌチャヤ、ウタラ、》に駆付け《ヘコタ、パイエッシ、ヒ、》、湖畔《トー、サン、》の塁《ペーカ、》に駆け寄《パイエッシ、》するもの《アンペ、》、数《アイヌ、》多の《オイ、》軍勢一と時《イッシンネ、》に両方《ウヘコタ、》から、わっ《オマン、》と進ん《オッタ、》だ其光景を《アン、ヌカラ、》見た時《アンベ、》は、実に《テー》堪《コロ、》らなく愉快《アネキロラン、》であった。

（四）敵帥

私達も《アノカイ、アッシン、ナー、》、皆と一所《ウマ》に陸《イッシンネ、》へ上った《ヤパナッシ、》。露西亜人達《ヌチャヤ、ウタラ、》はみな《エムイケ、》、鉄砲《テッポー、シン、》などを砂浜《ナー、オタカー、タ、》へ積んで《ウコオーシ、テ、》、平蜘蛛《オンカミッシ、》のように《アニ、》なってお詫《ヤイウー》びをし《ナシカッシ、》ている。

その側には《ネア、サマケタ、》、ふと見ると《インカラ、アナッシ、ネヤー、》砂浜の上に《オタカー、タ、》、何やら《ヘマタ、タ、カ、》白い毛布で包まれて《デタラ、フランケ、アニ、カムレテ、》ある《アン、》。丸木舟《チシ、》か《オ》ら上っ《ロヤン、》た将校方《ニシパ、ウタラ、》が、毛布《フランケ、》を開いて《チャツケッシ、》みると《ネヤー、》、大《ポ》きな露西亜人《ロ、ヌチヤ、》が臀《シプイ、カリ、》から、砲弾《ポロ、タマ、》が這入って《アフンテ、》背中《セヅリ、へ、》の肉《カム、へ、》をみな貫かれて《エムイケ、ヅッセ、テ、》死んでいた《ライ、テ、アン、ルーへ、アン、》。

私が《アン、ヌカラ、》見てみると《ネヤー、》。此の《ネア、》戦死《ライ、》した露人《ヌチヤ、ネアンペ、》はトーキタイ《トーキタイ、》から《オロ、》キムナイ《キムナイ、》にかけて《オカイ、》居た露《ウラ》軍全部《イケ、ウタラ、》の総指揮官たる露将《エムイケ、オッタ、イエールイ、サパネ、ヌチヤ、ニシパ、》であったから《ネー、ルエ、アン、クス、》、東内忠蔵《トーナイチユーゾー、》を呼んで示したら《アン、カヨー、カラ、テ、アン、ヌカンテ、》、忠蔵も此露《タン、ヌ》人は《チヤ、》此軍隊の総指揮官だと云った《タン、ウタラ、オッタ、イエールイ、サパネ、ニシパ、ネー、ナハ、イエ、》。それで始めて《ネア、オロ、》海軍の将校たちも《チシ、ウライケ、ニシパ、ウタラ、ナー、》、此が総大将《イエールイ、サパネ、》であったかと知った《ニシパ、ナハ、アン、アンペ、パシテッシ、》。

私は嬉しさの余り《アネラムシンネ、カシユ、》、斯う云った《オッタ、エネ、アイ、イエ、イ、》。

「それ見た事か《エネ、アニ、タハネ、》！　余り暴慢な事するもの《マシキン、パケサラン、ウタラ、》は、終には《ネアンペ、ケセケ、タ、》、善くない《ヱン、》最期《アンペ、》をするんだ《ネー、》。天《テン》網恢々疎にして漏らさず《モーカイカイソニシテモラサズ、》と云う言葉は、これだ《ナハ、アイ、イエ、イタハ、ネアンペー、タンペ、ネー、》！」

海軍の将校たちが聞いた《チシ、オルン、ウライケ、ニシパ、ウタラ、ヌー、ワ、エネ、イエ、イ、》、

「善い《ピリカ、》言葉《イタハ、》だ！　お汝《ナ》ど《ハ、》こで《ワ、》知ったか《エ、ワンテ、ヘー、》？」と云った《ナハ、イエ、》。

私は斯う答えた《アノカイ、ネアンペ、エネ、アイ、イエ、イ、》。

「北海道に居た折に教わりました《ホッカイドー、オッタ、オカイ、アン、オッタ、アウ、ワンテ、ヘー、》。」と答えた《ナハ、アイ、イエ、》。

海軍の人々も《チシ、オロ、ニシパ、ナー、》陸軍の人々も一所に、「本当だな《ヤー、タ、オカイ、ニシパ、ウタラ、ナー、イッシンネ、ソンノ、アンペ、タナー、》！　悪い《エンノ、》事を《キー、》する《ウタラ、》ものは、《ネー、チキ、ネワ、》神様から罰《カムイ、オロワノ、イチヤー》があ《ナッテ、》たるんだから《クス、》そう云んだ《エネ、アン、タハネ、》」と云っ《ナハ、イエーシ、》て《テ、》皆一笑さ《エウミーナレッシ、》れた。

（五）復讐

それ《ネー、》か《テ、》ら《オロ、》第五《ダイゴ》中隊《チュータイ、》の人々《ウタラ、》が、以前《ホシキ、》行方不明になっ《オマン、ウシケ、ヘ、アネネ、イサマッシ、》た第一中隊《ダイイッチュータイ、》の上等兵《ジョートーヘー、》の死屍を《ライ、ケウ、ヘ、》其処《ター、タ、》で発見した《パシテッシ、》。私も行って見たら《アン、ヌカラッシ、ネヤ、》、手を切断し耳の穴《テキ、ヒ、ナー、ヅイエッシ、キサラ、プイ、》を剜り、鼻の穴《ナー、メシユッシ、エッ、プイ、ナー、》を剜り、睾丸さ《メシユッシ、チー、ヘ、》へ切断して殺して《ナー、ヅイエッシ、テ、ライケ、》いて《ルーヘ、》いたの《シン、》であ《アン、》った。

そして《ネー、テ、》私等が其処で《ター、タ、》、昼飯を土人一同で《トーノシキ、イペ、アイヌ、イッシンネ、》した《キー、》ためたら、《ヘマカ、》田崎《タザキ、》曹長《ソーチヨー、》が斯う云った《エネ、イエ、イ、》。

「五六尺程《シネ、テム、パハノ、》ある《アン、》木を《ニー、》切って《ヅイエー、》持って《テ、ヅラ、エッ、》来い《ワ、》。四角な杙にして《イイネ、サンパ、コロ、ニー、ネ、》斧で削って《ムカラ、アニ、サンパ、テ、》表面へ《カシケ、タ、》文字《カンピ、》を書く《ヌイエ、》様に《アン、クニ、》して《カラ、》、《テ、》墓標の様な形に《ライク、シルシ、ニー、ネイノ、カヅフ、》拵えろ《カラ、ワ、》。其死んだ《ター、ライ、》人の《アイヌ、》墓標にすんだから《シロシ、ニ、アン、カラ、クス、》。」と《ナハ、》いうから《イエ、テ、》、若い者山へやって《シユクフ、オツカヨ、ウタラ、ヤマ、オツタ、》其の《ネヤー、》木を《ニー、》切らせて《アン、ヅイエレッシ、テ、》持って来させ《ヅラ、アリキッシ、》、そして《ネーテ、》私は、その《アノカイ、ネアンペ、ネア、》木を《ニー、アイ、》角に削って《サンパッシ、テ、》死んだ《ライ、》人の《ク、》位牌《シロシ、》に拵えた《ニー、ネー、アン、カラ、》。拵え《ヘマカ、》終る処《カーネ、》へ、砂浜から《オタカー、ワ、》、若い者達《オツカヨ、ウタラ、》が、やって《マカパッシ、》来て《テ、》、斯う云う《エネ、イエーシ、》。

「一中隊《イッチユータイ、》の人達《ウタラ、》から《オロワ、》、此の《ター、》悪い《エン、》露人奴《ヌチヤ、》をお前達《エチ、ラ》殺《イ、》せ《ケレ、》と《ヤン、》云《ナハ、》われた《イエーシ、マヌイ、》」と云うから面白が《ナハ、イエー、シー、クス、キロラン、》って《ヅラノ、》私は《パイエ、》行こう《アン、》と《クス、》田崎曹長《タザキ、ソーチヨー、》に《ヘコタ、》其由話すと、田《アイ、イエー、ヘ、ネヤ、タ》崎曹長は斯ういう《ザキ、ソーチヨー、ネアンペ、エネ、イエ、イ、》。

「それ《ネー、》じゃ《チキ、》早く《モナシノ、》行け《オマン、》」というから《ナハ、イエー、テ、》出かけた《パイエ、アン、》。

見ると《アン、ヌカラ、ハ、》いうと《ネヤー、》、富内村《トン ナイチヤ、》に居た《オカイ、》守備兵の総大将で、土人を虐待した露人《ブンキ、カラ、ヌチヤ、イエールイ、サパネ、ヌチヤ、アイヌ、ウタラ、エンノ、カラ、ヌチヤ、》であった《ネー、ルーヘ、アン、》。

そして《ネー、テ、》、恨み重る露人《アン、コ オ チツシ、ヌチヤ、》である《ネー、》から《クス、》、どんな《ネーラ、アン、》にでも《キー、》して《ワ、》、あの《アネ》恨み《ヤイ》を返し《テマフンケ、》たい《ルスイ、》から《クス、》、露西亜《ヌチヤ、》語《イタ、》の出来る《エアスカイ、》山丹《サンタ、》人のチーセン《チーセン、》というもの《ナハ、レイ、コロ、サンタ、》が居《アン、》たから《クス、》、呼んで来て《アン、カヨーカラ、》、チーセン《チーセン、》へ《ヘコタ、》、私が云うに《エネ、アイ、イエ、イ、》、

「此の《タン、》露人へ《ヌチヤ、オッタ、》、私の云《アイ、イエ、》うこと《イタキ、ヒ、》を、露西亜語で、よく《ヌチヤ、イタハ、アニ、ピリカノ、》云え《イエー、》」そう私が云った《ナハ、アイ、イエー、テ、》ら、チーセンは《チーセン、ネアンペ、》露西亜《ヌチヤ、》語で《イタハ、》以て《アニ、》、其露人《ネア、ヌチヤ、》に向《ヘコタ、》って云う《イエー、》には、

「どう《ヘマタ、》して《クス、》、土人《アイヌ、》の鉄砲《テッポ、》など《ナー、》没収《エ、ウイナ、》したか《イケ、》？　其鉄砲はどこへお前置《ネア、テッポ、ウタラ、ネアンペ、ナハタ、エ、アマ、ハー、》いたんだ？」と問《ナハ、アイ、》う《イエー》。

「知らない《イラミシカリ、》」と云う《ナハ、イエー、》から

「何《ヘマタ、》！　知らない《エラミシカリ、》と云う《ヘタネ、》のか《ヤー、》?!自分《ヤイコタ、》が引っ《ウフ、》たくって《アンペ、》行ったもの《オッタ、》の置き《アマー、》場《ウシケ、》を《ヘ、》知らな《ウラミシ》

い《カレ、》という《ナハ、》馬《イエー、》鹿がある《ヘタネヤ、》か？」と云う《ナハ、アイ、イエー、》と、

「上官《チャンキ、》が知ってる《エラム、アン、》」という《ナハ、イエ、》。

「上官《チャンキ、》は、死《ライ、》んだ《ヘマカ、》じゃない《アンペ、》か！　何《ヘマタ、》知って《ワンテ、》るん《ヘタネ、》だ《ヤー、》？　死《ライ、》んだ《ヘマカ、》人間《アイヌ、》が何《ヘマタ、》を知って《ワンテ、》るもんか？　お前《エアニ、》、お前《エ、》が置い《アマ、》た処《トコ、》知って《エ、ワンテ、ヘ、》るだろう《ネー、ナンコー、》！」

そう《ナハ、》云い《アイ、イエ、》乍《アニ、》ら、其処にあ《ター、タ、アン、》った椴松《ヤユフ、ニー、》の枝《テヘ、》を拾《アヌツ、》って《テ、》横っつら張《アネノタラツコタ、》り付けてやった。痛《コ》い《ニ、》もんだから《クス、》、私《アイ、》の撃《シタイキ、》った所《トコホ、》を抑え《キシマ、》乍《アニ、》ら、泣《チシ、》きわめ《ハウ、》いた《カラ、》。　そ《カ》れ《シ》でも《ケネ、》飽足《シユイ、》らず、顔中一《オアラ、ノタラ》面《ハ、》所嫌《オンネ、》わず撃《アイ、シタイ、》ったら、其《キ、テ、ネヤ、》の奴《ヌチャ、》めおろおろ《チシ、》声《アニ、》で何《ヘマタ、》か云《イエー、》うけれど《ワカイキ、》も耳に《アン、ヌー、》も入れ《カ、ハネ、キー、》ず、尚打《スイ、アン、》った《シタイキ、》。

そこ《ネア、オッタ、》へ、第一中隊《ダイイッチユータイ、》の人《ウタラ、》一人銃の棚杖《シネ、アイヌ、テッポー、カニ、》一本《シネツ、》持《ヅラ、》って来《エッ、》て《テ、》「此で《タン、カーニ、》以って《アニ、》、もっと《ナー、》沢山打て《ポローノ、シタイキ、》」という《ナハ、イエー、》から《クス、》、今度《ネア、》は棚杖《カーニ、》を以《アニ、》て、頭《サパ、ハ、》とい《ナー、》わず、背《セヅリ、ヒ、ナー、》といわず、足《ケマ、ハ、》だの手《ナー、テキ、ヒ、》だの臀《ナー、スプイ、》の方《オンネ、》だの、《ナー、》ど《ネイ》こ《タ、》でも《ヘネ、》構わず打った《ネヤツカ、ピリカ、アン、シタイキ、》。　其露人《ネア、ヌチャ、ネアンペ、チシ、》は、泣きわ《ア》めい《ニ、》て、七顚八倒《ピシカネ、シキリマンパ、アニ、》する《チシ、》けれど《ワカイキ、》、ぶちとお《アン、シタイキ、》した《ネ、》ら、と《ア》う《イ》と《ネ》う棚杖《カーニ、ヘ、ナー、》がへなへな《エムイケ、》に曲《チレウパイケ、》ってしまって、もう打つ《アネシタイキ、》こと《カラ、》も《カ、》困難《アネレシケ、》になってしまう、それ《パハノ、》迄打《アイ、シタイキ、》った。

そしたら《ネーテ、》、一中隊《イッチユータイ、》の人《ウタラ、》が、斯う《エネ、》云った《イエー、シー、》。「将校たち《サパネ、ウタラ、》に、見られると《ヌカラッシ、クス、ネ、》、いけない《イケ、ヱン、》。 此位で《ナハ、テ、》止めて置け《ヘマカレ、》」と云うから《ナハ、イエーシ、クス、》、中止して《アネマカレ、》、一中隊《イッチユータイ、》の人へ《ウタラ、オンネ、》、私は《エネ、》斯う《アイ、》云った《イエ、イ、》。

「此《タン、》の露西亜《ヌチヤ、》人め、上等兵《ジヨートーヘイ、》を惨酷《ヱンノ、》に虐殺した《カラ、アニ、ライケ、アンペ、》のも、此露人《タン、ヌチヤ、》めの指図《イレンカ、》だから《アニ、ネー、クス、》、あなた《エチオカイ、》の隊の方で、讐《カタキ、》をお討ち《エチ、キー、》なさい。 そうすれば《アナツカイキ、》、私達《アノカイ、》の仇も報ぜられる《カタキ、アン、キー、ヅラ、》訳《ウネイノ、》だから《ナハ、アン、ラム、クス、》、仇を《カタキ、》報いて下さい《キー、ヤン、ワ、イコンテ、ヤン、》。」

そう云って《ナハ、アイ、イエー、》一中隊《テ、イッチユータイ、》の人々《ウタラ、》の方へ《オンネ、》、此露人《タン、ヌチヤ、》を引渡した《アノマンテ、》。

（六） 凱旋

此戦に、日本軍の方は《ネア、オツタ、シーサム、ウライケ、ウタラ、》、一名も死者《シネ、アイヌ、カ、ライ、》無く《イサム、》、負傷者をさえ《ピリ、コロ、アイヌ、カ、》出さなかった《イサム、》。 露西亜の方《ヌチヤ、ウライケ、ウタラ、》では、十八名の戦死者及び負傷兵四十余名に達した《ネアンペ、ヅペサン、イカシマ、ワン、アイヌ、ライ、オロワノ、ピリ、コロ、ウタラ、ネアンペ、イーネ、クンクト、イカシマ、カネ、アン、オロワノ、》。 そして生き乍ら《シシノ、》捕われた《アン、キシマ、》もの《ウタラ、》は三百名《レ、タンク、》近い数《エハンケ、アイヌ、》であった《ネー、》。

私達《アノカイ、》土人《ウタラ、》は露西亜《ヌチヤ、》の死んだ《ライ、》総大将《サパネ、ニシパ、》の次の大将一人と、婦女子三名、小供二人《ヅターノ、アン、サパネ、ニシパ、シネ、アイヌ、オロワノ、マハネク、レ、アイヌ、ヘカチ、ツフ、》これ《ナハ、カー》

だけ《ネ、》を召連れて《アン、ヅラッシ、テ》、山《ヤマ》田《ダ、》少尉《ショーイ、》の引率《エサ パネ、》の下に《テ、》上等兵一人と、これだけ《ジョートーヘー、シネ、アイヌ、ナハ、カーネ、》同行して《アン、ヅラッシ、テ、》、土人《アイヌ、》の丸《チ》木舟《シ、》で、まず《アニ、ホシキノ、》凱旋《ホシピ、》した《アナッシ、》。

そこで《ネーテ、》、我軍は一同《ウライケ、ウタラ、イッシンネ、》、銃器や弾丸や《テッポー、ナー、テッポタマ、ナー、》、色々なもの《ウサアンペ、》、数多の《アヌカッシ、》分捕品を《ウサアンペ、》、さんば船《クンカシ、》に一ぱい《シシテノ、オロ、》積乗せて《オー、テ、》、其の晩村の方へ《ネア、ウクラン、コタン、オッタ、》凱旋した《ホシピッシ、》。そ《テ、》して《オロ、》平尾《ヒラ オ、》中隊長《チュータイチョー、》が云わるるには《エネ、イエ、イ、》、

「露西亜《ヌ チ ヤ、》の陣地に《ウライケ、ウシ、オッタ、》ある麦粉《ムギ コ、》や又牛肉や《ナー、スイ、ベコ、カム、ナー、》、そこにある《ネア、オカイペ、》ものは《ナー、》、皆、土人等《アイヌ、ウタラ、》一同へ下賜す《イッシンネ、エチ、コンテ、》るに因って《クス、》、さんば船《クンカシ、》に積んで《アニ、クサ、》来て《ヤン、ワ、》、冬季《マタイタ、》の越年《リ ヤ、》の食料にせい《オッタ、エー、ヤ ン、》。」

私は、こう答えた《アノカ、ネアンペ、エネ、アイ、イエ、イ、》。

「今の所米も沢山あり《タニ、オロ、ネアンペ、アマン、ナー、ポロンノ、アン、》、恨み重る《アン、コオチシ、》露人《ヌチヤ、》の食物《イペ、》などは、食わないたって《ハネ、アネー、アナツカ、》結構《ピリカ、》です。今《タニ、》の場合《オ ロ、》、又露人《スイ、ヌチヤ、》の食物《イ ペ、》を食って《アネー、》暮して《アニ、》るのも《オカイ、アン、クンペ、》、嫌です《カ、ハンネー、クス、》。日本人《シーサム、》も今《タニ、》では沢山村に《ポロ ンノ、アン、》居る故日用食品《ウサ、アン、イペ、》とても《ネアナツカ、》沢山《ポローノ、》ありますか《アン、クス、》ら《イキ、》、少《クス、》しも《ハネ、》欲《アン、コロ、》しく《クス、》はありませ《イ キ ー、》ぬ。」と云っ《ナハ、アイ、イエ、》た。平尾《ヒラ オ、》大尉《タイ イ、》の云うに《エネ、イエ、イ、》、

「アイヌ《ア イ ヌ、》人《ウタラ、》というもの《ネ ア ン ペ、》は、一度《アッスイ、》憎い《コオチシ、》と思《ナハ、ラム、》ったもの《ウタラ、》は、食物《ネアンペ、イペ、ヘ、》さえも《パハノ、》食わ《エー、》ない《ハネ、》と、云うん《キー、ナハ、イエー、》だなあ《アンペ、タナー、》！」と云《ナハ、》われた《イエー、》。

（七）村人の軍功

此度《タニ、》の《アン、》戦争《ウライケ、》に《オッタ、》は《ネアンペ、》、我《アン、》が村《コタン、》の《ウン、》若い《シュクフ、》者《オッカヨ、》たち《ウタラ、》は、皆《エムイケ、》軍《ウライケ、》に《オッタ、》従った《モンライケッシ、》。尤《スイ、》も外《オヤ、》の村《コタン、》の士人達《ウタラ、》でも《ナー、》、戦争《ウライケ、》に出て働いた《オッタ、モンライケッシ、》。けれども《ネー、ワカイキ、》、外の村の人達《オヤ、コタン、ウタラ、》は《ネアンペ、》、賃銀《サニヨ、》を《コ》貰《ロ、》って《アニ、》、働いたのである《モンライキ、アンペ、ネー、》。我《アン、》が村《コタン、》の人達《ウタラ、》に至っては《ネアンペ、》賃銀《サニヨ、》も《カ、》貰わず《ハネ、コロ、》、吾《ヤイコタ、》から《オロワ、》進んで出《エヤイチャ》て働《オーレ、テ、》いたのである《モンライケッシ、アンペ、ネー、》。

始め《アシンノ、》、平尾《ヒラオ、》中隊長《チュータイチョー、》が、斯う《エネ、》云われた《イエ、イ、》。「賃銀《サニヨ、》は幾ら程貰いたいか《ヘンパハノ、エチ、コン、ルスイ、ヘタネ、ヤ、》？」と《ナハ、》云われた《イエー、》けれども《ワッカイキ、》私は《アノカイ、ネアンペ、》斯う《エネ、》答えた《アイ、イエ、》。「賃《サニヨ、》なんぞは《ネアンペ、》、頂戴しません《ハネ、アン、コロ、クス、イキー、》。私共は《アノカ、ネアンペ、》、日本《シーサム、》の国から《モシリ、オロワ、》、重々《ピリカノ、》お世話になって《アネシカシマ、》いまし《アンペ、》た《ネー、》から《クス、》此度《タン、》の戦争《ウライケ、》には《オッタ、ネアンペ、》、私共《アン、》の体《ネトパケヘ、》、私共《アノ》の命《チシカ、》の限り《パハノ、》、出て働こう《モンライケ、》と思って居ました《アン、キー、ナハ、アン、ラム、》か《クス、》ら、金《イコロ、》などは、更に《ハネ、》欲しません《アン、コン、ルスイ、》。明日《シーマ、》にも《ネ、》丸《タマ、へ、》でも《ネー、》来てあたっ《アン、コエカーリ、》たら《アナー、》、死ぬんでしょう《ライ、アン、クス、イキ、》。死ん《ライ、》で《アン、》しまったら《クス、ネ、イケ、》、日本《シーサム、》の軍隊へ《ウライケ、ウタラ、オッタ、》私の体《アン、ネトパケ、》、私の命《アノシカ、》は《ワ、》差上げ《アン、コンテ、》ようと覚悟して《ナハ、アン、ラム、カーネ、》、働く《モンライケ、》の《アン、》であります《アンペ、ネー、クス、》。且又《カシ、ケタ、》、明治八年《メイヂ、ヅペサン、パー、》の年に《オッタ、》此樺太《タン、カラプト、》が露西亜《ヌチヤ、》に《ウタラ、》取られた《ウカッシ、》の《オッタ、》を、私達《アネオチッシ、》は口惜しい事《ラム、》に思《コロ、》っていまし《アンペ、》たに、今度《タ ニ、》日本《シーサム、》の国《モシリ、》から《オロ、》今一《カーナ、》度《スイ、》取《ウツ、》返し《クス、》の為の戦《ウライケ、》でありま《アンペ、》しょう《ネー、》から《クス、》、私共《アノカイ、》とても《ネアナツカ、》、死《ライ、》ぬまで《パハノ、》日本《シー サム、》に助《オッタ、》太刀《イカースイ、》しようと思《ナハ、アン、ラム、》ってる《アンペ、》のです《ネー、》。且又《カシケタ、》此戦《タン、ウライケ、》の起《ヘヅク、》るのだ《アンペ、》って《ネ、》も《アナツカ、》、やっぱり《ランマ、》日本《シー サム、》の国《モシリ、》に《オッタ、》善からぬ心《ヨーライサッテ、ラム、》を起《コロッシ、》して《クス、》此《タン、》の戦《ウライケ、》でも起《ヘヅク、》ったの《アンペ、》でしょう《ネー、》。だから《ネー、クス、》、以前《エト、コ、》から《オロワノ、》今度《タ ニ、》に至る迄《パ ハ ノ、》、憎しみ《アネオチシラム、》重っている《アン、コロ、》。其上に又《カシ ケ タ、》此富内村《タン、トンナイチヤ、》に《オッタ、》居た《オカイ、アン、》時分《パハノ、》、土人《アイヌ、》達《ウタラ、》の事《ネ、》をも此《ヤッカ、》上無き《テーコロ、》暴悪な《ヱ ンノ、》扱い方《カラッシ、》をした。此事でも《タンペ、ネ、アナッカ、》憎しみ《アネ、オチシ、》重っていますから《クス、》、何が何でも《ネーラ、ネアナッカ、》、命の限日本軍に手伝い《ライ、アン、パハノ、シーサム、ウライケ、オッタ、イカースイ、》をしようと思《ナハ、》って《アン、ラム、》いましたから《クス、》、それで出て働く《モンライケ、アン、アンペ、ネー、》のです。不慮《ニーサハノ、》の災に死《ライ、》ぬような《アン、》事があったら《アナー、》露《ヌ》西《チヤ、》亜《ヤ、》の人達《ウタラ、》が此富内村で暴悪な《タン、トンナイチヤー、オッタ、ヱンノ、》事した《イ、カラカラッツシ、》折に《オッタ、》彼等に殺されたとあきらめ《ヌチヤ、オロ、イ、ライケッシ、ヒ、ナハ、アン、ラム、》ます《アンペ、》。日本《シーサム、》に味方《アン、カスイ、キ、》をして《アニ、》、働いて、死ぬんで《モンライケ、アン、オッタ、ライ》あっても《アン、アンペ、ネー、クス、ネ、イケ、ホシキ、》、さきに露人《ヌチヤ、ウタラ、》の暴虐《ヱンノ、》に逢って死んだ《イ、カラカラッシ、ヒ、オッタ、ライ、ア》と思《ニ、ヒ、》って、日本へ私の体を捧げるのです《ナハ、アン、ラム、カーネ、シーサム、オッタ、アン、ネトパケヘ、アン、コンテ、クス、イキー、》。」

と私が云《ナハ、アイ、イエ、》った。其時平尾中隊長は喜んで《ネア、オッタ、ヒラオ、チユータイチヨー、ネアンペ、エラヤッ、》、

「土人《アイヌ、カイキ、》でも、此の位《エネ、カーネ、》の壮烈《シ ユ プ、》な心《ラム、》がある《コロ、》もん《アンペ、》だろ《ネ、アニ、》うか《アー、》!?此《タン、》の土人《アイヌ、》の心《ラム、》こそ実に《ソンノ、》感ず《アネ ラ》べき《ヤッ、》心掛《ラム、》の《コロ、》ものだ《アイヌ、ネー、》」と云われた《ナハ、イエー、》。

尤も《アシンノ、》最初は、《ネアンペ、》私の村《アン、コタン、》の若い者《シュクフ、ウタラ、》でも、《カイキ、》戦争《ウライケ、》の事はわからない《エラミシカリ、》から、《クス、》危い、恐しい《ヤイキシテ、》と《ナハ、》思っ《エラム、》ていたけれど《アン、アンペ、ネー、》私は《ワカ、イキ、アノカイ、ネアンペ、》斯う《エネ、》云って《アイ、イエ、》き《イ、》かせた。

「以前に《エトコ、タ、》露西亜人たち《ヌチヤ、ウタラ、》から、《オロワ、》土人《アイヌ、》一同《イッシンネ、》を殺して了う《ライケ、》と云う《ナハ、イエ、》程に、《パハノ、》虐げ《エンノ、》られ《カラ、》たじゃ《アンペ、》な《ネー、》いか！　其の時分、《ネア、オッタ、》本当に《ソンノ、》露人《ヌチヤ、》の為めに《オロワ、》土人《アイヌ、》一同《イッシンネ、》殺され《ライケ、》ても、《アナツカイキ、》やっぱり、《ランマ、》同じく《ウネイノ、》死ぬ《ライ、》んで《クンペ、》あった《ネー、》ろう。　今《タニ、》日本《シーサム、》の軍隊《ウラ イケ、ウタラ、》の為に《オッタ、》働いて、死んでも同じく死ぬのである。《モンライケ、アニ、ライ、アナッシ、ヤッカ、ウネイノ、ライ、アナッシ、アンペ、ネー、》だから、《ネー、クス、》唯々《ヤイ、》むざむざと、《アンノ、》露人《ヌチヤ、》の為めに《オロワノ、アニ、》殺されて《ライケツシ、》死んでも同じく《テ、ライアナッシ、ヤッカ、ウネイノ、》死ぬんであるし《ライ、アン、クンペ、ネー、》軍隊に出て《ウライケ、ウタラ、オッタ、》働いて死んでも同じく《モンライケ、アナッシ、テ、ライ、アナッシ、アナツカ、ウネイノ、》死ぬんで《ライ、アン、クンペ、》あるから《ネー、クス、》唯々《ヤイ、》むざむざ《アン、》悪く死ぬよ《エンノ、ライ、アン、アッ》りは、《カリ、》此の《タン、》国《モシリ、》事に戦って死ぬならば、善い死に方ではあるまいか、《オルシペ、アニ、ウライケ、オッタ、ライ、アン、アンペ、ネアンペ、ピリカ、ライ、アン、キー、ヒ、ネー、クニ、》私は《アン、ラム、》そう思う。だから、《ナハ、アン、クス、アイヌ、》土人一同《イッシンネ、》奮発して《シュプ、ラム、コロ、カーネ、》此戦争に《タン、ウライケ、オッタ、》日本の軍人たち《シーサム、ウライケ、ウタラ、》へ加担して、《ツラ、》一つ心に《シネ、ラム、》なって《アニ、》此戦の手伝に《タン、ウライケ、エーカースイ、》骨折ろう。《モンライキ、》」そう云い《ナハ、アイ、イエ、》乍ら《アニ、》若い者ども《シュクフ、ウタラ、》を督励し《アン、ランコユプ、》たら、《アニ、》若い者どもも《シュクフ、ウタラ、ネアナツカ、》元気を出して、《シュプ、ラム、コロ、カーネ》出て働いた《モンライケ、アナッシ、ヒ、》のであった。《ネー、》

（八）守備隊

こう《ナハ、》やって《カーネ、》、軍に出て《モンライケ、》、一同勇敢に働いた《アイネ、イツシンネ、コシユプ、アニ、キー、》から《クス、》、秋になって《チユキータ、》、大泊《オートマリ、》の日本駐剳軍が《シサム、ウライケ、ニシパ、ウタラ、ヅラ、》、愈々内地へ向けて《タン、シーサム、モシリ、オンネ、》引揚げよう《ホシピツシ、》とする時《オツタ、》、武内旅団長《タケウチ、リヨダンチヨー、》が口づから《オチヤローナシ、》私達に《エネ、イエ、イ、》、「露軍《ヌチヤ、》から《オロ、》鹵獲した《アヌツ、》銃器《テツポー、》を一人に一挺ずつ《シネ、アイヌ、オツタ、シネヘ、ランケ、》汝等へ《エチ、コンテ、》やるし《ヤン、》、且つ《カシケタ、》弾丸《タマ、》も《ナー、》沢山汝等へ《ポローノ、エチ、コンテ、》やる《ヤン、》から《クス、》、汝等《エチ、》の村《コタヌフ、》を、よく《ピリカノ、》守備せよ《シカシマ、ヤン、》。此度《タン、》の戦争《ウライケ、》に際して《オツタ、》汝等《エチ、》の働振りは《モンライケ、ヘ、》、私《アン、》の《ヌカ》見る《ラ、》所では《イケ、》、我日本《ヤイ、コタ、》の軍人の働と同等の《アン、ウタリヒ、モンライケ、ヘ、ヅラ、ウネイノ、》働きをした《モンライケ、エチ、キー、クス、》。本当なら、富内村は、電信も《ソンノ、ネ、アナー、トンナイチヤ、ネアンペ、カンピ、ル》無いし、又道路も不便である《ーラ、カニ、カ、イサム、オロワノ、ルー、カイキ、エン、》。であるから《アニ、》若しも《ニーサハノ、》何か《ネーラン、》面倒な《ホカンパ、》事があって《オルシペ、》早く報知《モナシノ、エチ、ヌヤラ、》したい《ルスイ、》事があっても《アナツカイキ、》、誠に困難な《エリシケ、》所《ウヅル、》であるから《ネー、クス、》、軍隊が守備すべき《ウライケ、ウタラ、プンキ、カラ、アン、キー、》所で《クンペ、》あるが出《ネー、ワカイキ、》来にくい《ハネ、アン、キーレ、テ、》。汝等が《エチ、オカイ、》自分の村で《ヤイ コタ、》我軍隊の《エチ、コタヌ、オツタ、アヌタリヒ、》代りに《シリ、エネ、》なって汝等の村《エチ、コタヌフ、》を守備せよ《プンキカラ、ヤン、》。悪《エン、》い露西亜人なんどか《ヌチヤ、ウタラ、》、どこか山にでも、隠れて《ネイ、タ、ヤマ、オツタ、ヘネ、ナー、オカイ、アツシ、》居ようも知れない《アンペ、ヘタ、ネ、ヤー、カ、アネラミシカリ、》。私の考では《アン、パーカリ、イケ、》、もう露西亜《ヌチヤ、》人は《アンペ、》全く《エムイケ、》居まい《イサム、》と《ナハ、》思うけれど《アン、ラム、ワカイキ、》、若しも《ニーサハノ、》、どこか《ネイタ、》の林にでも《ニーヅン、タ、ヘネ、》逃げ込んでる《キラ、》露人が《ヌチヤ、》あり《オカイ、》でもして《ヘネ、キー、テ、》、汝等の村で《エチ、コタン、オツタ、》汝等が見掛けたなら《エチ、ヌカラ、チキ、》、何十人《ヘン、パハノ、》何百人《ホツホ、ヘネ、》なりと汝等《ネアナツカイキ、エチ、ラ》殺しても《イケ、アナツカイキ、》差支ない《ピリカ、》。そして《オロワノ、》、東白浦柏浜は《シララカ、トプキー、》電信もあり、《ネアンペ、カンピ、ルーラ、カニ、カ、アン、》又道路も《スイ、ルー、カイキ、》、好いから《ピリカ、クス、》どう云《ネイラン、》う事があっても《オルシペ、アン、アナツカイキ、》、早く報知が《モナシノ、アヌコヌー、》出来る《エアスカイ、》処ではある《ウヅル、ネー、ワツカイキ、》が、此処には《ター、タ、》、我軍隊を置いて《ネアンペ、アヌタリヒ、ウライケ、ウタラ、》守備《プンキ、カ》

をさせる《ラ、アン、キーレ、》のだ。」そう《ナ ハ、》武内少将《タケウチ、ポロ、ニシパ、》が云われて《イエーテ、》、旅団《ウタリ、ヒ、》を率いて《ヅラ、》、大泊《オートマリ、》を《オロ、》出発された《ホプニッシ、》。

さて《ネーテ、》、軍隊《ウライケ、》の人達《ウタラ、》が一同《イッシンネ、》大泊《オートマリ、》を去られる時《オロ、ホプニッシ、オッタ、》は私も東内忠蔵《アノカイ、ナー、トーナイ、チユーゾー、》と一所《ヅラ、》に桟橋まで《サンパシ、パハノ、》見《ヨー》送りしたが《カインカラ、アン、オッタ、》、此等《タン、》の将卒の人々というもの《ウライケ、ニシパ、ウタラ、ウタリヒ、シン、》は、此まで《タニ、パハノ、》戦争中、此《ウライケ、オッタ、タン、》の人々《ウタラ、》と一所に《ヅラ、イッシンネ、》丸の《タマ、ヅン》中《ペー、カ、》もくぐったし《アッカシ、アナッシ、》、死《ライ、》ぬならば一所に死のうとした《アナッシ、アナー、イッシンネ、ヅラ、ライ、アナッシ、クン、》人々《ウタラ、》である《ネー、》。のみならず《カシケタ、》、戦が果《ウライケ、ヘマカ、》てて《テ、》から、後《ケセケ、タ、》は、秋まで《チユキータ、》の間《パハノ、》は、魚漁の事《チエ、コイキ、オルシペ、》までも《ナー、》色々私達《イ、サーケタ、》の為に心配をし《イラムユフケ、ウサイキンネ、》世話をして《ウレンカレ、》くれた方々《ニシパ、ウタラ、》である《ネー、》から《クス、》、非常に《テーコロ、》私は《アノカ、》名残が惜し《ラム、エナッシ、》くって《クス、》、胸《ラム、》の中に《オッタ、》泣き《チシ、》ながら《アン、》お別れ《カーネ、アン、コサラ》をし《ンパッシ、》た。

九　四箇村の総代

（一）新戦場

日露戦争《ヌチヤ、ウライケ、》の終る《ヘマカ、》や否《ツラノ、》、日本《シーサム、》の漁業家《チエ、コイキ、ニシパ、ウタラ、》は、どしどし《ポローノ、》樺太《カラプト、》へ乗込んで《オッタ、パイエッシ、》、八月の月には《ツペサン、チュフ、ネー、チュフ、》、もう民政《ヤク》署《シヨ、オッタ、》に、漁場《チエ、コイキ、コタン、コロ、エウラウケ、カラッシ、》の入札があった。

土人達《アイヌ、ウタラ、ナー、》も、露西亜《ヌチヤ、》時代《アン、》から《オロワノ、》の漁場《チエ、コイキ、》を此等《コタン、ヒ、タン、シーサム、ニシパ、ウタラ、コロ、ヘマカツシ、クス、ネ、》の日本人に取られてしまっては《イケ、》大変《ヱン、》だ《クス、》から此までの場所を《ヌチヤ、アン、オロワノ、チエ、コイキ、コタン、ヒ、シン、タニ、パハノ、ネイノ、》、これまでのように、許可して《シコンテ、ヤラ、クシ、》呉れられる《クス、》様願書《カンピ、》を差出した《サンケッシ、》。

民政《ヤク》署《シ》は、当時《ヨ、ネアンペ、》はまだ《ナー、》、始めて《アシンノ、》、建った《ヘヅク、》許り《オッタ、》であった《ネー、》から《クス、》、土人達《アイヌ、ウタラ、》の願書《カンピ、サンケ、》は、後に《ヨーポニ、》出す《サン》がいい《ケ、チキ、ピリカ、》と役人達《ナハ、トノ、ウタラ、》が云って《イエーシ、》、願書《カンピ、》を受けつけなかった《ハネ、ウカツシ、》。こんな《ナハ、アン、》有様じゃ《クス、ネ、イケ、》、もし土人達《アイヌ、ウタラ、》の漁場《チエ、コイキ、コタン、シーサム、》を日本の人達《ウタラ、》に占められて《コロ、ヘマカツシ、》しまって《クス、ネ、》は《イケ、》大変だ《ヱン、クニ、》と思った《アン、ラム、》から《クス、》、軍政署《ウライケ、ヤクシヨ、》の上官《ニシパ、》達に色々話して《オッタ、ウサ、イキンネ、》、同情を乞うた《アネシエラムポキヌンテ、》。

それで《ネーテ、》、其後に《ケセケワ、》なって、民政署《ヤクシヨ、》の役人方《トノ、ウタラ、》が、樺太沿岸《カラプト、アヅイ、サム、》の漁場を見分に巡回すること《エオカイ、チエコイキ、ウシ、ウレンカレッシ、クス、シロイカーリッシ、》

になった《クス、イキ、》。柏浜《ドブキー、》から愛郎《アイルプ、》にかけて《パハノ、》は、柳川という方《ヤナガワ、ナハ、アイ、イエ、トノ、》が憲兵《ケンペイ、》二人《ツフ、》を具して《ツラ、》巡検される《シロイカーリッシ、》ので《オッタ、》、私は《アノカイ、》、其の《ネアンペ、ター、》沿岸《ウヅル、》を案内して《エイチヤーカシノ、》同道する《エイヅラ、》事に《アン、キー、》なった《クス、イキ、》。

其出発《ネア、ホプニ、》の日は《トーホ、》私は《アノカイ、ネアンペ、》竹内旅団長《タケウチ、ポロ、パーセ、トノ、》に逢い度い事が《オッタ、アン、ヌカン、ルスイ、》あって《クス、》、閣下の《ター、ポロ、トノ、》邸へ出かけた《チセ、オッタ、パイエ、アン、テ、》。其《ネア、》間に役人方《ウヅル、オッタ、トノ、ウタラ、》がもう《ホシキ、》豊原へ向けて《ウラジミロフカ、オンネ、》出かけた《パイエッシ、》。それで《ネーテ、》後に《オカーケタ、》私は、《アノカイ、ネアンペ、》晴気少佐《ハルキ、ポロトノ、》の名刺を持《レイヘ、オッタ、アン、》つて、遅れ馳せ《カンピ、アンパ、テ、ヨーポニ、》に、あと追っかけた《イノシパ、アン、》。

大泊を発つ時《オートマリ、オロ、ホプニ、アン、》分には《オッタ、》、午後《トーノシキ、オカケタ、》の三時《レ、トキ、》頃であった《ネー、テ、パイエ、アン、》。当時は《ネア、オッタ、》、戦争《ウライケ、》がやっと《ウフナシ、》済んだ《ヘマカ、》許り《オッタ、》の所で《ネー、》あったから《クス、》、村《コタン、》と村との間《ウヅツタ、》には、日本の《シーサム、》軍隊が銃剣を執って《ウライケ、ウタラ、オペウシ、テツポ、アンパ、アニ、》守備していた《プンキ、カラ、ウタラ、》時《オカイ、》分の事で《カーネ、》あるので《ネー、》、中里から《ミツリヨフカ、オロ、》一人で《シネ、ネ、》歩いて行った《アッカシ、アニ、パイエ、アン》。無人《オハ、》の露人《ヌチヤ、》村へ《コタン、オッタ、》差し掛《パイエ、》って行《アン、》くと《コ、》、そろそろ《オポキノ、》暮れ《オヌーマ、》かけた《ネ、》。犬の《セタ、》群れ《ウタラ、》などが《ナー、》、無人《オハ、》の家《チセ、》から《カリ、》吠える《メ、》声《ハウ、》が中に《オロケ、》聞える《シン、アン、》。尚行くと《スイ、パイエ、アン、コ、スイ、オ》、また無人《ハ、》の村《コタン、》があり《アン、》、無人《オハ、》の家々から《チセ、ウタラ、カリ、》犬どもの声がする《セタ、ウタラ、ハウエ、ヘ、シン、アン、》。それで《ネア、オッタ、》考えて《エネ、》み《アン、》ろの《ラム、》に「逃げ隠れ《キラ、》した露人《ヌチヤ、》でも《ヘネ、》、どこかに《ネイタ、》居て《オカイ、テ、》、此の無人《オハ、》の村にでも《コタン、オッタ、ヘネ、》、そういう奴等《ヌチヤ、ウタラ、》がやって来て《エキツシ、》逢い《コイカリ、》でも《ヘネ、》したら《アン、キ、アナー、》、これや物騒《エヤイキツテ、》だな、そう思った《ナハ、アン、ラム、》。その中《アナイネ、》に大変《ポロンノ、》あたり《シリ、》が《クー》暗く《ネ、》なって、さなきだに《ナー、ルイ、》、物凄く《オハイ、》おずおず《アイネ、》しておっかな《ラム、アン、コロ、カーネ、》、びっくり《タ、オロ、》、通抜けた《アン、クシ、》。

其の間《ウヅルケタ、》には村《コタン、》の端れ《エトツタ、》へ行き《パイエ、》つく《アン、》と「止まれ《コ、トマレ、》！」という《ナハ、アン、》大喝《イタ、》を聞いた《ハウ、アン、ヌー、》。びっくりし《アネホペヌ、》て、其処《ター、》へ、立止まっ《タ、レンネ、アン、》て、見る《アン、ヌカラ、》いう《イケ、》と、歩哨《プンキ、カラ、》の兵卒《アイヌ、》が一人《シネヘ、》居た《アン、》。晴気少佐《ポロ、トノ、》の名刺を指《レイ、オッタ、アン、カンピ、》出して示《アヌカンテ、》すと、マッチ《マッチ、》で見て《アニ、ヌカラ、テ、》「行け《オマン、》！」という《ナハ、イエ、》。そし《ネー、》て《テ、》斯う《エネ、》云った《イエ、イ、》。

「尚お《ナー、》向うに《イクシタ、》も歩哨がいる《スイ、プンキカラ、アイヌ、アン、》から《クス、》「止まれ《トマレ、》！」と云っ《ナハ、イエ、》たら《チキ、》、一歩も《シネ、ケマ、ヘネ、》踏み出し《ハンカ、》ちゃ《イ》いけ《キ、》な《ラエ、》い。「止まれ《トマレ、》」と云われ《ナハ、アイ、イエ、》てから《オロ、》、三《レ、》歩尚踏《ケマ、スイ、オ》み出《マン、》すもの《アイヌ、》は、殺されても《ネアンペ、アン、ライケ、アナツカ、》仕方が《ピリカ、》ないとい《ナハ、アン、》う軍規《イレンカ、》である《ネー、》から《クス、》、あぶない《ヤイキシテ、》んだ《クス、》よ。歩哨《プンキ、カラ、》の人《アイヌ、》の居る《アン、》処へ早く側へ止寄《トコ、オッタ、モナシノ、ヅカリ、ケタ、レンネ、》って《テ、》、其《ター、》名刺《カンピ、》を差出《ヌカンテ、》せよ。」そう云《ナハ、イエ、》った。

其処《ネア、》から《オロ、》、再出掛け《スイ、パイエ、アニ、ヒ、》て行く《ネア、》と、路傍《ルー、チャー、タ、》の林の中《ニーツン、》に、火《ウンヂ、》が燃え《ウアー、》ている《クス、》。《アン、》見る《アン、ヌカラ、》という《イケ、》と、露《ヌ》西亜《チヤ、》人ど《ウタラ、》もどっさり《ポロンノ、》居る《オカイ、アツシ、》。私は《アノカネアンペ、》身に寸鉄《ネイランペ、》も《カ、》帯びていぬ《ハネ、アナンパ、》から《アニ、》、おっかな《アネオハイネ、ラム、》、びっくり《コロ、》で《アニ、》通り《パイエ、アン、》かかると《クス、》、露西亜人《ヌチヤ、ウタラ、》が斯う《エネ、》云った《イエーシ、》。

「何者《ヘマタ、ジシャム、》か？」と問う《ナハ、イエーシ、》。私は《アノカ、ネアンペ、》。

「土人《アイヌ、》だ！」とそう《ナハ、》云う《アイ、イエー、》や否《ナニ、》、大急ぎ《モナシノ、》て通り過ぎ《パイエ、アン、》た。

清川村《ホムトフカ、ナハ、アイ、イエ、コタン、》という村のはず《エトゴ、》れへ《タ、》行っ《パイエ、アン、》た時分《オッタ、》には、もう《ネアンペ、》夜の《シリ、クーネノ、》十一時であったが清川村《シネ、トキ、イカシマ、ワン、トキ、ネー、オッタ、ホムトフカ、》

の村《コタン、》はずれ《エトコ、》へ近づくと、わざと哨兵《エハンケ、パイエ、アン、カーネ、オカアンキ、》に知れる様に、煙草を飲むため《ブンキカラ、アイヌ、ワンテ、クニ、ネ、タンパコ、アン、クー、クス、》、マッチ《マッチ、》で火《アニ、ウンチ、》を燧《アン、カラ、》って、見え《テ、ヌカラ、》るよう《クニ、》に《ネ、》高く《リシタ、》掲げて《カーネ、》明かし《アネタリ、》乍ら《アニ、》やって《パイエ、》行ったら《アン、》、果して《ネア、》又《スイ、》高い《ユフケ、》声で《ハウ、アニ、》、「止まれ《トマレ、》！　誰か《ヘマタ、アイヌ、フ、》？」と叫ぶ《ナハ、イエー、》声《ハウ、》を聞いた《アン、ヌー、》。　吃驚《アネホペヌ、クス、》して、そこへ《ツカリ、ケ、タ、》突っ立って《エタラアシ、アン、》居《テ、》たら、哨兵《ブンキカラ、アイヌ、》が私に《イ、コイ》問う《ピシ、》た。

「日本人か《シーサム、ヘタネ、ヤ、》？　何者か《ヘマタ、ヘタネ、ヤ、》？」

と云う《ナハ、イエー、》から《クス、》、私は《アノカ、ネアンペ、》斯う《エネ、》答えた《アイ、イエ、》――

「土人《アイヌ、》です《アン、ネー、》」と云って《ナハ、アイ、イエ、》、そして《ネーテ、》又斯う尋《アノカ、アイ、イエ、》ねた。

「先刻《ホシキノ、》民政署《ミンセイショ、》の役人《トノ、》が憲兵と《ケンペイ、ヅラ、》同乗《オー、》した馬車《パシヤ、》が往きません《ハネ、オマン、》でしたか《ヘタネ、ヤ、》？」と聞く《ナハ、アイ、イエ、》と、

「往った《オマン、》様だ《マヌ、》よ。」という《ナハ、イエ、》。　で私《アノカ、》の云《エネ、》うには《アイ、イエ、イ、》、

「一所《イッシンネ、》に私《アン、》も行く《ヅラ、》筈《クン、》の人達《ウタラ、ネー、》だったのだが《ワッカイキ、》、私は、旅団長閣下《アノカ、ネアンペ、ポロ、パーセ、トノ、》に少々《オッタ、ポンノ、》お目に掛《アン、ヌカン、》かり度《ルスイエ、》かったので《アニ、》、おいて《モイレ、》けぼ《アニ、》り《ヒ、》になっ《ネー、》た。　此名刺《タン、カンピ、》を御覧《ヌカラ、》下さい《ワ、》。」と《ナハ、》私《アイ、》が云った《イエ、》。　其《ネア、》名刺《カンピ、》を見て《ヌカラ、テ、》、さて斯う《エネ、イエ、イ、》いう。

「そう《ナハ、》云う《アンペ、》ので《ネ、》ある《アナー、》なら、此処《ター、》の上官《サパネ、》たち《ウタラ、》の本部《チセ、》へ《オンネ、》お前を連《アネヅラ、》れて行く《クス、》から。」と云《ナハ、イエ》

っ《ー、》て《テ、》私《イヅラ、》を同行《オマン、》して、将校《サパネ、》方《ウタラ、》の許《オッタ、》へ、行くと、将校方の云《パイエ、アン、ヒ、ネア、サパネ、ウタラ、エネ、》うには《イエーシー、》、「お前《ナハ、ワ、》はどこ《エ、エキ、》の村のも《ヒー、》のか？」と云《ナハ、イエーシ、テ、》って訊問《イ、コイピシッシ、》された。

「富内村《トンナイチャ、》から《オ ロ、》参《パイエ、》り《アニ、》ました《ヒ、》。」と答《ナハ、アイ、イエ、》えた。 する《ネ ー、》と《テ、》、色々《ウサ、アン ペ、》な事を私に、問《イ、コイピシッシ、》われる。 富内村《トンナイチャ、》の戦争《オッタ、ウライケ、テマナ、》は、どんなで《アン、》あった《ヘタネ、》か《ヤ、》？ など問《イコ、ピシッシ、》われるからそこで《ネア、》、戦《オッタ、ウライケ、》は斯様《エネ、》々々《アニ、》と《ヒ、》私が物語《アネヱーペケレ、》った。 初めて《アシンノ、》聞かされ《ヌーシ、》るものだから《クス、》、面白がっ《エキロラン、》て《アニ、》色々な事《ウサ、アンペ、》を云われ《イエーシ、》る。

さて《ネーテ、》、其処《ター、タ、》に居る《アン、》軍曹達《ポン、トノ、ウタラ、》の一人《シネ、アイヌ、》が私を連れ《イ、ヅ ラ、》て行く《テ、》。 其時将校達《サパネ、ウタラ、》の云う《エネ、》には《イエーシイ、》、

「軍曹《グン ソン、》たけ《パテ、》の居る《オカイ、》宿舎《チ セ、》へ此土人《オッタ、ター、アイヌ、》をば、止めて《レウシカ、》やれ《ヤン、》！」そう云う《ナ、イエーシテ、》。 で、私《イヅラ、》を連れて《テ、》、軍《ポン、》曹達《トノ、ウタラ、》の宿舎一所に這入《チセ、ヘ、オッタ、イヅラ、アフン、》って《テ、》、其処《ター、タ、》へ泊める《レウシカ、》から《クス、》という《ナハ、イエー、》。 軍曹達《ポン、トノ、ウタラ、》が又《スイ、》もや私に問《イコイピシッシー、》うままに、富内村《トン ナイ チャ、》の戦況《オル シペ、》を又《スイ、》私《アネ》は物語《エーペケレ、》った。 面白がって《キロラナッシー、》、それから《ネー テ、》、飯《オロワ、イペ、》を馳走されたり《イ、エーレッシ、》、酒《サケ、》まで《ナー、》、沢山《ポローノ、》よばれた《イ、クーレ シ、》。 けれども《ネー、ワカイキ、》、私は草臥れて《シンカ、アン、》いるから《クス、》酒は少々《ポンノ、》に《アン、》止めて《クー、》置いて《テ、》、お飯《イペ、》を食って《アン、》、それから《テ、オ ロ、》、じきに《ナニ、》寝た《レウシ、アン、》。 毛布《フラン、》やら《ナー、》何か沢山着せられて《ポローノ、イ、ミーレッシ、テ、》寝た《レウシ、アン、》。

（二） 土人漁場の確定

翌日《シンケヘ、》は、早く《モナシノ、》起きて《パイケ、アン、テ、》豊原の方《ウラジミロフカ、オンネ、》へ赴こうと《パイエ、アン、クス、》、用意をし《ヤイカラカラ、アン、》ていたら《ネア、》、軍曹たち《オッタ、グンソー、ウタラ、》が、朝飯《ニシャッタ、イペ、》を馳走する《イ、エーレッツシ、》から《クス、》、と云うけれど《ナハ、イエーシ、ワッカイキ、》、飯《イペ、》の出来る《カラ、》を待って《アン、テーレ、》居ちゃ《アナー、》、遅くなると《モイレ、アン、クニ、》思った《アン、ラム、》から《クス、》、飯前《イペ、エトツタ、》に豊原まで大急《ウラジミロフカ、パハノ、モナ》ぎで《シノ、》往き度い《パイエ、ルスイ、アン、》のだから《クス、》、折角だ《イ》が《ペ、》戴き《ハネ、》ません《アン、キー、》と答えて出かけた《ナハ、アイ、イエー、テ、パイエ、アン、》。それから《ネ ア、オ ロ、》出かけ行く《パイエ、アニケ、》と、豊原へ《ウラジミロフカ、オッタ、》は、七時前《アルワン、トキ、エトコタ、》に到着した《エシレ、パ、アン、》。そこでは《ネア、オッタ、》役人方《ネアンペ、トノ、ウタラ、》がまだ寝《ナー、モコロッシ、》ている時分で《クス、オカイ、アッシ、オッタ、ネー、》あったから《クス、》、起きて《パイケッシ、テ、》立つ支度《ホプニ、エヤユコライパッシ、》をするの《クニ、》を待って《アン、テーレ、》いた。

稍々《ネー》あって《テ、》、役人方《トノ、ウタラ、》が起きた《パイケッシ、テ、》。そして馬車《パシャ、アニ、》で出かけた《パイエッシ、》。私は、土人達《アノカ、ネアンペ、ウタラ、》の魚《チエ、》を運搬《ク サ、》する馬車《パ シャ、オッタ、イヅラ、アン、》に便乗して出かけた《テ、パイエ、アン、》。落合村《シ アン チャ、オッタ、エシレパ、アン、》へ到着して此処《ター、タ、》泊し《レウシ、アナッシ、》、翌日《シンケヘ、》此処《ターワ、》から《オ ロ、》柏《トプキー、》浜へ行き《オンネ、パイエ、アナッシ、》、柏浜から《トプキー、オロワ、》敷香方面《シシカ、オンネ、》往く《パイエ、》筈《クン、》の役人衆《トノ、ウタラ、》や憲兵《ケン ペイ、ナー、》などは《ヅラ、》此処《ターワ、》から分れて《ウコホプニ、アナッシ、テ、》、私達一行は魯礼《ロレー、オッタ、》へ来て泊った《アリキ、アナッシ、テ、レウシ、アン、》。

翌日《シンケ、》此処《タ ワ、》から《オ ロ、》、海岸《アヅイ、サム、》に沿うて《カリ、》、富内村《トンナイチヤ、》の方へ向って《ヘコタ、パイエ、アナッシ、》、此地方に《イケ、ター、ウヅル、オッタ、》ある日本人《シーサム、》の漁場《チエ、コイキ、ウシ、》を案内し《アネチヤーカシノ、》、土人《アイヌ、》の漁場《チエ、コイキ、ウシ、》を案内し乍ら《アネチヤーカシノ、アニ、》、負咲村《オプ サキ、》へ《タ、》到着をした《エシレパ、アン、》。此の晩《ネア、ウクラン、》は負咲《オプサキ、オッタ、》へ一泊し《レウシ、アナッシ、》、翌日《テ、シンケヘ、》土人《アイヌ、》の丸木舟《チ シ、》で《アニ、》、役人衆《ト ノ、ウタラ、》と共《アン、ヅラッシ、》に落帆村《オチヨポッカ、タ、》へ到着した《エシレパ、アナッシ、》。落帆村《オチヨポッカー、タ、》へ一泊《レウシ、アナッシ、》をして翌日富《テ、シン ケヘ、トン》内村へ《ナイ チヤー、タ、》役人衆《トノ、ウタラ、》と一所《ヅラ、》に行き《パイエ、アナッシ、》、其日の中《ネア、トー、ケヘ、》に、すぐ《ナニ、》愛郎《アイルプ、》の方《オンネ、》へ、東内忠蔵《トーナイ、チユーゾー、》が私の交替《アノカイ、カワリ、ケーネ、》に役《ト ノ》

人衆《ウタラ、》と同道《ツラ、テ、》して出かけた《パイエッシ、》。翌日又帰村して《シンケヘ、カーナ、ホシピッシ、》、富内村へ一泊をし《トンナイチャー、タ、レウシアナッシ、テ、》、翌日《シンケヘ、》役人《トノ、》衆《ウタラ、》と私が《アン、》同道《ツラ、テ、》で池《チ》辺《ベ》讃《サニ、》を経て《カリ、》大泊《オートマリ、パハノ、》まで行った《パイエ、アナッシ、》。

これから以来《ネーテ、オロ、ケセケワ、》、以前《エトコタ、》露西亜《ヌチヤ、》時代《アン、オッタ、》にやって《アニー、ネイノ、》たように、土人たち《アイヌ、ウタラ、》が自分《ヤイコタ、》の漁場に魚を《チエ、コイキ、ウシ、オッタ、》捕って《チエ、コイキ、》、居て《キー、クニ、》よし《ネ、》、と役所《トノ、ウタラ、》から許されて《オロワ、ウレンカリシ、テ、》、今日《タニ、》土人《アイヌ、》が何の不自由《ネイランペ、イレシケ、》もない《ハネ、》様《キー、》に《クニ、ネ、》、なったも《アニ、ヒ、》のである《タハネ、》。

斯様《ナハ、》に《ネイノ、》して戦争後《ウライケ、ヘマカ、ケセケタ、》に土人《アイヌ、》の魚《チエ、》を漁《コイキ、》するのも《ネアナッカ、》、不自由《イレシケ、》せぬ《ハネ、》ように私が骨《キー、クニ、ネ、アン、キー、》折《アニ、》って今《タニ》日土人《アイヌ、》達《ウタラ、》でも漁に事欠かぬ様に《ネアナッカ、チエ、コイキ、イレシケ、ハン、キーノ、》なったのだ《アニ、ヒ、タハネ、》。

(三) 土人子弟の教育

こういう《ナハ、アン、》世に《テ、》なって、今日《タニ、》では《ネアンペ、》、樺太《カラプト、》も《ネアナッカ、》日本《シーサム、》の領土《モシリ、》に《ネー、》なって了った《ヘマカ、》から《クス、》、日本《シーサム、》の民《ヤク》政《ショ、》も布かれた《カ、ホタリ、》。そこで《クス、》、何とか《ネイラ、》して《アン、キー、ワ、》、土人《アイヌ、》達の《ヘカチ、》小供たち《ウタラ、》に読み書き《カンピ、》の出来る《アスカイ、》様に《クニ、》し《アン、》たい《キー、ルスイ、》ものだ《クス、》、学校を建設《カンピ、ウチャーカシノ、チセ、アン、カラ、》したいもの《ルスイ、》だと思った《クス、》から、役人《トノ、ウタラ、》を見る《アン、ヌカラ、》度に《コ、》私は《ヘコタ、》話しをし《アイ、イエー、》た。

そし《ネー、》て《テ、》、私自身で考えて見るの《アノカイ、アン、パーカリ、ネアンペ、エネ、アニー、》に、大人たちは、今か《ポロ、アイヌ、ウタラ、ネアンペ、タニ、》ら、ど《オロ、》んなに《ネイラ、》教《アン、》えて聞《チャーカシノ、》かしても《ヤッカ、》やっぱり《ランマ、》、昔の《フシコ、》流儀を《プーリ、》忘れ《オイラ、》はしない《ハネ、キーシ、テ、》。現在の《タニ、アン、》状態を《プーリ、》早く脱させ度いと思《モナシノ、ハネ、キーシ、クニ、アン、ラム、》えば《クス、》小供《ヘカチ、》等《ウタラ、》に読み書《カンピ、》の出来るように《エアスカイ、アッシ、》したら《アナー、》、大きくなる《ポロツシ、》迄に《パハノ、》は日本の《シーサム、》風もわかって来る《プーリ、ネアナッカ、ワンテッシ、》で《クス、》あろう《ネ、》から日本人と《イケ、シーサム、》同じ《ツラ、》様に《ウネイノ、》何事でも《ネイラ、ネアナッカ、》やる《キー、》事が出来る《エアスカイ、アッシ、》よう、《クニ、》そうしたいものだ《アン、キー、ルスイ、》。《クス、》で此学校を一日も早く建てたいものだ《タン、カンピ、イチャーカシノ、チセ、モナシノ、アン、ホタリカ、ルスイ、アンペ、ネー、》。けれども《ネー、》、当時《ワッカイキ、ター、》というもの《オッタ、ネアンペ、》は役所が始め《ヤクショ、アシンノ、》て建ったばっか《ホタリ、オッタン、》りである《ネー、》んだから《クス、》、日本の《シーサム、》小供の《ヘカチ、》学校でさえ《チャーカシノ、チセ、カイキ、》、まだ《ナー、》出来ない《ハネ、ヘヅク、》位だ《カーネ、》が《ネー、》ら、役人たち《クス、トノ、ウタラ、》も斯う《エネ、イエー、シイ、》いう。

「当今《タニ、》は、まだ《ナー、》、土人の《アイヌ、》小供等の《ヘカチ、》学校を建ててやりたいのではある《カンピ、イチャカシノ、チセ、アン、カラ、アナッカイキ、ピリカ、アンペ、ネー、ワカイキ、》が、民政署の方で《ヤクショ、ウタラ、ネアンペ、》今は《タニ、》まだ、《ナー、》そこまで手が《ター、ハ、パハノ、》届かない《ウレンカレ、ハネ、キー、》から《クス、》、まあ《ナー、》待っ居れ《テーレ、カーネ、》。」

と云われる《ナハ、イエーシ、》。

私の《アノカ、》考では、本当に役人衆の《アンパーカリ、ネアンペ、ソンノ、カ、トノ、ウタラ、》云われる《イエー、》のも《アンペ、》其は、《カ、タンペ、》尤もだとは思う《ソンノ、アンペ、ナハ、アン、ラム、》ものの、《ネー、ワカイキ、》教育《カンピ、》ばっ《パテ》かり《へ、》は、どうしても《ネイラ、アン、ネヤッカ、》、早く《モナシノ、》小供の《ヘカチ、》時に《ウタラ、》覚える様に《ワンテ、》、施してやりたい《クニ、ネ、アン、キー、ルスイ、》。遅れる《モイレ、》というと《クス、ネ、イケ、》その中に《ホシキノ、》、若い《シュク、》小供《ヘカチ、》等が《ウタラ、》大人に《ポロ、アイヌ、》なってしまう《ネーシ、クス、ネ、》と《イケ、》、もう教育を施したって《カンピ、アネチャーカシノ、カラッシ、アナッカイキ、エアスカイ、》、よく覚わり《ハネ、》

はしまい《キーシ、》と思う《クニ、アネラマン、》。故に《クス、》色々様々《ウサ、イキンネ、》に苦心を《アン、パーカリ、》して《テ、》斯う《エネ、》、考えた《アン、ラムーイ、》。

樺太には《カラプト、ネアンペ、》、材木《ニー、》は沢山に《ポローノ、》ある《アン、》から、材木《ニー、》は、若い《シユクフ、》者等《ウタラ、》に斫らして《アン、ツ゚イエレテ、》、校舎《チセ、》に《ネ、》私達《アン、》が建て《ホタリカ、》さえ《アナー、》すれば、学校《イチヤカシノ、チセ、》は出来上る《ネアンペ、ヘツ゚ク、エアスカイ、》。それから《オロワノ、》、学校で《イチヤーカシノ、チセ、オツタ、》使用する《アネイワンケ、》雑費《ウサ、アンペ、》と《ネア、》、教員《イチヤーカシノ、トノ、》の月給の金位《サニヨホ、イコロ、》は《ホ、ツ゚ラ、ネアンペ、》、魚《チエ、》が沢山《ポローノ、》居る《アン、》から《クス、》、網でも《ヤー、ネアンペ、》土人《アイヌ、》全部で《エムイケ、》食料の魚《エー、チエ、》を捕る《アン、コイキ、》時分に《オツタ、》一網《シネ、ヤー、》でも《ヘーネ、》二《ツ゚》網《ヤー、》でも《ヘーネ、》余分に《イエールイ、ノ、》引けば《アン、ピー、》、学校で《アナ、イチヤーカシノ、チセ、オツタ、》使う《イワンケ、》雑費《ウサアンペ、》や《ネワ、》教員《イチヤーカシノ、》の給料の金位《サニヨ、イコロ、》は出来る《ツ゚ラ、ヘツ゚ク、》こと易々《エアスカイ、》たるものだ《ナンコー、》ろう、と考えた《ナハ、アン、ラム、》から、何は《ネイラ、》ともあれ《アナツカ、》、早く《モナシノ、》学校《イチヤーカシノ、チセ、》を設立しよう《アノタリカ、》と思った《ナハ、アン、ラム、》。此事は《タンペ、ネアンペ、》、他の《オヤ、》色々六ケ敷い《ホカンパ、アンペ、》政務を見ている役人《トノ、ウタラ、》の忙しい中を《モンタペ、ラーポケタ、》無理にさせよう《アン、キーレ、》と思ったって《ナハ、アン、ラム、アンペ、カイキ、》、駄目《ハン、》だから《ネー、》、唯《ヤイ、》教員《イチヤーカシノ、トノ、》は《ネアンペ、》私達《アノカイ、》一同の土人輩の中には《アツシン、アヌタリ、ヒ、ネー、オツタ、》無い《イサム、》から《クス、》教員たけ《イチヤカシノ、トノ、パテ、》を役人衆《トノ、ウタラ、》から《オロワ、》周旋《ウレンカレ、》して貰い《イコンテ、》さえ《クス、ネ、》すれば《イケ、》結構《ピリカ、》だと思った《ナハ、アン、ラム、》。

(四) 第一次土人学校

そこ《ネー、》で《テ、》色々な《ウサ、アン、》立派な《ニシパ、》人達《ウタラ、》へ《オツタ、》願ったり、相談したり《アネ、イコラン、ヌーフ、》してみたが《ネヤー、》、その時《オツタ、》小樽の《オタル、オルン、》金沢《カナザワ、》という《ナハ、アイ、イエ、》親方《ニシパ、》の代理として《コツサーケ、タ、》樺太《カラプト、》へ《オツタ、》来て居た《アツカシ、》親方《ニシパ、》が此《タンペ、》を聞いて《ヌー、クス、》、それならば《ナハ、》、私が《アンペ、ネー、チキ、アノカイ、》其学《イチヤー》校を建てよう《カシノ、チセ、アン、カラ、》と《クス、》申出し、《ナハ、イエー、テ、》樺太島《カラプト、コタン、》守備隊長官《プンキカラ、ウライケ、ウタラ、サパネ、》山田少将へ《ポロ、パーセ、トノ、ヤマダ、ショーショー、》話して《オッタ、イエー、テ、》学校を設立するよう《カンピ、イチヤーカシ》話をつけた《ノ、チセ、カラ、クス、ナハ、イエー、》。

それ《ネア、》から、《オロワ、》此山田少将へ話し、《タン、ポロ、パーセ、トノ、オッタ、イエー、》少将は民政長官の方へ話し、《ター、パーセ、トノ、ネアンペ、ミンセーショー、サパネ、ポロ、トノ、オッタ、イエ、》その後又荻生軍隊布教《ネーテ、オロワノ、ウライケ、ウタラ、オッタ、》師も此事に大層尽力された《イノニ、イタニシパ、イ、サーケタ、エラム、ユッケ、》ので《アニ、》三十九年の年の二月に《シネピサン、パー、イカシマ、レ、クンクト、パー、ネー、パーケヘ、ヅ、チユプ、ヒ、》富内村の私の住宅を小学《オッタ、トンナイチヤ、タ、アン、チセ、ヘ、ヘカチ、イチ》校に充てて、金沢の商店にいた日本人の《ヤーカシノ、チセ、ネ、アン、カラ、テ、カナザワ、イホホ、チセヘ、オッタ、アン、シーサム、》石岡とか云う人を《イシオカ、ナハ、アン、レイ、コロ、シサム、》小供等の教員にし、私の《ヘカチ、チヤーカシノ、アイヌ、ネ、アン、カラ、テ、アン、》家で小供等の教育を《チセ、オッタ、ヘカチ、チヤーカシノ、》始めた《キー、》。

然る《ネー、》に、夏期《テ、サキー、》になって《タ、》、土人《アイヌ、》の漁場で土人達が共同して《チエ、コイキ、コタン、オッタ、チエ、コイキ、アイヌ、イツシンネ、》魚を捕って《キー、》いる時分に《オッタ、》、私《アン》が見ていると《ヌカラ、イケ、》学校で使用する日用品《イチヤーカシノ、チセ、オッタ、アネイワンケ、ウサ、アン、ペ、》の費用《アタイ、》など《ナー、》を魚で調達している《チエ、アニ、アン、コイキッシ、ヒ、》のに《オッタ、》、見てみ《アン、ヌカラ、》ると《イケ、》、けしからぬ《ヱン、》ことをやっている《ナハ、アン、ラム、》。捕った《アン、コイキ、》魚を《チエ、》悉く《エムイケ、》、自分一己《ヤイコタ、》のもの《コロペ、ヘ、》にして了っ《シン、ネ、カラッシ、ク》てる《ス、》。そこで《タンペ、》私考える《アニ、アン、パーカリ、》のに《イケ、》、此の《タン、》学校の名で以て《イチヤーカシノ、チセ、レイヘ、アリ、》、魚の《チエ、》土人が《アイヌ、》捕った《ライケ、》のを《アンペ、》、自分の《ヤイコタ、》懐《コロ、》を肥そうと《ナハ、》思って《エラム、》るらしいと見て取った《オカイ、アッシ、ヒ、ネー、クニ、アン、ラム、》。それ《ナハ、》だから《アン、》、《クス、》此が《タンペ、》永く続い《オホーロ、》ていて《アン、》は役《クス、ネ、イケ、ヤク》所《ショ、》の方から《オロワ、》も、却って悪しさまに《ネ、アナツカ、ホロカシユイ、ヱン、》思われるだろう《ナハ、エラム、オカイ、アッシ、》と《クニ、》気がついた《アン、ラム、》から《クス、》、そこで《オッタ、》、折角《カンピ、》の学校を廃して了った《イチヤーカシノ、チセ、アネマカレ、》。

こう《ネー、》して《テ、》面倒して《オロ、ライキコシマノ、》、やっと、私が創設した《ア ヌ レ ンカレ、ヤー、》学校も事半ばにして《イチヤーカシノ、チセ、カ、エンコ、オロ、》全く画餅《アラアンノ、アナマ、》に帰し《テ、》、そ《ネア、》れから《オロ、》新規に《スイ、》又あれか《ウサ、イキンネ、》、これかと考え直した《アン、パーカリ、》。

(五) 第二次学校計画

それや《ア イ》此《ネ、》やの中に、其の《ネア、》年《パー、》も暮れ《ヘマカ、テ、》、翌年《オヤ、パー、》になって《ケヘ、》、春に《パイカラ、》、富内村に警察《トンナイチヤ、オツタ、ヤクシヨ、》が出来た《ホタリ、》。其《オツ》時《タ、》士人達《アイヌ、ウタラ、》が互いに相謀って《ウコイパーカリ、》云うに《エネ、アニ、》、今度から《タニ、オロ、》は、警察も出来たんで《ヤクシヨ、ナー、ホタリ、クス、》、色々な規則《ウサ、アン、イレンカ、》など《ネ、》も出る《アナツカ、》事で《アン、》あろう《ク ス、》し、《イキ、》又士人達《スイ、アイヌ、》に《ネ、》しても《アナツカ、》、警察の《ヤクシヨ、》方へ《オツタ、》、色々な事《ウサ、アンペ、》を上申する《イエー、》事も《アンペ、》ある《カ、アン、》だろう。だから《ナハ、アン、クス、》、総代《サパネ、アイヌ、》となるものを一人定めて置いたら《シネ、アイヌ、アニカラッシ、クス、ネ、イケ、》、其人に《ネア、アイヌ、》警察へ《ヤク シヨ、オツタ、》、内事でも云《ネイラ、アンペ、アイ、》って貰い《イエーレッシ、》、又警察から《スイ、ヤク シヨ、オロ、》、どう《ネイラ、》云う《アン、》お諭し《ヨーチヨマレ、》がある《アン、》にしても《アナツカ、》総代の《サパネ、アイヌ、》ものが、聞いて《ヌー、》来て《ランケ、》そ《スイ、》して吾々《アノカイ、》一同へ云う《アツ シン、オツタ、イエー、》。そうする《ナハ、アン、》んだから《クス、》とて《イキ、》、今迄の《タニ、》様な無暗な事も《パハノ、アン、ネイノ、エタラカ、アン、アンペ、》あるまい《ハン、》か《ネー、クス、》ら、とて私を《アノカイ、》総代役にするがいいと《サパネ、アイヌ、ネ、アニカラッシ、クス、ネ、イケ、ピリカ、》士人一同相談して《ナハ、アイヌ、イツシンネ、エウコイタツ、テ、》私を総代役に《サパネ、アイヌ、ネ、》したの《アニカラッシ、ヒ、》である《ネー、》。私など、人の長たる《アノカイ、ネアンペ、サパネ、ナハ、アン、》器量《ラ ム、》もないし、辞したいの《ネアンペ、ハネ、アン、コロ、アネヅーネ、ルスイ、》であった《ワカイキ、》けれど、外に《キー、》なる《アイヌ、》ものと云っても無《イサム、》かった《オツタ、》から、どうも致し方なくて《ア ネ ネ カ リ サ ム、ク ス》まあなった《アン、キー、》た《ヒ、》次第《ネー、》である。

警察《ヤクシヨ、》の署長《サパネ、》に《トノ、》は、久《ク》保《ボ》田清《タ、キヨシ、ナハ、アイ、イエ、》と云わるる方《トノ、》が来《エキ、》られた。その《ネア、》以後又《オロワノ、スイ、ネ》、久保田署長《ア、トノ、》と《ヅラ、》色々相談《ウサ、イキンネ、アネウコイタツ、》をしたけれども《ワツカイキ、》、やはり《ランマ、》、樺太《カラプト、》本庁《ポロ、ヤクシヨ、》から《オロ、》、まだ土人《アイヌ、》の小学校を建設《ヘカチ、イチヤー、カシノチセ、ホタリカ、》する所ま《パハノ、》でまだ《ネアンペ、ナー、》庶務《ウレンカ、》が進まない《ハネ、キー、》から《クス、》、そこま《ウレンカ、》で進む《クニ、》まで《パハノ、》待つがいい《テーレ、チキ、ピリカ、》と云われた《ナハ、イエーシ、》。誠に《ソンノ、》其通《カイキ、》りだと思う《ナハ、アン、ラム、ネー、ワカイキ、》ものの、考える《アン、パーカリ、イケ、ターハ、》と、そうきまる《ウレンカ、》まで《パハノ、》、待って居て《アン、テーレ、アナツカイキ、》は、ずんずん《ホシキ、》成長《ヘヅク、》する小供《ヘカツ》等《タラ、》が教育の時節《アン、チヤーカシノ、オツタ、》が、余り《マシキ、》遅れる《モイレ、》様に《クニ、》思われる《アン、ラム、》から《クス、》、久《ク》保《ボ》田署長《タ、ナハ、アイ、イエ、トノ、》と《ヅラ、》色々様々《ウサ、イキンネ、》熱議《アヌコパーカリ、》を重ねた。　久《ク》保《ボ》田署長《タ、ナハ、アイ、イエ、トノ、》に於ても《ネ、アナツカイキ、》、私《イ、》の代りに《コツサーケタ、》色々様々《ウサ、イキンネ、》に計画《パーカリ、》して呉《クス、》れられたが《アン、ヤイネ、》、其うちに《ネア、ヅカリケ、ワ、》年が暮れて《オヤ、パー、ケヘ、》大泊《オートマリ、》へ転任《オツタ、オマン、》された。　其代りに《シリ、ケネ、》、鹿瀬警部《カノセ、ケーブ、》という方《ナハ、アイ、イエ、トノ、スイ、》が着任《エキ、》された。　其所《ネア、オツタ、》久《ク》保《ボ》田前署長は鹿瀬署長《タ、ナハ、アイ、イエ、トノ、カノセ、ナハ、アイ、イエ、トノ、》へ善く《ピリカノ、》云いふく《イエ、イ、ネアンペ、》められた《エネ、アニー、》。

「僕は永く《アノカイ、オホーロノ、》此地に《オカイ、》いる《アン、》んだ《アナー、》ったら《ネイラ、》、どんなにで《アン、》も勘考《パーカリ、》して《ワ、》、善く《ピリカノ、》取りきめ《アヌレンカレ、》ようと《ナハ、》思《アン、》ったんたが《ラム、ネー、ワカイキ、》、今度《タニ、》余所《オヤツタ、》へ行《パ》く事に《イエ、アン、》なったから《クス、》、君《エアニ、》が宜しく計劃《パーカリ、》して《ワ、》呉れ給え《コンテ、》！」そ《ナハ、》う云って《イエー、テ、》、鹿瀬署長《カノセ、ナハ、アイ、イエ、トノ、》へ宜しく《オツタ、ピリカノ、》言い遺して《エ、イタコツパ、テ、》大泊《オートマリ、》へ去《オツタ、》られた《オマン、》。

それから《ネー、テ、オロ、》後は《オカーケタ、》、鹿瀬署長《カノセ、ナハ、アイ、イエ、トノ、》と《ヅラ、》又《スイ、》色々様々に《ウサ、イキンネ、》相談《アネウコイタ、》を重ねた《ヤイネ、》。　で鹿瀬署長《カノセ、ナハ、アイ、イエ、トノ、》が斯う云われた《エネ、イエ、イ、》。

「それ《ネー、》じゃ《チキ、》、此村に住む土人一同材木を斫つて出して《タン、コタン、オッタ、オカイ、アイヌ、ウタラ、イツシンネ、チセ、ニー、ヅイエ、ヤン、テ、サンケ、》置け《ヤン、》。そう《ネー、》して《クス、》さえ《ネ、》置けば《イケ、》学校を建てる《イチヤーカシノ、チセ、ホタリ、》ことも容易《エアスカイ、》だ。」そう《ナハ、》云《イエー、》って《テ、》四十二年の年の二月にやっとの事で《ヅ、パー、イカシマ、イーネ、クンクト、パー、ヅ、トンピ、オッタ、ライコシマシノ、》学《カ》校建築の材木を斫出す《ンピ、イチヤーカシノ、チセ、ニー、ヘ、アン、ヅイエッシ、クニ、》事にきまった《ウレンカ、》。

（六）富内村小学校

さて《ネーテ、》、その《ネア、》時《オッタ、》に、大沢参謀長が富内村から《ウライケ、イパーカリ、ポロトノ、トンナイチヤ、オロワ、》柏浜方面へ《トプキー、オンネ、》巡察に来《コタン、ヌカラ、クス、》られる《エキ、》、場合に際会《コイカーリ、》したから《ネー、クス、》、私共は《アノカイ、アッシン、》大泊まで《オートマリ、パハノ、》犬橇で《ヌソ、アニ、》迎いに行《アネカンライッシ、》って《テ、》、富内村へ《トンナイチヤ、オッタ、》連れて来た《アン、ヅラ、アリキッシ、》。そして《ネー、テ、》、役所《ヤクショ、》へ宿った《レウシ、》。其の《ネア、》折《オッタ、》鹿瀬署長が《カノセ、ナハ、アイ、イエ、》、参謀長《トノ、ポロ、トノ、》に向って《ヘコタ、》、宜しく《ピリカノ、》話されるには《イエー、ヘ、ネアンペ、エネ、イエ、イ、》、「明日《シーマ、》一日おいて《シネ、トー、ヤスミ、テ、》土人が《アイヌ、ウタラ、》小学校建築の《ヘカチ、チヤーカシノ、チセ、》木材を《ニー、ヘ、》斫る為めに《ヅイエッシ、クス、》、其前祝の《エトコタ、》宴会のある《マラット、ホ、アン、》日《トー、》ですから《ネー、クス、》参謀長殿《エアニ、ナー、》にも、其場へ《ター、オッタ、》、御臨場《ウマ、アネヅラ、》を願われると《アフン、チキ、》結構《ピリカ、》ですが」と話された《ナハ、イエー、》。参謀《ポロ、》長《トノ、》の云わるるには《エネ、イエ、イ、》、「そう《ナハ、》云う事《アン、ネ、》なら、私も《アナー、アノカイ、ナー、》、もう一日《シネ、トー、》逗留《トーリ、》して《アン、テ、》一所に《ウマ、》見て行こう《アン、ヌカラ、クス、》」という《ナハ、イエ、》。さて《ネー、テ、》其当日《ネア、トー、》は、佐々木《ササキ、》の漁場へ《バイヤ、オッタ、》土人一同《アイヌ、イツシンネ、》、日本人達《シーサム、ウタラ、》までも《ナー、》一所に《イッシンネ、》、集合《ウエチウ、》した処へ《ニコロケ、タ、》、彼《ネア、》

の参謀長《ポロ、トノ、》も入場《ナー、アフン、》され、酒宴《マラット、》が始《アン、》まる前に《エトコ、タ、》鹿瀬署長《カノセ、ナハ、アイ、イエ、トノ、》が参謀長《ポロ、トノ、》の居《アン、》る前で《オッタ、》、此度《タン、》の仕事《モンライケ、》の性質《オルシペ、》と云う者《ネアンペ、》は、斯《エ》様《ネ、》々《アンペ、》の次第で、土人《アイヌ、》達《ウタラ、》の望み《キー、》でやる事《ルスイ、クス、》で、今日《タン、トー、》此仕事《モンライケ、》の前祝《エトッタ、》いの宴会《マラット、》をする《キー、クンペ、アンペ、》もので《ネー、》あると開会の辞《ナハ、》を述べ《イエー、》られると《アニ、》、参謀長《ポロ、トノ、》もその時《ナー、ネア、オッタ、》、よく聞《ピリカノ、ヌー、》いて居られたが、やがて《ネー、テ、》参謀長《ポロ、トノ、》は日本人達《シーサム、ウタラ、》へも《ナー、》、聞《ヌー、》かれる様《クニ、》に大きな《ポロ、》声《ハウ、》で以て《アニ、》、一場の《アイヌ、イッ》演説《シンネ、》を試み《オッタ、エネ、》られた《イエイ、》。

「此土人達が《タン、アイヌ、ウタラ、》、こういう《ナハ、カーネ、》心掛《ラム、》を持って《コロッシ、》いる《アンペ、》というのは《ネ、アンペ、》、実に《ソンノ、》感心の至りだ《アネラヤー、》。土人《アイヌ、》と《ナハ、》いうもの《アイ、イエー、》でも《ウタラ、ネアナッカ、》今日《タニ、》は、かかる《ナハ、カーネ、》心掛《ラム、コロ、》を持っている《アンペ、》のである《ネー、クス、》。土人《アイヌ、》さえ《ウタラ、ネアナッカ、》此の心掛が《ナハ、カーネ、》あるのだ《ラム、コロ、アンペ、》から《ネー、クス、》日本人《シーサム、ウタラ、》も《カ、》此村《タン、コタン、》に《オッタ、》沢山《ポローノ、》居る《アン、》様《ルーフエ、アン、》だから《ナハ、アン、クス、》此小学校《タン、イチヤカシノチセ、》の《ヘ、》建設《ヘヅクフ、》には《ネアンペ、》、土人《アイヌ、》の小供《ヘカチ、》のみ《パテ、》が此処で《タン、チセ、オッタ、》教育《アン、チャーカシノ、》されるので《アンペ、》はあるまいと思う《ハン、ネー、クニ、アン、ラム、》。日本人《シーサム、》の小供《ヘカチ、》でも、やは《ネヤッカ、ランマ、》り、此学校に《タン、チセ、オッタ、》入学する《アン、チャーカシノ、クンペ、ネー、》だろうし、且つ《カシケタ、》自後《タニ、オロワ、》此村《タン、コタン、》は段々《オポキンノ、》日本人《シーサム、》が沢山《ポロンノ、》入込んで《アフン、》来て《ワ、》大きな《ポロ、》村《コタン、》になる《ネ、》であろう《ヘヅク、クンペ、ネー、》。其暁に於て《ネア、オッタ、》も《ネヤッカ、》、日本《シーサム、》の小供《ヘカチ、》だとて沢山此学校へはい《ネヤッカ、ポローノ、タン、カンピ、ヌイエ、チセ、オッタ、オフ》るであろうから《ン、クンペ、ネー、》日本人達《クス、シーサム、ウタラ、》も少し《ポンノ、》ずつ《ランケ、》、助力《エイカースイ、ヤン、ワ、イコロ、ナー、》して、金も手伝って《エイカースイ、ヤン、テ、》、そして此学校《タン、チセ、》を建《ホタリ、》てるよう《クニ、ネ、》し《キー、》ろ《ヤン、》。」

そう《ナハ、》云《イエー、》われて《テ、》御自身《ヤイコ タ、》二十円《ツ、クン クツ、イコロ、》を出金《アシンケ、》して《イケ、》学校へ《イチャーカシノ、チセ、オッタ、》寄附《サンケ、》すると《ナハ、》云われ、《イエー、テ、》其に《エネ、イエ、イ、》就て又、「私《アノカ、》は、まだ《ネアンペ、ナー、》建たない《ハネ、ホタリ、》学校《チセ、》である《ネー、》けれど、《ワッカイキ、》何れは、《エ ネ カ、》建つ《ホタリ、》事《クニ、》と思う《アン、ラム、》から《ク ス、》金を《イコロ、》聊か《ポンノ、》此学校《タン、チセ、》へ《オッタ、》寄付する《アイ、サンケ、ヘ、》のである」《タハネ、」》と《ナハ、》云われ《イエ、》た。

そして、《ネーテ、》翌日《シンケヘ、》土人達《アイヌ、ウタラ、》が犬橇《ヌ ソ、》で柏浜《アニ、ドプ キー、》の方へ《オンネ、》参謀長《ポ ロ、トノ、》を乗せて送《ルーラッシ、》った。後に《オカーケタ、》土人たち《アイヌ、ウタラ、イッ》一同《シンネ、》材木《チセ、ニー、》を斫りに掛《アン、ヅイエッシ、》った。日本人《シー サム、》達も《ウタラ、ナー、》材木《チセ、ニー、》を斫って《ヅイエ、》助けた《イカースイ、アッシ、》。

その《ネーテ、》後春に《オロ、パイカラ、》なって、《エッ、テ、》漁場《チエ、コイキ、》の人々《ウタラ、》が皆集まった《イッシンネ、ウエチウワッシ、》時、鹿瀬署長と共に、此村の《オッタ、カノセ、ナハ、アイ、イエ、トノ、ヅラ、タン、コタン、》漁場主《パイヤ、》佐《サ》々《サ》木《キ、》平次郎《ヘージ ロー、》氏の実弟《ニシパ、ヌカンラム、フ、》佐藤平吉《サトー、ヘーキチ、》氏が《ナハ、アイ、イエ、ニシパ、》相談をされて、《ヅラ、エウコイタカッシ、テ、》学校建設に要する資金募集の事《イチャーカシノ、チセ、ホタリカ、オッタ、エイワンケ、イコロ、ウエカー》を協議された《リカ、クニ、ネ、エウコイタカッシ、》。其時に《ネア、オッタ、》佐藤氏の《サトー、ニシパ、》云わるるには、《ネアンペ、エネ、イエ、イ、》「私は前々から、此の村の土人達をば自分の《アノカ、ネアンペ、エトコ、オロワ、タン、コタン、オルン、アイヌ、ウタラ、ネアンペ、ヤイコタ、》手まわり《アヌタリ、ヒ、》の《ネイノ、》もの《アン、》同様《ウタラ、ネー、》にしていた《クス、》から《タン、》此の学校建設の費金は、私一人で三百円寄附しましょう。《カンピ、イチャーカシノ、チセ、ホタリカ、オッタ、イワンケ、イコロ、ネアンペ、アノカイ、シネネ、ヅ、タンク、イコロ、アイ、サンケ、クス、イキ、》それから、《オ ロ ワ、》私《アン、》の金額は《イコロ、ネアンペ、》方々《ピシカン、》の漁場主達に寄附して貰う《チエ、コイキ、コタン、コロ、ウタラ、オロワ、サンケ、クニ、ネ、》額の《ア ヌ》標準《レンカシ、》になる《クス、》だろう《イキ、》から」とそ《ナハ、》う云《イエー、》って《テ、》、それ《ネア、》から《オロ、》方々《ピシカン、》の日本人達《シーサム、ウタラ、》から《オロワ、》金子《イコロ、》の寄付《サンケ、》があり《アニ、》六百円許《イワン、タンク、パハノ、》の金が《イコロ、》出来《ヘヅク、》た。お蔭《ケライ、》で学校《クス、カンピ、イ》が建つよう《チャーカシノ、チセ、ホタリ、ヒ、》にな《ネ、》った。

それから《ネーテ、オロ、》、土人達は《アイヌ、ウタラ、ネアンペ、》、男達《オツカヨ、ウタラ、》だの《ナー、》女連《マハネク、ウタラ、》だの《ナー、》、皆一所に《イツシンネ、》、此の学校の仕事を《タン、チヤーカシノ、チセ、モンライケ、ヘ、》、漁《チエ、コイキ、》の合い間合い間《ウヅル、ケタ、》にやって《キーシ、》、男連は《オツカヨ、ウタラ、ネアンペ、》木を《ニー、》挽く仕事《チヤー、モンライケ、》だの或は《ナー、スイ、》木を《ニー、》運搬する《ルーラ、》ことだの《ナー、》、女連は《マハネク、ウタラ、ネアンペ、》又土台《チセ、》を築き《コツ、トイ、》ならす《ウレンカレ、》ことなどをした《キーシ、》。そして《ネー、テ、》、学校が《イチヤーカシノ、チセ、》立派に《ピリカノ、》出来上った《ヘヅク、フ、ネアンペ、》のは、四十二年の《ヅパー、イカシマ、イーネ、ク》十二月の月であった《ソンクト、パーヅ、チユフ、イカシマ、ワン、チユピ、ヒ、オツタ、ネー、》、愈々見事に竣工した《タニ、アーシ、ピリカノ、ホタリ、ヘマカ、》。此月から《タン、チユフ、オロ、》、小供等は《ヘカチ、ウタラ、》読み書き《カンピ、》を教わっ《アネチヤーカシ》たの《ノ、カラツシ、》であった《アンペ、ネー、》。

これで《ネーテ、》始めて《オロ、》、やっと《ライコロ、》、何事となく《ヘンパハ、パー、オツタ、》心に《ラム、》懸けて居た所の《オツタ、アン、コロ、クス、オカイ、アン、》小学校が出来上って《ヘカチ、チヤーカシノ、チセ、ホタリ、ヘマカ、》大安《アネラム》心《シンネ、》をして《オカイ、》いる《アン、》。

十　南極探検（上）

（一）挽犬

明治四十三年の夏の頃《メーヂ、レパー、イカシマ、イーネ、クンクト、パー、ネー、パーケヘ、サキータ、》、南極探検《ナンキヨク、タンケン、》の噂が聞えた《ウエペケレ、アン、ヌー、》。

樺太では《カラプト、オッタ、ネアンペ、》日々新聞社長《ニチニチシンブン、サパネ、ク、》財部某氏《タカラベ、ナハ、アイ、イエ、ニシパ、》が主唱となって《エ、サパネ、テ、》、義捐金《イコロ、》の募集をし《ウエカーリカ、テ、》、樺太産《カラプト、オルン、》の犬《セタ、》を探検隊員へ寄附して《タンケンタイ、ウタラ、オッテ、コンテ、テ、》、探検《タンケン、》の事業《モンライケ、》に手伝わせん《エイカシウ、》と図り《ナハ、ラム、》、まず最初には《カーネ、ホシキ、ネアンペ、》、方々《ピシカン、》の村へ《コタン、》云ってやったが《オンネ、イエー、ヘ、ネー、ワッカイキ、》、方々《ピシカン、》の村《コタン、》の土人達は《オッタ、オカイ、アイヌ、ウタラ、》、探検の事業なんどは《ネアンペ、ナハ、アン、オルシペ、ネー、ヘ、》わからなかった《エラミシカリッシ、》から《クス、》、犬《アタ》の価《イ、》を安くして《ハウケノ、》やる事を《オマンテ、アンペ、》気がつかなかったらしい《エラムコシカルン、ハネ、キーシ、ネー、クニ、アン、ラム、》。

其の月の《タン、チユフ、》十日頃《ワン、トーホ、》、富内村の警察から《オッタ、アン、コタヌ、フ、オルン、ヤクシヨ、オロワ、》、私共一同の《アノカイ、アッシン、》方へ警官が云って来た《オンネ、トノ、ウタラ、イエー、シー、》。

「犬三十頭に《セタ、ツ、クンクト、》土人一人《ツ、アイヌ、》附添うて《ツラ、》、東京の《トーキヨー、》南極探検隊へ送ってやれ《ナンキヨク、タンケンタイ、オンネ、アノマンテ、ヤラ、》」と命ぜられた《ナハ、アイ、イエー、シー、》。

そこで私は土人達に意見を聞いてみた《ネア、オッタ、アノカ、ネアンペ、アイヌ、ウタラ、オッタ、アネイコラン、ヌー、》。然るに《ネーテ、》土人達一同は《アイヌ、ウタラ、イッシンネ、》、

「併し《ナハ、》どうも《ネ、》、犬とても《アナー、セタ、カイキ、》目今の処は《タニ、ネアンペ、》、自分等《アネ》が使う《イワンケ、》に《オロ、》不足な《ハイタ、》程《パハノ、》しか《パテ、》ないんだものな《アン、アンペ、》

あ！と云って《ネー、ワッカイキ、》、役所《トノ、》から《オロワ、》そう《ナハ、》云い付《イエー、》かったの《アンペ、》なんだ《ネー、》から、《クス、》出すことには《アノマンテッシ、》しよう《クス、イキ、》。」と云った。《ナハ、イエー、シー、》そこで《ネーテ、》翌日《シンケヘ、》早速《ナニ、》各々《チセ、》の家《エムイケ、》々から《オロ、》、犬ども《セタ、ウタラ、》を役所《ヤクシヨ、》の前へ《コッサーケタ、》引っ張《アン、ヅラ、》って行っ《パイエッシ、》て役《テ、トノ、》人の《ウタラ、》見る《ヌカラ、》前で《カーネ、》、良い《ピリカ、》犬を《セタ、》私が《アン、》選り抜《ヌンケッシ、》いて《テ、》、差出《アイ、サンケッシ、》した。

抑々《ネーテ、》土人《アイヌ、》というもの《ネアンペ、》は、犬《セタ、》を使う《エ、イワンケ、》ことは《ヘ、ネアンペ、》、日本人《シーサム、》で馬《オッタ、ウーマ、》を使うのと同様なもので《エ、イワンケ、アンペ、ヅラ、ウネイノ、アン、アンペ、》あ《ネー、》る。そして《ネー、テ、》、土人は《アイヌ、ネアンペ、》、犬《セタ、》を養う《レシケ、》には、魚《ネアンペ、チエ、》ばっか《パテ、》り食《エーレ、》べさ《アンペ、》してるもん《ネー、》だから、《クス、》犬《セタ、》が沢山あ《ポローノ、アン、》ると、《イケ、》魚《チエ、》が沢山かか《ポロンノ、セタ、エ、》る。だもん《ナハ、アン、》だから、《アニ、》土人達は、自分《アイヌ、ウタラ、ネアンペ、ヤイコタ、》だちが食《エ、》うだけの魚を捕る《チエ、パテ、コイキ、》分《チキ、》には大《ネワ、》した苦労《マシキン、ポローノ、》はないのに越年《ハネ、コイキ、ヤッカ、ピリカ、リヤ、》中に《オッタ、》犬ども《セタ、ウタラ、》の食《エ、》う魚《チエ、》を捕る《コイキ、》ために《クス、》働いて苦労を《シンカ、ヅラノ、チエ、》して《コイキ、》いる。そして《ナハ、アン、》犬を《テ、》育て《レシケ、》て冬に《セタ、ネアンペ、マタイタ、》犬橇《ヌソ、》で以て《アニ、》遠方《ヅイマノ》へ出かけ《オマン、》る。見す《エン、》ぼら《セタ、》しい《ウタラ、》犬《ヌ》橇《ソ、》に乗る《ネー、チキ、》と、あの《ネワ、タラ、》犬橇《ヌソ、》を見ろ《ヌカラ、》と笑われるもんだ《ナハ、ウコ、イエ、アニ、エウ、ミーナ、クス、》から、良い《アイヌ、ウタラ、ピリカ、》挽犬《セタ、》を得《コン、》るた《ルスイ、》めに《クス、》春から《パイカラ、オロワ、》秋まで《チユキータ、パハノ、》苦労をして《シンカ、ヅラノ、》沢山の犬《セタ、ポローノ、》を飼って《レシケ、》いる。犬を《セタ、》も少し《ハイタノ、》減《アン、》じて《カラ、テ、》売る《チエ、》方の魚を《アネエホホ、アンペ、》多く《ポローノ、》した方が《アン、クスネ、》よ《イケ、》いだ《ピリカ、》ろうにと私は思う《ナハ、アン、ラム、アニ、》から、犬は半数減《セタ、ネアンペ、エンコホ、》じて私《ハイタノ、》は半《アン、カラ、》数程《エンコ、パハノ、》しか私《パテ、》は置か《アナマッシ、》ない。けれども《ネアンペ、アニ、》土人たちは《アイヌ、ウタラ、ネアンペ、》犬《セタ、》を使う《エイワンケ、》時の《オッタ、》事を考え《パーカリ、》るもんだ《クス、》から、犬《セタ、》を出す《アシンケ、》ことをいや《エヅーネ、》がるので《アンペ、》あった。けれども《ネー、ワッカイキ、》此度の事は、国家《タン、イレンカ、ネアンペ、コタン、》の競争の事業《ウラウケ、カラ、モンライケ、》である《ネー、》から《クス、》土人達《アイヌ、ウタラ、》

も自分の国の勝《ネアナツカ、ヤイコタ、モシリ、ヒ、エネピリカ、》つよう《クニ、》にし《キー、》たい《ルスイ、》ものだから《アニ、》、自分《ヤイコタ、》の使う犬《エイワンケ、セタ、》を不足《ハイタ、》にしても《アナツカイキ、》犬《セタ、》を此《タン、》の仕事に寄附《モンライケ、オッタ、サンケ、》しようと考え《ナハ、エラム、アン、》て犬《クス、セタ、》を寄附《サン ケ、》すること《アンペ、》にな《ネー、》った。

富内村《トンナイチャ、》を除《ハンネ、》いて《テ、》外《オヤ、》の村の人々《コタン、ウタラ、》に於《オッタ、》ては、犬《ネアンペ、セタ、》の価高く土人達《アタイ、ユフケノ、アイヌ、ウタラ、》が云《イエー、》うという噂《ハウエ、シン、》があった《アン、》。先導犬《イサオ、セタ、》が一匹で五十円、唯だの挽犬は一匹で十円と云う噂があった《シネヘ、オッタ、アシシネ、クンクト、イコロ、ヤイ、アン、ヌソ、ポクン、セタ、シネ、オッタ、ワン、イコロ、ナハ、イエ、ハウエ、シン、アン、》。それ《ネアンペ、》を《ヘ、》私達《アン、》の村《コタヌン、》の人々《ウタラ、》が聞《ヌーシ、》いているから《クス、》、そんな《ネア、》様な《ネイノ、》値《アタイ、》に勘定《パーカリッシ、》していた。けれども《ネー、ワッカイキ、》私《アノ》は《カイ、》、斯う《エネ、》云った《アイ、イエ、イ、》。

「今度の事は《タン、オルシペ、ネアンペ、》、吾々自身《ヤイ コタ、》の国《アン、モシリ、》と《ヒ、》思っている《ナハ、アン、ラムツシ、》此日本《タン、シーサム、》の国《モシリ、》の事で《ネー、》あり《クス、》、此仕事《タン、モンフイケ、》は、外《オヤ、》の諸《モシ》国《リ、》の《ウン、》人々《ウタラ、》に対し《オンネ、》競争にや《エイラウケ、カラツシ、クス、》る事《キーシ、》である《アンペ、》んだ《ネー、》から、犬は、価を貪らずに廉価にして、半《クス、セタ、ネアンペ、アタイ、マシキン、ユフケノ、ハンカ、パーカリ、ヤン、テ、ア》分はただの様に《タイ、ハウケノ、エンコ、オッタ、アンノ、ネイノ、》して、やる《オマンテ、》もんだ《ヤン、》！」と勧めた《ナハ、アイ、イエー、》。土人達《アイヌ、ウタラ、》は、それじゃ余り値が安い《マシャン、アタイ、ハウケ、》と思った《ナハ、ラムツシ、》んだろうけれども《ワッカイキ、》、役所からも《トノ、ウタラ、オロワ、ナー、》、そう云って来た《ヘコタ、アイ、イエーシ、》もんだから《クス、》、始めて了解《ワンテッシ、》し《アンペ、》て《ネー、》それでは《クス、》と価《アタイ、》は安く《ハウケノ、》っても《ネ、》よいからと申出《アナツカ、ピリカ、ナハ、イエーシ、》て《テ、》差出《サンケッシ、》した。さて《ネーテ、》犬《セタ、》の値段《アタイ、》は先導《ネアンペ、イサオ、》犬一頭《セタ、シネヘ、》に就き十五円ずつ、唯《オッタ、アシシネ、イカシマ、ワン、イコロ、ヤ イ、》だの《アン、》挽犬《セタ、》は《ネアンペ、》三円と云う《レ、イコロ、ナハ、イエーシ、》ことにして《テ、》差出《サンケッシ、》した。

そう《ナハ、》して《アン、テ、》から《オロワ、》、其翌日《シンケ、》、即《ヘ、》ち十二日の日に《ツトー、イカシマ、ワン、トー、ネー、トー、オッタ、》、兼太郎《カネタ、ロー、カ》・嘉一郎《イチ ロー、ト》・由松《リリ、》・オートック《オ ー ト ッ ク、》と《ナー、》私《ア ノ》とす《カ》べて《イ、ヅラ、》五人《アシシネ、》で以て《アイヌ、ネ、》廿頭《ヅ、クンクト、》の犬《セタ、》を引っ張《アンヅラッシ、》って《テ、》大泊へ《オートマリ、オンネ、》と出掛けた《パイエ、アナッシ、》。此《ネア、》の時《オッタ、》二十頭《ヅ、クンクト、》の犬《セタ、》を連れて《ウ タ ラ、》、林の中《ニー、ヅン、ペーカ、》を通りかか《アン、ヅラッシ、》ると《オッタ、》、色々《ウサ、アン、》の獣《カムイ、》の匂い《フラ、》を嗅ぎ《ラカッシ、》つけて《クス、》、追っ掛け《ノシパ、》たが《ルスイ、》って《クス、》あ《ピシ》っち、こち《カネネ、》へ《ヘ、》引張り《ユプッシ、》廻さ《キーシ、》れる《アニ、》もんだから、土人達《アイヌ、ウタラ、》も《カ、》皆々草臥れて《エムイケ、シンカッシ、クス、シシヅカッタ、》途中で一泊を《レウシ、アナッシ、》して《テ、》翌日《シンケヘ、》大泊へ《オートマリ、オッタ、》到着した《エシレパ、アナッシ、》。

(二) 南下の決心

それ《ネーテ、》から《オロ、》、日本の内地《シーサム、コタン、》から《オロワ、》、電報で《カンピ、ルーラ、カニ、》消息を聞いて見《オルシペ、アン、ヌー、ヒ、》たら《ネ ア、》、斯う《エネ、》いうこと《アニイ、》であった。

「日本《シーサム、》の内地《モシリ、》では《オッタ、》、大洪水《ワッカ、》で、諸地方《リキン、アニ、コタン、ナー、》の被害《チエンテ、コタン、カイキ、ポロンノ、アン、》が夥しいという噂《ハウ エ、》があった《アン、》。それ故に《ネアンペ、アニ、》大泊に《オートマリ、オッタ、オホーロ、》久しい間犬《セタ、》を保管して《アン、シカシマ、ヤラ、》居、日本《シーサム、》内地《コタン、》の不通に《チエンテ、ウヅル、》なった所が修理《アン、カラ、ヘマカッシ、》し終わったな《クス、ネ、》らその折に《イケ、ネ ア、オッタ、》又電報で《スイ、カーニ、アニ、》知らしてやる《ソンコ、アノマンテ、》から《クス、》、当《イ キ、》分出発待てという命令《ナハ、トノ、ウタラ、イエーシ、》であった。

そこで《ネーテ、》嘉一郎《カ イチ ロー、》、由松《トリ リ、》オートック《オ ー ト ッ ク、》の三人は《レ、アイヌ、ネアンペ、》部落へ帰って《コタン、オンネ、ホシピ、》了い、私と《アノカイ、ネワ、》兼太郎《カネ タ ロー、》と二人《ヅラ、ヅ、アイヌ、》だけ東京迄《トーキヨー、パハノ、》送り《セタ、》届ける様に《ルーラ、エ、オマン、クニ、》と命令《ネ、ウレンカレテ、》があった《アン、》。

それから《ネ ア、オ ロ、》日本《シーサム、》の内地《コタン、》から《オロ、》報知《ソン コ、》の来る《エッ、》のを待って《ク ニ、アン、テーレ、ワッカイキ、》いたが、報知が無い《ソンコ、アン、ヌー、ハネ、キー、》。それ《ネ ア、》でも《オロワ、》

尚待って《エ、テーレ、》いると《アナイネ、》八月の月も暮れ九月の月にはいった。《ツペサン、チュフ、ネー、チュフ、カ、イサム、シネピサン、チュフ、ネー、チュフ、アシン、》 そして尚待って《ナー、イテーレ、》暮してい《アン、キー、》た。 その中《ヤイネ、》に、私は《アノカイ、ネアンペ、》つくづく《アン、パー、カリ、》考えたのには、《イケ、》一旦どうせ《アッスイ、ヘンパラ、》東京迄犬を連れて《トーキョー、パハノ、セタ、アン、ツラ、》行く《オマン、》こと《クンペ、ネ》なら、《アナー、》一層の《アンペネ、》事南極までも《ナンキヨク、パハノ、》行って《パイエ、》、そして《アン、テ、》、犬を使ってやる《セタ、エイワンケ、アン、キー、》方が《アナー、》いい《ピリカ、》だろう《ナンコー、》な、と《ナハ、》そう《アン、》思った《ラム、》から《クス、》、日《ニチ》日新聞《ニチ、シンブン、》社長《サパネク、》、財部氏の許へ行って《タカラベ、ナハ、アイ、イエ、ニシパ、オッタ、》、斯う《エネ、》云った《アイ、イエ、イ、》。

「今《タ》度《ニ、》どうせ《ヘンパラ、》、一旦良い《アッスイ、ピリカ、》犬《セタ、》ばっ《パ》かり《テ、》、選り抜いて《アン、ヌンケ、テ、》、南極へ《ナンキヨク、オンネ、》やるとしても、犬《アノマンテ、アナツカイキ、セタ、》を使うこと《エイワンケ、》を知って《エラマン、》る人達が《ウタラ、》いな《イサム、》く《クス、》っちゃ《ネ、イケ、》、いくら良い《ピリカ、》犬を《セタ、》やっても《オマン、》、駄目だろう《アナツカイキ、ヤイ、カイキ、》と《クニ、》、思うか《アン、ラム、》ら、《クス、》自ら《ナニ、》南極まで《ナンキヨク、パハノ、》行って犬を《パイエ、アン、テ、セタ、》私が使って《エイワンケ、アン、キー、》やったら《アナー、》いい《ピリカ、》だろうと《ナハ、》思うから《アン、ラム、クス、》、そう考《エネ、アン、パー》えた《カリ、》んだが、前に《エトコタ、》露西亜《ヌチヤ、》との戦の《ウライケ、》時にでも、死《オッタ、ネ、アッカ、ライ、》んだもの《ナハ、》と思って《アン、ラム、カーネ、》、軍人達と一所に《ウライケ、ウタラ、ツラ、イッシンネ、》丸の中を《タマ、ツン、ペ、》も《カ、》く《イ》ぐ《キ、》った時などは、天祐にも死に《アナツカ、ネ、ア、オッタ、ネアンペ、カムイ、ピリカ、クス、ライ、》はしなかった《ハネ、アン、キー、》。 お蔭《ケライ、》で《クス、》拾った《アン、パー、》此の《ネト》体《パケ、》です《ネー、》。 其の上《カシケ、》、其後段々《タ、ネア、ケセケ、オロ、》、村の事も万事《コタン、オルシペ、ナー、》緒に《ウレンカ、》就き、それから《オロワノ、》又、小供等の学校さえ《ヘカチ、カンピ、イチャーカシノ、チセ、ネア》も建って了った《ナツカ、イキ、ホタリ、ヘマカ、》し、今では私の《タニ、ネアンペ、アノカイ、》一身は《ライ、アン、》死んでも《アナツカイキ、》、余り惜しいと思う《マシキン、ヤイ、オシ、コロ、ラム、ネアンペ、》事も無く《ハネ、》なっ《アン、コロ、》た。《クス、》 それに《タニ、》今又《スイ、》、諸外国の《ピシカン、モシリ、》と競争して《ウラウケ、カラ、》、日本の《シーサム、》国が《モシリ、》始めて《アシンノ、》やる《キー、》事業《モンライケ、》だという、此南《タン、ナン》極探検の《キヨク、タンケン、》事だ《ネー、》から《クス、》、一旦拾った《アッスイ、アン、パー、》私の体《アン、ネトパケ、》を以て《クス、》今一度《ナー、アッスイ、》国家の《モシリ、》事業《オルシペ、》に働いて《アニ、》死んだ《ライ、アン、アナ》

ら、本望《ツカ、ピリカ、》だと思うから《ナハ、アン、ラム、クス、》、どう《ネイラ、》しても《アナツカ、》、南極《ナンキヨク、パハノ、》まで、皆と一所《ウマ、》に行きたい《パイエ、ルスイ、アン、》。」

そう《ナハ、》云《アイ、》った《イエ、ヘ、》ら、其時《ネヤー、》、財部氏《タカラベ、ニシパ、》は、《エネ、イエ、イ、》

「ほんとうに《ソンノ、》、行く《エ、オマン、》気なのか《ナハ、エ、ラム、ヘタネヤ、》？」

「そう《シーナ、》です《アン、》。本当に《ソンノ、》行く気です《パイエ、アン、ナハ、アン、ラム、》。」と私は云《ナハ、アイ、イエー、》った。

それから《オロワノ、》、財部氏《タカラベ、ニシパ、》の云うには、《ネアンペ、エネ、イエイ、》

「その《ネー、》気なら《アナー、》樺太庁《カラプト、ポロ、ヤクシヨ、》へ私が話して、お前が《オッタ、アイ、イエー、テ、エア ニ、》南極探検に行くよう《ナンキヨク、タンケン、オッタ、エ、オマン、クニ、》私から云って《アイ、イエー、クス、》置こ《イキ、》う。」と云われた《ナハ、イエー、》。

そこで《ネア、》、其沙汰《オロ、イリタ、》を待って《オルシペ、アン、》いると《テーレ、ネア、》財部氏から《タカラベ、ニシパ、オロ、》、「愈行くように《タニ、オマン、クニ、》許可なった《ウレンカ、ヘマカ、》から《クス、》、南極迄《ナンキヨク、パハ》お前行かれるよ《ノ、エ、オマン、エアスカイ、》。」と話された《ナハ、イエー、》。

それ《ネア、》から《オロ、》又報知を待って《スイ、ソンコ、アン、テーレ、》暮らして《ヤイネ、》、九月の十日頃まで《シネピサン、チユフ、ワン、トー、パハノ、》、そうしていたが《オカイ、アナツカ、》、それでも《ソンコ、》報知が来ない《イサム、》から《クス、》、新聞社の人達《シンブンシヤ、ニシパ、ウタラ、》へ尋ねて見ると《オッタ、アン、ピシ、イケ、》、九月が過ぎたら出発出来るだろ《シネピサン、チユフ、ネー、チユフ、ケセケタ、オマン、エアスカイ、ネー、ナン》うと話された《コー、ナハ、イエー、シー、》。

それを《アン、ヌー、》聞いて《テ、》、私は安心《アネラム、シンネ、》をした。そこで《クス、》、一度村へ帰って《アン、コタン、オッタ、ホシピ、アン、テ、》、私の知縁の人達《アン、シランコレ、ウタラ、》や其外《ナー、スイ、》

村に住んでいる《アン、コタン、オッタオカイ、》土人《アイヌ、》達《ウタラ、》など一同《ナー、イッシンネ、》へ、別《オッタ、アイ、》れを告《イエー、》げて《テ、》、それ《オロワノ、》から、出発《ホプニ、》しよう《アン、》と考え《ナハ、アン、ラム、》たか《クス、》ら村《コタン、》の方へ《オッタ、》往っ《パイエ、》てみ《アン、》た。

（三） 袂別

さて《ネー、テ、》出か《パイエ、》けた《アン、》日《トー、》は途中《シシッカッタ、》で一泊をして翌日の午後故里へ着い《レウシ、アンテ、シンケ、ヘ、トーノシキ、オカーケタ、アン、コタン、オッタ、シレパ、アン、》た。丁度其際《ネア、オッタ、ネアンペ、》には、愛郎村《アイルプ、オンネ、》へ、土人《アイヌ、》一同《イッシンネ、》が、駐在所移転の仕事《ポン、ヤク シヨ、オヤケネ、ラエ、モンライケ、》をする《キーシ、》為《ク》め《ス、》に、出かけ《パイエッシ、》る日《トー、》であ《ケヘ、》った《ネー、》。で、私が村へ到着したものだから《ネーテ、アノカイ、ネアンペ、コタン、オッタ、シレパ、アン、アンペ、ネー、クス、》人々《アイヌ、ウタラ、カ、》も忙し《モンタピ、》い日《トー、》であ《ケヘ、》るし《ネー、》、私の悴の八《ヤイコタ、アン、ポーホ、ヤ》代吉《ヨキチ、ナー、アン、》も、私の甥《カルク、フ、》の富次郎《トミジロー、ナー、》も、只一寸《イルカ、》逢って《アン、ヌカラッシ、》、そこで《オッタ、》、立話《エタラシ、》して《アニ、》、遺言をした《アン、コイタコツパッシー、》。

その《ネア、》折《オッタ、》、私の悴《アン、ポーホ、》も私の甥《ナー、アン、カルク、フ、ナー、》も、どう《ター、》せ今日《トーシネ、》は挊《トー、》ぎに行っても《エンコ、》半端《ネー、》な事《クス、》だから、こっち《レウシ、》へ《シ、》泊っ《テ、》てゆっくり《ランネノ、》と、逢いたい《イ、ヌカラ、》と云った《ルスイ、ナハ、イエーシ、》。けれど《ワッカイキ、》、私は、其は許さない《アネヅーネ、》。「お前達《エチオカイ、》二人《ネアンペ、》は、私が《アノカ、》居なく《イサマン、》なった後《オカーケ、タ、》は、私が《アノカイ、》居っ《オカイ、》た《アン、》時に《オッタ、》私が《アン、》した《キー、》様に《ネイノ、》、役所《トノ、ウタラ、》で、何事《ネイラ、》を云っても外《アンペ、イエーシ、アナツカイキ、》の人達よりは、よく、《オヤ、アイヌ、ウタラ、アッカリノ、ピリカノ、》お上《トノ、イ》の《タ、》命を聴いて《エチ、ヌー、カーネ、》、土人《アイヌ、》達《ウタラ、》を率《ヅラ、》いて、どんな《ネーラン、》仕事でも《モンライケ、ネ、アナツカ、》率先して《エチ、キー、》しなきゃ《クンペ、》ならないもの《ネー、》だ。だから《ナハ、アン、クス、》土人《アイヌ、》達が皆働《エムイケ、》きに行っ《オマン、》て《ヘマカ、》、お前達《テ、エチオカイ、》二人が此処《タン、テ、タ、》へ今《エ》晩《チ、》泊《レンネ、》っていては《アナツカ、》、わる《エン、》い。だから《ク ス、》、すぐに《ナ ニ、》、早く《モナシノ、》舟出《レパー、》をしろよ《ヤン、》。」

そう《ナハ、》云《アイ、》い含めて《イエー、》、又《ネーテ、》断う《スイ、》話した《エネ、アイ、イエ、イ、》。

「私は、一旦行こうと云い出して《アノカイ、ネアンペ、アツスイ、アン、キー、クス、ナハ、アイ、イエー、》、出かける《オマナン、》事《ネー、》だから《クス、》、どうして《ネイラ、》も《ネ、アナツカ、》行《パ イエ、》かな《アン、》きゃならな《ナハ、》いと思うから《アン、ラム、クス、》、決して《ハンカ、》私《イキ、》の事はもう案《イ、ウエオマンテ、》じるな《ヤン、》。私もまた、お前達をば案ぜずに遠《アノカ、ネ、アナツカイキ、エチオカイ、エチ、ウエオマンテ、ハネ、アン、キーノ、ツ》くへ往く《イマノ、パイエ、アン、》。死《ライ、》ぬ《アン、》ものと思って往くから《ナハ、アン、ラム、カーネ、パイエ、アン、クス、イキ、》、若《ニー》しもの事が《サ ハ ノ、》あって、死《ライ、》んだ《アン、》ら其《アンペ、》時《ネー、》には《チキ、》東京《トーキヨー、》までは《パハノ、》、帰《ハネ、》って来《ホシピ、》ないから《アナツシ、》、永く《オ》永く《ホーロ、》何年立っても《ヘンパハ、パー、オッタ、》帰《ハネ、》って来《ホシピ、》な《アン、》かったら《チキ、》、死ん《ライ、アン、》だもの《アンペ、》と《ナハ、》思って呉れ《エラム、オカ、ヤン、》。帰って来《ホシピ、》られ《アン、》たら、三年ほどの間《クンペ、ネアナツカイキ、レ、パー、パハノ、》には《ウヅル、》、又《オツタ、》たより《エチ、ヌー、》をお前達《エアスカイ、》によこす《クス、》だろう《イキ、》。」そう《ナハ、》云《アイ、》ったら《イエ、》、悴《ヘ、ネア、アン、ポーホ、》の《ヤ》八代吉《ヨキ チ、》も甥《ナー、アン、カルク、》の富次郎《フ、トミジロー、》も、《ナー、》断う《エネ、》云《イエー、》った《シイ、》。

「そう云う《ナーハ、》のならば《ネ、チキ、》、私達とても、心配はしないから《アノカイ、アツシン、ネ、アナツカ、ハネ、アネウエオマンテ、クス、イキー、》、遠方《クス、ヅイマノ、》へ往かれても《エ、オマン、アナツカイキ、》、お気を《シユプ、》強く《ラム、コロ、》もって《カーネ、》お歩きなさい《アツカ シ、》。私達《アノカイ、アツシン、》をば決して《ハンカ、イキ、》、心《ソーカ、》をあと《エネ、》に残さずに《イ、エラム ボツターラ、カンネ、》お歩きなさい《アツカシ、》。私《アノカ》達とても《イ、アツシン、ネ、アナツカ、》、必ず《ハネ、》心配はせずに《アネーウエ、オマンテ、》自《カーネ、》分達の《ヤイコタ、》すべき《アン、キー、》事《アンペ、》を一生懸命に《シユプ、アン、カーネ、》やって《アン、》いますから《キー、クス、イキ、》。」

と《ナハ、》、そう云い《イエーシ、》、そして《ネーテ、》又《スイ、》断う《エネ、》云《イエー、》った《シイ、》。

「今日《タント、》、晩に《オヌマン、》愛郎《アイ ル プ、》村《オンネ、》へ行き着《パイエ、》いても《アナツシ、テ、》、すぐ仕事《モンライケ、》がある《アナツシ、》という訳《クンペ、カ、》でもない《ハン、ネー、》のだから《クス、》、今《タヌ》晩は《クラン、》茲へ《レウシ、》寝て、《アナツシ、》ゆっく《テ、》りと、《ランネノ、》父さん《アネヌカラツシ、》に逢って、《テ、》それから、《オロワ、》明日《シーマ、》早朝《ニサツタ、》出かけても、仕事に《モナシノ、パイエ、アナツシ、アナツカイキ、》かかる前に《モンライケ、エトコ、タ、》行かれるから、《パイエ、エアスカイ、アナツシ、クス、》今日は茲へ泊っては《レウシ、アニイケ、》いけません《テマナ、ヘタネ、》か？《ヤ、》」

と云う。《ナハ、イエーシ、》けれども、私は、《ネ、ワッカイキ、アノカ、ネアンペ、》

「村の人が皆行って《アイヌ、ウタラ、イッシンネ、オマン、》しまって《ヘマカ、》お《テ、》前達ばっ《エチオカイ、》かり、《パテ、》此処へ《テー、タ、》泊《レウシ、》まっては《アナツカイキ、》悪いよ。《エン、クス、》今日村《タン、トー、アイ》の《ヌ、》人達《ウタラ、》と一所に《ツラ、イッシンネ、》出かけて《パイエ、》行って《ヤン、》明日《シーマ、》から、《オロ、》向うの仕事に《モンライケ、》早々取《モナシノ、キ、》掛《ヤン、》って《テ、》仕事をし《モンライケ、ヘマカレ》てしまえ、《ヤン、》そして、《テ、》自分《ヤイコタ、》のやる《エチ、キー、》べき事を、《クンペ、》早くやれ！《モナシノ、キー、ヤン、》此処へ《タン、テー、タ、》今晩《タヌクラン、》お前達が《エチ、》泊っ《レウシ、》て、お《テ、》前達と《エチ、イ、ヌカラ、》ゆっくり逢った《アナツカ、》と同じ様に、《ウネイノ、》今此処で、《タニ、テー、タ、》暫し、《イルカエ、》お前達に《エチ、ヌカラ、ヤン、》逢っても、《アナツカ、》やはり、《ウネイノ、》遠方へ《ツ゚イマノ、》お前達と別れて《エチ、ホツパ、ヤン、》往くの《クンペ、》だから、《ネー、クス、》お前達もそう諦め《エチ、オカイ、ネアナツカ、ナハ、エラム、》て、愛郎村へ《オカヤン、カーネ、》往って《パイエ、》呉れ！《ヤン、》」

そう云って《ナハ、》聞かせ《アイ、イエー、テ、》た《ヌーシ、》から、《クス、》私《アイ、》の言葉《イエ、ヘ、》の通り、《ネイノ、》其の《ネア、》日に、《トー、》すぐ《ナニ、》愛郎《アイルツプ、》の方へ《オンネ、》出かけ《パイエッシ、》た《ヒ、》ので《ネー、》あった。けれども、《ワッカ、イキ、》私の見て《アン、ヌカラ、》いる《カーネ、》処で《シキ、》は、《ヒ、》涙も《シン、》見せなかったが、往く時には名残を惜《オロ、ヌーペ、アシンケ、ハネ、キー、ワカイキ、パイエッシ、カーネ、ウエオマンテッシ、》んで《オッタ、》眼《シキ、》の中《ヒ、》に涙を一杯ためて《シン、オロ、ヌーペ、アシン、カーネ、パイエッシ、》往った《クニ、》ようだった。《アン、ラム、》

それ《ネア、》から《オロ、》翌日《シンケヘ、》村に残った年寄り連や小供等などが《コタン、オッタ、オメイカ、オンネル、アイヌ、ウタラ、ヘカチ、ウタラ、ナー、》一同、《イッシンネ、》私が発《ホプニ、》つと《アン、》いうので、《クニ、》御《マ》馳走《ラット、》を形《ポンノ、》ばかり《ポンノ、》に拵えた。《アン、キー、》其時村の人達へも、《ネア、オッタ、アイヌ、ウタラ、ネ、アナツカ、》よくよく《ピリカノ、》私は遺言をした。《アン、コイタコツパ、キーシ、テ、》

内藤忠兵衛《チペーカ、》・勝村《イカサ》源蔵《アイヌ》・与三郎《ヨサブロー、》の《ヅラ、》三人《レアイヌ、》は、キムナイ《キムナイ、》まで、《パハノ、》丸木舟《チシ、》で私《アニ、》を送った《イ、ルーラッシ、》。そして《ネーテ、》翌日《シンケヘ、》大泊《オートマリ、》へ《オッタ、》出て《アリキ、》来た《アン、》。

（四） 大泊から東京へ

それから《ネア、オロワ、》、五日ばかり過ぎて《アシシネ、トー、パハノ、オカイ、アン、テ、》、兼太郎《カネタロー、》が村へ《コタン、オッタ、》帰って《ホシピ、》、そして《ネーテ、》私一人で居た《アノカイ、シネ、ネ、オカイ、アン、》。そこへ《オッタ、》富内村《トンナイチヤ、》から《オロ、》、若い者が《シュクフ、イワネッポ、》一人《シネ、》兼太郎《カネタロー、》の代りに《シリ、エネ、》大泊《オートマリ、》へ来て犬の世話を《オッタ、エッ、テ、セタ、シカシマ、》私と《ツラ、》一所にやった《アン、キー、》。暫く《ネーテ、》して《オロ、》此土人《ター、アイヌ、》が帰って《ホシピ、》兼太郎《カネタロー、》が又《スイ、》やって来た《エヘ、》。そして《オッタ、》いう《イエー、》話《へ、》には、斯うだ《ネアンペ、エネ、アニー、》。

「探検隊《タンケン、タイ、》は、ずっと前《ネアンペ、モナシノ、》から、出発《オロワノ、パイエ、》する《アン、》話で《ナハ、アン、》あった《ラム、》から、《ネア、イケ、》それで、今迄《タネ、》も待って《パハノ、》居た《アン、テーレ、》のに余り《マシキン、》遅くなる《モイレ、》し、且つ、私は乳飲子を控えて《カシケタ、アノカ、ネアンペ、ヘカチ、オカイノ、アン、》いる《コロ、》婦一人《マハネク、》と小供と残して置いて《パテ、ヘカチ、ウタラ、ヅラ、アノッパ、テ、》遠方《ツイマノ、》まで、旅立ち《パイエ、》する《アン、》のも《アナツカ、》よく無い《エン、》と思う《クニ、アン、ラム、》から、その上色々《カシケタ、ウサ、アンペ、》しなきゃならない《アン、キー、》事《クンペ、》も《カ、》悶えてる《オカイ》から《クス、》、此度《タン、》の旅立ちは《オマナン、ネアンペ、》、私には《ハネ、》出来《アン、キー、》なく《クス、》なった《イキ、》がな。」と云い出した《ナハ、イエー、》。私《アノ》の《カ、》考える《アン、パーカリ、》のに《イケ、》、それも《タンペ、カ、》その通り《ソンノ、ネー、》に違いない《クニ、アン、ラム、》。小供《ヘカチ、》と婦とだけ残して《マハネク、ヅラ、パテ、》置いても《オカイ、アナツカ、》、色々《ウサ、》な事《アンペ、》があるにしても《キー、オッタ、ネ、アナツカ、》、愈々都合《エン、》悪かろう《クニ、アン、ラム、》と思ったから《クス、》、

「そう《ナハ、》云う事《ネー、》なら、《チキ、》お前の云う《エ、イエー、》通り、《ネイノ、》お前は《ハネ、》行かん《エ、オマン、》でも、《アナツカ、》宜しかろう《ピリカ、ネー、ナンコー》」と私は答えた。《ナハ、アイ、イエ、》

それから、《ネア、オロ、》兼太郎《カネタロー、》は自分の《ヤイコタ、》村《コタン、》へ帰って《オッタ、ホシピ、》しまった。《ヘマカ、テ、》　あとで、《ケセケ、タ、》役人たち《トノ、ウタラ、》に《オッタ、》私が聞いてみた。《アン、コピシッシ、》

「外の村《オヤ、コタン、》から、《オロ、》犬《セタ、》だの、《ナー、》それから、《スイ、》今一人《ナー、シネ、》の土人《アイヌ、》が来る《エッ、》という《クス、》噂《ハウエ、》があります《アナイケ、》が、どう《テマナ、》で《ヘタ》すか？《ネヤ、》」と問うた。《ナハ、アン、ピシ、》　すると、《ネア、イケ、》役人《トノ、》たちは、《ウタラ、》こう《エネ、》云った。《イエー、》

「外の村《オヤ、コタン》から《オロ、》犬《セタ、》は来やしない。《ハネ、エッ、クス、イキ、》　土人も誰一人行くという《アイヌ、ウタラ、ナー、ネイ、アイヌ、カイキ、ハネ、オマン、クス、》ものが無い。《イキ、》　土人達《アイヌ、ウタラ、》がいやがるからなあ！《エツ゚ーネッシ、》」と役人達が云う。《ナハ、トノ、ウタラ、イエーシ、》

さて、《ネーテ、》十月の月二十有五日の日《ワン、チユフ、ネー、チユフ、ツ゚、クンクト、アシシネ、トーホ、》に、《オッタ、》大泊《オートマリ、》を立った。《オロ、ホプニ、アン、》　小樽《オタル、》に《オッタ、》翌日《シンケ、ヘ、》上陸《ヤパン、》し、それから、《ネア、オロ、》小《オ》樽に六日暮らして、《タル、オッタ、イワン、トー、オカイ、アン、テ、オ》小樽から《タル、オロワノ、》横浜まで《ヨコハマ、パハノ、》やって来た。《アリキッシ、》　横浜へ《ヨコハマ、オッタ、》上陸《ヤパニ、ヒ、》をしたのは、《ネアンペ、》十一月《シネ、チユフ、イカシマ》の月の五日の日であった。《ワン、チユフ、ネー、チユフ、アシシネ、トー、ホ、オッタ、ヤパン、》

翌日《シン ケヘ、》芝浦《シバウラ、》に《オッタ、》来た。《アリキ、アン、》　其の日《ネア、トー、》錦輝館《キン キ カン、》へ《オンネ、》犬《セタ、》を引張って《アン、ツ゚ラ、テ、》南極探検《ナンキヨク、タンケン、》の事業の演説を聴き《オルシペ、アイヌ、イッシンネ、アン、ヌーレッ》に出かけて行った。《シ、ウコイタ、ウマ、アン、ヌー、クス、パイエ、アン、》　其の時《ネア、オッタ、》立派な《ニシパ、》人方《ウタラ、》の演説《ウコ イタ、》を聞いたら、《アン、ヌー、イケ、》私までも《アノカイ、ナー、》雄々しい《シユプ、》心《ラム、》を振り興《アン、コロ、》させられ、《カーネ、》どんな事があっても、《ネイラ、アナツカ、》此事業《タン、モンライケ、》に邁進しようと《オッタ、パイエ、アン、》思った。《ナハ、アン、ラム、》

さて《ネーテ、》その中に聞く《オカイ、アン、ヤイネ、》所《イヌー、》に拠ると《アナイケ、》、樺太《カラプト、》の敷香《シスカ、》から《オロワ、》、花守新吉《ハナモリ、シンキチ、》という土人《ナハ、アイ、イエー、アイヌ、》がやって《エッ、》来《クス、》る《イキ、》ということ《マヌイ》だ《アン、》っ《ヌー、》た。そ《テ、》うして《オロ、》いる《オカイ、》間に、方々の諸学校在学の青年学生達《アン、パハノ、ピシカニタ、カンピ、イチヤーカシノチセ、オルン、シユクフ、シーサム、ウタラ、》が南極《ナンキヨク》探検《タンケン、》に《オッタ、》入要《エイワンケ、》の費用《クン、イコロ、》募集《アシンケヤラ、》の演説を《ウコイタキ、ヒ、》やった《キーシ、》。其度に《ネア、パハノ、》、私も方々へ《アノカ、ナー、ピシカニタ、》数多《アイヌ、》の人々《ポローノ、》の集まっ《ウエチウ、》ている所《チセ、》へ《オッタ、》一所に《ウマ、》出掛け出掛け《パイエ、アン、アン、キー、》して《クス、》いた《オカイ、アン、》。

程なく十一月の月十八日の日になると《ヤイネ、シネ、チユフ、イカシマ、ワン、チユフ、ネー、チユフ、ツ゚ペサン、トー、イカシマ、ワン、トーホ、オッタ、》、花守新吉《ハナモリ、シンキチ、》が犬五頭《アシシネ、》を《セタ、》連れ《ツ゚ラ、》て《テ、》到着した《エシレパ、》。

それから《ネア、オロ、》、又《スイ、》そうして《オカイ、》いると《アナッシ、テ、》、函館新聞の人々から《ハコダテ、シンブン、ニシパ、ウタラ、オロ、》もう《スイ、》五頭《アシシネ、》の犬《セタ、》を探検隊《タンケンタイ、》の人々《ウタラ、》へ《オッタ、》寄送して来た《アン、コンテッシ、》、犬《セタ、》が新橋停車場へ来た《シンバシ、テーシヤバ、オッタ、エキー、》。其犬ども《ネア、セタ、ウタラ、》を受取り《アン、タキーケ、》に行って芝浦《シバウラ、》の月見《ツキミ》亭へ連れて来た《テー、オッタ、アンツ゚ラ、アリキ、》。

此《ター、》の五頭《アシシネ、》の犬と《セタ、ツ゚ラ、》、花守新吉《ハナモリ、シンキチ、》が連れて《ツ゚ラ、》来た《エヘ、》五頭とそれから《アシシネ、セタ、オロワノ、》私《アノカイ、》が連れて来た《アン、ツ゚ラ、エヘ、》二十頭《ツ゚、クンクト、》の犬とで総数三十頭《セタ、ナハ、カーネ、ウコライ、レ、クンクト、》の犬が《セタ、》いる《アン、》。

さて《ネーテ、》、それから《ターハ、》も《オロワノ、》、尚南極探検に出発する《ナンキヨク、タンケン、オンネ、ホプニ、》まで《パハノ、》待って暮す《エテーレ、アン、》間には《ラーポキ、タ、》、方々《ピシカン、》の人達《ウタラ、》が探《タン》検隊へ《ケンタイ、オンネ、》義捐金募集《イコロ、サンケ、》の演説を聞いた《ウエーペケレ、ヘ、アン、ヌー、》。その時《ネア、オッタ、》学校にはいっている《カンピイチヤーカシノ、チセ、オルン、》小さい《ポン、》子供達《ヘカチ、ウタラ、》が《シネ》一人《ヘカチ、》一銭二銭位出して《シネ、イチヤニ、ツ゚、イチヤニ、サンケッシ、》探検隊《タンケンタイ、》の人々《ウタラ、》へ寄付をした《コンテッシ、》話を聞いた《ウエーペケレ、ヘ、アン、ヌー、》。其時《オッタ、》斯う《エネ、》私は思《アン、ラム、》

った。

「こんな《ナハ、》様な《カーネ、》、小さい《ポン、》、子供《ヘカチ、》等《ネ、》までも《アナツカ、》、金《イコロ、》を出して奮発している《サンケ、カーネ、シユプ、ラム、コロ、》もの《アンペ、》、勿論私などは《イカンネ、アノカイ、アシ、》我《アン、》が体《ネトパ、》などを惜しんで《アノシコロ、クンペ、》居れない《ハンネ、》。どんな《ネイラ、》事《ネ、》があっても《アナツカ、》、斃れる《ライ、》まで《パハノ、》此事業に出かけ《タン、モンライケ、オツタ、パイエ、アン、》ねばならん《クス、イキー、》」と、そういう《ナハ、アン、ラム、》気に《アン、コロ、》なった。

（五）芝浦出帆

さて《ネーテ、》それ《オロ、》から愈々《タニ、》以て、出帆の日が《アーシ、アッサランノ、ホプニアナッシ、トーケヘ、》きまった《ウレンカ、》。その日は、明治四十三年の十一月《ネア、トーホ、ネアンペ、メーチ、イーネ、クンク゚ツ、レパー、ネ、パーケヘ、シネピサ》の月二十有八日の日であった《ン、チユフ、イカシマ、ワン、チユフ、ネー、チユピ、ヒ、ツ゚ペサン、トー、イカシマ、ツ゚クンクト、トー、ホ、オッタ、》。探検隊一同私達も一所に出帆すべく《タンケンタイ、ウタラ、ツ゚ラ、アノカイ、アッシン、ナー、イッシンネ、ホプニ、アナッシ、》芝浦から巨万の見送り人一同早稲田大学の学生一同或は《クス、シパウラ、オロワ、アイヌ、ポローノ、ヨーカ、インカラ、ウタラ、イッシンネ、ワセダ、ダイガク、カンピ、ヌイエ、ウタラ、イッシンネ、》舟に乗って《チポー、》開南丸の《カイナン マル、オンネ、》あと見送ろう《ヨーカ、インカラ、》、とする人や又陸上《エパイエ、ウタラ、ナー、スイ、ヤー、タ、》には《ネアンペ、》数《アイヌ、》多の人々《ポローノ、》女《マハネク、》学生達など《カンピ、ヌイエ、ウタラ、ナー、》も沢山《ポローノ、》に居、陸《ヤ、オロ、》の方一ぱいに《エウシッシ、》なって見送った《テ、カーネ、ヨーカ、インカラッシ、》。そして《ネーテ、》私達《アノカイ、》は一同《アッシンネ、》開南丸へ割乗して品川沖に一泊した《カイナン マル、オッタ、レパ、アナッシ、シナガワ、アツ゚イ、オッタ、レウシ、アナッシ、テ、》。翌日横浜へ往き、其の日は、横浜を出帆して《シンケヘ、ヨコハマ、オッタ、パイエ、アナッシ、ネア、トー、ケヘ、ヨコハマ、オロ、ホプニ、アナッシ、》館山へ往った《タテヤマ、オッタ、パイエ、アナッシ、》。そして《ネーテ、》此処《ター、タ、》に一日逗留《シネ、トー、トーリ、アナッシ、》をして《テ、》翌日館山を出帆した《シンケヘ、タテヤマ、オロワ、ホプニ、アナッシ、》。

此の日は《ネア、トー、ネアンペ、》、非常に《テー コロ、》風が《レーラ、》強くって《ユ フ ケ、ワ、》波浪《コ イ、》も大き《ネアツカ、》くあった《ポロ、》。其荒れた天気《ユ フ ケ、シリ、》の中を南極《ツム、ペーカ、ナンキヨク、》の旅《ヘコタ、》へと立った《パイエ、アナッシ、》。

しかも《ネーテ、》風は追い風であった《レーラ、ネアンペ、オカーカラ、レーラ、ネー、》から《クス、》、船《チシ、》は飛ぶように《ネアンペ、モナシノ、》行く《オマン、》。一時間《シ ネ、》の中に《トキ、オッタ、》、四里位も《イーネ、イチリ、パハノ、》進むから《オマン、クス、》、小笠原島など《オ ガサワラ、ジマ、モシリ、カイキ、》も、いつ通り過ぎた《ヘンパラ、カネ、アナッカリ、》もの《アンペ、》か《ヘタネヤ、》知らずにいた《アネラミシカリ、》。

そして《ネーテ、》段々《オ ポ》行く《キノ、》につれて《オンネ、》暑さが《イセーセッカ、》烈しく《ユフケ、》なって《アニ、》三頭《レ、 セ》の犬が《タ、》一度に《アッ スイ、》死んだ《ネ、ライ、》。私ど《アノカイ、》もは《アッシン、》、非常に《テー コロ、》不愍に思った《イ ヌヌカレ、ナハ、アン、ラムッシ、》から《クス、》、隊長を始とし《サパネ、ニシパ、エサパネ、テ、》、そこに《オ ロ、》居る《オカイ、》隊員たち《タイ イン、ウタラ、》一同《イッシンネ、》南無阿弥陀《ナ ム ア ミ ダ》仏を唱えて《ブツ、ナハ、アイ、イエーシ、》、首へ《アニ、レクチ、ヒ、》札を結付けて《フンタ、アン、トンコテツシ、テ、》水中へ《ワッカ、オンネ、》葬った《アナフンケッシ、》。其時隊長以下人々一同斯う云った《ネア、オッタ、サパネ、ニシパ、ナー、アイヌ、イッシンネ、エネ、アイ、イエーシ、》。

「再び《カーナ、》生れ返る《ヘヅク、》時は《オッタ、》、立派な《ピリカ、》人間《アイヌ、》に《ネ、》生れて《ヘヅク、》来る《クニ、》様に《ネ、》！」そう云った《ナハ、アイ、イエーシ、》。

（六）犬の斃死

そこから《ネア、》、尚行くと《オロワノ、パ イエ、アン、ヤイネ、》、段々赤道の《オポキンノ、セキドー、》暑さの《イセセカ、》烈しい《ユフケ、》海へ差し掛って来た《アヅイ、オッタ、パイエ、アナッシ、》。此処へ《ネ ア、》来た《オッタ、》時には《ネアンペ、》隊員たちも《アイヌ、ウタラ、ネアツカ、》非常に《テーコロ、》暑気に《セーセヘ、》苦まされ《コハウケツシ、》、犬も暑気の為に《セタ、ネアナツカ、セーセヘ、アニ、》病に罹って《イコニ、》いるのが《セタ、ウタラ、》段《オポ》々《キンノ、》死んで《ラ イ、》行く《アッシ、》。此時こそは《タ ニ、アーシ、》、本当に《ソンノ、》暑さの《セーセヘ、》ひどい《ユフケ、》海で《アヅイ、》あった《アン、》から《クス、カーネ、》、益々《ナールイ、》犬どもが《セタ、ウタラ、》斃《ライ、》

れた《アッシ、》。それを見《アン、ヌカラ、》た時には《オッタ、》、何とも胸《テーコロ、》も張裂《アネラムエライ、》ける《クシケ、》ような気《ラム、》もちがして、行った《アン、コロ、カーネ、パイエ、アナッシ、》。

　併し《ネー、》乍ら《ワツカイキ、》、隊員《アイヌ、》の方に《オッタ、》於ては《ネアンペ、》、病む《イコニ、》もの《アイヌ、》も無か《イサム、》ったから《クス、》まあ好い《ピリカ、》都合だと《ナハ、アン、》思った《ラム、》。然るに《ネーテ、》、船は《チシ、ネアンペ、》小さい《ハチコ、》から《クス、》、水も極少し許《ワッカ、ネアッカ、ハイタ、カーネ、》用意して《アナンパッシ、》いるもんだから《レンカイネ、》、風呂《ツンプリ、》を沸かす《カラ、》水が《ワッカ、》足りない《ハイタ、》と《ネ、》いう《アンペ、》ので《アニ、》雨が《アット、》降る《ラン、》時に《オッタ、》、人々《アイヌ、》みな《エムイケ、》、船《チシ、》の甲板《シケ、》の上《カータ、》に、銘々裸になって跳び《ヘラッチ、カーネ、ヤイカラ、アナッシ、ランケ、》出し、雨《アット、》水で《ワッカ、》以て《アニ、》、体を《ヤイ、》てんでに《フライエ、》洗った《アナッシ、》。その《ネア、》時《オッタ、》には、実に好い心持《テーコロ、ピリカ、ラム、》であった《アン、コロ、》。がそ《ネア、》れが済む《ヘマカ、》と、じきに《ランケ、》又暑さ《イセセカ、》が烈しく《ユフケ、》なって《オッタ、》実に《テーコロ、》我慢出来《セーセヘ、コハウケ、》ない程《アン、》であっ《ワッカ、》たけれ《イキ、》ど、どうとも《アネネカリ、》仕方がない《イサム、》ままに《アニ、》段々と《オポキンノ、》南へ南へ《ナンキヨク、》進んで《ヘコタ、》行くと《パイエ、》共に《アナッシ、パハノ、》、毎日毎日《ケサント、ネ、》犬どもが死《セタ、ウタラ、ライ、アッシ、》んだ。

　終に《アナイネ、》ニュージーランド《ニュージーランド、》と云う島《ナハ、アイ、イエ、モシリ、》が見える《アン、ヌカラッシ、》までに《パハノ、》、犬は《セタ、》殆んど《ウパハサンネ、》死んで《ライ、》了った《ヘマカ、》。残った《オメーカ、》犬は《セタ、》十頭足らずで《ワン、セタ、ハイタ、カネ、》、ニュージーランド《ニュージーランド、》のウェルリントン《ウエルリントン、》と云う郷へ《ナハ、アイ、イエ、コタン、オッタ、》、四十四年《イーネ、クンクト、》の年の二月の八日の日に到着をした《イーネ、パー、ネー、パー、ケヘ、ツ、チユピ、ヒ、ツペサン、トー、ホ、オッタ、エシレパ、アナッシ、》。

（七）ウェルリントン港

此処《ター、》に三日《タ、レ、トー、》居って《オカイ、アナッシ、テ、》、十一日の日《シネ、トー、イカシマ、ワン、ト、ホ、オッタ、》にウェルリントン《ウエルリントン、》港《オロ、》を出帆した《ホプニ、アナッシ、》。此の時《ネア、オッタ、》ウェルリントン《ウエルリントン、》居住《オルン、》の人々《ウタラ、》、開南丸《カイナンマル、》が港口《トマリ、オロ、》を出る《アシン、》際《オッタ、》、見送《ヨーキンカラ、》の人達《ウタラ、》が小蒸気《ポン、ウンチ、コロ、》の船々《チシ、ウタラ、》にも《ナー、》其外《オロ、》帆前《カヤコロ、》の小さな《ポン、》舟々《チシ、ウタラ、》にも《ナー、》大きな《ポロ、》蒸気《ウンチ、コロ、》の船々《ベンザイ、》にも《ナー、》、人《アイヌ、》が沢山《ポロンノ、》乗って《オー、テ、》、開南丸《カイナンマル、》を見送った《オカ、インカラ、》。舟々《チシ、ウタラ、》が港湾《トマリ、》一ぱいに《シッシテノ、》、開南丸《カイナンマル、》を取り巻いて《オイカーリッシ、アニ、》、港《トマリ、》の口《チャラ、》まで《パハノ、》、送って呉れた《イルーラッシ、》。陸の方には《ヤー、タ、ネアンペ、》諸処方々《ピシカニ、タ、》、岩の上《スマ、カー、タ、》にまでも《ナー、》老弱男女《アイヌ、ウタラ、ナー、マハネク、ウタラ、ナー、》群をなして無数《ポローノ、》に居て《オカイ、アッシ、テ、》真白《デタラ、》な手巾《テヌンコイ、》をてんでに《アニ、》振って《エスヤスヤッシ、》左様なら左様なら《アニ、サランパ、》をやっていた《キー、シ、》。汽船に乗ってる《ベンザイ、オッタ、オー、》人達《ウタラ、》でも《ネアナッカ、》同じ様に《イネイノ、》、手巾《テヌンコイ》で以《アニ、》て、開南丸《カイナンマル、》に向って《オンネ、》振って《イスヤスヤ、》左様なら《アニ、サランパッシー、》をする《クス、》。開南丸《カイナンマル、》の中からも《オロ、ネアッカ、》、返礼《イタサ、》に、左様なら《サランパ、》を《ア》して《ナッシ、テ、》ウェルリントン《ウエルリントン、》の港口から《トマリ、チャラ、オロワ、》、沖へ出た《レパー、アナッシ、》。此時《ネア、オッタ、》斯ういう気《エネ、アン、ラム、》に私はなった《アン、コロ、》。

「外国の人々でさえも《オヤ、モシリ、オルン、ウタラ、ネヤッカ、》、こう《ナハ、》して《カーネ、》私達が住民《アネイコロタン、》になって《コロ、》いる此日本の人達に《タン、シーサム、モシリ、オルン、ウタラ、オッタ、》、どんな《エネ》に《カーネ、》好意《ピリカ、ラム、》を持って《コロ、》くれて《クス、》この《ナハ、》位に《カーネノ、》もしてくれる《キーシ、》のだろう《アンペ、》」と《テーコロ、》、非常に忝けなく《イヤイライキレ、》感謝し《ナハ、アン、ラム、カーネ、》つつ相共《ウマ、》に出かけた《パイエ、アン、》。

此から《タニ、》愈々《アーシ、》本当に《ソンノ、》南極《ナンキョク、》の方へ《ヘコタ、》人々《アイヌ、》一同勇気凛々《イッシンネ、シュプ、ラム、》として《コロ、カネ、》荒海《ユフケ、》の上《アヅイ、》を乗切って《カリ、パイエ、》行《アン、》く。

かくて、二月の月の《ネーテ、オロ、ヅチユフ、ネー、チユピ、ヒ、》終り《ケセケ、タ、》から、《オロワ、》段々に《オポキノ、》寒さが《シーナム、》強くなり、《ユ フ ケ、》浪までも《コイ、ネアナツカ、》段々《オポキノ、》荒くなった。《ユフケ、》此時犬は五頭だけ残っていた。《ネア、オッタ、セタ、ネアンペ、アシシネ、セタ、パテ、オメーカ、》それ《ネア、》から、《オロワ、》一日一日に《シネ、トー、シネ、トー、ネ、》段々《オポキノ、》ますます《オンネ、》寒さが《シーナム、》募り《ユフケ、》船《ペン》の中《ザ イ、》は一面に《ネアツカ、エムイケ、》氷ばっ《ルフ、》かり《パテ、》になり《ネー、》綱でも《カイタ、ネアナツカ、》悉く《エムイケ、》氷ばっ《ルフ、》かり《パテ、》になり、《ネー、》船の《ペン ザイ、》表面《カシケタ、》は雪と《ウパシ、》氷《ルフ、》とで《ヅラ、》二尺余り《ツ、ウオー、アッカリ、》位に《カーネ、》なった。《アン、》

（八）極洋の風雪

さて《ネ ア、》尚進んで行くと、《オロワ、パイエ、アナツシ、ヤイネ、》三月の月の六日に、《レ、チユフ、ネー、チユフ、イワン、トホ、オツタ、》愈々《タニ、》南極と云う圏内の《アシ、ナンキヨク、ナハ、アイ、イエ、モシリ、》端の方《エトコ、ホ、》が見えた。《アン、ヌカラツシ、》此時に《ネア、オツタ、》人々《アイヌ、》みな《エムイケ、》非常に《テーコロ、》喜こんだ。《エラムシンネ、》けれども、《ネー、ワカイキ、》船を《ペンザイ、》着けられる《ヤン、》様な《クン、》潤は、《トマリ、》マクマトー《マ ク マ ト ー、》という潤《ナハ、アイ、イエ、トマリ、》であるが、まだ《ナ ー、》大分《ツイマ、》遠い。《クス、》けれど、どう《ネイラ、》かして、《アナツカ、》マクマトーまで《マ ク マ ト ー、オンネ、》行こうと《パイエ、アナツシ、ナハ、》船員たちが《ペンザイ、オー、ウタラ、》云って、《イエーシ、》其処へと《テ、タ、エネ、》出かけた。《パイエ、アナツシ、》折しも、《ネア、パハノ、》寒気が《ナニ、シーナム、》烈しく、《ユフケ、》海も《アヅイ、》段々《ナー、オポキノ、》氷って《ルプシ、》来、そ《ネー、》して《テ、》三月の月の十一日に、《レ、チユフ、ネー、チユピ、ヒ、シネ、トー、イカシマ、ワン、トーホ、オツタ、》カルマン島と云う島へ《カルマ ン、トー、ナハ、アイ、イエ、モシリ、》行った。《オツタ、パイエ、アナツシ、》

此時に《ネア、オツタ、》於ては、《ネアンペ、》海は《アヅイ、》一面に《アンペネ、》氷結して《ルプシ、》しまった《ヘマカ、》から《クス、》マクマトーへは、《マ ク マ ト ー、オンネ、》往けなくなった。《パイエ、アン、コヤークサツシ、》その時《ネア、オツタ、》隊長は、《サパネ、ニシパ、》何が《ネイラ、》何でも、《アナツカ、》譬い此処へ《タン、テータ、》でも《ネアナツカ、》いい《ピリカ、》から、是非上陸を《ヤパナツシ、》すると《クス、》云う。《ナハ、イエー、》けれ《ネー、》

ども、海上は、氷って《ワツカイキ、アヅイ、ネアンペ、ルプシ、》はいる《ワカイキ、》が、海氷《アプ、》がごく《ネアンペ、》薄い《ハプル、》から、《クス、》其上へ《カシケタ、》上る《ヤン、》ことが出来ない。《アン、コヤークサツシ、》何《エネ、》とも仕方がない《アン、カリ、イサマツシ、》から、《クス、》船を《ペンザイ、》ば又《カーナ、》氷らぬ水《ワツカ、》の方《ネイ、》へ、《オンネ、》帰した。《アノシピツシ、》

帰る《ネア、》時分、《オツタ、》風も《レーラ、》烈しく、《カ、ユフケ、》雪が《ウパシ、》夥しく《ポローノ、》降って、《ラン、》何処を《ネイタ、》見ることも《インカラ、カイキ、》出来なかった《アン、コヤークサツシ、》程真暗《パハノ、シリクロ、》になったけれど、《ネー、ワツカイキ、》此が晴《タン、シリ、》れさえ《ヘマカ、》したら、《パハノ、》どこ《ネイタ、》でも《ヘネ、》構わない《ネ、アナツカイキ、》此の《タン、》南極圏《ナン キヨク、》内の地へなら《モシリ、ヘ、オツタ、ネー、クス、》是非《ネ、イケ、》此の《アン、》一行の人《ヅラ、ウタラ、》と共に《ヅラ、》上陸す《ヤパン、クス、》ると隊長が云う。《ナハ、サパネ、ニシパ、イエー、》

そう《ナハ、》云う《イエー、》から、《テ、》隊員《アイヌ、》一同《イツシンネ、》も隊長《サパネ、》の言葉に同意して《ニシパ、イエー、ヘ、ネイノ、シネ、ラム、アニ、》上陸しようと《オカイ、》した。《アナツシ、》そして、《ネーテ、》四《イーネ、》日間《トー、》風《レーラ、》が荒れて《ユフケ、》いた《クス、》から、《アン、》四日間《イーネ、トー、》待って《オカイ、》いた《アナツシ、》けれど、《ヤツカ、》風《レーラ、》が弱ま《ハウケ、》りそう《クニ、ネ、》な様子《カツフ、》も無く《イサム、》却《ナニ、》て風《レーラ、》が強く《ユフケ、》なり、海《アヅイ、ネ、》さえ段《アナツカ、》々益々《オポキノ、》凍って《ルプシ、クス、》来る。《アン、》隊員《アイヌ、》一同《イツシンネ、》何《エネ、》とも仕様《カリ、》がない。《イサン、クス、》其《ネア、》処《オロワ、》で隊員《アイヌ、》一所《イツシンネ、》に相談をして《ウコイタツテ、》終に《オロワ、》濠太刺利亜《オースタラリヤ、》のシドニー《シドニー、》という所へ引上げる《ナハ、アイ、イエ、コタン、オンネ、ホシピ、》相談《ウコイタ、》をした。《アン、》

其《ネア、》の相談《ウコイタ、》がきまって、《ウレンカ、テ、》シドニー《シドニー、》へ帰帆した。《オンネ、ホシピ、アナツシ、》其《ネア、》の折《オツタ、》帰る《ホシピ、》頃《アン、パハノ、》寒気《シーナム、》が強く《カ、ユフケ、》浪《コイ、》も大き《カ、ポロ、》く、風《レーラ、カ、ユフケ、》も荒くって《アニ、》船《ペンザイ、ネヤツカ、》さえ壊れて《チ、エンテ、》了った。船《ペンザイ、オシツク、》の後部に附いて《コテス、》いた鉄板《カーニ、》なども《ネアナツカ、》離れて《チメシパ、》しまい殆んど《エンコ、》半壊れ《オツタ、チ、エンテ、》の船《ペンザイ、》に乗って《アノーシ、》帰って《アニ、ホシピ、》来た。《アナツシ、》此時《ネア、オツタ、》には、犬《セタ、》はたった《シネ、》一頭《セタ、》遺って《パテ、オメーカ、テ、》シ《シ》ドニーまで連れ帰った《ドニー、オッタ、ヅラ、ホシピ、アナッシ、》。

十一　南極探検（下）

（一）黄金郷

そう《ネー、》して、《テ、》五月《アシシネ、チュフ、》の《ネー、》月《チュフ、》の一日《シネ、トー、》の《ネー、》日《トーホ、》に《オッタ、》シドニー《シドニー、》と云う《ナハ、アイ、イエ、》所の《コタン、》港へ《トマリ、ヒ、オッタ、》這入った《アフプ、アナッシ、》。そこから《ネーテ、オロ、》此の《タン、》市の《コタン、オッタ、》タブルベー《タブルベー、》と云う《ナハ、アイ、イエ、》潤へ《トマリ、オッタ、》開南丸《カイナンマル、》を乗入れて《アノーシ、テ、》いた《オカイ、アナッシ、》。暫立って《ネア、オロワ、》、パースルバイ《パースルバイ、》と云う《ナハ、アイ、イエ、》所へ《コタン、》廻わされて《オッタ、アリキ、アナッシ、テ、》、此処へ《タン、テ、タ、》仮小屋《チセ、》を造った《アノタリカッシ、テ、》。其傍へ《サマケタ、》天幕《テント、》小屋を建てて《アノタリカッシ、》、其中へ《オンナイケ、》食物《イペ、》や《ナー、》雑品《ウサ、アンペ、》を入れて《オロー、テ、》此処に《ター、タ、》私と花守とが《アノカ、ヅラ、ハナモリ、ヅラ、》居る《オカイ、》ことになった《アナッシ、》。

さて《ネーテ、》、もう《カーナ、》一度《スイ、》南極へ《ナンキヨク、オンネ、》往く《パイエ、》ために《アナッシ、クス、》其れに《ネア、》使用すべき《オッタ、エイワンケ、クン、》色々な《ウサ、》もの《アンペ、》を取寄せる《フナラ、》ため《クン、アイヌ、》に多田《タダ、》という《ナハ、アイ、イエ、》人と《シーサム、ネワ、》、野村《ノムラ、》という《ナハ、アイ、イエ、》船長《サパネ、ニシパ、》と一所に《ヅラ、》東京へ《トーキヨー、オンネ、》帰った《ホシピッシ、》。その後で《ネア、オカーケタ、》船《ペンザイ、》などの《ナー、》壊《チ》れた《エンテ、》処《イ、》を再び《ケ、ヘ、カーナ、》修繕したり《アン、カラッシ、ヒ、》などして《ナー、》、それから《オロワノ、》、東京へ《トーキヨー、オッタ、》色々な物《ウサ、アン、ペ、》を調達に行った《フナラ、》人達《ニシパ、ウタラ、》の帰って《ホシピ、》来る《クニ、》まで《パハノ、》、待って《アン、テーレ、》居ながら《アニ、》、シドニー《シドニー、》に《オッタ、》暮らして《オカイ、》いた《アナッシ、》。

其間に《ネア、パハノ、》、シドニー《シドニー、》の市街《コタン、》も《ナー、》諸処方々《ピシカニ、タ、》見物をした《アン、ヌカラッシ、》。美しい《ピリカ、》家々《チセ、ウタラ、》も《ナー、》沢山《ポロンノ、》見物し《アン、ヌカラッシ、》、又《オロワ、》、ダンス《タンス、》とか《ナハ、アイ、イエ、》云う踊り《ヘチリ、》だの《ナー、》、活動写真《カツドーシヤシン、ナー、》だの、又は《スイ、》芝居《シパヤ、》だの《ナー、》度々見物をした《ウツル、ケタ、アン、ヌカラッシ、》。或は《スイ、》又ヨット《イクサ、チシ》などにも《ナー、》乗って方々見物もし《アノーシ、アニ、ピシカニ、タ、アン、ヌカラ、》、電車《デンシヤ、》にも《ナー、》乗って方々見あるいた《アノーシ、アニ、ピシカニ、タ、アン、ヌカラッシ、》。

此の郷は《タン、コタン、ネアンペ、テーコロ、》、非常に綺麗な《ピリカ、》所で《コタン、》ある《ネー、》。住民《アイヌ、》など《ヘ、》も、富裕な《シン、ネ、アッカ、》人達《ピリカ、ウタラ、》が沢山《ポロンノ、》ある《アン、》処であり《コタン、ネー、》、金《イコロ、カ、ポロンノ、》も沢山ある処である《アン、コタン、ネー、》。だから《ナハ、アン、クス、》、労働者達は《モンライケ、ウタラ、ネアンペ、》、六日間《イワン、トー、》働いて《モンライケ、》、日曜は《ランケ、ニチヨー、オツタ、》一日遊ぶ《ヤスミッシ、》ことに《ランケ、》して公園へ往って遊んでいる《ヘーチリ、ウシ、オツタ、パイエッシ、ランケ、ヘチリッシ、》。金が《イコロ、》沢山《ポローノ、》あるもんだから《コロッシ、クス、》、商い店で《エホツ、チセ、》色々な物を《オツタ、ウサ、アンペ、》買うと《ホカツシ、コ、》衣嚢から《ウフソロ、オロワ、》、金貨だの《コンカニ、イコロ、ナー、》銀貨だの《シロンカニ、イコロ、ナー、》一ぱい摑み出して《アシコロー、シ、》、色々な物を《ランケ、ウサ、アンペ、》買っている《ホカッシ、》。婦人《マハネク、》たちは《ウタラ、ネアンペ、》、綺麗な《ピリカ、》着物《イミー、》を着、綺麗な《ミーシ、ピリカ、》帽子《ハツカ、》を被り《コロッシ、》、頭の所に《サパハ、シン、》差してる《オツタ、アン、》櫛には、金剛石《キライ、オツタ、ダイヤモンド、》という《ナハ、アイ、イエ、》美しい《ピリカ、》宝石《スマ、》を用い《エイワンケッシ、》、又襟の所にでも《スイ、エクチ、ヒ、シン、オツタ、ナー、》、そういう《ナハ、アン、》美しい《ピリカ、》高価な宝石《アタイ、ユフケ、スマ、》を沢山《ポロンノ、》着けている《エイワンケッシ、》から《クス、》、体じゅうに《ネトパケ、ヘ、シン、オツタ、》、斯う云う《ター、》宝石《スマ、》の光を《ニケッピ、》ピカピカ《ヒアン、カーネ、》さして歩いて来る《アッカサッシ、》。それを見ると《アン、ヌカラ、イケ、》難船《チシ、》に逢って、噂に聞いていた《チエンテ、アニ、ウエペケレ、オツタ、アン、ヌー、》龍宮へでも来たかと思う《リユーグー、オツタ、ヘネ、アリキ、アン、クニ、アン、ラム、》。

で《ナハ、》、そういう《アン、》綺麗な《ピリカ、》立派な人達《ウタラ、》が毎日毎日《ケサントー、》探検隊《タンケンタイ、》の家へ遊びに来て《チセ、オツタ、ウタササッシ、》は《クス、》、私達でも《アリキッシ、コ、アノカイ、》見つけると《ウタラ、ナー、イヌカラッシ、》、一所に色々な談をする《イケ、イヅラ、ウコイタ、カッシ、》。今日はと挨拶する《イランカラッテ、キーシ、》に《クス、》私達の《アン、》手《テキ、》をも《ナー、》握って《ウカッシ、》、振り動かす《ルイルイッシ、》。こうやって《ナハ、アン、》暮らしている間には《オカイ、アン、キーシ、パハノ、》、私達の《オツタ、》住居している《オカイ、アン、》所の《コタン、》近隣の人達《エハンケノ、オカイ、ウタラ、》

には私達を見覚えた《イ、ワンテッシ、》人々《ウタラ、》も《カ、》ある《オカイ、》。又私達《アノカイ、》の方から《ネアナッカ、》も見覚えた《アウ、ワンテ、》人達《ウタラ、》も《カ、》ある《オカイ、》。そし《ネー、》て《テ、》斯う《ナハ、》やっ《アン、》ている中に、七箇月ばかり《オカイ、アン、キーシ、アイヌ、アルワン、チユフ、》此処に暮らした《パハノ、ター、コタン、オッタ、オカイ、アナッシ、》。そして《ヤイネ、》四十四年の年の十一月という月の十有六日の日に《イーネ、クンクト、イーネ、パー、ネー、パー、ケヘ、シネ、チユフ、イカシマ、ワン、チユピ、ヒ、イワン、ト、イカシマ、ワントホ、ネー、トー、ケヘ、》、樺太の私の村から《カラプト、アン、コタン、オロ、》橋村《ハシ ムラ》弥八《ヤ ハチ、》が三十頭《レ、クンクト、》の犬《セタ、》を連れ《ツラ、》て《テ、》、開南丸《カイナンマル、》の船長や《サパネ、ニシパ、ナー、》、その外《オロ、》、隊員《タイイン、》の多田《タ ダ、》という男だのと《ナハ、アイ、イエ、シーサム、ナー、》、一所に《イッシンネ、》、郵船会社《ユー センカイシヤ、》の熊野《クマノ》丸と《マル、ナハ、》いう大き《アイ、イエ、ポロ、》な汽船《ベンザイ、》に乗っ《オーシ、》て《テ、》シドニー《シ ド ニ ー、》へ《オッタ、》やって来た《アリキッシ、》。

（二）故郷の消息

こうして《アイネ、》、四十四年の年の十一月の月の十有六日の日に《イーネ、クンクト、イーネ、パー、ネー、パー、ケヘ、シネ、チユフ、イカシマ、ワン、チユフ、ネー、チユピ、ヒ、イワン、トー、イカシマ、ワン、トホ、ネー、トー、ケヘ、》、樺太の私の村から《カラプト、》、橋村《ハシムラ》弥八《ヤ ハチ、》が三十頭《レ、クンクト、》の犬《セタ、》を連れ《ツラ、》て《テ、》、開南丸《カイ ナン マル、》の船長や《サパネ、ニシパ、ナー、》、それから《オロ、》隊員《タイイン、》の多田《タ ダ、》という人などと《ナハ、アイ、イエ、シーサム、ナー、》一所に《イッシンネ、》、郵船会社《ユー セン カイ シヤ、》の熊野《クマノ》丸という大き《マル、ナハ、アイ、イエ、ポ ロ、》な汽船《ベンザイ、》に乗っ《オーシ、》て《テ、》、シドニー《シ ド ニ ー、》へ《オッタ、》やって来た《アリキッシ、》。

そして《ネーテ、》私は《アノカ、ネアンペ、》、随分久しく《オホーロノ、》、逢わなかった《ハネ、アン、ヌカラ、》様《クニ、》に思う《アン、ラム、》橋村《ハシムラ、》と、今此処で《ネア、オッタ、》逢った《アン、ヌカラ、》ので《クス、》本当《アネ》に《ヌシ、》嬉しかった《カーネ、》。橋村も《ハシ ムラ、カイキ、》同じ思い《イ、ネイノ、》であ《エラム、》った《アン、》。そして《ネーテ、》始めて《アシンノ、》、私の《アン、》村の《コタン、》消息も《オルシペ、ナー、》橋村か《ハシ ムラ、オロ》ら《ワ、》、よく聞い《ピリカノ、アン、ヌー、》た。

私は、橋村《ハシムラ、》をシドニー《シドニー、》の町じゅう《コタン、ウツ゚ル、カリ、》引っ張《アン、ツ゚ラ、》って見《アニ、》物をさせた《インカラ、ツ゚ラ、アン、キー、》。そして《ネー、テ、》私は、此度再び《アノカイ、ネアンペ、タニ、カーナ、》又《スイ、》南極《ナンキヨク、》の方へ《オンネ、》往くように《パイエ、アナッシ、》なったから《クス、アン、カラ、レンカイネ、》橋村に私の村へ色々な《ハシムラ、オッタ、アン、コタン、オンネ、ウサ、アン》事を《ペ、》伝言をした《アネウテッカラ、》。

その時《ネア、オッタ、》斯う《エネ、》私が云った《アイ、イエ、イ、》。

「私は、今一度やり直し《アノカ、ネアンペ、アッスイ、アン、キー、》に《クス、》出かけねばならぬ《アネホプニ、》此事業《タン、モンライケ、》であるから《ネー、クス、》、どんな悪《ネイラ、》い事(死)《ヱン、ヘ、ネ、キー、》を仕出すとも《クンペ、》、どこ《ネイ、》迄も、やり遂げる《パハノ、ネ、アナッカ、ヘマカ、》迄は《パハノ、》諸共《ウマ、》にやらねば《アン、キー、》ならぬ《クンペ、ネー、》から《クス、》、村へ《コタン、オッタ、》お前が帰ったら《エ、オマン、チキ、》宜しく《ピリカノ、》土人《アイヌ、》達《ウタラ、》へ《オッタ、》云って呉れ《イエー、》」そう云って《ナハ、アイ、イエー、テ、》「金《イ》子《コロ、》を少し《ポンノ、》許私から《アノカ、オロワ、》お前へことづけて《アネアン　パレ、》遣るから《クス、》、村へ行ったら《コタン、オッタ、エ、オマン、チキ、アイヌ、》、村の人達《ウタラ、》へ《オッタ、》云え《イエー、》、此で、酒でも《サケ、ヘネー、》買って《アネホツカラレッシ、》神様へよくお祈りをして《イケ、カムイ、オッタ、ピリカノ、イノニ、イタ、》、呉れるように《アン、キーレッシ、》、そう云え《ナハ、イエー、》」

と私は云って《ナハ、アイ、イエー、テ、》、橋村《ハシムラ、》へ伝言したら《アネウテッカラ、ネア、オッタ、》、橋村《ハシムラ、》も少し《カイキ、ポンノ、》悲しんだ様子であった《ラム、ヱン、カネ、アン、シリ、ヒ、アン、》。そして《ネー、テ、》、二人《ツ゚、アイヌ、》で方々街を《ネー、ピシカニ、タ、》見歩るいて《アン、ヌカラッシ、テ、》、ビーヤホール《ビーヤホール、》へ這入って《オッタ、アフン、アナッシ、テ、》、ビール《ビール、》を飲んで袂別をした《アン、クーシ、アニ、ウコサランパ、アン、キーシ、》。

(三) 再挙

さて《ネーテ、》橋村弥八《ハシムラ、ヤハチ、》は熊野丸《クマノマル、》に乗って《オー、テ、》、メルボルン《メルボルン、》という地方へ《ナハ、アイ、イエ、コタン、》去った《オンネ、パイエッシ、》。私達一行は《アノカイ、アッシン、ネアンペ、》

開南丸《カイナンマル、》に乗《アノーシ、》って《テ、》十一月の月の十有九日という日《シネ、チュフ、イカシマ、ワンチュフ、シネピサン、トー、イカシマ、ワントホ、オッタ、》に、愈々《タラ、アシ、》シドニー《シドニー、》から《オロワ、》南極を指《ナンキョク、オンネ、》して出《パイエ、》かけよう《アナッシ、》と《クス、》出帆した《ホプニ、アナッシ、》。

此《ネア、》の時《オッタ、》シドニー《シドニー、》在住の日本人たち《オッタ、オカイ、シーサム、ウタラ、ナー、》は一同《イッシンネ、》小蒸気《ポン、ウンチ、コロ、チシ、》に乗って《オーシ、テ、》港《トマリ、》の口《チャラ、》の方《オンネ、》へ送って《イルーラッシ、》出、それから《オロワノ、》又、シドニー《シドニー、》府の《オルン、》土地の人々《コタン、コロ、オカイ、ウタラ、ナー、》も小蒸気《ポン、ウンチ、コロ、チシ、》に乗り《オーシ、》婦人達まで《マハネク、ウタラ、ナー、》も一斉《イッシンネ、》に或は《スイ、》快走船《ヨット、》と呼ぶ《ナハ、アイ、イエ、》帆《カヤ、》を懸けた《コロ、》端艇《ポン、チシ、》の数々沢山《ウタラ、ナー、ポロンノ、》、シドニー《シドニー、》の港《トマリ、ヒ、》の中一ぱいの《オンナイケ、タ、ポロンノ、》船《チシ、ウタラ、》港の口《トマリ、チャ》迄《ラ、》まで《パハノ、》、開南丸《カイナンマル、》を見送ろう《オカ、インカラッシ、》と跡追うて来て《クス、イ、ヅラッシ、》、左様なら《ピリカノ、》御機嫌《オマン、》ようと呼ぶ《ナハ、イエーシ、》。陸の方《ヤー、タ、》に《ネアンペ、》は諸処方々に《ピシカ、ニ、タ、》旗など《ハタ、ナー、》沢山に《ポロンノ、》立てて《ホタッセ、》人々沢山に居《カーネ、アイヌ、ナー、ポロンノ、オカイ、》、御機嫌《ピリカノ、》よう左様なら《パイエ、アン、》を呼び《ナハ、イエーシ、》なが《アニ、》ら見送った《イ、オカ、インカラッシ、》。

さて《ネーテ、》、今度こそ《タニ、アーシ、》、本当に《ソンノ、》南極《ナンキョク、》に向って《オンネ、》出かけた《パイエ、アナッシ、》。今は《タニ、ネアンペ、》南極《ナンキョク、》では《オッタ、》、夏の時節《サキータ、》である《ネー、》か《クス、》ら海には《アヅイ、オッタ、》波が《コイ、ネアンペ、》荒れる《ユフケ、》けれども《ワッカイキ、》先回《ホシキ、》より《アッカリ、》は少しく《ポンノカ、》いい《ピリカ、》様に思われた《クニ、アン、ラム、》。段々と《オポキノンネ、》出か《パイエ、》けて行くと《アナッシ、カーネ、》、南極圏も《ナンキョク、モシリ、カイキ、》、はや《タニ、》、近くなり《エハンケ、》、海中には《アヅイ、オッタ、》、流氷《アプ、》などが《ナー、》沢山流れている《ポロンノ、モン、エ、アー、クス、アン、》。其の間《ネア、ヅムケ、》を船乗り廻して《ペーカ、チポー、》往った《パイエ、アナッシ、》。夏とは《サキータ、ネー、》いいながら《ワッカイキ、》、南極圏内へ《ナンキョク、モシリ、オッタ、》這入る《パイエ、》というと《アナッシ、》、やはり、寒《カーネ、ネアンペ、ランマ、シー》気が厳しく《ナム、ネアンペ、ユフケ、》なって《カーネ、》来た《アン、》。けれども《ワッカイキ、》勇気を《アネシユプシ、》鼓舞して《アンペ、》いる《ネー、》から《クス、》、余り《マシキン、》堪え切れなくも《アン、コハウケ、ネアンペ、》

感じなかった《ハネ、キーシ、》。

さて、《ネー、テ、》南緯《ナンイ、》七十六度《シチジウロクド、》と思った《ナハ、アン、ラム、》処《イ、》からは、《オロ、》まるで《アンペネ、》ただ《オハ、》昼だけ《トーノシリ、》であるから、《パテ、アン、》ずんずん《アニ、》進《パイエ、》んで行《アナッシ、》った。夜に《クーネ、》なる《ネ、》と云っても、《アナッカ、》太陽が、見え《トーノ、チユフ、アン、ヌカラ、》るだけ《イ、カンネ、》は明《トーノ、》るい。昼になると、更に《トー、オッタ、ネアンペ、ナールイ、》一層明《トーノ、》るく《アン、》なる。

ずんずく行《パイエ、アナッシ、》くと《カーネ、》海豹《カムイ、》などが《ナー、》流氷《アプ、》の上《カータ、》に居《オカイ、》る。すると《イケ、》屠ってしま《アン、ライケッシ、》う。ペンギン《ペンギン、》鳥という鳥《チヨー、ナ、アイ、イエ、チカ、》なども《ナー、》居る《オカイ、》と忽ち《イケ、》捕えてし《アヌカッシ、》まう。そんな《ネアンペ、》こと《ヘ、》をして《アン、キーシ、》いた《オッタ、》時分には《ネアンペ、》実に面白かった《アネキロランシ、》。

それから《ネア、》尚行って《オロ、パイエ、アナッシ、》明治四十五年《ヤイネ、メーチ、イーネ、クンクト、アシシネ、》の年に《パー、ネー、パー、ケヘ、》なり、《シネ、》一月十有五日《チユフ、ネー、チユピヒ、アシシネ、トー、》という日、《イカシマ、ワン、トホ、オッタ、》ウエールス《ウエールス、》湾という港《ワン、ナ、アイ、イエ、トマリ、》へ往った《オッタ、パイエ、アナッシ、》。此処で思いも寄らざる《タータ、ハメネ、アン、クニ、アン、ラム、フ、ネアー、》大きな《ポロ、》船と数多の人《チピ、ヒ、ネワ、アイヌ、ポロンノ、》とに逢った《アン、コエカーリ、》。其船《ネア、チシ、》の側へ《サマケタ、》船を着け《ヤパナッシ、》て、《テ、》其船に《ター、チシ、》乗《オー、》っている人達《ウタラ、》にも《ナー、》会見し、始めて、《アン、ヌカラッシ、オッタ、アシンノ、》此が、諾威とい《ノルヱー、ナハ、アイ、》う国《イエ、モシリ、》のアムントセン《オルン、アムントセン、》大佐の南極探検船であると《ナハ、アイ、イエ、ポロ、ニシパ、ナンキヨク、タンケン、チピ、ヒ、ネー、アニ、アン、》知った《パシテッシ、》。

そこ《ネア、》から、《オロワノ、》食物《イベ、ナー、》だの諸道具《ウサアンペ、》などを陸揚げ《アイ、ヤンケッシ、》をし犬どもや《セタ、ウタラ、》犬の《ナー、セタ、》食料《イペ、》なども《ナー、》陸揚げを《アイ、ヤンケッシ、》した《テ、》。隊員《アイヌ、》の半数《エンコ、》は、高い《オリー、》氷の《ルフ、》断崖《ヌプリ、》へ、《オンネ、》かねかね《ヘウケノ、》した道路《ルー、》を作り、《カラ、》あと《アイヌ、》の半数《エンコ、》は諸荷《ウサ、アン》

物《ペ、》を運び上げる《ルーラ、》事に従事《アン、キー、シ、》した。その中《ヤイネ、》に道路《ルー、ナー、》が出来上る《ヘヅク、》と、其道路から《ネア、ルー、カリ、》高い絶壁《オリー、エカンライ、》の上へ荷物《ウサ、アンペ、》を私が背負って《アイ、シエー、シ、アニ、》運び上った《アン、ルーラッシ、》。そして、《ネー、テ、》翌一月の十有九日の日に諸荷物《シンケヘ、シネ、チユフ、ネー、チユピ、ヒ、シネピサン、トー、イカシマ、ワン、トホ、オッ》を全部運び終えた《タ、ウサ、アンペ、エムイケ、アン、ルーラ、ヘマカッシ、》。

（四）　突進隊

それ《ネーテ、》から《オロ、》、隊長《サパネ、ニシパ、》と《ナー、》武田氏《タケタ、ニシパ、》と《ナー、》、三井所医師《ミイシヨ、イサントノ、》と《ナー、》、それに《オロワノ、》花守新吉《ハナモリ、シンキチ、》と《ナー、》私《アノカイ、》とが《ナー、》、愈々《タニ、アーシ、》以て《アッサランノ、》極地《ナン》突進隊《キヨク、ヘコタ、パイエ、クン、ウタラ、ネ、ウレンカ、》となった。

そして《オロワノ、》、其の《ター、》断涯《オリー、》の上に《カシケタ、》天幕《テント、》小屋を《アン、》建てて《ホタリカッシ、》其処《ター、》に《タ、》、村松氏及び吉野氏の二人がウ《マツムラ、ナハ、アイ、イエ、シーサム、ヅラ、ヨシノ、ナハ、アイ、イエ、シー》エールス湾測量隊となって、根拠地へ居遺ることになった《サム、ヅラ、ヅ、アイヌ、ネアンペ、ウエールス、ワン、ウレンカレ、ウタラ、ネ、オロ、ホプニ、アン、チセ、オロ、アノッパシ、》。

開南丸《カイナン マル、》は、《ネアンペ、》エドワード七世湾《エド ワ ー ド、シチ セイ、ワン、》方面《オンネ、》へ沿岸隊《エンガン タイ、》となって《ネー、》、池田農学士《イケダ、ナハ、アイ、イエ、ニシパ、オー、》か搭乗し、其外写《オロワノ、シヤ》真係りの田泉氏やら多田氏やら、西川氏やら、渡辺氏やら、此等の人々五人、エドワー《シン、ウレンカレ、アイヌ、タイヅミ、ナハ、アイ、イエ、シサム、ナー、タダ、ナハ、アイ、イエ、シサム、ナー、ニシカワ、ナハ、アイ、イエ、シサム、ナー、ワタナベ、ナハ、アイ、イエ、シサム、ナー、ナハ、カーネ、》ド七世湾の沿岸隊となり、開南丸に乗って往った《アシシネ、アイヌ、エドワード、シチセイ、ワン、エンガンタイ、ネ、カイナンマル、オーシ、テ、パイエッシ、》。

さて、《ネーテ、》それから《オロ、》、私達の一行は《アノカイ、アッシン、ネアンペ、》、諸荷物《ウサ、アンペ、》を搭載して《アン、クサシ、テ、》一月の月の二十日の日に《シネ、チユフ、ネー、チユフ、ヅ、クンクヅ、トー、ホ、オッタ、》花守と《ハナモリ、ヅラ、》

二《ツ、》人《アイヌ、》で《ネ、》犬《ヌ》し《ソ、》を駆《オー、》すべき命《イレンカ、》を受け持《コロ、シ、テ、》って、突進隊《ナンキヨク、ヘコタ、ニシパ、ウタラ、》の人々に同行《ヅラ、》して《パイエ、》出掛《アナツシ、》けた。

（五）極地の壮観

立木《ニー、カイキ、》も無けれ《イサム、》ば、草一つ《キナ、カイキ、》無《イサム、》い、唯々《オハ、》真白《デタラ、》な雪《ウパス、》ばっかり《パテ、》の上を行く《カシケ、ペーカ、パイエ、アナツシ、》。

始めの程《アシンノ、》は、積荷《ネアンペ、イクサ、》が多く《ポロー、》其上《カシケタ、》、橇《シケニ、》が重い《パーセ、》から《ク》、遠く《ス、ヅイマノ、》は《ハネ、》駆け《パイエ、》れなった《アナツシ、》。後には段々《オポキノンネ、》、犬《セタ、》の食料《イペ、ナー、》も犬《セタ、》が食べ《ウタラ、エーシ、》、人《アイヌ、》の食糧《イペ、ナー、》も人《アイヌ、》が食べる《エー、》から、《アニ、》進んで行く《オマン、》中に積荷《ヤイネ、イクサ、》が軽く《コシネ、》なる。

それから《オロワ、》は、随分遠く《ヅイマノ、》駈けて《パイエ、アナツシ、》宿泊した《ランケ、レウシ、アナツシ、》。宿泊する《ネア、オッタ、》時には《ネアンペ、》、雪《オパシ、》の上へ《カータ、》、小さい《ハチコ、》天幕《テント、》を建《アン、ホタ》てて《リカツシ、》、其の中に《ネヤ、イ、オッタ、》隊長《サパネ、ニシパ、》と武田《タケタ、》氏《ニシパ、》と三井所《ミイショ、》氏《ニシパ、》と、これだけ《ナハ、》寝る《カーネ、オカイ、アッシ、》。私《アノカイ、》と、花守《ハナモリ、》との《ヅラ、》二人《ヅ、アイヌ、》は、積《ネアンペ、》荷《イクサ、》の上の覆い《カヤ、》を垣《イピリ、》の様《ネ、》に取廻して《アン、カラツシ、》、雪《テ、オパシ、》の上へ《カータ、》毛皮《ルツシ、》の着物《イミー、》を着て寝る《アン、ミーシ、テ、》ので《モコロ、》あった《アナツシ、》。

朝《ニシヤツタ、》になって、起き《パイケ、》上って見る《アナツシ、》と《コ、》、私達《イ、》の体《カシケタ、》の上に、雪《オパシ、》が沢山《ポロンノ、》降り積《アン、》って《ルーへ、》い《アン、》るのであった。

こういう様に《ナハ、アン、キーシ、》して、《アニ、》突進《パイエ、》した《アナシ、》。其うちに《ヤイネ、》間《ナニ、》もなく《オンネ、》積荷《イクサ、》も乏しく《ハイタ、》なる《アニ、》に従って、橇《シケニ、》も《カ、》軽く《コシネ、》なった。そこで《オッタ、》、それから《ネア、オロワノ、》は、隊長《ニシパ、》たち《ウタラ、》も《ナー、》犬橇《ヌソ、》に乗《オーシ、》って《テ、》進む《パイエ、》様になった《アナツシ、》。花《ハナ》守は隊長と武田氏と《モリ、ネアンペ、サパネ、ニシパ、ヅラ、タケタ、ニシパ、》を載せて《ヅラ、テ、》駆け私は三井所氏を伴って、《オ マン、アノカ、ネアンペ、ミイシヨ、ニシパ、アン、ヅラ、》進んだ。《パイエ、アナツシ、》

（六）銅箱を埋めて旋る

そして《ネーテ、》一月の月の、《シネ、チユフ、ネー、チユフ、》二十有九日の日に、《シネピサン、トー、イカシマ、ヅクンクト、》八十度五分の所まで《トーホ、ハチジユード、ゴ フン、オツタ、》突進した。《パイエ、アナツシ、》其処へ《ター、タ、》一泊をして、《レウシ、アナツシ》翌日其処へ旗などを立てた。《テ、シンケヘ、ター、タ、ハタ ナー、アノタリカツシ、》それから、《オ ロ ワ ノ、》銅造りの箱の中へ南《フレカニ、シポ、オンナイケ、タ、ナン》極探検に行った一行の名前を書いたものを、《キヨク、タンケン、オツタ、オマン、ウタラ、レーヘ、オツタ、アン、カンピ、》函の中へ収めて雪を掘って其底へ入《シポホ、オンナイ、タ、アナマツシ、テ、オパシ、アン、ポイシーケ、オンナイ、ケタ、アナ》れた。《フンケ、テ、》其の側へ旗を建てて、そして、《ネア、サマケタ、ハタ、アノタリカツシ、テ、》其処から帰途についた。《ター、ワ、オロ、ホシピ、アナツシ、》

＊　＊　＊　＊　＊　＊　＊

今度は《タニ、アシ、》荷物もないから、《イクサ、イサム、》隊長たち犬橇へ乗って《クス、ニシパ、ウタラ、オーシ、テ、》私達一同帰途に就いた。《アノカイ、アツシン、ナー、イツシンネ、ホシピ、アナツシ、》朝から夜の十二時頃まで駆け通して、碌に眠りもせず、《ニシヤツタ、オロワノ、クーネ、ツ゜、トキ、イカシマ、ワン、トキ、パハノ、アツカシ、アナツシ、ランケ、ポンノ、モコロ、アナツシ、》翌日又夜の十二時頃まで駆けらしたら其時には、《シンケヘ、スイ、クーネ、ツ゜、トキ、イカシマ、ワン、トキ、パハノ、アツカシ、アナツシ、ネア、オツタ、》二十里余りを駆けた日もあり、或は三十里ほど駆けた日もあった。《ネアンペ、ツ゜、クンクト、イチリ、アツカリ、アツカシ、アナツシ、トー、カイキ、アン、オロワノ、レ、クンクト、イチリ、パハノ、アツカシ、アナツシ、トー、カイキ、アン、》そうして三日の中に帰ってしまったのであった。《ネー、テ、レ、トー、ネ、ホシピ、アナツシ、ヒ、ネー、》けれども、《ワツカイキ、》其日の晩は、霧があった為めに根拠地の天幕の辺へ休んだ。《ネア、トー、オヌーマン、ネアンペ、ウーララ、アン、アニ、オロ、ホプニ、アン、テント、サマケ、タ、ヤスミ、アナツシ、》翌日の朝《シン ケヘ、ニ》

にな《シャッタ、》って、霧が《ウーララ、》すっかり《エムイケ、》、晴れ上《リキン、》って見ると天幕が遥か遠く《ヘマカ、テ、インカラ、アナッシー、ヒ、ネヤ、テント、ツ゚イマノ、》に見えた《アン、ヌカラッシ、》。それから《ネア、オロ、》隊長始め《ニシパ、ウタラ、ナー、》皆々一同《イッシンネ、》、天幕《テント、》へ凱旋し、茲に始めて《オッタ、ホシピ、アナッシ、ネーテ、アシンノ、》、村松《ムラマツ、ナー、》やら吉野《ヨシノ、》やらに逢っ《アン、ヌカラッシ、》て、私達までも《オッタ、アノカイ、ウタラ、ナー、》、ほっと安心した《アネラムシンネッシ、》。村松吉野《ムラマツ、ヨシノ、》等も《ウタラ、ナー、》安心をした《エラムシン、ネッシ、》。

（七）犬の別れ

そう《ネーテ、》して以後《オロ、》、開南丸《カイナンマル、》の帰《ホシピ、》って来る《クニ、》のを天幕《テント、》の中で《オンナイ、タ、》待っていた《アン、テーレッシ、》。二《ツ゚、》月の月の四日に《チュフ、ネー、チュピ、ヒ、イーネ、ト、ホ、》なって《オッタ、》、開南丸《カイナンマル、》が見えた《アン、ヌカラッシ、》。それから《ネア、オロ、》、船へ《チシ、》荷揚げ《ヤン、クニ、》の場所《ウツ゚ル、》を探し《アン、ヌカラ》た《ツシ、ワ》けれども《カイキ、》、いい《ピリカ、》場所《ウツ゚ル、》が無い《イサム》から《クス、》、諸処方々《ピシカニ、ペーカ、》の涯で低く《オラン、》なって《カーネ、》いる《アン、》所《トコ、》を捜している《アン、フナラッシ、ヤイ》と《ネ、》、一箇所《シネ、アニ、》少し《ポンノ、》許低く目に《オラン、カーネ、》なってる《アン、》涯《トコ、》が見付かった《アン、クス、》。そこで《ネア、》其処《イ、》から荷物《カーリ、ウサ、アンペ、》を綱で《カイタ、アニ、》卸して《アン、ランケッシ、ハチコ、》、小さい端艇《チシ、》へ下げ、端艇から《オンネ、アン、ランケッシ、チシ、オロ、》、取って《アン、ヌカッシ、》、開南丸《チシ、》へ入れよう《アノロー、シ、》とした。

私どもは《アノカイ、アッシン、ネアンペ、》、花守と《ハナモリ、ツ゚ラ、》、一所に、橇で《ヌソ、》以て《アニ、》諸荷物《ウサ、アンペ、》を運搬した《ルーラ、アン、キー、》。あとの人々《アイヌ、エンコ、ネアンペ、》は端艇《チシ、》へ《オンネ、》諸荷《ウサ、》物《アンペ、》を綱で下げ《カイタ、アニ、ランケ、ハチコ、》、端艇へ積込んだ《チシ、オッタ、クサ、》。

こう《ナハ、》いう風《キー、》にして《アニ、》開南丸へ運送《カイナンマル、オンネ、ルーラッシ、》をし《キーシ、》、それが済んだら《ヘマカ、》最後《ヨーメヌ、》に、私達隊員一同と共《チシ、オッタ、アノカイ、アッシン、アイヌ、》

に開南丸へ乗込もうとした《イツンネ、ヅラ、カイナンマル、オンネ、パイエ、アナツシ、クス、アン、カラツシ、》——

其時《オツタ、》風《レーラ、》が烈しく《ユフケ、》浪が《コイ、ナー、》大きく《ポロ、》、流氷《アプ、》など《ナー、》も沢山集まって《ポロンノ、ウエカーリ、》来て《アニ、》端艇《チシ、》を漕ぎ行く路《オマンルー》も《カ、》ない《イサム、》。其位《ネアンペ、》であったから《アニ、》、犬《セタ、》はやっと《ネアンペ、》六頭《イワン、セタ、パテ、》だけ端艇《チシ、》へ連れ込んだ《オツタ、アン、ヅラ、テ、》が、其余《オロワ、アン、》の犬《セタ、ネアンペ、》はみな遺いて来た《エムイケ、アノツパッシ、》。

さて《ネーテ、》、それから《オロワ、》、開南丸《カイナンマル、》の方へ《オンネ、》漕行くけれど《パイエ、アナツシ、》、端艇《オツタ、チシ、》の進む路《オマン、ルー、》も無い《イサム、》ので《クス、》流氷《アプ、》の上《カー、タ、》へ端艇《チシ、》を上げてしまった《アン、リキンケツシ、》。流氷《アプ、》の上《カー、タ、》を引っ張り《アン、ニンパツシ、》引っ張りして《ランケ、》、凍らぬ水《ワツカ、》の所《アン、》がある《ウヅル、オツタ、》と、水に卸して《アン、ランケツシ、》、水のまま《ワツカ、カリ、》に漕ぎ廻し《アノーシ、》、又流氷《スイ、アプ、》の上へ《カー、タ、》上げては《アン、リキンケツシ、》、流氷《アプ、》の上を《カー、ペーカ、》引張って行く《アン、ニンパツシ、》。そうやって《ナハ、アン、キーシ、アニ、》開南丸《カイナンマル、》の方へ《オンネ、》、やって行く《パイエ、アナツシ、》と、其時《ネア、オツタ、》、岸《ヤー、》の上《タ、》に遺され《オカイ、》た犬ども《セタ、ウタラ、》が遠吠え《ウオーセツシ、》に啼いて《アニ、》吾々を《イオーカイン》見送って《カラツシ、》いるのを見た時《アン、ヌカラ、》には《アンペ、》、何とも《テーコロ、》犬ども《セタ、ウタラ、》が可愛想《アネラムポキヱン、》で心の《クス、ラム、》裏で泣《オツタ、チシ、》く《アン、》ような思い《ネイノ、》をしな《アネラム、オカイ、》が《カネ、》ら、犬《セタ、》ども《ウタラ、》を振す《アノツパツシ、》て《テ、》て、開南丸《カイナンマル、》へ《オツタ、》死ぬ目《ライコロ、》を見て《イキ、》やっと《アナイネ、》着いた《エシレパ、アン、》。

（八）凱旋

さて《ネーテ、》、開南丸へ《カイナンマル、オツタ、》上って《レパ、アナツシ、》端艀を《ハチコ、チシ、》一々綱で《ウタラ、カイタ、》引上げて《アニ、リキン、ケツシ、》しまう《ヘマカ、》と、すぐに《ヅラノ、ナニ、》、開南丸《カイナンマル、》は汽罐と《キカイ、アニ、》

帆を揚げて烈風の中を出帆した《ナー、カヤ、ナー、アン、リキン、ケッシ、テュフケ、レーラ、ヅム、ケ、ペーカ、ホプニ、アナッシ、》。

此の時に《ネア、オッタ、》は、何しろ《ネアンペ、》もう《ヘンパラ、》南極《ナンキヨク、》が冬に《マタイタ、》なりかかって《ヤイカラ、》いるから《クス、》、海の《アヅイ、》水も《ワッカ、ナー、》そろそろ《オポキノ、》凍《ルプシ、》って、氷《ル》の海《フ、》に《ネ、》なりかけて《ヤイカラ、》いるから《クス、》、やっとの《ライコロ、》事で沖の《アヅイ、》方へ《オッタ、》乗出《レパ、》した《アナッシ、》。

それ《ネア、》から《オロワ、》というもの、毎日《ケサン》毎日《トー、》空《シリ、》が曇る《ヱニーケ、》と、雪が降り《オパシ、ナー、ラン、》、風が荒れ《レーラ、ナー、ユフケ、》、浪も高く《コイ、ナー、ポロ、》、其中を帆《ヅム、ケ、ペーカ、カヤ、》を掲げて《コロ、アナッシ、》やっと《ヤイネ、タニ、》氷のない《ルプ、イサン、》海へ《アヅイ、オッタ、》来た《アリキ、アナッシ、》。

そこから《ネア、オロワ、》、漕ぎ《アリキ、》つけて来て《アナッシ、ヤイネ、》、ウェルリントン《ウエルリントン、》へ四月の月の五日の日に到着した《オッタ、イーネ、チユフ、ネー、チユピ、ヒ、アシシネ、トーホ、オッタ、エシレパ、アナッシ、》。此《ター、》処から《ワ、オロ、》、隊長と《サパネ、ニシパ、》、武田氏と《タケタ、ニシパ、》、池田氏と《イケダ、ニシパ、》田泉写真係及び村松と《タイヅミ、シヤシン、カラ、ニシパ、オロワノ、ムラマツ、》、此だけ先に《ナハ、カーネ、ホシキ、》東京へ帰るた《トーキヨー、オンネ、ホシピッシ、》め《クス、》シドニー《シドニー、》へ出《オンネ、パイエッシ、テ、》、シドニーから《シドニー、オンネ、オロワ、》郵船会社の《ユーセン、カイシヤ、》大きな《ポロ、》汽船で《ペンザイ、》帰国する《アニ、ホシピッシ、》とて《クス、》、ウェルリントン《ウエルリントン、》から《オロ、》汽船に《ペンサイ、》乗って《オーシ、》立って《テ、》しまった《ホプニッシ、》。

そこで《ネア、》開南丸に《オッタ、カイナンマル、》乗組の《オー、》働き手が《モンライケ、ウタラ、》二人《ヅ、シーサム、》帰ってしまった《ホシピッシ、ネアンペ、》から《アニ、》、人員《アイヌ、》不足《ハイタ、》して《クス、》、私は花《アノカイ、ハナ》守《モリ、》と二人《ヅ、アイヌ、》で船員の仕事を手伝わせられて《ペンザイ、ウタラ、オッタ、モンライケ、イカースイ、アン、キーシ、アニ、》、一所に《ウマ、》従事した《イヅラアン、》。

ウェルリントンを《ウエルリントン、オロワ、》開南丸で《カイナンマル、》出帆して《ホプニ、テ、》から、以後《オロワ、》、帰途に《アリキ、》上って《アナッシ、》、赤道地方《イケ、セキドー、》へ《ヘコタ、》近くな《アリキ、》って来ると《アナッシ、オッタ、》、暑さが《イセイセッカ、》烈しく《ユフケ、》なったから《クス、》、雨水で沐浴とした《アツト、ラン、ワッカ、アニ、ヤイ、フライ、アナッシ、》其時分は《オッタ、》体が少し《アン、ネトパケ、ポンノ、》許涼しい《メマン、》

様《ネイノ、》に思われた《アン、ラムツシ、》。けれども《ワッカイキ、》、又暑く《スイ、セイセツカ、》なって来ると《アン、オツタ、ネアンペ、テーコロ、》、非常に堪え《セイセ、》きれない《アン、コハウケ、》程に感《カネ、》じつつ航海《アリキ、》をした《アナツシ、》。そうやって《アン、キーシ、》、段々《ヤイネ、》赤道近く《セキドー、エハンケ、テ、》なると、俄かに《アツスイ、》風か《レイラ、》荒れた《ユフケ、》。其時《オツタ、》四日程は《イーネ、トー、パハノ、》、船足も早い《ベンザイ、カ、モナシノ、》が、浪も《コイ、カ、》荒く《ユフケ、》、其時には《ネア、オツタ、》、船の帆梁が折れて《ベンザイ、カヤ、サマツケ、ニー、カイテ、》しまった。其時には《ネア、オツタ、》、船中の人《ベンザイ、オー、ウタラ、》一同《イツシンネ、》も少々《ポンノ、》度胆を抜かれた《イキマテ、カーネ、》風であった《アン、レーラ、ネー、》。

それから《ネア、オロワ、ネアンペ、》は、風も無くなり《レーラ、カ、イサム、》、ただ《ヤイ、》船が《ベンザイ、》流れている《モン、》様で《ネイノ、》あった《オカイ、アナツシ、》。早く《モナシノ、》、もう《タニ、》暑い《セイセヘ、》海は《アヅイ、》通過したいと《アナツカリツシテ、》人々《ナハ、アイヌ、》一同思いつつ《イツシンネ、エラム、アン、カーネ、セイセノ、》暑い海を《アヅイ、》渡している《アンクサツシ、》と、やっと《キー、ヤイネ、ライコロ、》、暑い海も《セイセヘ、アヅイ、》通り越し《アナツカリツシ、》、そして《ネー、テ、》小笠原島《オガサワラ、モシリ、》へやって来た《オツタ、アナツシ、》。小笠原島《オガサワラ、モシリ、》へ上陸した《ヤパナツシ、》時には《オツタ、》、実に嬉しかった《テーコロ、アネ、ラムシンネ、》。

小笠原島から《オガサワラ、モシリ、オロワノ、タン、》、此の東京へ《トーキヨー、オンネ、》やって来る時には《アリキ、アナツシ、オツタ、》、大島という島を《オーシマ、ナハ、アイ、イエ、モシリ、》目あてに来たが《オツタ、アリキ、アナツシ、》、此《テ、ター、》島の《モシリ、》近傍の小島の所へ《サマケ、タ、アン、ハチコ、モシリ、オツタ、》来たとき《アリキ、アナツシ、テ、》、大風の《ポロ、レーラ、》強い《ユフケ、》のに《アン、》遭って《アニ、》、霧までも《ウーララ、ナー、》かかり《アン、》、浪まで《コイ、ナー、》荒《ユ》れ出した《フケ、》。其時大島附近の島へ《ネア、オツタ、オーシマ、サマケタ、アン、モシリ、》もってって《オツタ、》、既に岸上へ船が浪と共に《ナーヌフンコ、オタカータ、ベンザイ、コイ、ツラ、》打上げんと《ヤン、クス、カラ、》した。此は《タンペ、》、潮が《ネアンペ、チウ、》早いのに、風が《ユフケ、アニ、》俄かに、落ちた《レーラ、イサム、》から《クス、》、汽罐を《キカン、》働かしたけれども《アネイワンケッシ、ワッカイキ、》、浪が《コイ、》荒《ユフケ、》く潮が《チウ、》荒い《ユフケ、》ため《アニ、》、もう少しで《ナーヌフコ、》岸の上へ《オタカータ、》、乗り上げた《ヤパナツシ、》。其時には《ネア、オツタ、》、船上の人々も、一同に《ベンザイ、オー、ウタラ、ネ、アナツカ、イツシンネ、》大層心配を《ラムホカンパ、》していた《カーネ、アン、》。けれども《ネー、ワカイキ、》丁度不意に《モナシノ、》風が《レーラ、》又出た《スイ、》ので《アン、》、船が《アニ、ベンザイ、》恙なく《アヅイ、オツタ、》沖の方へ《レプン、》

出られた。お蔭で災難を免れ《ケライ、クス、ヤイキッシ、オルシペ、カ、イサム、》た。

そこから《ネア、オロワノ、》は館山《タテヤマ、》へ、やっ《オッタ、》て来《アリキ、》て上陸をし《アナッシ、テ、ヤパナッシ、》た。館山の人々《タテヤマ、オルン、ウタラ、》は、開南丸歓迎の為め《カイナン マル、エヌシカーネ、クス、》にあっち、こっち《ピシカニ、タ、》へ旗など《ハタ、ナー、》沢山建てて海上《ポロンノ、ホタリ、カーネ、アヅイ、》へは《オッタ、》、真黒な《クーネ、》漁夫たち《チエ、コイキ、ウタラ、》の舟が港の口へ集合して《チピ、ヒ、シン、トマリ、チヤラ、オッタ、ウレンカリッシ、テ、》提燈など灯して《チヤツラク、ナー、ウワレッシ、テ、》、開南丸の到着《カイナン マル、エシレパーハ、》を祝し迎え《エヌシカーネシ、》た。それから《ネア、オロ、》、翌日横浜まで来《シン、ケヘ、ヨコハマ、パハノ、アリキ、アナッシ、》た。横浜には《ヨコハマ、オッタ、》後援会《コー エン カイ、》の立派《ニシパ、》な人方《ウタラ、》が私達の出迎い《イエカンライッシ、》に《クス、》見えて《パイエッシ、》いた。そして《ネー、テ、》横浜《ヨコハマ、》へ上陸をし《オッタ、ヤパナッシ、テ、》た。六月《イワン、》の月の二十日の日《チュフ、ネー、チュフ、ヅ、クンクト、トーホ、》愈々東京《オッタ、トーキョー、》の芝浦《シパウラ、》へ来《アリキ、アナッシ、》た。その時《ネア、オッタ、》学生の若い人達《カンピ、ヌイエ、シユクフ、シーサム、ウタラ、》が、はしけ船《ポン、チシ、アニ》を漕い《チポーシ、》で《アニ、》開南丸を迎え《カイナン マル、エカンライッシ、》た。又舟《チシ、》へど《ポローノ、》っさり乗込《オーシ、》んで《テ、》やって来る人達も沢山《アリキ、ウタラ、カ、ポロンノ、》あっ《アン、》た。陸《ヤータ、》の方では《ネアンペ、》芝浦《シバウラ、》の海岸《アヅイ、シャム、》一ぱいに《シシッテノ、》なって《アン、》いる人達《アイヌ、ウタラ、》が旗など《ハタ、ナー、》沢山に建てて《ポロンノ、ホタリカッシ、テ、》無数の出迎人が居る《アイヌ、ポローノ、イエーカンライ、ウタラ、オカイ、》。其時私どもは、船から出て来て《ネア、オッタ、アノカイ、アッシン、ネアンペ、ペンザイ、オロワ、ヤパナッシ、テ、》犬ども《セタ、ウタラ、》を引張って《アン、ヅラ、アニ、》陸へ《ヤータ、》上がり《ヤパナッシ、アン、ヅラ、ウタラ、》、一行の人々《イッシンネ、》一同船員の人達《ペンザイ、オー、ウタラ、》も一所に出て《ナー、イッシンネ、ヤパナッシ、》来てそして《ネーテ、》陸《ヤータ、》へ上った《ヤパナッシ、テ、》。大隈伯爵《オー、クマ、ポロ、パーセ、トノ、》を始とし《オロワ、》、三宅博士以下後援会の人々など一所に《ミヤケ、ポロ、トノ、ナハ、カーネ、オロワノ、コーエンカイ、ニシパ、ウタラ、ナー、イッシンネ、》、南極探検隊《ナンキヨクタンケン、ウタラ、》の帰着を喜び合って《ホシピ、アンペ、エヌシカーネ、クス、》無事を祝した《ウエーパスパス、イタ、》。大隈伯爵《オークマ ポロ、パーセ、トノ、》まで述べられ《ホシキノ、イタ、》終って《ヘマカ、テ、》三宅博士又同じ様に《ミヤケ、ポロ、トノ、ニシパ、スイ、イ、ネイノ、》述べられ《イタ、キー、》た。その時私は《ネア、オッタ、アノカイ、》、実に《テーコロ、》万感一時《ウサ、イキーネ、》に胸に迫って《アン、パーカリ、》覚えず《クス、アン、シキ、》

涙《オロ、ヌーペ、アシン、》を流して聞いた《カーネ、アン、ヌー、》。それ《ネア、》から《オロワノ、》、後援会《コーエンカイ、》の人達一同《ニシパ、ウタラ、イッシンネ、》やはり《ランマ、》其の様な詞《ネア、イタ、ネイノ、アン、イタ、キーシ、》を述べた。其《ネア、》の時《オッタ、》、私《アノカイ、》は私《アン、》の心《ラム、》でこういう《ネアンペ、》立派な方々《ニシパ、ウタラ、》に《オッタ、》実に《テーコロ、》有り難く感じた《イヤイライケレ、ナハ、アン、ラム、》。

それから《オロワノ、》、錦輝館《キンキカン、》という家へ来て《ナハ、アイ、イエ、チセ、オッタ、アリキ、アン、テ、》、其処に暮らして《ター、タ、オカイ、》いた《アン、》。其間《パハノ、》に、南極へ往って《ナンキヨク、オッタ、パイエ、アナッシ、テ、》私達のように《アン、キー、ヒ、》事業《モンラ、》の《イケ、》状況を活動写真に写して公衆一般に示すため《ノカハ、シシノ、アイヌ、シモイエ、サーヌー、ネイノ、ヘチリ、ヒ、アン、アイヌ、イッシンネ、アン、ヌカランテッシ、クス、》浅草の国技館《アサクサ、コクギカン、ナハ、》と云う家で《アイ、イエ、チセ、オッタ、》、それを《ネアンペ、》見せることに《アン、ヌカラ、ヤラッシ、クス、》なった《アン、キーシ、》。及び、南極で捕まえた《オロワノ、ナンキヨク、オッタ、アン、ライケッシ、》海豹《カムイ、》だの《ナー、》それから《オロワノ、》、ペンギン《ペンギン、》鳥という《チヨー、ナハ、アイ、イエ、》鳥《チカハ、》などを公衆一般に見せるため《アイヌ、イッシンネ、アン、ヌカンテッシ、クス、》、此浅草《ター、アサクサ、》の国技館《コクギカン、》でやった《オッタ、アン、》。其間《ネア、パハ》私《ノ、アノカイ、》は錦輝館《ネアンペ、キンキカン、》に居て《オッタ、オカイ、アン、テ》それが済んで《オロワノ、ヘマカ、クス、》私は《アノカイ、》故郷へ帰る《コタン、オッタ、ホシピ、アン、》。

＊　＊　＊

終りに臨んで

終に《ネーテ、》臨んで《オロワ、》私の《アノカイ、》思う所を《アン、ラム、ネアンペ、》云う《エネ、アニ、》。

さて《タニ、》こう《ナハ、》いう様に《カーネ、ヅ、》、二度《スイ、》までも《カイキ、》、我《アン、》が身を《ネトパ、》捨てる《アノチシカ、》覚悟を《ナハ、アン、ラム、カーネ、》して私は国家の事に出た《モシリ、オルシペ、オッタ、アシパン、アンペ、》のである《ネー、クス、》。 僥倖《カムイ、》にも天は再び《レンカイネ、スイ、》私をして生きて郷土の地を踏ましめた《シクヌ、カーネ、アン、ヘッ ク、モシリ、オッ タ、ホシピ、アン》。 これから《タニ、》後《オロワノ、》私《アン、》は郷里《コタン、オッタ、》へ帰っ《ホシピ、》た《アン、》なら《アナッ、》、村《コタン、オッタ、オカイ、アイヌ、ウタラ、オッタ、ピリカノ、ウサアンペ、アイ、イエー、ワ、アン、ヌーレ、》の人々によく、色々と話をして聞かせる。 思うに《カシケ タ、ケセケタ、》、小さい小供《ヘカチ、》だち《ウタラ、》でも、学校《ネ、アナッカ、カンピ、ピリカノ、》をよく勉強《エラム、》して《オカイ、》やったならば《アッシ、クス、ネ、イケ、》、後々《ケセケタ、》には日本人《シーサム、》だち《ウタラ、》と同じ《ヅラ、》位《ネイノ、》に《ネイ》何事《ランペ、》でも《カ、》覚え《ワンテッシ、ワ、》、余り《マ シキン、》悪い《ヱン、》風儀《プーリ、》はしない《ハネ、エイワンケッシ、》ように《クニ、》なる《ネ、》であろう。 私は、そう《アン、》さして《キー、》やり《ルスイ、》度い。 どうか《ピリカノ、ネイタ、オカイ、ウタラ、オッタ、ネ、アナッカ、ピリカノ、》満天下の諸君子に於ても《ワンテ、》よろ《クニ、》しく《ネ、》此情《アン、キー、ルスイ、》を掬んで《ナハ、アン、ラム、》頂きたい。

ほんとうに《ソンノ、ポカ、》、どうにか《ネイラ、ネアッカ、》してあの可愛想《イヌヌカレ、》なアイヌ《アイヌ、》の小供等《ヘカッタラ、》を、早く《モナシノ、》日本人並み《シーサム、ウタラ、ヅラ、》に、同《イッ》様な《シンネ、》善良《ピリカ、》なる皇氏《モシリ、カムイ、ポーホ、ウタリヒ、ネー、クニ、アン、カン、ルスイ、》にさしてやり度い。 私が今後《アノカ、ネアンペ、ケセケ、オロワ、》の希望は唯々《ヤイ、タン ペ、パ テ、アウエオマンテ、》これのみである。 私の《アノカイ、》残年は《シシヌ、パハノ、ネイラ、》、どんなにでもして《アン、キー、ワ、ナハ、》、此の事に《ネイノ、》費して見よう《アン、キー、ルスイ、ナハ、》という考《アン、ラム、》である。 此の《タン、》拙悪《ヱン、》な長物語《ウヱペケレ、》を長々しく《オターネノ、アン、》始めたの《キー、アンペ、》も、郷里の小供等の読物《カイキ、アン、コタン、ポン、ヘカッタラ、ヌカラ、》にして、何か《アナー、ネイランペ、カ、》少しでも悟らせ《ポンノ、ポンノ、ネアナッカ、》

度い《ワンテ、》という考からやっ《チキ、ピリカ、ナハ、アン、ラム、カーネ、》た事である《アン、キー、アンペ、ネー、》。だから《クス、》勿論学識の《アンペネ、マンカ、》高い日本の《シーサム、》人方に《ウタラ、》は一瞥《ヌカラ、》も値し《アンペ、》ないもの《カ、》である《ハンネー、》かも知れない《ワツカイキ、》が、それでも《ニー、》若しも《サハノ、》ひょっとして《シーサム、ウタラ、》此の《ネヤツカ、》本《タン、》に目《カンピ、》を通される方《ヌカラ、チキ、ネワ、》があったなら、どうか《ピリカノ、》私のこの《ナハ、アンペ、》衷情《ピリカノ、》を察して頂き度い《ワンテ、チキ、ピリカ、ナハ、》と爾云《アンラム、》。

大正元年八月十七日《タイシヨー、シネ、パー、ネー、パー、ヅペサン、チユフ、ネー、チユフ、アルワント、イカシマ、ワント、オツタ、》

山辺安之助

あいぬ物語

終

『あいぬ物語』とその時代

田村将人（国立アイヌ民族博物館）

山辺安之助と金田一京助

山辺安之助（一八六七〜一九二三）は、日本語姓の由来にもなったアニワ湾の弥満別（ヤマベチ、ヤマンペチ）で生まれた。佐藤忠悦も触れているが、山辺と同じ村の人たちは「やまのべ」と呼んでいたので、私もそれにならっておこう。彼の経歴については藤村久和が詳細に記している。一八七五年、日露間の樺太千島交換条約の締結によって、樺太アイヌ八四一名のうちの一人として〈故地〉を離れて北海道の宗谷（現稚内市）を経て、翌年、小樽、対雁（ツイシカリ、現江別市）への強制移住を経験している。日本初のアイヌ学校である対雁学校にて日本の教育を受けた。一八八六〜八七（明治十九〜二十）年ころ発生したコレラ、疱瘡などの感染症によって多くの樺太アイヌが病に倒れ、山辺も罹患したことが『あいぬ物語』で語られている。一八九三（明治二十六）年、ロシア領サハリンに帰還した。一九一〇〜一九一二（明治四十三〜四十五）年の日本の南極探検（白瀬矗隊長）では、東海岸の多来加（タライカ）出身の花守信吉（シシラトカ）とともに、橇用のイヌを連れ参加した。また、一九一二年には日露戦争での日本軍に協力した功績で「勲八等瑞宝章」を受勲している。この時のエピソードを含め、一九一三（大正二）年に自叙伝としてまとめたのが『あいぬ物語』である。言語学者の金田一京助が編集し、日本語文に対してアイヌ語文のルビが付された形であり、樺太アイヌのオーラルヒストリーとしてのみならず、世界的に見ても、出版された（先住民族の）ライフストーリーとしては初期のものと言ってよいだろう。

金田一京助（一八八二―一九七一）は、一九〇七（明治四十）年に日本領になったばかりの樺太でアイヌ語調査を行っている。この時のエピソードは、「片言をいうまで」というタイトルで、長年学校の教科書にも取り上げられており知っている人も多いだろう。しかし、金田一ひとりで樺太に滞在していたようにも読めるこの調査は、実は当時の人類学者の坪井正五郎や石田収蔵など多くの研究者との共同調査の一環であったことはすでに指摘されている。金田一が滞在した村は、山辺が首長を務める村だったのだ。その浅からぬ縁があり、一九一二年に山辺が南極探検から帰国した際に、この『あいぬ物語』という山辺のライフストーリーがまとめられたということになる。

サハリン先住民族と日本と中国

山辺が生まれた十九世紀半ば、サハリンには、北緯五十度以南に樺太アイヌ（約二〇〇〇人）、中北部にニヴフ（旧称：ギリヤーク、ニクブン。約二〇〇〇人）、ウィルタ(旧称:オロチョン、オロッコ。約八〇〇人)という主に三つの先住民族が住んでいた。樺太アイヌは、言語・文化的に見ると、北海道アイヌ(約一八〇〇〇人)、千島アイヌ(約一〇〇人)とならぶ三つの大きな地域集団の一つである。

ニヴフはアムール川下流域にも約二〇〇〇人が住んでおり、狩猟、採集を生業の基盤として樺太アイヌとの共通点も多い。なお、アイヌ語とニヴフ語、さらには日本語もそれぞれ隣り合って話されてきたが、互いに系統関係の証明されない孤立語である。ウイルタは、アムール川流域のナナイ、ウリチ(旧称:サンダー、サンタン)、さらには満洲(満族)などと言語の系統関係のあるツングース諸語のひとつで、伝統的な生業がトナカイ飼育である点で樺太アイヌ、ニヴフと大きな違いがある。それでは、サハリンにおいて交易をはじめとする意思疎通はどのように行われていたのだろうか。系統の異なる三つの先住民族言語に、日露を加えた五つのまったく系統の異なる言語の話者間ではアイヌ語が共通語だった。「先住民間、また地方行政当局や日本の漁業者との間においてほとんど全民族の共通語としてアイヌ語を上手に使う」（『サハリン・カレンダー一八九八年』）とある。アイヌ語が共通語として使われていた十九世紀のサハリンの言語状況があった。

サハリンが島であるかどうか、間宮林蔵の名を冠した間宮海峡（タタール海峡とも）に象徴されるように、世界的にみても地理上の最後の空白地帯だった。しかし、これは、ヨーロッパ人によるアメリカ大陸の〈発見〉と同じことで、その地に暮らす住民にとっては〈自明〉のことであった。間宮海峡も同じである。夏は舟で海峡を渡り、冬は結氷した海峡の上を犬橇で駆けたニヴフや、ウリチなどがサンタン交易の担い手であった。一八〇九年、間宮がアムール川下流域のデレンで見たのは、清朝の出先機関におけるサハリンやアムール川流域の先住民族の朝貢交易であった。中国王朝（清）と先住民族との朝貢関係を軸として、先住民族が獲ったクロテンの毛皮、清から下された絹の反物や官服（蝦夷錦）、日本製品（漆器、鉄製品）など、これらが行き交うルートは、本州―北海道―サハリン―アムール川流域―瀋陽―北京とつながっていた。樺太アイヌも、十九世紀の初頭までクロテンの毛皮を清に納めていた。

ロシアの東進、南下

一方、清朝の弱体化につけこんだロシア帝国が一八五八年の愛琿条約、一八六〇年の北京条約によって、アムール川左岸、ウスリー川以東を併合すると、サハリンやアムール川中下流域から清の影響力が消えていった。そして、日本は一八六八年サンタン交易から手を引いた。山辺が生まれた一八六七年は、徳川慶喜の大政奉還という日本史上では大転換の年であった。サハリン先住民族に影響を与える大国が、南から来た日本はそのままとしても、清からロシアへと大きな交替が起こったころであった。

そして、一八七〇年代、ロシア帝国はサハリンを流刑地とした。今でもロシア人にとって〈島〉と言えば流刑地のイメージが伴うという。人々は流刑苦役囚、流刑入植囚、浮浪人入植囚に分類され、入植囚として過ごした後は流刑上がり農民に編入された。樺太アイヌのみならずサハリン先住民族は、刑期を終えたロシア人と同じ島で住むことになり、脱走囚による強盗、殺人などの被害に遭うこともしばしばであった。チェーホフの『サハリン島』（一八九五年）はこの当時のロシア領サハリンを活写したルポルタージュである。十九世紀後半の北海道において囚人が各地の道路建設等に従事したことを想起すれば、宗谷海峡という国境をはさんでパラレルなことが起こっていたと言えよう。

また、山辺が生まれた一八六七年は、当時の江戸幕府とロシア帝国の間で、サハリンという島を「雑居」とすることに決めた年だった。つまりはサハリンという島に国境を引かずに、日本とロシアの拠点が点在する共同領有という政治的状況であり、これは、一八五五年日露和親条約以来の懸案をひとまず決着をつけた格好となった。少しさかのぼるが、一八五三〜五四年にアニワ湾沿岸に哨所を築いたロシアの軍人ブッセの日記を読むと、圧倒的な軍事力、経済力を背景にした和人（日本の民族的多数者）とロシアの間で逡巡する樺太アイヌの姿が見える。ロシアはサハリンのどこかに日本との間に境界を引きたかったが、日本はアイヌ居住地を日本の領域だと考えていたため、両者は平行線をたどった。ここに国境を画定するヨーロッパ型の近代国家的なロシアと、化外の地に異民族を抱える東アジア型の日本の国家観がぶつかりあっていた。

サハリンにおける境界変動は数次にわたる。一八七五年樺太千島交換条約で、サハリン（樺太）をロシア領、千島列島を日本領とした（千島アイヌの強制移住も引き起こした）。その次は、一九〇五年、日露戦争の結果、ポーツマス条約によりサハリンの北緯五十度線に日本とロシアの国境が引かれサハリン先住民族の生活圏を分断し影響を与えた。そして、一九四五年第二次世界大戦の結果、ほとんどの樺太アイヌは〈故地〉サハリンを離れて北海道以南の地へと移住した。その当時の経緯は安部洋子の自伝などに詳しい。

日露、日ソにとっては〈辺境〉の境界を確定する動きであるが、そこをいわば〈中央〉として暮らす先住民族の生活に大きな変化をもたらした。山辺はこれらの境界変動について身をもって体験して一九一二年につぶさに語ったということになる。改めて、約一〇〇〜一五〇年前の先住民族の〈声〉を聴くことができる『あいぬ物語』の存在意義は測り知れない。

サハリン、カラフト、クイェ

多くの民族、国家が関与したサハリンの島名はバラエティーに富んでいる。サハリンとは、池上二良によると満洲語 **sahaliyan (ula) angga hada**「アムール川の河口の（対岸の）岩のがけ」に由来するという。カラフト（唐太、樺太）は諸説あるが、アイヌ語のカラㇷ゚ト **karapto** に由来すると考えるのが一番わかりやすい。つまり、日本語にない、母音のない口を閉じる（小さいカナの）ㇷ゚が日本語話者には聞き取りづらかったと見え、近世には「カラト」などと記録されている。山辺がどのように発音していたか興味深いところだが、『あいぬ物語』のアイヌ語ルビには「カラフト」「カラブト」「カラプト」と読めそうなバリエーションが見られる。他の地名に関しても、日本語としての読み方とアイヌ語の読み方が統一されておらず、山辺がその時々で発音したとおりに金田一が記述したことも想像できる（例：対雁のルビとして「ツイシカリ」「ㇳイシカリ」。ㇳは、トゥやトと同じで tu の音）。

いずれにしても、サハリンも樺太も、地名が日本語やロシア語以外の言語に由来しているところが興味深い。もう一つ加えると、現在の中国語圏（中国、台湾、香港、澳門）で発行されている地図には「薩哈嗹島（庫頁島）」と書かれている。「薩哈嗹」はサハリンの音訳だが、「庫頁」kuye は、ニヴフ語やツングース諸語でクイ、クイェ、クギ（それぞれ表記は便宜的）などの音でアイヌを呼ぶ民族名称（他称）に基づいている。元、明、清といった歴代中国王朝の歴史書にも、骨嵬などいくつかの漢字表記のバリエーションはあるが、約七〇〇年間もの間、このクイェに類する民族名称が活用され続けており、この地域の先住民族の歴史が反映されていて感慨を覚える。なお、北原次郎太によると、樺太アイヌの説話中にサハリンをヤンケモシリ yankemosiri と呼ぶ表現があるという。

現代の日本において、「サハリン（樺太）」などと表記されることが多い島名の使用に関して、私見を述べておく。あくまでも島を指す場合に「サハリン」を用い、一方、「樺太」は一九〇五～一九四五年の間に日本の植民地となっていた地域を指す場合に使う。樺太アイヌはサハリンアイヌと呼ばれることもあるが、一九四五年の第二次世界大戦終了によりほとんどの樺太アイヌが日本国民として〈戦後の縮小した日本〉に移住したことからも、日本領樺太の歴史と軌を一にしたと言っても良いことから、あえてサハリンアイヌとせずに樺太アイヌと呼ぶ理由である。二十世紀前半、民族差別などの理由から、和人の前でアイヌという単語を使うのが躊躇される場合にエンチウという単語が使われはじめた。現在では、このエンチウを樺太アイヌの自称として使う人たちもいる。同時期の北海道アイヌは、同様の理由でウタリという単語を使ってきた。そこには民族名称（自称）のアイヌという単語を口にしづらい二十世紀の社会状況があった。

サハリンから北海道へ

一八七五年に締結された樺太千島交換条約で、千島列島すべてが日本領に、サハリン全島がロシア領になった。条約によれば、先住民族にはそのまま継続しての居住も、どちらかの国への移住も選択肢があった。しかも、三年間の猶予があった。結局、ロシア領サハリンから日本への移住には八四一人の樺太アイヌが、対岸の宗谷（現在の稚内市）に移住を希望していた。そのほとんどは、アニワ湾沿岸に住んでいた樺太アイヌであり、それ以前からこの周辺に出漁していた日本の漁業者らとの経済的な結びつきが強く、その和人漁業者らが撤退するに従ったというのが大方の見方である。流刑地を造成していたロシアへの嫌悪感が醸成されていた可能性もある。

しかし、当時北海道を管轄していた開拓使は、翌一八七六年に宗谷から、小樽を経て対雁に強制移住することになる。黒田清隆長官は当初から札幌に近い対雁周辺への移住を計画していたらしく、この強制移住に反対して役人の松本十郎は辞職している。松本によると、宗谷から出発する際には三〇人の警察官が銃で脅して乗船を促したという。樺太アイヌが海辺の宗谷を希望したのは樺太での居住地に似ているからであって、内陸の対雁では生活が難しいと考えていた。また、一か所に八〇〇人が集団で生活してひとたび病気が流行れば感染者が続出すると、過去の感染症への経験からか移住を拒否する理由を樺太アイヌが挙げている。伝統的に、アイヌの村落はせいぜい数軒程度で構成されていた。この経緯に関しては『対雁の碑』に詳しい。山辺がこのような経緯に触れていないのは幼少だったからだろう。対雁には、授産施設として製網所などが置かれ、日本で初めて設置されたアイヌ児童のための対雁学校において、山辺もこの学校で学んだ。

仲間の病死と帰還

本書にもあるように、一八八六～八七（明治十九～二十）年ころに流行したコレラや疱瘡により約三五〇名が命を落とし、悲壮な日々であったことが想像される。この時に亡くなった人々を弔うため、一九七九年以来、樺太アイヌ有志が中心となって江別市営墓苑において毎年慰霊祭が執り行われている。

そして、漁場が設定された石狩川河口の来札（現在の石狩市）にほとんどの樺太アイヌが移住したこともあり、そのころから、出稼ぎや墓参などの理由でサハリンへの帰還者が続出した。山辺も書いているように、実際に日本の外務省に申請した査証を持ってロシア領サハリンへ渡航していることが『対雁の碑』の追跡調査でも確認されている。山辺が一八九三（明治二十六）年に帰還した時の経緯は、本書でも詳細にわたっておりリアリティが感じられる。やはり生死を賭した舟で宗谷海峡を越境した経験は、山辺の人生に大きなインパクトを残したのだろう。

山辺と同じようにして移住と帰還を経験し、著書を出版した樺太アイヌにもうひとり千徳太郎治(一八七二〜一九二九)がいる。千徳は、東海岸の内淵(ナイブチ)において、和人の父瀬兵衛と母タラトシマの長男として生まれ、山辺と同じく対雁への強制移住を経験した後、一八九五(明治二十八)年、内淵に帰還していた。一九〇二〜一九〇五年にかけての冬季に、ポーランド人民族学者のブロニスワフ・ピウスツキ(政治犯として流刑され刑期を終えていた)がサハリン島武官知事の援助を受けてアイヌ児童のための学校を設置したが、千徳はその学校で教えていた。一九一二(大正元)年より樺太庁が設置した「土人教育所」でも彼は教鞭をとる。そして、東海岸の村落の情報や習慣等についてまとめた『樺太アイヌ叢話』(一九二九年)を著した。金田一京助から柳田國男宛ての一九二九年の私信を基にしたエッセイから、この著書が遺作であったことがうかがえる。「内淵の千徳太郎治は、アイヌ語の辞典を著して頓死いたしました。この八月に。〔中略〕十月に出るということですが、その前に、この八月十日に『樺太アイヌ叢話』という七十銭ほどのが同じところから出ました」(「樺太便り」)。この書は句読点の位置の未調整、誤字脱字の多さなどから読みにくい点も多く、それはおそらく千徳が校正しきれなかったからなのだろう。なお、千徳編纂のアイヌ語辞典は現時点では知られていない。

日露戦争への協力

山辺、千徳に共通する点は、北海道で最初のアイヌ学校である対雁教育所で日本語教育を受けていることだ。そして、二人ともロシア領サハリンに渡って、その地でロシア人と接する一方、日本から出漁し続けた日本の漁業者たちとの関係も深かった。北海道から帰還した樺太アイヌにロシア国籍はなかった。他方、樺太千島交換条約締結後もサハリンに暮らし続けた樺太アイヌ約一〇〇〇人はロシア国籍を得ていた。十九世紀最末期、日露の外交関係が悪化していくと、日本から出漁していた漁業者への制限が課され、ロシア国籍者への優遇措置が行われた。その中で、ロシア国籍の樺太アイヌ数名が、定置漁場の権利を得て操業することなったのである。経済的な面は日本の漁業者の資本や労働力が入っていたようであるが。

このような日本（和人）と樺太アイヌの切れない縁を見ている限り、日露間の戦争という究極の緊張状態にあっても、山辺や千徳が日本軍への協力を惜しまなかったことも十分理解できることである。

教育への執念

日本領になって一年も経たない一九〇六（明治三十九）年二月、山辺は富内の自宅に私設学校を開設した。一方、同年、樺太民政署の経営、補助により主要村落で和人の学校が公立、私立合わせて七校が開校していることと並べてみても、山辺がいかに力を入れていたのかがわかる。それは「アイヌがこの窮状を済ふべきものは、なまやさしい慈善などではない、宗教でもない、善政でもない、教育である」という言葉に表れている。

このことは、ロシア領時代、ピウスツキとともに教育に腐心していた千徳も「邦領に帰して最初の教育所は此の富内が始まりで有った」（『樺太アイヌ叢話』）と認めている。千徳からピウスツキへの手紙（一九〇六年と推定）の中にこのような個所がある。「サカイハマ、ロレイ、トゥンナイチャには日本人の漁師が少しだけいます。トゥンナイチャでは学校があります。ササキさんが私のところへ来て先生をさせたいというのですが私は断りました」（「千徳太郎治のピウスツキ宛書簡」）。この文中のササキとは、富内に漁場を持っていた秋田の和人漁業家、佐々木平次郎のことであろう。

一九〇七（明治四十）年、金田一京助は、彼にとって初めての樺太調査時に千徳や山辺と知己を得たと思われるが、次のように二人を評している。「千徳は御存知でございましょう。露語、露文にも通じたアイヌ中の学者で、安之助とは北海道渡道以来の仲間で、樺太へ帰って以来は、安之助は部落の総代として働き、千徳は、内淵で自家の事業に没頭していましたので、意見が合いませんでしたが、後に、千徳は内淵の学校の先生をも勤務して、相当部落にも尽くしていた人です」（「樺太便り」）。いわばインテリの千徳と、一方で漁業権獲得に奔走し、学校設立を取り仕切る実務的手腕を持っていた山辺には、すれ違いがあったのかもしれない。

山辺は日露戦争で日本軍を援助し、こども達への教育を第一とし、第一回南極探検に参加した。帰属する日本において、アイヌがいかに蔑まれずに生きるか、山辺自身が体現して見せようとした。同時代の北海道アイヌも、同化政策による圧力を受けつつも、各地で学校建設に尽力し、新しい時代に生きる道を模索しているのは共通している。

二十一世紀における本書の意義

「久しくなった侮辱の名、アイヌ！「ア、アイヌ、アイヌ、アイヌ、アイヌは何だ。アイヌと一口には云はせまいぞ。アイヌの中にも俺が居る！」これが安之助が外に対した全我であった」。金田一による「土人」「亡国の民」など、現在では看過できない表現や文言があるにせよ、当時の山辺の意をくみ取り、アイヌ民族が置かれた状況の告発と打破に目的があったことは、本書刊行の目的の一番と言っても良いのだろう。日本は近代国家を為すにあたりアイヌ民族を国民の中に包摂していった。山辺が生きた十九世紀後半から二十世紀初頭と、デジタル化社会の二十一世紀とでは生活の状況は大きく異なるものの、基本的にはマイノリティとしてのアイヌ民族の苦境には共通するものがある。

日本はいつの時代も単一民族国家ではなかった。近代以降、公用語として日本語しか認めてこなかったことが、多民族社会を窮屈な形にしたのではないだろうか。そして、現実には多民族社会であることを認識し、民族共生、多文化共生という旗印のもと、個々人がお互いの多様性を認め合いどのような社会を築いていくか、全世界共通の永遠のテーマでもあろう。山辺が樺太アイヌとして、また日本国民として、おとなとして、村の首長として、様々な場面において発言し行動したその一つ一つに真摯に向きあっていきたい。

参考文献

・秋月俊幸『日露関係とサハリン島　幕末明治初年の領土問題』筑摩書房、一九九四年
・安部洋子（自伝と句）、橋田欣典（編）『オホーツクの灯り　樺太、先祖からの村に生まれて』クルーズ、二〇一五年
・天野尚樹「見捨てられた島での戦争―境界の人間／人間の境界」原暉之編『日露戦争とサハリン島』北海道大学出版会、二〇一一年
・池上二良『北方言語叢考』北海道大学図書刊行会、二〇〇四年
・M・S・ヴィソーコフ他・板橋政樹（訳）『サハリンとクリル諸島の先史から現代まで　サハリンの歴史』北海道撮影社、二〇〇〇年
・大貫恵美子、阪口諒（訳）『樺太アイヌ民族誌』青土社、二〇二〇年
・荻原眞子（解説）、丹菊逸治（翻刻・訳注）「〈資料〉千徳太郎治のピウスツキ宛

書簡―「ニシパ」へのキリル文字の書簡―」『千葉大学　ユーラシア言語文化論集』4、二〇〇一年
・小川正人『近代アイヌ教育制度史研究』北海道大学図書刊行会、一九九七年
・樺太アイヌ史研究会編『対雁の碑』北海道出版企画センター、一九九二年
・金田一京助「片言をいうまで」「安之助」「樺太便り」「思い出の樺太」、藤本英夫編『ユーカラの人びと　金田一京助の世界一』平凡社ライブラリー、二〇〇四年
・北原次郎太「樺太アイヌ語の世界」中川裕（監修）、小野智香子（編）『日本語の隣人たちⅡ』白水社、二〇一三年
・小西正徳（編）『石田収蔵　謎の人類学者の生涯と板橋』板橋区立郷土資料館、二〇〇〇年
・佐々木史郎『北方から来た交易民　絹と毛皮とサンタン人』NHKブックス、一九九六年

・佐藤忠悦『南極に立った樺太アイヌ　白瀬南極探検隊秘話』青土社、二〇二〇年
・沢田和彦『ブロニスワフ・ピウスツキ伝　〈アイヌ王〉と呼ばれたポーランド人』成文社、二〇一九年
・千徳太郎治『樺太アイヌ叢話』市光堂、一九二九年
・田村将人「樺太アイヌの〈引揚げ〉」蘭信三（編）『日本帝国をめぐる人口移動の国際社会学』不二出版、二〇〇八年
・田村将人「先住民の島・サハリン―樺太アイヌの日露戦争への対処」原暉之（編）『日露戦争とサハリン島』北海道大学出版会、二〇一一年
・田村将人「異民族に関する法律作成についてのサハリン島武官知事官房ファイルに見るピウスツキの事績」沢田和彦（編）『ポーランドの民族学者ブロニスワフ・ピウスツキの生涯と業績の再検討』埼玉大学教養学部・文化科学研究科、二〇一三年

・ブッセ、ニコライ（著）、秋月俊幸（訳）『サハリン島占領日記一八五三―五四　ロシア人の見た日本人とアイヌ』東洋文庫七一五、平凡社、二〇〇三年
・麓慎一「十九世紀後半における日露関係とサハリン島の諸民族」『北方民族文化シンポジウム網走報告　環北太平洋地域の伝統と文化（一）サハリン』北方文化振興協会、二〇一七年
・北海道ウタリ協会札幌支部アイヌ語勉強会訳（藤村久和記）「B・ピウスツキ／樺太アイヌの言語と民話についての研究資料〈一七〉飢饉の神を祭るようになった由来話他《解説》」『創造の世界』六四、一九八七年、小学館
・松浦茂『清朝のアムール政策と少数民族』京都大学学術出版会、二〇〇六年
・山田伸一『近代北海道とアイヌ民族　狩猟規制と土地問題』北海道大学出版会、二〇一一年
・Сахалинский календарь на 1899 г. Пост Александровский, 1898.

年譜　山辺安之助と樺太アイヌの一五〇年

年	山辺安之助とその周囲の事項	サハリン、北海道周辺の事項
一八〇六年		長崎に来航したレザノフの部下フヴォストフらがサハリン南部の日本の拠点を襲撃。
一八〇七年		江戸幕府、西蝦夷地およびカラフトを直轄とし、松前藩を転封。
一八〇八年		江戸幕府の命により、松田伝十郎、間宮林蔵がサハリンを調査。
一八〇九年		間宮林蔵がサハリンを踏査し、さらに間宮（タタール）海峡を越えてアムール川下流のデレンにおいて、清朝の出先機関での朝貢交易を見る。後に『東韃地方紀行』に記す。江戸幕府、カラフトを北蝦夷地と改称。
一八二一年		江戸幕府、和人地、東西北蝦夷地を松前藩に返還。
一八五三年		長崎にプチャーチン来航。翌年にかけて、サハリン最南部のアニワ湾にニコライ・ブッセらが哨所を築く。

年	山辺安之助とその周囲の事項	サハリン、北海道周辺の事項
一八五五年		日露和親条約締結。江戸幕府、再び東西北蝦夷地を直轄。翌年から、アイヌが「土人」と呼ばれる。
一八五八年		露清間で愛琿条約締結。
一八六〇年		露清間で北京条約締結。
一八六七年	山辺、ヤマンペチで生まれる。	カラフト島仮規則により日露間でサハリン島を「雑居」と確認。徳川慶喜が大政奉還。王政復古の大号令。
一八六八年（慶応三年－四年／明治元年）		日本政府、サンタン交易を公的に停止。
一八六九年（明治元年－二年）		日本政府、東西蝦夷地を北海道と改称して開拓使が設置される。北蝦夷地を樺太と改称。
一八七〇年（明治二年－三年）		日本政府、樺太開拓使を設置。

年	山辺安之助とその周囲の事項	サハリン、北海道周辺の事項
一八七一年（明治三年－四年）		日本政府、樺太開拓使を北海道開拓使に合併。
一八七二年（明治四年－五年）	千徳太郎治、ナイブチで生まれる。	
一八七五年（明治八年）	山辺、八四一名の一員となって北海道の宗谷（稚内市）へ移住。	樺太千島交換条約。サハリン全島がロシア領に、千島列島全島が日本領になる。サハリンから日本の漁業者が撤退。
一八七六年（明治九年）	山辺を含め、小樽を経て対雁（江別市）に強制移住。	開拓使の方針から、樺太アイヌを宗谷から小樽を経て対雁へ強制移住。北海道アイヌに対して毒矢猟を禁ずる。このころ、アイヌ民族の戸籍完成。
一八七八年（明治一一年）	開拓使が対雁に学校を設置。山辺、入学。	開拓使、北海道においてアイヌ民族の呼称を「旧土人」に統一。また、札幌郡内での川での鮭漁を全面禁止。
一八八一年（明治一四年）	第二回内国勧業博覧会が東京上野公園で開催され、開拓使は対雁の樺太アイヌ十名を出場させる。	
一八八四年（明治一七年）	山辺、石狩の漁場で労働を始める。	開拓使廃止後に置かれた根室県が、千島アイヌ九七名を色丹島に強制移住。対雁の近傍に第二次屯田兵七五戸入地。

年	山辺安之助とその周囲の事項	サハリン、北海道周辺の事項
一八八六年（明治一九年）	北海道・対雁でコレラ、疱瘡が流行し、翌年にかけて樺太アイヌ約三〇〇名が死亡。山辺も罹患。	
一八九三年（明治二六年）	山辺は数人で、北海道・石狩を出帆しロシア領サハリンへ渡航し帰還。	
一八九五年（明治二八年）	千徳、数人でロシア領サハリンのナイブチへ帰還。	チェーホフ、サハリンにおける一八九〇年の調査に基づき、『サハリン島』を単行本として刊行。
一八九九年（明治三二年）	ロシアのプリアムール総督府、自国民を優遇する漁業に関する法令を施行し、日本の漁業者を排斥する。ロシア国籍の樺太アイヌ四名が定置漁業権を得て経営する。山辺ら日本籍の樺太アイヌは対象外。	日本国内で、農業、教育を主な目的とする北海道旧土人保護法が施行される。
一九〇二年（明治三五年）	ブロニスワフ・ピウスツキが、サハリン島武官知事からの依頼を受けて、樺太アイヌやウイルタ、ニヴフの各村落を回り調査する。	
一九〇三年（明治三六年）	千徳太郎治がピウスツキから依頼を受けて、樺太アイヌ児童の学校で教える。	
一九〇四年（明治三七年）	日本からロシア領サハリンへの出漁者なし。	朝鮮や中国東北部の利権をめぐって、日本とロシアが朝鮮半島や中国東北部で開戦（日露戦争）。

年	山辺安之助とその周囲の事項	サハリン、北海道周辺の事項
一九〇五年（明治三八年）	終戦直後、日本の陸軍省布告の樺太漁業仮規則によって先住民族の権利が保障されず、山辺は陳情に奔走。	日本軍がロシア領サハリンに侵攻し、一時全島を占領するが、ポーツマス条約によって北緯五〇度に日露国境を設定する。日本は樺太民政署を設置し軍政を布く。
一九〇六年（明治三九年）	山辺、私宅に最初の学校を開設。	
一九〇七年（明治四〇年）	金田一京助がはじめて樺太で言語調査を行う。坪井正五郎、石田収蔵らとの共同調査。	日本領樺太に樺太庁が設置され、植民地（外地）の行政機関となる。
一九〇八年（明治四一年）		サハリン西海岸（日本海側）で、樺太庁が樺太アイヌの集住村落を作り始める。
一九〇九年（明治四二年）	樺太庁、各地の先住民族の首長を「土人部落総代」に任命し、山辺安之助は富内周辺を管轄する。山辺が計画した二つ目の学校完成。	
一九一〇年（明治四三年）	山辺が、花守新吉とともに犬橇係として樺太犬数十頭を連れて、白瀬矗の南極探検に参加し日本を出国。	
一九一一年（明治四四年）	山辺ら、オーストラリアに滞在中に、橋村弥八が樺太犬を連れてくる。	

年	山辺安之助とその周囲の事項	サハリン、北海道周辺の事項
一九一二年（明治四五年／大正元年）	樺太庁、落帆（オチホ、オチョポッカ）に樺太アイヌの畑や居住地を準備。集住のはじまり。山辺ら帰国し、東京で金田一京助のインタビューを受けて自伝を語る。千徳は樺太庁による土人教育所で教える。	東京で拓殖博覧会が開催され、樺太アイヌ、ウイルタ、ニヴフ、北海道アイヌほか出場。
一九一三年（大正二年）	『あいぬ物語』出版	大阪で明治記念拓殖博覧会が開催され、樺太アイヌ、ウイルタ、ニヴフ、北海道アイヌほか出場。
一九一八年（大正七年）		シベリア出兵。
一九二〇年（大正九年）		北サハリンを日本軍が「保障占領」。
一九二三年（大正一二年）	山辺、落帆にて死去。	知里幸恵編『アイヌ神謡集』出版。
一九二五年		日本軍の「保障占領」が終了し、北サハリンから徹退。日ソ基本条約。
一九二九年（昭和四年）	千徳太郎治、死去。『樺太アイヌ叢話』出版。	

年	山辺安之助とその周囲の事項	サハリン、北海道周辺の事項
一九三三年（昭和八年）		ロシア国籍の樺太アイヌがすべて日本の戸籍に編入される。同時にすべての樺太アイヌ男性が日本兵として徴兵の対象となる。
一九四五年（昭和二〇年）		日ソ戦の末、北海道へ緊急避難する樺太アイヌもいた。一九四九年にかけて順次、ＧＨＱが手配した引揚船で北海道へ移住。

あいぬ物語　新版

2021年4月10日　第一刷印刷
2021年4月25日　第一刷発行

著　者　山辺安之助
編　者　金田一京助

発行者　清水一人
発行所　青土社

〒101-0051　東京都千代田区神田神保町1-29　市瀬ビル
［電話］03-3291-9831（編集）　03-3294-7829（営業）
［振替］00190-7-192955

印刷・製本　ディグ
装丁　大倉真一郎

ISBN978-4-7917-7344-2　Printed in Japan

【著者】山辺安之助（やまべ・やすのすけ）
1867年、樺太生まれ。樺太千島交換条約の締結で対雁へ強制移住させられるが、後に自力で帰還。日露戦争では日本軍に協力し、「勲八等瑞宝章」を受勲。白瀬矗の南極探検隊に参加。学校の建設など、樺太アイヌ集落の発展に尽力した。

【編者】金田一京助（きんだいち・きょうすけ）
1882年、岩手県生まれ。言語学者、国語学者。アイヌ語学、アイヌ文学研究の創始者。国語辞典の編•監修者としても知られる。文化勲章受章。主な著作が『金田一京助全集』全15巻（三省堂）にまとめられているほか、『アイヌ叙事詩ユーカラの研究』全2巻（東洋文庫論叢）や訳註書『アイヌ叙事詩ユーカラ集』全9巻（三省堂）がある。

【解説・年譜】田村将人（たむら・まさと）
1976年、北海道生まれ。千葉大学大学院博士課程単位取得退学。アイヌ史専攻。北海道開拓記念館（現・北海道博物館）学芸員、札幌大学特命准教授を経て、現在、国立アイヌ民族博物館研究学芸部展示企画室長。主な論文に「先住民の島・サハリン—樺太アイヌの日露戦争への対処」（原暉之編『日露戦争とサハリン島』北海道大学出版会、2011年）がある。

【解説・アイヌ語校閲】阪口諒（さかぐち・りょう）
1995年、奈良県生まれ。アイヌ語、アイヌ文学専攻。千葉大学大学院博士後期課程／日本学術振興会特別研究員。訳書に大貫恵美子『樺太アイヌ民族誌』（青土社、2020年）がある。

＊本著作は一九一三年（大正二年）博文館より発行された。
一九九三年に発行された『金田一京助全集』に所収された『あいぬ物語』を参考に旧字旧仮名は新字新仮名にあらため、誤植だと思われるものは適宜訂正した。

樺太アイヌ語大要

第一　音韻組織

母　　音

一　母音は大抵吾々の発音に似たａｉｕｅｏの五種類である。尤も此の五種に各長短がある。一綴の言葉は母音は皆長く呼ばれる。例えば,

kā（糸）　nī（木）　nū（聞く）　nē（なり）

tō（湖沼）　rū（道）　yā（陸）　mī（着る）

子　　音

二　子音は日本の五十音図にあるようなものは皆あるけれど多行の宇列は tsu ではなくて，アイヌでは tu である。佐行の伊列は si ではなく日本のように shi になっている。也行はやはり yi が無いけれど，ye が存在し，和行は，wa 及び we wo があって wi と wu とは殆んど聞かれない。

三　希に f の音もあるけれど，皆 u を伴う時だけで，其は日本のフ（fu）の様な f である。特に f の部を語彙に設けずに hu へ収めたのは hu の転音にすぎないからである。(一六参照)

四　も一つ，アイヌではs音とsh音とは全く相通である。北海道にはsh音がよくあるが，樺太では大抵sに発音している。例えば，

北海道	樺太
shuma（石）	suma（石）
shui（又）	sui（又）
shoi（外）	soi（外）
shunke（虚偽）	sunke（虚偽）
shumari（狐）	sumari（狐）

五　最後に，アイヌ語は清濁全く相通ずる。北海道は濁音がよくあるが樺太では多く清音に発音する。例えば，

raige（殺す）	raike（殺す）
konde（与う）	konte（与う）
hemanda（何）	hemata（何）
wambe（十）	wampe（十）

注意　清濁全く相通ずる故に，北海道だとて，右にあげた一々の語を清音に発音したとて少しも差閊がない。又清濁全く相通ずるが故に，彼らは日本語を話す時さえも清むべきを濁ったり，濁るべきを清む。殊に語頭に清むのが目立つ。例えば，岩乗な雁首を，カンジョーナカンクビと云う類である。その為めに，由来よく，アイヌには濁音なしと云われたものである。濁音なしではないが，清濁のハッキリした分化が出来て居ないのである。

六　さて，アイヌに存する子音の全部を列挙すると左の通りである。

k　音。　此は日本のカキクケコの頭音の様。

s　音。　此は日本のサセソスの頭音の様。

sh 音。　此は日本のシャシシュシェショの頭音の様。

t　音。　此は日本のタテトの頭音の様。

ch 音。　此は日本のチャチチュチェチョの頭音の様。

n　音。　此は日本のテンドのン，又はナニヌネの頭音の様。

p　音。　此は日本のパピプペポの頭音の様。

h　音。　此は日本のハヒヘホの頭音の様。

f　音。　此は日本のフの頭音の様。

m　音。　此は日本のポンプのン，又はマミムメモの頭音の様。

y　音。　此は日本のヤヨユの頭音の様。

r　音。　此は日本のラリルレロの頭音の様。

w　音。　此は日本のワ及びウィウェウォの頭音の様。

七　以上の諸子音は北海道と共通に存するものであるが，樺太には樺太特有の子音がある。

X　音。此はザット h 音に似ているが喉頭摩擦音と呼ばるる音で，丁度独乙の ach, nach, auch, Buch, noch, Koch などの ch のような音である。今は仮りに h という文字を以て表わしておく。(音声学上では X で書き表わす音に

相当するけれど)。例えば左の通り。

rah (羽)　noh (岬)　teh (手)　uh (取る)　mah (女)

注意 ハヒフヘホの子音もhで書き，今又此音をもhで書くとすると，混雑しそうに思えるけれど，前者には必ず，母音が後ろについて，いつでも頭音に立つのに，後者は全くいつでも綴りの最後へのみ立つ。故に，まぎれない筈である。

第二　音韻変化

八　樺太アイヌ語の，シラブルの末尾のh音は，北海道では，kかpかtの音である。例えば，

樺太アイヌ語	北海道アイヌ語
rah (羽)	rap (羽)
cheh (魚)	chep (魚)
teh (手)	tek (手)
itah (言葉)	itak (言葉)
mah (女)	mat (女)
ah (楡)	at (楡)

それで，あとへ母音が続く時には原音が復活する。例えば，

tek-ani koiki《テカニ コイキ》 (手にて捕う)

mat-aki《マタキ》 (女弟—即ち，妹)

itak-orushpe《イタコルシペ》 (云う事，即ち，語)

九　此の h は殆んど耳に立たぬ事がある。けれども次にも又 k t p で始まる語が続く時には，ハッキリ聞える。

cheh-po（小魚）	（北海道 chep-po）
mah-karuku（姪）	（北海道 mat-karuku）
teh-kotoro（手のひら）	（北海道 tek-kotoro）

一〇 此の h が i という母音を前に控える時は，丁度独乙語の ich, mich の ch のように，殆んど，sh に近く発音され，時としては，全然 sh に発音される。

ashis*h*-ne（五）	<	ashi*h*-ne	<	ashi*k*-ne（北海道）
chis*h*（舟）	<	chi*h*	<	chi*p*（北海道）
shis*h*（眼）	<	shi*h*	<	shi*k*（北海道）

一一　それから又，此の h が，u という母音を前に控えると，殆んど f に響く。

chuf（日月）	<	chuh	<	chup（北海道）
kuf（帯）	<	kuh	<	kut（北海道）
tuf（移る）	<	tuh	<	tup（北海道）

一二　語尾のラリルレロが北海道でも樺太でも色々に転ずる。まず奈行音が後に続くと n になる。

ashi*ri*-no（新に）	>	ashi*n*no（新に，始て）

sakiri（竿）ni（木） > sakinni（釣竿）

一三　次に語尾のラリルレロは，其あとへ te（使役相の接辞）がつくと，必ず n になる。

nukara（見る）te > nukante（見せる）

koro（持つ）te > konte（持たす，即，与える）

一四　又，n 音も色々に変ずる。s や sh や y の前に立つと，i 音になって了う。

tan（此）shisham（日本人）> taishisham（此人）

pon（小）suma（石） > poisuma（小石）

an（我が）shiki（目） > aishiki（私の目）

an（我が）ye（云う） > aiye（私が云う）

一五　反対に，w，の前に立つ時は u 音になる。

an（我が）wante（知る） > au-wante（私が知る）

an（我が）wente（壊す） > au-wente（私が壊す）

一六　頭音の h も色々に変る。まず，u と連なる時は殆んど f にひびく。これは丁度我が五十音図のフが fu に響くと同じ理由のものらしい。

hurai（洗う） — furai（洗う）

hura（匂い） — fura（匂い）

hure（赤い） — fure（赤い）

hushko（古） — fushko（古）

一七　又語頭の h は，前に n で終る語がつくと，落ちて聞えなくなる。

an（我が）*h*urai（洗う） — anurai（私が洗う）

pon（小さい）*h*emoi（鱒） — ponemoi（子鱒）

pon（小さい）*h*ekachi（子供） — ponekachi（小さい児）

一八　母音の重出を嫌う傾があって，y 若しくは w を挿入することが屢々ある。此は日本にも，場合（ba-ai—bawai—bayai）など，よくある例故，例証するまでにも当らないことであるが，例えば ekāri（逢う）の前へ「相共に」の意の u- が添えば uwekāri と云い，ekarakara（何々する）の前へ「私に」「私を」の意の i- が添えば iyekarakara と云う類である。

一九　同一子音の重出する場合には色々である。其の子音が m, n であったら，長く一つに発音す。日本の「真中」(mannaka)「観念」(kannen) などの時の様に。けれども時としてこれを，変えてそのすぐ前の母音を引く癖がある。poronno(「大に」)を porōno と云ったり，tanne（「長い」）を tāne と云ったりする類である。

二〇　促音に至っては，殆んど存しない。北海道アイヌにはある。北海道アイヌが促音にする所を樺太アイヌは第七節のh音を出す。例えば

wakka（水）　—　wa*h*ka

yakka（雖も）　—　ya*h*ka（雖も）

cheppo（小魚）　—　che*h*po（小魚）

第三　名詞

格

二一　日本なら，が，の，に，を，より，から，などいう様なものを添えて表わす場合を，樺太アイヌはやはり，後置詞を添えて表わす。

二二　但し，**主格**は，昔し，日本で，「人行く」「花散る」と云ったように，樺太アイヌも，何の助辞をも添えずに表わす。例えば，

Ainu eh（アイヌが来る）

Shīsham oman（日本人が行く）

Nucha kira（露西亜人が逃げる）

二三　**属格**は，日本では，「人の顔」「アイヌの家」などの如く，の若くはがで表わすが，此も昔は「人妻《ひとづま》」「国民《くにたみ》」のように，只廬

列で表した，その様に，樺太アイヌは今日でも，ただ全く臚列である。例えば，

Ainu chise（アイヌの家）　Ainu kotan（アイヌの郷）

Shīsham pōho（日本人の子）　Shīsham mahneku（日本の女）

Nucha machi（露人の妻）　Nucha imi（露人の服）

二四　役格は，日本のをの格であるが，此も昔は「藻刈り汐焼く」など云って，をも何も添えなかった。樺太アイヌは，今日でもそれである。例えば，

Cheh koiki（魚を捕る），Chise kara（家を造る）

Nucha Ainu chise kara（露人がアイヌの家を造る）

Shīsham Nucha sapa koiki（日本人が露人の頭を打った）

Ainu Shīsham imi mī（アイヌが日本人の衣服を着ている）

二五　与格は，日本の，「君に送る」「人に与える」などのにが表わすのであるが，樺太アイヌは此の場合に ohta（北海道アイヌは otta）を添える。

Ainu ohta konte（アイヌに与う）

Nucha ohta omante（露人に送る）

Shīsham ohta nure（日本人に聞かす）

二六　其他の格は次のような後置詞を添えて表わす。

へ(何処へ，此処へ，などの)の場合には，　ohta（或は onne, ene, ta）.

から(何処から，此処からなどの)の場合には，　oro(或は orowa 又は orowa-no).

で(手で取る，刀で切る，などの)の場合には，　ani.（北海道も同じ）

は(此は善いが，此は悪い などの)の場合には，　neampe.（北海道 anakne）

も(此も善い，其も善い などの)の場合には，　nā; ka, kaiki.

と(此と其と などの)の場合には，　newa, tura.

より(此より其がなどの)の場合には，　ahkari.（北海道 akkari）

のみ(此のみ，其のみなどの)の場合には，　pateh.（北海道 patek）

まで(此処から，そこまでなどの)の場合には，　pahno.（北海道 pakno）

例えば左の如し。

Chise《家》 onne《へ》 hoshipi《帰》　（うちへ帰った）

Otaka《浜》 ta oman《行》　（浜へ行く）

Nah《何処》 oro《から》 ariki《来》?　（何処から来たか？）

Chise《家》 orowano《から》 eh《来》　（うちから来た）

Makiri《小刀》 ani《で》 tuye《切》　（小刀で切る）

Tampe《此》 neampe《は》 pirika《よろしい》　（此は宜しい）

Tampe《此》 newa《と》 tampe《此が》 pirika《よろしい》　（此と此が宜しい）

Tampe《此》 kaiki《も》 pirika《よろしい》　（此も宜しい）

Tampe《此》 ahkari《より》 tara-ampe《あれ》 pirika《よし》　（此よりあれがいい）

Oha《ただ》 tampe《これ》 pateh《のみ》 pirika《よし》　（ただ此だけがいい）

Tampe《此》 pahno《まで》 an-nukara《私見ました》　（此まで見ました）

数

二七　英語などの様に，複数の時は是非 s を附けると云うような規定は無い。丁度日本語などのような塩梅である。日本の若衆とか君等とか，私どもとか，女だちというような語にあたるものはある。それは，utara（北海道アイヌも同じ事）という。例えば，

Ainu utara（アイヌだち）	Shīsham utara（日本人達）
Nucha utara（露人たち）	Mahneku utara（女たち）
shukuh utara（若もの達）	onnerui utara（老人達）

これは主要な器具や主要な動物にもいう。例えば，

Seta utara（犬ども）	iso utara（熊ども）
kamui utara（海豹ども）	peko utara（牛ども）
chise utara（家々）	chish utara（船々）

注意一 併し，各々の名詞は，何れも単複両様に使われることが出来るので，複数の時には必ず此の utara を添えるときまった事はない。一人でも「ひと」，十人でも「ひと」と日本語でいう如く，アイヌでも，shine ainu（一人の人）wanainu（十人の人）で ainu で通される。utara を添える，添えぬは，殆んど，ただ日本の，「たち」「ども」を添える，添えぬの自由と，同一揆である。

注意二　日本には名詞を重ねて多数を表わす方法があるが，アイヌには，それは存しない。

注意三　北海道には，動物の複数を表わす語に pish というのがあると，バ氏の北海道アイヌ文典に見えているが，樺太には，此事はない。若し此の語をつかえば助数詞のように使う迄である。

性

二八 アイヌには，性に由って言葉の形が変るということは無い。即ち，西洋流の「言葉の性」はない。ただ自然界の性である。

両性を区別するには男性に pīne（北海道の pinne である），女性に mah（北海道の mat）又は mah-ne（北海道の matne）を添える。例えば，

pīne seta（牡犬）	mah seta（牝犬）
pīne iso（牡熊）	mah-ne iso（牝熊）

第四　代名詞

人称代名詞

二九　アイヌの人称代名詞は非常に特色がある。主格の形だけしかない。其以外の時には，動詞自身の語体に人称辞がくっついているから（四三節参照）別に人称代名詞は云う必要がない。故につかわない。

三〇　主格の時だけ用うる人称代名詞は左の如し。

	単数	複数
第一人称	kuani（私）	anokai（私ども）
第二人称	eani（汝）	echi-okai（君たち）
第三人称	ani（彼）	ani utara（彼等）

注意一 但し，第一人称単数の kuani は，今日，北海道では盛に用うれど，樺太では余り用いぬ。その代りに anokai を用いる。故に anokai が，「私」の義にも「私たち」の義にも用いられている。これは北海道には通じない。此語にあたるものを北海道に求めると aokai が存する。けれども aokai は北海道では「あなた様」の意味に用いている。

注意二 又第一人称に chiokai という語もある。これは北海道にも共用である。「日本アイヌ語」には，此の語が専ら使われる。もとは，やはり，複数の意味で，今日では，我輩とか僕等というような語気らしい。これに対して anokai の方はさやしく聞えるらしく，女などは専ら此の方を使う。

注意三 第二人称の複数の echiokai も，よく，一人に対して用いられる。複数が単数に代用されることは，よくあることで英語の you や独乙語 Sie や日本の「私ども」「我輩」の類である。

注意四 第三人称，ani は本当の固有のもので，正に kuani, eani などに対する第三人称の形であるが，この外に，指示代名詞を用いて，この人，(tan ainu) あの人，(tara ainu) などいうことがある。he, she などの様な男女を云いわける言葉はない。女を特に区別していうにはやはり，「この女」(tan mahneku)「あの女」(tara mahneku) と云う。

物主代名詞

三一　物主代名詞の名は妥当でないかも知れないが，アイヌは自分の所有を表わすには名詞の前へ an- (私の) を添え，対者 (第二人称) の所有を表わすには e- を添える。第三人称には別にない。

an-kotan (私の村)	e-kotan (汝の村)
an-chise (私の家)	e-chise (汝の家)

注意一 此は，動詞の語頭へ添うて，その動作を起す人称を表わすものと全然同じ形の同じものである。動詞の条（四三節）参照。

注意二　代名詞と称すべきものではなくして，人称を表わす接辞（pronominal-affix）に過ぎない。故に代名詞（pronoun）と云うよりは人称辞（pronominal）というべき種類のものであろうと思う。

注意三　北海道には，かかる場合に〔koro〕を用いて kukoro（私の），ekoro（汝の）koro（彼の）というのであるが，樺太ではこう云って老人にはわかるが，若い者は笑う許りである。可笑しな事をいう人だという。常用の形になっていぬらしい。

指示代名詞

三二　主なものは左の如し。格・性等は，全く名詞に準ず。

近称	te（此処）	tan（此の）	tampe（此，此者）	nah（こう）
中称	ta（其処）	tan（其の）	tampe（其，其者）	tah（そう）
遠称	tara（彼処）	tara-an（あの）	tara-ampe（あれ，あの物）	tarah（ああ）

疑問代名詞

三三　次の如し。格は名詞に準ず。性や数などは少しも関係しない。

処	物	様	人	数
nahta《どこ》	hemata《なに》	temana《どう》	nāta《だれ》	hem-pah《幾ら》

第五　数詞

三四　数詞に形容詞的な形と名詞的な形とある。前者は名詞に

添えて，一重二重三重又は，ひと組，ふたとせ，み月，よ日と云うが如く；後者は，独立形で，恰も，ひとつ，ふたつ，みつ，よつ，いつつなど云うような形である。

三五　両形を並列して，北海道アイヌ語に対照すると左の如し。

	形容詞的		名詞的	
	樺太	北海道	樺太	北海道
1	shine	shine	shineh	shineh
2	tu	tu	tuh	tup
3	re	re	reh	rep
4	ī-ne	ine	īneh	ineh
5	ashishne	ashikne	ashishneh	ashiknep
6	iwan	iwan	iwampe	iwambe
7	arawan	arawan	arawampe	arawambe
8	tupesan	tupesan	tupesampe	tupesambe
9	shinepesan	shinepesan	shinepesampe	shinepesambe
10	wan	wan	wampe	wambe

三六　十一以上十九までは，小数を先にし，間へ，ikashma（余る義）を入れて shine ikashma wan（十一）tu ikashma wan（十

二）の類に呼ぶ。

三七　二十は hoh（北海道 hot）又は hoh-ne（北海道 hot-ne）といい，四十，六十，八十，百の類は，二十を倍数にして呼ぶ。左の如し。

tu hoh（四十）	re hoh（六十）
īne hoh（八十）	ashish-ne hoh（百）

三八　三十，五十，七十，九十は上述の数からそれぞれ十を引くと呼ぶ。北海道も同じ。左の如し，

$\underset{10}{\text{wan}}$ e $\underset{40}{\text{tu-hoh}}$	（三十）
$\underset{10}{\text{wan}}$ e $\underset{60}{\text{re-hoh}}$	（五十）
$\underset{10}{\text{wan}}$ e $\underset{80}{\text{īne-hoh}}$	（七十）
$\underset{10}{\text{wan}}$ e $\underset{100}{\text{ashish-ne-hoh}}$	（九十）

三九　百以上は，やはり，小数をさきに呼ぶ。一例を挙ぐれば左の如し。

wan ikashma ashishne-hoh	（百　十）
hoh ikashma ashishne-hoh	（百二十）
wan e tu-hoh ikashma ashishne-hoh	（百三十）

四〇　以上は北海道と共通な，アイヌ固有の数詞法である。然るに樺太アイヌは此の呼び様は面倒な所から，別に，山丹語を取

入れて，十をばkunkutuと呼び，百をばtankuと唱え，次の様な数詞法を常用している。

shine kunkutu（十）　shinekunkutu shine（十一）

tu kunkutu（二十）　tu kunkutu tu（十二）

re kunkutu（三十）　re kunkutu tupesan（三十八）

īne kunkutu（四十）　īne kunkutu shinepesan（四十九）

の類で，こうなると，全く支那語流の簡便法である。

四一　現今の樺太アイヌは右の両式を共用し，大数には大抵後者を用いている。左の如し。

tupesan《八》 tanku《百》 ashishne《五》 kunkutu《十》 ainu《人》（八百五十人）

wan《十》 tanku《百》 tupesan《八》 kunkutu《十》 shine《一》 komashka（千八十一円）

hoh《20》 tanku《100》（二千）

shine ikashma hoh tanku（二千百）

tu ikashma hoh tanku（二千二百）

こう大数になると，又アイヌ式をも加味して来る。

第六　動詞

四二　アイヌの語法は動詞が最も複雑している。「人称」に応じて終始語頭が変り,「数」に由って又大分変化がある。「時」は,過

去でも未来でも普通現在の形で云表わされるが，区別する必要のある時には助辞を加えて区別する方法もある。其外接頭・接尾語が忙しく変って色々意義・任務を易える様は，中々高等な進化を遂げている。

人称法

四三　此は日本語法にはない事で，例えば，英語の「在る」(to be) が，I *am*，you *are*，he *is* と人称によって別形を取るような事である。アイヌには，北海道にも樺太にも是がある。左の如し。

nu「聞く」の変化。

	単　　数	複　　数
第一人称	kuani《私が》 *ku*-nu《聞く》	anokai《私たちが》 *an*-nu《きく》
第二人称	eani《汝が》 *e*-nu《聞く》	echiokai《汝等が》 *echi*-nu《きく》
第三人称	ani《彼が》 nu《聞く》	ani《彼》 utara《等が》 nu《きく》 (an-nu)

注意　第一人称の，単数形 kuani ku-nu は今日余り用いられずに，複数形の anokai an-nu の方が単数に通用されている。

例――

Kuani《私は》 ku-nu《聞》 rusui《度い》 kusu《故》 ku-eh《来》.

Anokai《私達は》 an-nu《聞》 wa《て》 an-wante《知ってる》.

Eani《汝は》 e-nu《聞》 rusui《度い》 chiki《なら》 e-nu《聞》 yahka《ても》 pirika《よろしい》.

Echiokai《汝達は》 echi-nu《聞》 rusui《度》 chiki《なら》 echi-nu《聞》 yahka《ても》 pirika《宜しい》.

Hekachi《小供が》 nu《聞》 rusui《度》 kusu《故に》 eh《来》.

Hekachi《小供》 utara《等が》 nu《聞》 wa《て》 wante《知ってる》.

四四　前にあげた形は，各人称辞は，動詞に対して其主格の関係に立つ場合であるが，あの外に又，目的格の関係に立つ場合の変化，所謂目的格活用（Objective Conjugation）もある。

nu-re（「聞かす」の義）の目的格変化，

	単数	複数
第一人称	i-nure（私に聞かす）	i-nure（私達に聞かす）
第二人称	e-nure（汝に聞かす）	e-nure（echi-nure《汝等にきかす》）
第三人称	nure（彼に聞かす）	nure（彼等に聞かす）

注意一　単複同形であるが，ただ第二人称に，複数の時稀に echi-nure の形があった。これは北海道の方には，可なりに行われている。

注意二　第一人称は，in-nure の如く，in- ということがよくある。北海道では此場合 en-nure という。但し古謡にはやはり i-nure とある。

注意三　第三人称には，依然としてやはり，何にもつかない。

四五　さて，以上二種類の人称接辞が同時に動詞へ添うて出る場合がある。例えば第一者が，第二者へ加える動作や，其の又反対に第二者が第一者へ加える動作の場合がそれである。其の為，又次のような形が起る。

例えば——

第一者が第二者に，　an-e-nure
私が　汝にきかす

第二者が第一者に，　e-i-nure
汝が私にきかす

例——

Numan e-i-nure itaki tani an-oira hemaka.
昨日　汝が私にきかした　話　もう　私が忘れて　しまった

Numan an-e-nure itaki tani e-oira hemaka ha?
昨日　私が汝にきかした　話　もう　汝が忘れて　しまった　か

不定称

四六　アイヌの動詞は以上述べたように，いつでも必ず，出る以上には，其の関する人称をあらわす人称辞を添えられて出る。

四七　然るに，第一人称でも第二人称でも，第三人称でもないことがあり得る。例えば「云々という話だ」と云う時のいうの主格は，漠然としたものである。だから現に，同じ様な人称語法の英語で見ても，かかる場合，*they* say that……と云ったり，*people* say that……と云ったり，*it* says（in news など）that……と云ったりする。独乙で man sagt と云い，仏蘭西で on dit que など云う。この不定な主格をアイヌでは，an という人称接辞で表わす。

Yamabechi onne oman hemaka nah *an*-ye
ヤマベチ村　へ　去って　しまった　と　云う

Yamabechi nah *an*-ye kotan ne
ヤマベチ村　と　云う　村　である

Tan kampi hemata ohta *an*-eiwanke kampi?
この　紙は　何　に　用いる　紙か

注意　この類で，動詞の主は誰でもあり得る，ぱっとした際は勿論「吾々」としても差間がない。だからアイヌで吾々の意味の an をここに転用しているものであろう。この種の処へは，an- という接頭辞が始終つく。これもアイヌ語法の一特徴たるを失わぬ。

数

四八　アイヌの動詞は数に由って規則動詞と不規則動詞と分れる。今迄述べたものは大抵規則動詞である。規則動詞は，複数と単数で，ただ接頭語の少し変るだけであるが不規則動詞はカラリと別形になって了う。

四九　語尾の n で終るものは複数の時に，p になる。

san—sap（下る）　　yan—yap（上る）

ahun—ahup（はいる）　　ashin − aship（出る）

の類である。

五〇　又カラリと全く変るものは，

ek（来る）—ariki（-an）（来る）

oman（行く）—paye（-an）（行く）

五一　この種の動詞の活用は左の如し。

単　　数	複　　数
kuani ku-oman	anokai paye-an
eani e-oman	echiokai echi-paye
ani oman	ani utara paye

時

五二　現在の形を以て,過去にも未来にも通用すれど,特にハッキリ区別する必要ある時には,過去にhemaka(「終う」の義)を添え,未来にはkusu-ikiを添える。現在動作の続行を表わすにはe-an(「てあり」の義)を添えることもある。

Tambe e-nukara hemaka ha?　(此を見ましたか?)

Tani na an-nukara e-an　(今尚見ています)

Shīman an-nukara kusu-iki　(明日拝見しましょう)

所　相

五三　厳密な意味の所相ではなけれど,所相に訳され得る場合の語法がある。次の場合である。

nukara(「見る」の変化)

an-i-nukara　私が見られた。私達が見られた。

an-e-nukara　汝が見られた。汝等が見られた。

an-nukara　彼が見られた。彼等が見られた。

注意　此の形の an- は実は，第四七節に述べた不定称の an- である，故に an-i-nukara は「人々が私を見た」の意で，即ち見られた（所相）という事になるのである。同じ様に an-e-nukara は「人々が汝を見た」の意で，そこで，「汝が見られた」（所相）となるのである。

使役相

五四　三つの方法がある。皆接尾辞を添えることである。-re, -te, -yara の三つの中；例えば——

kī（為す）　kī-re（為さす）	nu（聞く）　nure（聞かす）
e（食う）　e-re（食わす）	ua（燃す）　ua-re（燃やす）
eh（来る）　eh-te（来さす）	reh（鳴る）　reh-te（鳴らす）
oman（行く）　omante（行かす）	koro（もつ）　konte（もたす）
nukara（見る）	nukara-yara（見さす）
shikashma（保護す）	shikashma-yara（保護させる）
eh-te（取りよす）	eh-te-yara（取りよせさす）

第七　形容詞

五五　形容詞は，「性」は勿論，「格」や「数」などに関せず，始終同じ形でつかわれる。

五六　限定的《アツトリビユーチブ》に置かれる時も，述語的《プレジケーチブ》に置かれる時も，共に同じ形でつかわれる。

Tan ainu pirika ainu.（此人は好い人だ）

Tampe pirika, tampe wen.（此は善い，此は悪い）

tani pirika?（もう宜しいか？）

nā wen!（まだわるい！）

五七　比較法の変化などもない。日本流に，よりに類する ahkari（過ぎる意）を添えていう。

Tampe ahkari tampe pirika（此より此が好い）

Tampe ahkari poronno pirika（此より大に好い）

Eani ahkari ponno otāne（汝より少し高い）

Umma ahkari tēkoro poro（馬より非常に大きい）

Umma ahkari tēkore hane poro（馬より非常に大ではない）

五八　最上級には yērui をつける。

Tampe yērui pirika（此が一番いい）

Eani yērui poro（汝が一番大きい）

第八　副詞

五九　副詞の形式は別に一定のものがない。指示代名詞の類は其まま皆副詞的になるし，上，下，前，後，という様な名詞はに（ta, ohta）が附くと皆副詞的に用いられる。

六〇　尤も形容詞・動詞を副詞的にする最も普通な形は -no を

添えることである。

pirika（善い） pirika-no（善く）

wen（悪い） wen-no（悪く）

tunash（早い） tunash-no（早く）

monash（早い） monash-no（早く）

ashiri（新しい） ashin-no（新しく，始めて）

ohoro（久しい） ohon-no（久しく）

pon（小さい） pon-no（少し，ちよっと）

poro（大きい） poron-no（大いに，沢山に）

ikashma（余る） ikashma-no（余分に）

shishte（充つ） shishte-no（いっぱいに）

tura（伴う） tura-no（一所に）

注意　尤も此の no は，語勢を緩やかにするにも添える故，形容詞の意味そのままながら尚これをつけることもある。（此方が恐らく no の原義であろう）。

六一　動詞を副詞句とする数多の助辞がある。

「…がてら」「しつつ」の義には，ranke を添える。

nukara ranke（見つつ） hoshipi-ranke（帰りがてら）

「…した頃」「…した程に」の義には kāne（kanne）を添える。

nukara kāne（見てる程に） hoshipi-kane（帰る程に）

「…する中に，」「…した所が」の義には aine（yaine）を添える。

oman aine（行く中に） nukara yaine（見た所が）

「…して，そして」「…て」の義には ani を添える。

shine ramu koro ani（ひとつの心を持ちて，心を合せて）

第九　接続詞

六二　名詞と名詞とを接続するもの左の如し。

newa（と）—isho《熊》 newa《と》 kamui《海豹》

tura（と）—anoka《私》 newa《と》 an-machi《（私の）妻》 tura《と》 paye-an《行く》

nā（も）—tampe《此》 nā《も》 tampe《此》 nā《も》 pirika《よろしい》

orowa-no（及び）—nishpa《閣下》 orowano《及び》 kahkemachi《令夫人》

六三　動詞と動詞とを接続するもの左の如し。

wa（て）—oman《行》 wa《て》 nukara!《見ろ》

te（て）—nukara《見》 te《て》 eh!《来い》

ranke（つつ）—nukara《見》 ranke《つつ》 oman《行く》

ani（て）—hekachi《小供が》 tereke《駈け》 ani《て》 oman《行く》

六四　文と文とを接続するもの左の如し。

nē-te（さて，そして，）

nē -te-oro（それから）

nē-kusu（だから）

nē -kusu-ne-ike（であるならば）

nah-te（こうして，かくて）

nah-an-te（こうあって，かくして）

nah-an-te-oro（かくて後，それから，）

nah an kusu（だもんだから）

nah-an-ike（然らば，そうだとすれば）

nea orowa（その時から，それから）

第十　助辞

六五　名詞へ附くもの。

格の条に挙げたもの以外に尚左記のものがある。尤も何れも名詞的に独立的な意味がある。

kāta（上に 上へ）	San kāta rikinke 棚　の上へ　あげる
pēka（方へ 方に）	Otaka pēka oman 浜　へ　行く
onnaita（内に 内へ）	Chise onnaita ahun 家　の中へ　はいる
onnaike-ta（内に 内へ）	Chise onnaiketa ahun 家　の中へ　はいる
enpoki-ta（下へ 下に）	Pu enpokita ama 庫の　下へ　おく
kohsāketa（前へ 前に）	Chise kohsāketa hotari 家　の前へ　立つ
oshimaketa（後へ 後に）	Pu oshimaketa ashinke 庫　の後へ　出す
okāke-ta（後《うしろ》に）	Tōnoshiki okāke-ta 昼　後

六六　動詞（及び形容詞）に附くもの。

其うち，終止となるもの左の如し。

a（意味なし）	pirika a（よろしい）
wa（同上）	pirika wa（よろしい）
hi（意味を強むる辞）	pirika an hi（よろしい）
tah-ne（「即これなり」）	esapane tono tah ne（長官である）

六七　命令となるもの左の如し。

ka（！）	kara ka!（作れ！）
kanne（せよ）	ki kanne!（せよ）
kāne（同上）	ki kāne!（せよ）
kane（同上）	nukara kane!（見よ）
yan（よ！）	kī yan!（せよ）

六八　疑問となるもの左の如し。

a（?）	pirika a?（よろしいか）
ya（や？）	tampe ne ya?（これなのかい）
he（え？）	e-nu he?（きこえるかい）
he tane ya（・・か）	Hemata echiki hetane ya?（どうしたのか？）

六九　欲求に添えるもの左の如し。

rusui（度い）	oman rusui（行きたい）
raiki（度い）	Etohse raiki（ねむたい）

七〇　推量に添えるもの左の如し。

nanko（でしょう）Tampe pirika nanko（此はいいでしょう）

ne-shiri-an（らしい）Ahto ran kuni ne shiri-an（雨が降りそうだ）

以上は文の終結につくもの。

七一　次に，接続法の助辞左の如し。

chiki（なら）	kampi i-konte chike pirika（御手紙下され候はば幸甚）
anah（ならば）	an-koro《私が 得た》 anah《ら》 an-e-konte《私 汝に 与え》 kusu《よう》
yahka（けれど）	oman《行き》 rusui《たい》 yahka《けれど》 oman《行か》 koyākush《れない》
wahka（けれど）	an-nukara《（私） 見たんだ》 wahka《けれど》 an-oira《（私）忘れた》
wahkaiki（けれども）	nē《である》 wahkaiki《けれども》 wen《わるい》
koroka（・・が）	nu《聞き》 rusui《たい》 koroka《が》 nā《まだ》 hane《きか》 nu《ぬ》

第十一　間投詞

ア，オ，など何処にも共有なものは抜きにして，やや特有なものを挙げると大凡左の如し。

七二　第一次的間投詞

e-ō!	驚異驚嘆の辞。主に女や小供。
a-ā!	痛苦を訴うる辞。前同断。
e-ē!	「然り」「そうです」。然諾の辞。
u-wa!	「存ぜぬ」「知らぬ」。問に対して答え得ぬ時の辞。
he?	問いの辞。注意を喚ぶ辞。
he!	「ヤーイ！」はやし立てる辞。
keh!	「さア」「いざ」誘引催促の辞。よく重ねて keh, keh! keh, keh! という。

airo! ｛仲間を喚びかける辞。
aino! ｛—

七三　第二次的間投詞

ki!　やれやれ！（「する」という動詞）

isham! ｛あらず！ 否！ いいえ，いや，などの類。
ishan! ｛（もとは「無い」という形容詞）

isam! ｛前同断。
isan! ｛——

ishama! ｛前同断。第六六節の a の添うた形。
isama! ｛——

e-nu!?　「申し申し！」（聞くという動詞，直訳，「汝聞くや!?」）

irankarahte!　「今日は!」「お早う！」「今晩は！」などの類（挨拶すの義）

sarampa! ｛「左様なら！」恐らく日本語の「さらば！」の伝わり
saramba! ｛遺れるもの。

iyaiiraikire!　「有りがとう」（自ら羞ずる義）

第十二　語序

七四　文主を前とし述語を後とす。

Seta tereke（犬が駈ける）

Rera yuhke（風が荒い）

七五　目的語・補足語は中間に立つ。

Iso umma raike（熊が馬を殺した）

Ainu otaka ta oman（人が浜へ行く）

七六　修飾語は被修飾語の前に立つ。

pirika ainu（よい人）　wen ainu（悪しい人）

pirikano oman（「よく往け！
お静に！」）　wenno kara（「悪く，なす，」
虐待す）

七七　右の規則は，修辞法上，語勢上，稀に理解を損わぬ程度に於て多少の自由が与えられる。殊に，目的語と補足語とは，何れをさきに置くも其場合に応じて自由である。

Anokai an-tek-ani chieh an-koiki
私は　（私の）手　で　魚を（私が）つかまえた

Anokai chieh an-tek-ani an-koiki
私は　魚を　（私の）手　で（私が）捕えた

第十三　呼応法

七八　アイヌは人称及び数に於いては，やかましき呼応法がある。

複数形が単数の場合に代用せられた時は，意味は単数でも，飽くまで其主語に呼応して動詞は複数形を用いる。

（一）*An*okai shine-ne wa paye-*an* te ariki-*an*（私が一人で行って来た）

（二）*Ku*ani shine-ne wa *ku*-oman te *ku*-eh（私が一人で行って

来た)

右は全然同義である。唯(一)は主語の anokai という複数形を用いた故に，其動詞皆複数形を用いて呼応せしめたのである。

七九　同様に第二人称の際にも此呼応が厳密である。

Echi-okai echi-paye wa echi-ariki hi?(汝等行って来たか)

Eani e-oman wa e-eki hi?(汝行って来たか)

八〇　又語勢を置く時に，動詞の語尾へ -shi(若しくは ashi)を附することあり。(アイヌは，これは複数の為に附すといえど，単数にも添う)。一旦第一の動詞へつける時は第二，第三，第四の動詞に至るまで必ず又附けて呼応させる。

Anokai paye-an-ashi te ariki-an-ashi(私が行って来た)。

Ainu《土人》 ishinne《一同》 usa《色々》-an《な》 ibe《食物》 kara-shi《こしらえ》 te《て》 poro《大》 chise《家》 ohta《へ》

ainu《人々》 ishinne《一同》 uwēkari-shi《あつまり》 te《て》 sake《酒を》 ku《飲》-shi《も》 kusu《うと》 kara《し》-shi《た》

(土人一同色々な御馳走を拵えて，大きな家へ一同集合し，酒を飲もうとしていた。

樺太アイヌ語彙

略符

〔名〕名詞	〔接〕接辞
〔数〕数詞	〔続〕接続詞
〔代〕代名詞	〔間〕間投詞
〔動〕動詞	〔指〕指示辞
〔形〕形容詞	〔助〕助辞
〔副〕副詞	(後置詞)

A

a,〔助〕言葉ノ末ヘ留メニ添エラルル辞, pirika a? (善イカ), tei ta a! (ココダヨ).

a,〔動〕坐ス, スワル, 腰カケル.

a-a,〔間〕オ痛！ア痛！

acha,〔名〕小父 (オジ), 伯叔父.

ahkari,〔動〕過ギル, 通リ越ス, スグレル.〔助〕ヨリ.

ah-kari-ka,〔動〕出スギル, 従ワヌ, ソムク, モドル.

ahkash,〔動〕歩ク, 行ク, 旅ス.

ah-to,〔名〕雨. —wahka 雨水.

ahun,〔動〕這入ル.

ahunke,〔動〕入レル, ヒッコメル, カクス, 収メル.

ai,〔名〕矢.

aikap,〔形〕拙イ, 下手ナ, マズイ.

aike,〔続〕…スルト, シテ居ルト.

ainu,〔名〕人, 男, 夫, 父.

Ainu,〔名〕アイノ, アイヌ, (即チコノ種族ノ名).

aki,〔名〕弟, 年下ノ同胞. mat —妹.

akkari, = ahkari

ama,〔動〕置ク, 挿ム, 載セル, 入レル, 収ム.

ampa,〔動〕持ツ, 捧ゲル, 抱ク, 携ウ, 携帯ス, 運ブ, 同

伴ス.

an,〔動〕有ル，在ル，存在ス，居ル.

an-,〔接〕私，私タチ，私ドモ. an-ona (私ノ父). an-nukara (私見ル).

ana, anah,〔助〕ナラ，ナラバ.

anah-ka,〔助〕ナリトモ，…テモ，…デモ.

anahka-iki,〔助〕トハ雖モ，タトイ…デモ.

anchikara,〔名〕夜.

āne,〔形〕細イ.

ani,〔助〕テ，シテ，ソシテ；デ，ニテ，デ以テ，ヲ以テ；…ナルヲ以テ，ナルガ故ニ，カラ.

ani,〔代〕彼.

an-noshiki,〔名，副〕半夜，夜ナカ.

anoka,〔代〕私，私ダチ，私ドモ.

anokai,〔代〕前条ニ同ジ.

apa,〔名〕戸. —chahke (戸ヲアケル).

apu,〔名〕海氷，流氷.

ara-anno,〔副〕ソノママ，ソレナリニ.

araka,〔形〕痛イ，疼ム.

arapecha,〔名〕対岸，向ウ岸.

are-hau-sah,〔形〕言葉無シ，無言デ居ル，ダマッテイル.

ari,〔形〕ソノママ，会ウ. —an-no 全クソレキリニ，ソノナリニ，無事ニ，恙ナク.

ariki,〔動〕来ル，行ク.

ashi,〔動〕立ツ，起ツ，起上ル，立テル.

ashi, āshi,〔助〕語勢ヲ添エルニ用ウ.

ashik-ororo,〔動〕手一パイニ摑ミ出ス.

ashin,〔動〕アラワレル，出ル.

ashin-ke,〔動〕アラワス，出ス.

ashin-no,〔副〕ハジメテ，新ラタニ，新シク.

ashiri,〔形〕新シイ. —imi (新衣). —pa (新年).

ashish-ne,〔数〕五ツ.

ashishnu,〔動〕生キル，存命ス. —kāne 生前，在世ノ頃.

askai,〔形〕上手ナ，タクミナ.

asurani,〔動〕報ズ，告ゲシラス.

atarimae,〔名〕職，ツトメ，任

務.

atui-sam,〔名〕海浜, 海べ, 湖浜, 湖岸.

auh,〔名〕舌.

C

cha,〔名〕ワキ, ソバ, 岸, 河岸.

cha,〔名〕城, 館 (タテ), 屋敷.

cha,〔名〕カコイ, 塀, 垣, 墻.

chah,〔動〕開ク, アカル, アク.

chah-ke,〔動〕アケル, 開ク.

chakashnu,〔動〕教ウ, —chise 学校.

chakokose,〔動〕洩ル, 漏ル.

chara,〔名〕口, 入口.

chash,〔動〕走ル, 疾走ス, 疾駆ス.

chashi,〔名〕家, 館, 城, 郭.

cheh,〔名〕魚類, ウオ, サカナ. —koiki (魚ヲ捕ル). —koiki kotan (漁場). —koiki ushi (漁場).

chi-,〔接〕吾々, 吾々ノ.

chihokarō-ni,〔名〕タキギ, 薪.

chikah,〔名〕鳥.

chikari,〔形〕惜シイ,

chiki,〔助〕ナラバ, ナラ.

chi-mesh-pa,〔動〕離レオチル, 剝ゲル, ソゲル.

chinkeu,〔名〕根, 親, 祖.

chiokai,〔代〕吾々, 吾輩, 僕等, 僕.

chirai,〔名〕一種ノ魚, イトウ.

chire,〔動〕焼ク, 炙ブル.

chi-rori,〔動〕沈ム, 沈没ス, 覆没ス, 覆エル, 転覆ス.

chise,〔名〕家.

chish,〔名〕舟＝chip,

chish,〔動〕泣ク, 啼泣ス.

chish-kara,〔動〕泣ク, 泣キ出ス.

chishnai,〔名〕近ミチ, 捷径,

chiu,〔名〕流, 汐, 汐潮, 潮流,

chiu,〔動〕衝ク, 突ク.

chi-wente,〔動〕コワレル, ヤブレル.

chuh,〔名〕日, 月. Tono— (日輪). kunne— (月輪).

chuki-ta,〔名, 副〕秋季, 秋日.

E

e,〔動〕喰ウ，食ス.

e-,〔接〕汝，汝ノ.

e-,〔接〕方向ヲ示ス接辞. ＝ he-,

e-,〔接〕目的語或ハ補足語ヲ受ケテ動詞ノ語頭ヘ添ウ接辞. e-mina (…ヲ笑ウ). e-ramu (ト思做ス).

e-ah,〔動〕投ゲル，ブッツケル，射ル，狙撃ス.

e-askai,〔動〕為シ能ウ，為シ得，上手，堪能デアル.

e-asurani,〔動〕報告ス，

echi-,〔接〕汝等，汝等ノ，オ前達，オ前達ノ，アナタ方，アナタ方ノ.

eh,〔動〕来ル. ＝ ek.

e-hechiri,〔動〕ヲ遊ブ，(遊戯) ヲスル，演ズル.

e-hoh,〔動〕買ウ.

e-hope-kara,〔動〕起コス，惹起ス.

e-hope-nu,〔動〕驚ク，ビックリス.

eh-te,〔動〕来サス，ヨコス，トリヨス.

e-irauke,〔動〕張リ合ウ，競ウ.

e-ishka,〔動〕窃ム，掠奪ス，カスム.

e-ishōkoro,〔動〕信ズル，ホントーニス，間ニ受ケル.

e-itah,〔動〕談ズ，話ス，語ル.

e-iwanke,〔動〕使用ス，ツカウ，要スル，カカル.

e-kara-kara,〔動〕ニスル，ヲスル，ニ造ル，

e-kashi,〔名〕長老，年寄，老翁，オジイサン，祖先.

e-kiroran,〔形〕面白イ，タノシイ.

e-koram-nu,〔動〕相談カケル，謀ル.

emuike,〔副〕ミナ，コトゴトク，スベテ，全ク，全部.

emush,〔名〕刀，太刀，

ene,〔副〕カヨウニ，カク.

ene,〔助〕ノ方ヘ，ヘ，

ene-ka,〔副〕ドウヤラ，思ウニキット，サダメシ，多分.

ene-kī-he,〔名〕ヤリカタ，仕方，方法.

en-kā,〔助〕ノ上ニ，ノ上

enki,〔形〕鋭イ，ヨク切レル，鋭利ナ.

en-ko,〔名〕半，半分，半数.

en-poki,〔助〕ノ下ニ，ノ下.
enrum,〔名〕岬.
enukara,〔形〕切レニクイ，ニブイ，鈍ナ. —makiri (鈍刀).
enushkāne,〔動〕欣ブ，歓ブ，久シ振リデ，ウレシク思ウ.
e-ō,〔間〕オヤオヤ！マア！
e-ochish,〔動〕恨ム，憎ム，残念ニ思ウ.
e-ochomare,〔動〕教エル，戒メル.
e-pirika,〔形〕親シイ，仲ノヨイ.
e-raman,〔動〕知ル，ワカル，サトル＝eramu-an,
e-ramante,〔動〕知ラシム，知ラセル.
eramasui,〔形〕美シイ，美麗ナ.
eram-ishikari,〔動〕知ラナイ，覚エガナイ.
e-rampokiwen,〔動〕思イヤル，憐愍ニ思ウ，アワレム.
e-ramu-hokampa,〔動〕焦慮ス，心配ス，配慮ス，困マル，案ジル.
e-ramu-shinne,〔動〕安心ス，喜ブ.
e-ran-tasaske,〔動〕激怒ス，赫怒ス.
e-rayah,〔動〕驚歎ス，驚イテ感心スル.
e-rusa,〔動〕貸ス.
esaman,〔名〕獺,
esampe-hauke,〔動，形〕イトシガル，ヤサシクス，不愍ガル.
e-sapa-ne,〔動〕主トナル，先ニ立ツ，統率ス.
eshin,〔副〕サッキ，先刻.
e-shīna,〔動〕隠ス，匿ス，ツツム.
e-shirepa,〔動〕到着ス.
e-sunke,〔動〕ダマス，アザムク，タバカル.
e-suyasuya,〔動〕フリ動カス，揺ル，振ル.
e-suye,〔動〕向ケル，向キヲ転ズル.
etaraka,〔形〕ムヤミ，無法ナ，矢鱈ナ.
etoh,〔名〕サキ，トガリ，ハシ，頭.
etohse,〔動〕眠ル，寝ル. —raiki (ネムタイ)
etoko,〔名〕前，サキ.

etu,〔名〕鼻，岬.
etuse,〔動〕眠ル，寝ル.
etūne,〔動〕嫌ウ，忌ム，禁ズ，差止メル.
e-turu,〔助〕マデ，ニ至ルマデ.
e-uko-itah,〔動〕約束ス，相談ス，語ラウ，討論ス，討議ス.
e-utekara,〔動〕コトヅケル，托ス，伝送ス.
e-wara,〔動〕掃ク，払ウ.
e-yaikara,〔動〕自ラ…ニスル，ニ扮スル，ノマネヲスル.
e-yai-kara-kara,〔動〕身仕度ヲスル，用意ヲスル，準備ヲ調エル.
e-yai-kari-isam,〔動〕自ラ如何トモ仕方ガナイ.
e-yai-kokassa,〔動〕惜ム，残念ガル.
e-yai-nikor'oshima,〔動〕恥ジル，赤面ス.
e-yai-nukuri,〔動〕気ヲカネル，遠慮ヲスル.
e-yai-tuhpare,〔動〕恐レル，ビクビクスル.
e-yūtara,〔動〕伝言ス，コトヅケル.

H

-ha,〔接〕語勢上ノ接辞. seta-ha,（犬），sapa-ha.（頭），nukara-ha（見タ）.
hachiko,〔名〕小供，赤児.〔形〕小サイ. —chise（小サイ家）.
hāchire,〔動〕オトス，コロガス，倒ス.
hāchiri,〔動〕オチル，コロゲル，倒レル；シクジル，蹉跌ス，ツマヅク.
hahtara,〔名〕川上ノ深ミ，水源ノ方ノ深イ処.
haita,〔形〕乏シイ，少ナイ，足ラヌ，不足ノ.
hakahka,〔動〕窃ム，コッソリトル.
ham,〔副〕打消ノ辞.
han,〔副〕打消ノ辞. ham ノ転.
han-ka,〔副〕禁止ノ辞；イケナイ，ユメ…ナ，決シテ…ナ，…勿レ.
hanne, hane,〔副〕打消ノ辞〖ham + ne〗. ジャナイ，非，不，否.
hapuru,〔形〕柔カイ，ヤサシ

イ，ヨワイ.

hariki,〔名〕左. —teh (左手). —so (左席).

hau,〔名〕音声，コエ，噂.

hau-kara,〔動〕鳴ラス，音ヲオコス，弾ズ (琴ヲ).

hauke,〔形〕軽イ，軽少ノ，聊カノ，仄カノ，ヤスイ，低価ノ，ウスイ，淡イ.

hauki,〔動〕鳴ラス，歌ウ，啼ク.〔名〕謡物.

hau-oroke,〔動〕騒グ，ワイワイ云ウ.

hau-sah-no,〔副〕言葉ナク，無言ニ，沈黙シテ.

hayohpe,〔名〕鎧.

he,〔助〕疑問ノ助辞. tampe he? (此カ？)

he,〔助〕語勢ヲ置クトキノ辞，サエ，サエモ.

he-,〔接〕方向ヲ表ワス接辞. he-to ariki. (湖ノ方へ来タ).

hēchiri,〔名〕遊，嬉戯，踊リ，踏舞.〔動〕遊ブ，踊ル.

hekachi,〔名〕小供，小児，男児. mat —女児.

hekota,〔副〕ソチヘ，ソノ方ヘ.

hemaka,〔動〕済ム，終ル，ヨス.

hemata,〔疑代〕何，ドレ. —kusu (何故，ナンノタメ，ナゼ).

hempah,〔疑代〕幾，ナニホドノ. —ainu (何人) —ikoro (何円).

hempan-no,〔副〕急イデ.

hempara,〔疑代〕イツ，何時. —kane (イツ程，イツ頃)

hempara,〔動〕急グ，早メル.

hene,〔助〕語気ヲ緩カニスル助辞；デモ.

hetesu,〔動〕起キ上ル，起キル.

hetuku,〔動〕生マル，産ス，ナル，成長ス；起コル，生ズル.

heuke,〔形〕曲ッテイル，マガッタ，片寄ッタ，傾イタ.

-hi,〔接〕語勢上ノ接辞 aki-hi (弟)，machi-hi (妻).

hi,〔助〕文ノ留メニ置ク助辞 oka an-hi (暮ラシテ居タ).

hike,〔助〕= ike

hoh, hok,〔動〕買ウ.

hoh-kara,〔動〕買ウ.

hohke,〔動〕寝ル，横ニナル，

臥ス.
hoh-ne,〔数〕二十 = hoh.
hohpa,〔動〕残ス, 遺ス, 捨テル, 置イテ去ル.
hokampa,〔形〕ムズカシイ, 面倒ナ, 困難ナ, コマッタ.
honi,〔名〕腹.
honiwe,〔名〕櫂.
honne,〔形〕弱イ.
hopenu,〔動〕驚ク, ビックリスル.
hopuni,〔副〕出発ス, 立ツ, 出カケル.
horah,〔動〕仆レル, 崩レル.
horoka,〔名〕サカサマ, 逆.
hoshiki,〔名, 形〕サキ, サキノ, 前ノ, —nūman (一昨日).
hoshiki-ramu,〔名〕兄.
hoshipi,〔動〕帰ル.
hotari,〔動〕立ツ, 立ッテイル.
hotari-ka,〔動〕立テル, 建設スル.
hu,〔形〕ナマノ (煮ナイ).
hukui,〔動〕焼ケル, 火ガツク, 燃エル.
hukui-ka,〔動〕焼ク, 火ヲツケル, 燃ヤス, 点灯ス, トボス.
hukui-ke,〔動〕焼ク, 火ヲ放ツ, 焼キ払ウ.
hum, humi,〔名〕音響, オト, ヒビキ. koi — (浪ノ音).
humoro,〔動〕大キナ音.
hunara,〔動〕捜ス, 尋ネル, 求メル.
hura,〔名〕匂イ, カオリ.
hurai,〔動〕洗ウ.
hūre,〔名〕赤イ.
hushko.〔名〕古, 昔.〔形〕古イ, 昔ノ.

I

i,〔指〕ココ, コチ, コナタ. i-ohta (ココニ), i-hekota (コチラニ).
-i,〔接〕名詞法ノ接辞. oman-i (行クコト), an-i (アルコト),
i-,〔接〕私ヲ, 私ニ. i-konte!《私ニ与エヨ》 i-nukante.《私ニミセヨ》
ibe,〔名〕食物.〔動〕食事ス, タベル.
ibe-re,〔動〕タベサス, 養ウ, 飼養ス.
ichākashno, ichākashnu,〔動〕教ウ, サトス, 戒ム.〔名〕

教エ，戒メ．—chise (学校)．—tono (先生)．

ichanahte，〔動〕懲ラシメル，罰スル，処罰ス．—chisei 警察，牢屋．

ichani，〔名〕銭．shine— (一銭)．tu — (二銭)．

i-hoh，〔動〕売ル．

ihoshiki，〔動〕酔ウ．

ikanne，〔副〕況ンヤ，マシテ．

ikara，〔動〕コシラエル，シツラエル，扱ウ，アシラウ．

ikara-kara，〔動〕扱ウ，取扱ウ，遇ス，モテナス．

ikashma，〔動〕余，剰ル．

ikashiu，〔動〕手伝ウ，助ケル．

ike，〔名〕箇所，トコロ．〔助〕…シタ所，…シタラ，…スレバ．

i-kimateh，〔動〕恐レル，オヅル，臆ス．

i-kishima-kara，〔動〕掴ム，ツカマエル．

ikoni，〔動〕痛ム，病ム，患ウ．〔名〕病気，傷．

i-ko-onkami，〔動〕感謝ス，拝ム．

ikoro，〔名〕宝物，金銭．〔助数〕円．

ikotushi，〔動〕貸ス．

i-kush-ta，〔副〕彼岸，カナタ，向ウ．

i-mi，〔名〕衣，着物．—tusa (袖)．—sere (裾)．

imoka，〔名〕土産，ミヤゲ．

imoyo，〔形〕僅少ノ，スコシノ，ワズカノ，少数ノ．

in-，〔接〕私ヲ，私ニ．＝i-．in-konte！(私ニ呉レ)．

inau，〔名〕アイヌノ幣，削リ掛ケ．

īne，〔数〕四．

i-nei-no，〔副〕ソノ様ニ，ソノ通リニ．

i-noshpa，〔動〕追ウ，追躡ス，

i-nū-no，〔形〕博聞ノ，物識リノ．

inunukare，〔形〕アワレナ，カワイ想ナ，不愍ナ．

inuye，〔名〕彫刻，ホリモノ．

i-ōneka，〔動〕様子ヲ見ル，窺ウ，伺ウ，見舞ウ，斥候ス．

i-oposo，〔副〕醒メル．

ipish，〔動〕問ウ，尋ネル，聞ク．

i-pish-ki，〔動〕カゾエル，勘定

スル，計算スル.

iporo,〔名〕顔色，カオツキ，オモモチ.

iraiki,〔動〕羞ジル，ハニカム.

ireshke,〔形〕不自由ナ，窮窟ナ，ママナラヌ，不便ナ.

irenka,〔名〕考案，謀，指図，命令，規則.

irukai,〔副〕一寸，シバシ，暫時.

irusa,〔動〕貸ス.

irushka,〔動〕怒ル，立腹ス.

i-sāketa,〔副〕ドウゾ，何卒.

isam,〔形〕無イ，アラヌ，存セヌ；アラズ，然ラズ，否.

isēseka,〔形〕暑イ.〔名〕暑サ.

ishka,〔動〕盗ム，ドロボウスル．—utara（ドロボウ）．—kuru（賊）.

ishiramma,〔副〕平素，平生，平常，始終，不断.

isho,〔名〕熊．—inaukara（熊祭）．—iomante（熊送）.

issaika,〔形〕容易ナ，タヤスイ，ワカリヤスイ，ヤサシイ.

isshinne,〔副〕一同，一統，諸共ニ，一所ニ.

itah,〔名〕言葉，言語.〔動〕云ウ，話ス.

itaki,〔名〕云ウコト，云ワク；ハナシ，談話，言語.

itakohpa,〔動〕遺言ス，云イノコス.

itasa,〔名〕返事，返礼，返報.

itasare,〔動〕返ス，返サス，引替エル，取替エル，交換ス.

itenno,〔形，副〕柔カナ，柔カニ.

ituyashkara,〔動〕可愛想ニ思ウ，同情ス，イツクシム.

iutara,〔動〕伝言ス，コトヅケル.

iwan,〔数〕六.

iwanke,〔動〕用ウ，使用ス，ツカウ.

K

ka,〔名〕糸.

ka,〔名〕上.

ka,〔助〕モ，ダニ，サエ.（往々打消ノ意ガ伴ウ）．ponno ka isam（少シモ無イ）.

kah, kat,〔名〕形，型. ＝katuhu.

ka-iki,〔助〕モ, モ亦.
kainu,〔名〕人, 男, 若イ男子.
kaite,〔動〕折レル, 挫ケル.
kaite-ki,〔動〕折ル, 挫ク.
kam, kamu,〔名〕上.
kampi,〔名〕紙, 本, 帳面, 手紙;文字;書記, 番頭.
kamui,〔名〕神;獣, 特ニ海豹.
kamu-re,〔動〕覆ウ, カブセル, カケル.
kāna,〔動〕願ウ, 申シ出ル, 頼ム.
kāne,〔名, 助〕程, 頃, グライ;ガテラ, ナガラ, ツツ.(命令ニモ添エル) ヨ.
kani,〔名〕金属, カネ.
kanne, = kāne,
kanto,〔名〕天(上所ノ義)
kapara,〔形〕薄イ.
kara,〔動〕造ル, 建造ス(家ナド), スル, 営ム;書ク(字ナド), 結ウ(髪), 縒ル(糸ヲ), 調ベル(楽器ノ絃ヲ), 耕ス(土地ヲ).
kara-kara,〔動〕世話ヲスル, ソダテル, 取扱ウ, スル.
kari,〔名〕仕方, 仕様, センスベ. ene—isam(センスベナシ).
kari,〔助〕添ウテ, 由ッテ, 通ッテ, カカッテ, 伝ッテ, カラ.
kashi-ke,〔名〕上, 頂上, イタダキ.
kashuhpa,〔動〕徒渉ス, ワタル.
katu, katu-hu,〔名〕形, 形式, 模様, 雛形, 姿, 格好.
kauri,〔名〕杖.
kaya,〔名〕帆, 幕, 覆イノ布. —koro(帆ヲ張ル).
kayō,〔動〕呼ブ, 叫ブ.
kayō-kara,〔動〕同上.
-ke,〔接〕場所ヤ時間ヲ表ワシ, 名詞ヲ副詞ニスル接辞.
-ke,〔接〕自動ヲ他動ニ, 他動ヲ使役相ニスル接辞.
kenash,〔名〕川添ノ林, 木立.
kene,〔助〕方向ヲ表ワス助辞.
kem,〔動〕嘗メル, ネブル.
kema,〔名〕足, 脚.
kēra,〔名〕味.
kerai-kusu,〔副〕オカゲデ, ソノタメニ.
kesan-tō,〔副〕毎日.
kese,〔名〕後, アト, 後胤, 終, 末.

kesh-to-no,〔副〕先頃，先日.
kesh-ukuran,〔副〕毎夜.
keu,〔名〕屍，ムクロ.
keu-shutu,〔名〕親，祖.
keutum,〔名〕心，精神.
kewe,〔動〕追ウ，オッパラウ，オッカケル.
ki,〔動〕スル，ナス，行ウ.
kim,〔名〕山.
kimateh,〔動〕恐ル，オジル，コワガル.
kina,〔名〕草.
kinatum,〔名〕草原，草ムラ.
kira,〔動〕逃ゲル，免レル.
ki-re.〔動〕ナサシム，行ワス.
kiroran,〔形〕可笑シイ，面白イ，興味ガアル.
kiroro-an,〔形〕力アル．強イ.
kisara,〔名〕耳.
kishima,〔動〕捕エル，抑エル，ツカマエル，ツカム.
kitai,〔名〕上，頂.
ko-,〔接〕動作ノ人々諸共ニ参加シテ行ワルルコトヲ表ワス接辞.
kochi, kochi-hi,〔名〕場所，処.
koh,〔名〕処，所．Toi-chise-koh (穴居ノアト). unchi-koh (炉).〔助〕…トコロ，…トコロガ，…シタラ.
ko-hauke,〔動〕コタエル．ツヨク感ズル，堪エガタク思ウ.
kohsā-ke,〔名，副〕前，近所，附近.
kohsā-ke-ta,〔副〕前ニ.〔助〕ノ為メニ，ノ代リニ，ニ代ッテ.
koi,〔名〕浪，波濤.
koi-kāri,〔動〕逢ウ，ブツカル，衝突ス，アタル.
koiki,〔動〕打ツ，打チトル，捕獲ス，ツカマエル.
komashka,〔名〕金，円
komun,〔名〕塵埃，ゴミ.
konte,〔動〕与ウ，ヤル，クレル.
ko-nupuru,〔動〕好ム，愛ス.
kopecha,〔名〕鴨.
ko-pirika,〔動〕満足ス，足リテ居ル，不自由セヌ，不足ナイ.
ko-pishi,〔動〕尋ネル，聞ク，問ウ.
ko-ram-nu,〔動〕商議ス，謀ル.
koro,〔動〕持ツ，有ス，所持ス，所有ス，領有ス．chikah

—（髷ヲ結ウ），hahka—（帽子ヲカブル），mahneku—（娶ル）.

koroka,〔助〕ケレドモ，ナレドモ.

korokai,〔助〕ケレドモ，トハイエドモ.

ko-sanke,〔動〕出ス，賜ウ，寄進ス.

kosonto,〔名〕小袖，立派ナ着物，錦衣．Manjū—（満洲錦）.

kotama,〔動〕出ス，現ワス.

kotan,〔名〕場所，処，里，村，国.

kotesu,〔動〕附ク，着ク，附着ス.

ko-uh,〔動〕捲キアゲル，掠奪スル.

koyākush,〔動〕能ワズ，出来ナイ.

ku,〔名〕人（熟語ニノミ用ウ）．sapane—（頭領）．mah-ne—（婦人）.

ku-〔接〕私ガ，私ノ.

ku-ani,〔代〕私，私ガ.

kuchi,〔名〕帯.

kuchi,〔名〕狩小屋.

kuh,〔名〕帯.

ku-kara,〔動〕飲ム.

kum-pe,〔名，助〕ベキ物.

kun,〔助〕ベキ，…ナルベキ.

kun-an,〔助〕…ヨウナ，…ソウナ．pirika kun-an ainu（善サソウナ人）

kūne,〔形〕黒イ，暗イ；夜ノ，晩ノ.

kuni,〔助〕ベク，…ダロウト an kuni ramu（アルダロウト思ウ）

kuri,〔形，名〕晦イ，蔭.

kusa,〔動〕積込ム，運搬ス.

kush,〔動〕越エル，超エテ行ク，渡ル，渡ス，通ル，通過ス，通行ス.

kush-ta,〔副〕アチラ，アナタ，向ウニ.

kusu,〔名，助〕故，為，カラ．hemata—（ナゼ）.

kusu,〔助〕…ノツモリ，ノ筈，…ントス．temana e-ki kusu?（ドウスルノカ？）

kusu-an〔助〕セントシテ居ル．hemata ki kusu ani he？（何セントシテ居ルカ？）

kusu-iki,〔助〕セントス，…シマショウ．（欲スルコト，意

思スルコトヲ表ワス).
kusu-ne,〔助〕セントス,…スルコトニ成ル,ナラン.
kuwa,〔名〕棒,杖,ステッキ.

M

ma,〔動〕オヨグ,遊泳ス.
machi,〔名〕婦,妻.
mah,〔名〕女性,女,牝,雌. = mat.
mah,〔名〕ウシロ,後,背戸 = mak.
mah-ne-ku,〔名〕婦女子,女人.
mah-ne-po,〔名〕娘,少女.
mah-po,〔名〕女僮,小娘.
mahru,〔名〕橇ノ手綱.
makan,〔動〕山手へ行ク,背戸ノ方へ行ク,浜ヨリ内地へ行ク,アガル,登ル.
makan-ke,〔動〕ノボス,上へヤル
manka,〔動〕勝ツ,アサル.〔形〕聡明ナ,利撥ナ,サバケタ,ヒラケタ,エライ,秀デタ,スグレタ.
marahto,〔名〕馳走,宴会,(日本語ノ マレビト ノ転カ)
mashki,〔形〕余計ノ,過分ノ,過度ノ.
mashkin,同上.〔副〕アマリニ.
mataita,〔名,副〕冬日,冬季.
mau,〔名〕気,気味,ケハイ,ニオイ,ケシキ,模様,様子.
mawa,〔名〕飢餲.〔動〕ウエル,腹ガスク.
meh,〔動〕犬鳴ク,吠エル.
meiraiki,〔形〕ツメタイ,冷エル,サムイ.
mem-an,〔形〕ツメタイ,涼シイ.
meshke,〔動〕折レル,コワレル　挫ケル.
meshpa,〔動〕ハナス,剝グ,ソグ,ハグ,切取ル,コワス.
mi,〔動〕着ル. —ampe,着物,被服.
mīna,〔動〕ホホエム,微笑ス,笑ウ.
moimoi,〔動〕揺リオコス,起コス,ユル,ユリウゴカス.
moire,〔動〕遅クナル,オクレル.
mokoro,〔動〕眠ル,寝ル.
mom,〔動〕流レル,タダヨウ,浮ビ下ル.

mōmare,〔動〕シマッテオク，蔵ス.

mompeh, mompet,〔名〕指.

monashno,〔副〕急ニ，早ク，イソイデ.

moni,〔副〕ハヤク，急ニ.

monraike,〔名〕仕事，労働，ハタラキ.〔動〕ハタラク，労働ス.

montabe,〔形〕忙シイ，セワシイ.

moshiri,〔名〕島，国，国土.

moyō,〔形〕少イ，ワズカナ，僅少ノ.

mui,〔名〕ゴミ，塵芥.

mukara,〔名〕斧.

N

na,〔副〕尚，マダ．na wa!（マダ　ダ！）

na,〔助〕…ヤ…ヤ，…モ…モ.

nah,〔指〕斯ウ，コウ，ソウ.

nah,〔疑，代〕ドコ，何処.

nah-an,〔形〕カカル，カヨウナ，コンナ，コウイウ.

nah-kāne,〔副〕カヨウニ，カク，コンナ風ニ，コノ位ニ.〔形〕コノ程ノ，コノ位ノ.

nah-ta,〔副〕ドコニ，イズコニ，ドコヘ，イズコヘ.

nah-te,〔副〕カクテ，サテ，ソシテ．—oro（カクテ，ソレヨリ）.

nai,〔名〕河，大キナ川.

nai-kitai,〔名〕川上，源.

nan,〔名〕= nanu,

nani,〔副〕スグ，直チニ，ジキニ.

nanko,〔助〕デショウ，ダロウ pirika—（イイダロウ）

nanu,〔名〕顔.

nānuhunko,〔副〕モ少シデ，殆ンド，モハヤ.

nārui,〔副〕愈々，益々.

nāta,〔疑，代〕誰.

ne,〔動〕ト成ル，也，デアル，デス，ダ，〔助〕デ，ニテ.

ne,〔疑，代〕ドレカ，ダレカ，何カ，何モ.

nea,〔指〕其ノ，ソコノ.

nea,〔助〕…ガ，…ノ ニ.

neampe,〔助〕ハ，ニ於テハ，ダケハ，トシテハ，ダケハ，…ノ儀ハ.

nei,〔疑，代〕ドコ，何処カ．ド

コモ.
neino,〔副〕ノ様ニ, 同様ニ.
nēra,〔疑, 代〕ドレ, ドウ, ナニ, 如何.
nērampe,〔疑, 代〕何, 何カ, 何モ.
nēte,〔副, 続〕サテ, ソシテ, ソレデ, ソコデ.
newa,〔続〕及ビ, ト.
neyā,〔助〕…ガ, …ノニ, ＝nea.
ni,〔名〕木, 材, 薪.
-ni,〔接〕人数ヲ表ワス辞. shine—(一人).
nīkuru,〔名〕林.
nin,〔動〕消エル, 融ケル.
nīsah-no,〔副〕若シ, 万一, 不意ニ, 突然ニ, 急ニ, —ranke(ヤヤモスレバ).
nisahta,〔名〕朝.
nish,〔名〕雲.
nishkuru,〔名〕雲翳, 雲.
nishnu,〔形〕サビシイ, 荒涼タル.
nishpa,〔名〕首領, 大将, カシラ, 檀那サマ, (人ノ敬称).
ni-tum,〔名〕木原, 密原, 山林, 山手.
noh,〔名〕鼻, 岬. (岩ヤ石ノ出テ居ル陸地ノサキ)
noka,〔名〕形, 図, 絵, シルシ, 印.
noshiki,〔名〕中, 半, 真中.
noshipa,〔動〕追躡ス, オッカケル.
nu,〔動〕聞ク.
nuh,〔名〕原, 野.
Nucha,〔名〕露西亜, 露西亜人.
nukan-ramu,〔名〕弟.
nukara,〔動〕見ル, 逢ウ, 会見ス.
nukara-yara,〔動〕見セル, 見シム.
numa,〔動〕起キル, 起アガル.
nūman,〔名〕昨日.
nun,〔動〕吸ウ. 飲ム.
nunke,〔動〕選ブ, ヨル, ヨリヌク.
nupuri,〔名〕山, 岳.
nuso,〔名〕犬橇. —pok-un-seta(挽犬).
nuye,〔動〕書ク, 彫ル, 画ク.

O

o,〔動〕乗ル，騎ス，騎行ス，乗船ス.

oara,〔形，名〕片方ノ，一方ノ，カタカタ，一ツ，隻.

obishta,〔副〕ミンナ，全部，悉ク.

ochish,〔動〕恨ム，残念ニ思ウ.

ochish,〔動〕ナクナル，失セル，消エル.

ochish-ka,〔動〕落トス，失ウ，ナクナス.

ochishpa,〔動〕捨テル，投ゲル，放棄ス.

oha,〔形〕空ノ，カラノ，〔副〕タダ.

ohaine,〔動〕恐レル，ビクビクスル.

ohoro,〔形〕永イ，久シイ.

ohta,〔副〕ソコニ，ソコヘ.〔助〕ニ，ヘ

oira,〔動〕忘レル.

oisam,〔動〕亡クナル，歿ス，ミマカル.

okai,〔動〕在ル，居ル，居住ス．暮ラス.

oka-inkara,〔動〕見送ル.

okākara,〔副〕ソレナリニ，ソノナリニ，ソノ方向ニ，並行シテ.

okā-ke,〔副〕後，後刻，後日，後年；ウシロ，背後.

okush-ta,〔副〕アチラ，彼方ニ，彼岸ニ.

omai,〔名〕物置キ場，飾リ場(室ノ東隅)；床ノ間，ネドコノ間.

oman,〔動〕行ク，去ル，進ム.

oman-an,〔名〕旅行，タビ，出遊，出カセギ，行商.

omante,〔動〕ヤル，ツカワス，送付ス.

omeika,〔動〕残ル，残留ス，トドマル.

omeika-re,〔動〕残シテオク，トドマラス.

ona,〔名〕父.

ōneka, ōnuka,〔動〕様子ヲミル，様子ヲ窺ウ，見マワル，見舞ウ.

onnai,〔名〕内，内部.

onne,〔形〕老イタル，年トッタ，古イ.

onne,〔助〕方ヘ，ヘ.

onuman,〔名〕晩，宵.
ooha,〔形〕浅イ.
ooho,〔形〕深イ.
opokin-no,〔副〕段々ト，アトカラ，次第次第ニ.
opokin-onne,〔副〕同上.
ōponi,〔副〕アトニ，後ニ.
oran,〔形〕低イ.
orī,〔形〕高イ，セイガ高イ.
orī-ka,〔名〕小高イ所，丘.
oro,〔動〕入レル.〔名〕ナカ，ウチ.
oro,〔副，助〕ソコ，ソコカラ，カラ，ソノ外，ホカニ.
oro-wa,〔副，助〕ソコカラ，ソノトキカラ，カラ.
oro-wa-no,〔副，助〕ソコカラシテ，ソノ時カラシテ，ソレカラ；ソノ外，或又，及ビ.
or'un,〔助〕ソコニ居ル，…ニ居ル，…ノ. kotan orun ainu（村ノ人）.
orushpe,〔名〕事，事柄，事件，事業.
oshkoro,〔動〕惜ム，愛惜ス.
oshkunu,〔動〕救助ス，スクウ，庇護ス.
oshmake,〔副〕後，シリエ，後方.
ota,〔名〕砂，砂地.
ota-ka,〔名〕砂浜，洲.
ota-sam,〔名〕砂浜，砂岸，海岸，河岸，ハマ，
ota-shuh, ota-suh,〔名〕砂麓，砂浜，ハマ.
oya,〔形〕ホカノ，ヨソノ，他ノ. ―pa（来年），―shimma（明後日）.
oyamohte,〔動〕イブカル，フシギニ思ウ，怪シム，驚ク.

P

pa,〔名〕年，歳，齢.
pa,〔名〕煙.
pah-no,〔助〕程，バカリ，頃，グライ.
paikara, paikaru,〔名〕春.
paike,〔動〕起キル，起ツ.
pākari,〔名〕衡，サシ；考，考量，考案.〔動〕考エル，考案スル，商量ス，劃策ス.
pakesaran,〔形〕高慢ナ，生イキナ，威張ル.
parase,〔動〕飛ブ，ヒラヒラ舞ウ，ヒラヒラスル

pāse,〔形〕重イ，大切ナ，重大ナ，真ノ，高貴ノ，高官ノ.
pashte,〔動〕ワカル，露顕スル，アラワレル，ミツカル.
pateh,〔副，助〕タッタ，ソレノミ，ノミ，バッカリ，ダケ.
paye,〔動〕往ク，行ク，赴ク，デカケル.
-pe,〔接〕モノ，事.
peh,〔名〕川，水.
pero-ni,〔名〕槠.
pet,〔名〕川, pet-orush kamui (河神)
pi,〔名〕種，粒，核.
pi,〔動〕曳ク. ya—（綱ヲヒク).
pirika,〔形〕善イ，好イ，甘イ，美シイ，美麗ナ，豊裕ナ，ユタカナ，富メル.
piri,〔名〕傷，瘡.
pīru,〔動〕拭ウ，掃ク.
pish,〔名〕水ギワ，ナギサ，浜，磯.
pish,〔動〕問ウ，聞ク，尋ネル.
pishkan,〔形〕方々ノ，諸処ノ，四方八方ノ.
pishke, pishki,〔動〕数エル，計算スル，勘定スル.
po, po-ho,〔名〕子（男女トモ).
-po,〔接〕小サイモノヲ表ワスタメニ，又ハ親シミノ意ヲ添エルタメニ附ケル接辞.
poki,〔名〕下，シモ，カクシドコロ（女子).
pon,〔形〕小サイ，若イ.
pōnu,〔動〕生レル.
poro,〔形〕大キイ, 大キナ. —mompe.（大指)
poron〔形〕大キナ, ヒドイ. 恐ロシイ.
porōno,〔副〕大イニ，沢山.
poye,〔動〕掘ル，コジル.
pui,〔名〕穴，窓（煙出シ窓).
pūri,〔名〕振，風，様子，風習，習俗，流俗，流儀.
puyara,〔名〕窓（家ノ東側ノ壁間ノ)，神窓.

R

rah,〔名〕羽，翼. ＝rap.
rah〔動〕匂ウ. ＝rak.
rai〔動〕死ヌ.
rai-ke,〔動〕殺ス，狩ル，捕ル.
raikori, raikoro,〔副〕ヤット，死ヌヨウナ目ヲ見テ，ワズカ

ニ.

ramah-konte,〔動〕懲ラシメル，コラス.

rama-sah,〔形〕愚カナ，馬鹿ナ.

ram-ko-kishma.〔動〕心ヲ抑エテ居ル，ジット怺エテイル，忍耐ス.

ramma,〔副〕ヤッパリ，モ亦.

ramma-kaiki,〔副〕ヤハリ亦，モ亦.

ramma-kane,〔副〕常ニ，平生，平常，始終，イツデモ.

ramu,〔名〕胸，心臓，心，意，精神；意味.

ramu,〔動〕思ウ，考エル.

ramu-hokampa,〔動〕困ル，心配ス.

ramu-isahse,〔形〕ワビシイ，心細イ，気遣ワシイ，悲シイ.

ramu-tasaske,〔動〕腹ガ立ツ，癪ニサワル，カットス.

ramu-wen,〔形〕心ノ悪イ，悪性ノ；胸ガ悪イ，悲シイ，不快デアル.

ran,〔動〕下リル，下ル，降ル，サガル．ahto—(雨降ル).

ranke,〔助〕シツツ，ズツ，ナガラ，テ，…ノニ.

ranne-no,〔副〕ユックリ，丁寧ニ，静ニ，詳シク.

raun,〔形〕下ノ.

rau-ta,〔副〕下ニ.

rayah,〔動〕驚ク，驚歎ス，感歎ス.

re,〔数〕三.

reh,〔名〕アゴヒゲ.

rei,〔名〕名，名称，氏名.

rekuh, rekuchi,〔名〕咽喉，ノンド，首．＝rekut

renka,〔動〕聴ク，ユルス，承知ス.

renkai,〔副〕沢山ニ,

renkai,〔助〕ノママニ，ニ従ッテ．ramu—(思ウ存分).

renkare,〔動〕勘定ス，調ベル，吟味ス.

renne,〔動〕立チヨル，立チトマル.

reshke,〔動〕育テル，養ウ，ハグクム.

reu,〔動〕マガル，撓ム.

reuke,〔動〕マゲル，撓メル.

reush,〔動〕宿ル，止宿ス，トマル.

reush-ka,〔動〕宿ラス，トメ

ル.
rikin,〔動〕上ガル, ノボル.
rikun,〔形〕上ノ, 高イ.
rishe,〔動〕抜ク, 抜キトル, 脱グ.
riuka,〔名〕橋.
riya,〔動〕越年ス.
ronnu,〔動〕殺ス, 屠ル, 狩ル.
ru,〔名〕道, 道路, 通路.
ruchish,〔名〕山道, 峠.
rūhe,〔名〕痕跡, アト.
rui,〔助〕スギル, ガチノ.
rui-no,〔副〕烈シク, 高ク, 高声ニ, ヒドク, 大イニ.
rupush,〔動〕氷ル, 氷結ス.
rūra,〔動〕運ブ, 運搬ス.
rush,〔名〕皮, 革.
ruwe,〔形〕太イ, 大キイ. —mompe (大指). —kina (蕗).
ruyeruye,〔動〕振ル, 揺ル.

S

sa,〔名〕姉.
sa,〔名〕節, 調子, フシ.
sah,〔動〕乾ク, 干ル. = sat.
sahke,〔動〕乾カス, ホス.
sakīta,〔名, 副〕夏日, 夏季, 夏ノ日ニ.
sam,〔名〕側, ホトリ, ハタ, ワキ.
sampa,〔名〕角, 側.〔動〕角ニ削ル.
san,〔名〕棚.
san,〔動〕行ク (高イ方カラ低イ方へ, 山手ヨリ浜へ), 下ル.
san-ke,〔動〕下ゲル, 下ロス, 下附ス, 出ス, 醵出ス, 差出ス, 提出ス.
sānu,〔名〕ソブリ, 様子.
sapa,〔名〕頭, アタマ, 首.
sapa-ne,〔動〕主タル, 重立チタル, 主領ノ, 首魁ノ, 大将ノ.
saure,〔動〕ヨワル, 衰エル, 減ズル, ヘル.
seh,〔名〕板, 床板, 床.
seiseh,〔形〕暑イ, 熱イ. —wahka (湯).
sempirike,〔名, 副〕蔭, 陰.
seta,〔名〕犬.
seturu,〔名〕背.
sham,〔名〕傍, 側, ハタ, 隣. = sam.
shi-〔接〕大, 真ナドノ意ヲモツ. 意味ヲツヨメ又ハ美称ニ

添エルコトモアリ.

-shi,〔接〕語勢ヲオク.(アイヌハ二人以上ノ動作ヘ添エルナリトイウ)

shi-hohpa-re,〔動〕残サレル.

shihte-no,〔副〕充チテ,一パイニナッテ.

shikashma,〔動〕庇護ス,保護ス,保管ス,世話ヲス,助ケル.

shikashma-yara,〔動〕保護サセル,保管サセル,世話ヲサセル,委託ス.

shike,〔名〕荷物.

shi-konte-yara,〔動〕許可サレル,許サレル.

shimakorai,〔動〕休息ス,世ヲ去ル,ミマカル.

shīma, shimma,〔名〕明日,アシタ,

shimoipa,〔動〕動ク,活動ス.(複数形)

shimoye,〔動〕動ク,活動ス.

shin,〔助〕語勢ヲツヨメル辞,サエ,サエモ.

shīnai,〔動〕チガウ,ソウジャナイ,別ダ.

shinam,〔形〕冷イ,サムイ. = shirinam, shinnam.

shinewe,〔動〕遊ブ,話ス.

shinka,〔動〕クタビル,労レル,骨ガ折レル.

shinke-he,〔副〕翌日,アクル日.

shī-no,〔副,形〕ホントーノ,根元ノ,モトノ;ホントーニ,真先キニ.

shinoh,〔動〕遊ブ,遊戯スル.

shipo,〔名〕箱.

shiramkore,〔動〕知己,縁者,縁辺.

shir'echākashnu,〔名〕水先案内,土地ノ案内.

shirepa,〔動〕到着ス.

shir'etoko,〔名〕岬.

shiri,〔名〕天候,天気,日和,空模様,模様,様子,有様,状態,態度,姿勢.

shiri-kash,〔名〕表面,上面,オモテ.

shiri-poh,〔名〕裏面,下面,ウラ. = shiri-poki.

shiroma,〔動〕オチツイテ居住ス,平穏ニ暮ラス,オサマッテ居ル.

Shiroun-ku,〔名〕貧乏者.

shi-sam, 〔名〕トナリ, ワキ, スグソバ.

Shīsam, Shī-sham, 〔名〕日本人, 日本.

shish, 〔名〕目. ＝shik, shiki.

shishpo, 〔名〕塩.

shish-tōno, 〔動〕夜ガアケル, アカルクナル.

shitaiki, 〔動〕打ツ, 叩ク, ナグル.

shitoma, 〔動〕恐ル, 恐怖ス.

shitomush, 〔動〕帯ビル, 佩ブ.

shitushmah, 〔動〕イソグ, アワテル.

shiyupu, 〔形〕強イ, 激シイ.

shuh, 〔名〕モト, 根, 麓, 裾, ヘリ, ハタ, ワキ, ホトリ. ＝sut.

shukuh, 〔形〕若イ. —ainu (若イ人), —mahneku (少女).

shunku, 〔名〕エゾ松.

so, 〔名〕床, ユカ.

so, 〔名〕沖ニアル岩.

soi, 〔名〕外, 屋外.

son, 〔形〕真ノ, 本当ノ, マコトノ.

son-no, 〔副〕真ニ, 本当ニ, マコトニ.

sui, 〔動〕回転ス, マワル, 向キヲカエル

sui, 〔副〕再ビ, 又. 〔助〕回. tu— (二回), re (三回)

suke, 〔動〕煮ル, 炊グ.

sun, 〔動〕萎レル, 枯レル, スボム.

sunke, 〔形, 名〕ウソ, イツワリ, 虚偽ノ, 偽言.

suye, 〔動〕回転ス, 転ズル, 振リ向ケル, 振ル. ＝sui.

T

ta, 〔指〕ソコ, ソレ, ソノ.

ta, 〔動〕汲ム (水ヲ), 摘ム (花ヲ).

tahkon, 〔形〕短イ.

tah-ne, 〔形〕短イ, タケガ低イ.

tan, 〔指, 代〕此ノ, ソノ. tān-pe (コノ物, コレ), tan te ta (此処ニ).

tāne, 〔形〕長イ.

tani, 〔副〕今, 此時, 現今, 目今.

tani-ash, 〔副〕今ヤ, 愈, 今コソ.

tanku,〔数〕百.
tapera,〔名〕肩.
tara,〔指,代〕アソコ,アレ,アノ.
tarah,〔名〕夢.
tasa-re,〔動〕交換ス,カエル.
tashko,〔名〕縛ス,縄ヲカケル.
te,〔指,代〕ココ. te ta eh!(ココヘ来イ!)
teh,〔名〕手. = tek, teki,
teh-sam,〔名〕海岸,キシ.
tei-ta,〔副〕ココニ,ココヘ.
tēkoro,〔副〕非常ニ,大層,オソロシク.
temana,〔疑,代〕如何ニ,ドウ.
tere,〔動〕待ツ.
tereke,〔動〕駆ケル,駆ケ足デ行ク,跳ブ.
tereke-tereke,〔動〕ピョンピョン跳ブ,跳ビマワル.
tesh,〔名〕列,並ミ.
tetara,〔形〕白イ.
tō,〔名〕湖,沼,潟.
toi,〔名〕土.
tompa,〔動〕閉メル,トジル.
tompi,〔名〕月. tue—(二ヶ月),re—(三ヶ月).
tono,〔名〕武士,官人,紳士.(敬称,日本語ノ「殿」)
tōno,〔名〕燈火,灯;昼.〔形〕明ルイ.〔動〕明ルクナル.
tō-noshki,〔名〕日中,昼.
tōri,〔名〕逗留.〔動〕逗留ス.(日本語)
tuhse,〔動〕寝ル,横タワル,仆レル,落チル.
tuhse-ka,〔動〕落トス,タオス.
tui,〔動〕切ル,絶ツ,切断ス.
tuika,〔助〕上,最中,真中.
tuima,〔形〕遠イ.
tukan,〔動〕鉄砲ヲウツ,ハナス,射ル.
tukari,〔名〕側,ソバ,傍.
tum,〔名〕色.
tum,〔名〕間,中間,際.
tuman,〔名〕腰,胴,幹.
tūna,〔副〕早ク,速カニ,迅速ニ.
tunash-ka,〔動〕イソガス,ハヤメル.
tunash-no,〔副〕ハヤク,急ニ.
tuntu,〔名〕柱.
tura,〔動〕伴レル,同道スル,

同伴スル.〔助〕ト, 共ニ.

turukuni,〔名〕朋友, 友人, 友タチ.

tutan,〔形〕次ノ, 第二ノ, 副ノ.

tuyashkara,〔動〕心易クス, 近ヅキニナル, 親シム, 手ナツケル, 愍ム, 同情スル.

U

u-,〔接〕動詞ニ添ウテ, 両者ノ行為ヲ表ワス辞, 相…, 共ニ….

nah-te,〔動〕群レル, 群ヲナス, アツマル.

ua-re,〔動〕燃ヤス, 焚ク.

uchakashno,〔動〕教エル, 教育ス.

u-chish-kara,〔動〕相哭ス,〔名〕相弔, 相哭.

u-echiu,〔動〕集合ス, 寄集ス.

u-ekāri,〔動〕相逢ウ, 相寄ル, 寄リ合ウ.

u-ekāri-ka,〔動〕集メル, 募集スル.

u-eramu,〔動〕互ニ思ウ.

u-eramushinne,〔動〕相ヨロコブ, 互ニ安心ヲスル.

uh,〔動〕取ル, 採ル, 拾ウ, 摘ム, ツマミトル, 収ム. ＝uk.

u-hekota,〔副〕双方ニ, 両方ニ, 両側ニ.

uh-shoro,〔名〕フトコロ, ポッケット.

uiman,〔名〕旅行, 物品交換ニ他国ヘ出カケルコト.

uina,〔動〕取ル, 没収ス.

uina,〔名〕灰.

uk-i,〔名〕拾得, 採取, 鹵獲, 捕獲.

u-koiki,〔動〕相争ウ, 打チ合フ, 喧嘩ス.〔名〕打チ合, 喧嘩.

u-koitah,〔動〕談合ス, 口論ス, 約言ス.〔名〕約束, 口論, 談合.

u-ko-kayo,〔動〕相呼ブ, 呼ビ合ウ.

u-ko-nū,〔動〕互ニ聞ク, 相聞ク;聞エ渡ル, 有名ニナル, 名ダタル.

u-ko-pākari,〔動〕相謀ル, 互ニ商議スル.

u-ko-ram-nu,〔動〕相謀ル, 相談ス, 協議ス.

u-ko-rampirika,〔形〕仲ガヨイ，親シイ.
u-ko-shiyupu,〔動〕相激ス，ハゲシクモメル，剛情ヲ張合ウ.
u-ko-utasa,〔動〕相オトズレル，互ニ繁ク往来スル.
u-ko-yē,〔動〕相語ル，語リ合ウ，談シ合ウ.
u-ma,〔副〕皆ト一所ニ，人々ノ仲ニハイッテ.
un,〔助〕ニ於テアル，ニアル，ノ.
unarape,〔名〕伯叔母.
unchi,〔名〕火，炉.
u-neino,〔副〕相似ル，同様.
u-noshpa,〔動〕追イツ追ワレツスル，相追ウ.
u-nukara,〔動〕相逢ウ，相見ル，会合ス.
upahsanne,〔副〕殆ンド大抵，殆ンド皆.
u-pahte,〔動〕比較ス，競ウ，角スル.
upas,〔名〕雪.
upishta,〔副〕皆，悉ク，全ク.
upoh,〔動〕角力トル.〔名〕相撲.
uraike,〔名〕戦争.
ūrara,〔名〕霧，靄，ガス，カスミ.
urauke-kara,〔動〕競争ス，競ウ.
u-renka,〔名〕定マリ，規則，オキテ，命令，指図.
u-reshke,〔動〕衣服ヲ供ス，養ウ.
usa,〔形〕色々ナ，種々ノ，様々ノ.
usa-ampe,〔名〕種々様々ナモノ，日用雑品，諸荷物，庶事，庶務.
usa-ikinne,〔形〕色々様々ノ.
usa-kanke,〔動〕呼ビヨセル，トリヨセル.
ush,〔名〕湾.
ush,〔動〕ヲ有スル，ガアル，ノ附イテアル. tekush pachi (手ノアル鉢).
ush-i〔名〕…ノアル所，ノ場所，トコロ.
utara,〔名〕連，人々.〔助〕タチ，衆.
utari,〔名〕トモガラ，部下，配下，家内，家族，妻子.
utasa,〔動〕訪問ス，訪ウ.
utasa-re,〔動〕互ニヤリトリス

ル，交換ス，交易ス．
uturu,〔名〕間，間ノ地方，地方，辺．
uturu-ke-ta,〔副〕間ニ，タマニ，時々，往々．
uwanahkire,〔副〕知ラナイ
u-ye-ki,〔動〕論判ス，押問答ス．

W

wa,〔助〕デス，ダ．pirika wa!（結構ダ）．

wa,〔助〕カラ． Tunnaicha wa chish eki.（富内村カラ舟ガ来タ）．

wahka,〔名〕水．

wahkaiki,〔助〕ケレドモ，トハイエドモ．

wante,〔動〕知ル，ワカル．

wempe,〔名〕悪事，戦．

wem-puri,〔名〕乱暴，狼藉．

wen,〔形〕悪イ．

wenke,〔動〕剃ル．

wennohka,〔副〕ヤット，漸ク，
wen-no-kara,〔動〕ワルクスル，ワルクフルマウ，殺戮ス．

wente,〔動〕ワルクスル，損ウ，壊ス，破ル．

Y

ya,〔名〕網．
yahka,〔助〕テモ，…ケレドモ
yai,〔代〕自ラ，自分．〔副〕タダ，無代価デ．
yai-ani,〔副〕タダ，ムダゴトニ．徒ラニ，ソゾロニ．
yai-an-no,〔副〕空シク，唯々オメオメト，ムザムザ．
yaikihte,〔形〕アブナイ，危険デアル．
yai-kara,〔動〕…ニナル．
yai-ka-iki,〔動〕ムダニス，駄目ニス，無効ニス．
yai-karakara,〔名〕仕度，準備．
yai-katano,〔形〕遠慮スル，憚ル，恭シ．
yai-kota,〔副〕自分ニ，ヒトリデ．
yai-okapashte,〔動〕後悔ス．
yai-tuhpare,〔動〕ビクビク……，恐レル，
yai-unnashka,〔動〕アヤマル，ワビル，降伏ス．

yam,〔名〕葉.

yan,〔動〕上ガル, 上陸ス, 岸ニツク.

yan-ke,〔動〕上ゲル, 岸ヘツケル, 外ヘ出ス.

-yara,〔接〕使役相ノ接辞.

yē,〔動〕云ウ, 談ス.

ye-i,〔名〕云ウコト, 云ワク.

yepoh-ash,〔動〕劣ル, 負ケル, 下位ニ居ル.

yērui,〔形〕多イ.〔副〕大イニ, 非常ニ, 最モ.

yērui-no,〔副〕多ク.

yōponi,〔副〕アトニ, 後ニ.

yuhke,〔形〕荒イ, 強イ, 激シイ. 高イ.〔動〕荒レル, 強クナル, 激シクナル.

yupu,〔動〕引張ル, 張ル, 緊張ス, 奮ウ, 昂奮ス.

アイヌ語資料としての『あいぬ物語』

阪口　諒

はじめに

『あいぬ物語―附あいぬ語大意及語彙』(以下、『あいぬ物語』)は、樺太アイヌの山《やま》辺《べ》安《やす》之《の》助《すけ》(名字の読みはアイヌ語文でヤマベとあるのに従った)が語った自叙伝である。『あいぬ物語』は、樺太方言の話し手から直接アイヌ語を習得することが困難な現在、アイヌ語樺太方言を再活性化する際に有益なテキストになる。それは、『あいぬ物語』の本文がアイヌ語であること、そして、実際に使われていた多彩な口語表現が臨場感を持って数多く記録されていることによる。翻訳の問題などいくつかの注意すべき点があるが、『あいぬ物語』のテキスト批判を注意深く行うことで克服可能だと思われる。

本稿では第一節で『あいぬ物語』の概要、本文と附録の関係について述べた後、第二節で安之助の育った環境や、他のアイヌ語に関する記録との関わりなどについて述べる。第三節では、『あいぬ物語』がアイヌ語研究の上でどのように評価され、用いられてきたのかについて検討する。最後に第四節において、語学テキストとしての『あいぬ物語』を扱う。アイヌ語本文と日本語訳の差異や、誤解を招きそうな表現はあるものの、樺太方言の教材とし

て『あいぬ物語』は重要なものであることを述べる。以下、『あいぬ物語』から引用する時にはページ数だけを示すことにする。

一、『あいぬ物語』の概要

『あいぬ物語』は、樺太アイヌの山辺安之助が語り、言語学者の金田一京助が筆録・編集した自叙伝である。一九一三（大正二）年十一月に東京の博文館より発行された。安之助は、村の子供たちに知らせたいとの思いで金田一に自分の半生の筆記を依頼したという。金田一は「樺太アイヌ語の記録を作製して、アイヌ語学の資料に供したい」（「序」七頁）との目的を持って、安之助にアイヌ語で語らせ、そのアイヌ語本文を「ルビ」に、日本語訳文を「本文」にし、附録を添えて『あいぬ物語』を刊行した。

附録と本文との関係

『あいぬ物語』には、文法を扱った「樺太アイヌ語大要」（『あいぬ物語』表紙には「大意」とある）、語彙を扱った「樺太アイヌ語彙」が附録として収録されている。金田一は「アイヌ語学研究資料に就て」（一九二六年）で、自らの著作について次のように述べる。

> 樺太アイヌ語に就ては、私自身『あいぬ物語』（絶版）の編著がある。樺太アイヌ山辺安之助に物語をさせて、それを邦訳と並記したもので、巻尾に樺太アイヌ語の文法と語彙を少々

附したものである。書肆の注文で語彙は半減したが、音韻論も文法も唯一の北海道・樺太両方言の比較文法のつもりであった[1]。

本文がカタカナ書きのアイヌ語なのに対し、附録のアイヌ語はローマ字表記となっているが、それは金田一としてはカタカナ表記が「不本意」(「凡例」三頁)だったためである。附録のうち、「樺太アイヌ語彙」はおおよそ『あいぬ物語』の本文の語彙に一致しているが、「樺太アイヌ語大要」は、おそらく樺太滞在中に調査した結果をもとにまとめたものであり、安之助の言葉のみをもとにしているわけではない。二つの附録それぞれについて、簡単にどういう性質のものかについて述べておく。

(一)「樺太アイヌ語大要」について

金田一京助による初めてのアイヌ語文法概略で、北海道方言との比較も一部取り入れて記述したものである。一九二二年には、ハンス・ティッテル(Hans Tittel)によるドイツ語訳が出ている[2]。金田一以前には、工部大学校(東京大学工学部の前身)の英語教師として来日したスコットランド人のジェームズ・メイン・ディクソン(James Main Dixon)が、ドブロトヴォルスキー『アイヌ語ロシア語辞典』[3]の例文や、対雁アイヌからの聞き取りを利用して「アイノ語」「アイノ語 二」(どちらも一八八三年)という簡単な文法記述を残している[4]。しかし、金田一はこの文法の存在に

言及しているものの[5]、自らの記述が「樺太アイヌ語は、こういうものだということを書いた世界最初の本」[6]だと言ってはばからないように、これをまともに取り扱わなかったらしい。

一九一一年に、金田一は樺太方言の音韻を詳細に記述した「樺太アイヌの音韻組織」（『人類学雑誌』二七巻六〜八号）を発表している。その翌年にはアイヌ語（北海道方言と樺太方言）のほか数言語の会話例や単語、若干の文法的特徴をまとめた『日本国内諸人種の言語』（東京人類学会、一九一二年）という冊子も出している。それらを受けて公刊された「樺太アイヌ語大要」は、後の著作に比べると、大まかで表面的な記述にはなっているものの、樺太方言の概略を知るうえでは役に立つものである。金田一の記述は、表記の習慣のない言語の音韻を的確に把握し、人称接辞をほぼ正確に理解しているという点で、言語研究の歴史から見ても優れたものであると言える。

「樺太アイヌ語大要」に関して、現在と大きく異なるところとしては、「形容詞」という項目が立てられていることである。アイヌ語の特徴の一つとして、状態や性質を表す語は、原則的にその状態や性質への変化をも表し、文法的にも自動詞と区別できないため、現在では自動詞として扱われる。そのほか、三人称の人称代名詞 ani（これは『あいぬ物語』本文にもみられる）の複数とされる ani utara（おそらく ani に複数性を表す utara をつけて作り出したもの）のような、その存在が疑わしい例がいくつかある。

(二)「樺太アイヌ語彙」について

『あいぬ物語』附録の「樺太アイヌ語彙」は本文に出てくる語彙を網羅したものではない。他の語彙集や辞典に見られないものもあり、『あいぬ物語』本文を読むうえで役に立つが、本節の冒頭で見たように、「書肆の注文で語彙は半減した」ようである。

本文では常にシユイ(shui《再び》、現在では suy と表記)と書き表されるのに、「樺太アイヌ語彙」では、sui という形で掲載されているなど、カタカナ表記の本文と若干食い違うものも存在する。また、本文で確認できない語彙も存在する(例:obishta《全て》, auh《舌》[7])。安之助の語りによるものか、樺太での調査時に得られた語彙かは不明である。なお、金田一は「通音」としながらも、s と sh(サ行とシャ行)を表記上区別しているため、現在 sukuh《若い》と書き表される語彙が shukuh という形で掲載されているなど、検索するときに注意が必要なものもある。なお、語彙のほとんどすべてが久保寺逸彦の『アイヌ語・日本語辞典稿』(草風館、二〇二〇年)に転載されている(詳しくは第三節で後述する)。

二、山辺安之助とアイヌ語

山辺安之助は、一八六七(慶応三)年にサハリン島アニワ湾沿岸のヤマンペチ/弥満別《やまんべつ》(現、Novikovo)に生まれる。アイヌ名はヤヨマネクだという[8]。近年の文献ではヤヨマネクフとすることが多いが、「人」を表す kuh で終わる名前だという確証はない

(66)

ので、ヤヨマネク Yayomaneku がアイヌ語名だと考えておく。なお、『あいぬ物語』本文には安之助のアイヌ語名は見られない。一九〇〇年代初頭に安之助から民話を聞き取ったポーランド人民族学者ブロニスワフ・ピウスツキ(Bronislaw Piłsudski)は、『アイヌの言語と民話に関する研究資料』(以下、『研究資料』)[9]において、ヤシノスケ(Jaśinośḱe)と記している。樺太アイヌの日本語名をピウスツキが記録していないことを考えれば、後年はヤスノスケ(ヤシノスケ)を自らの名前として用いていたと思われる。

北海道への移住

近代に入り、サハリンの領有をめぐる日本とロシアの対立によって、樺太アイヌは分断されることになった。一八七五(明治八)年に日本とロシアの間で樺太千島交換条約(サンクトペテルブルク条約)が締結され、サハリン全島がロシア領になるのに伴い、アニワ湾周辺のアイヌ八四一名が北海道へ移住した。安之助もその一人として九歳(一三頁)のとき宗谷《そうや》へ移住、さらに対雁《ついしかり》(現江別《えべつ》市)への強制移住を経験する(移住先にちなんで対雁アイヌと称される)。安之助は両親が亡くなっていたことから、チコビロー(木下知古広、知古美郎)をはじめとする親戚たちに育てられる。

北海道移住前においては、樺太アイヌのほぼ全員がアイヌ語母語話者であったと推測されるが(日本語を第二言語として話すものもいた)、北海道、特に対雁移住後は、アイヌ語のみでは生活で

きない環境に置かれたと推測される。石狩の厚田や来札への出稼ぎには、日本語の習得が不可欠だっただろう[10]。また、対雁で育った子供たちは、北海道最初のアイヌ教育所である対雁学校で日本語の習得が進められた結果、日本語の強い影響下に置かれたと考えられる[11]。それでもなお、山辺安之助を含めた対雁アイヌたちは、樺太生まれのアイヌに囲まれ、アイヌ語を十分に習得したようである。樺太アイヌの民話集であるピウスツキの『研究資料』や本書『あいぬ物語』のアイヌ語を見ても、豊かな知識を身に着けていたことを知ることができる[12]。戦後、北海道で行われた調査においても、対雁もしくは石狩生まれの樺太アイヌからの聞き取りがなされている[13]。

なお、この時期の対雁のアイヌ語を具体的に知る資料は多くないが、前述のディクソンによる「アイノ語」「アイノ語二」[14]や、イギリス人宣教師のウォルター・デニング（Walter Dening）の二〇〇語ほどの語彙記録がある[15]。同じくイギリス人宣教師のジョン・バチラー（John Batchelor）も一八七七年に対雁アイヌのデンベ[16]からアイヌ語を習っている。バチラーがこの時の記録を残しているのかは定かではないが、バチラーの『アイヌ・英・和辞典』[17]を見る限り、樺太方言に特徴的な語彙が増加するのは一九二六年の第三版以降であり、しかもそれらの語彙の多くは、ピウスツキの『研究資料』から採られたものであるため、バチラー自身が対雁で記録したものはほとんどないのではないかと思われる。バチラーの著作には語彙に限らず、ピウスツキの『研究資料』から断

(68)

りなく転載されたものが多い[18]。

サハリンへの帰還

一八九三年、安之助やチペーカ（内藤《ないとう》忠《ちゅう》兵衛《べえ》）らは家族とともにサハリンへ帰還した。その頃、安之助の生まれ故郷のヤマンペチ（弥満別）は、アイヌの居住地ではなくなっていたので（六三頁）、親戚がいたこともあって東海岸南部のトンナイチャ（後の富内《とんない》村）に落ち着くことになった（六四頁）。移住先のトンナイチャのアイヌ――例えば、ラマンテ（東内《とうない》忠《ちゅう》蔵《ぞう》）やイカサアイヌ（勝村《かつむら》源蔵《げんぞう》）――にはロシア語が話せるものがいたことが本文から伺えるが（一〇〇、一〇二頁）、安之助、チペーカ（内藤忠兵衛）は対雁からサハリン島へ帰還しており、アイヌ語と日本語は話せるもののロシア語は話せない。そのため、ロシア領となったサハリンで育ったアイヌと、日本で育ったアイヌとの間の最も効率の良いコミュニケーションの手段として、アイヌ語が使われ続けていたのではないかと思われる（なお、トンナイチャは東海岸の中で例外的に対雁アイヌが多かった）[19]。おそらくトンナイチャや隣のオチョポカ（落帆《おちほ》、後にトンナイチャのアイヌもここに集住させられる）において、アイヌ語が共通語として用いられなくなるのは日露戦争が終結してしばらく後、移住和人が圧倒的多数を占めるようになった時期だと推測される[20]。

トンナイチャに暮らしていたアイヌには、前述のラマンテのほか、口承文芸の語り手として有名な者が多かった。安之助もその

一人であり、一九〇三年にピウスツキに語った民話が三篇記録されている（『研究資料』第二一〜二三話）。安之助のことをピウスツキは次のように評している。

［この物語および、この後に続く数篇の物語の］話者はアイヌの説話に通じてゐるといふことで、名声嘖々たるものがあった。彼の文体は、読めば判るが、オリジナルで、そして私の考へでは、これら古い世界の伝承の本来の言語及び措辞法に最も近いものである。彼は北海道に移住して、そこに数年［註—実際には十七年間］滞在した後樺太に帰った人々の内の一人で、北海道でこのやうな説話を数多く聴いて来たのである[21]。

また、同じく対雁アイヌのヌマル（野村ヌマル）（第一話、第一六話）、チペーカ（内藤忠兵衛）（第一七話）とその妻ヨルサンマ（第二〇話）からも民話を採集している。特にヌマルの語った民話は、ピウスツキが最も念入りに訳注を行い、『研究資料』の第一話として掲載している。そして、語り手のヌマルについては次のように紹介している。

この説話を筆録したのは樺太の東海岸南部にある富内村《トンナイチ》で、この村は昔から古伝や古謡に通ずる人々で有名である。この特徴は今日に至るまでこの島のこの部分に残ってゐる。ヌマ

ル翁はアイヌの口承文芸に熟達せる人々の中の一人であった。アイヌの口承文芸の起原を訊ねたら，彼はこの説話を私に口述してくれたのである。それは全く純粋なアイヌ語の文体で語られた標本の一つである。ヌマルは、この種族の他の多くの人々が、外人と話す際には一種特別の『変則アイヌ語』を話すのに似ず、露語を解しないので、白人の影響を受ける所が無かったのである。[22]

なお、ピウスツキに民話を伝えた樺太アイヌに、対雁で育ったものが多いことは注目に値するが、ピウスツキが述べるように、(ロシア語話者との間で通用する)「変則アイヌ語(broken Ainu)」を使わないからこそ、他の民話の語り手にも対雁アイヌが多いのだと思われる。

一九〇五年、日露戦争の結果として、南サハリンは日本領となるが、これ以後、和人が圧倒的多数を占めるようになり、日本語を用いなければ生活できない状況や、アイヌであることで不利益を生ずる状況になっていったと思われる。そのため、アイヌ語を日常的に用いることがなくなり、『あいぬ物語』の口述筆記を行う段階において、当初は「比較的不得意なアイヌ語」(「凡例」二頁)で語るという状況になったのだと推測される[23](なお、先祖から聞いたことを語る、自らの体験を語るという行為そのものは口頭伝承の伝統にのっとったものと言える)。

さらに、一九一四年にハンガリーの探検家、バラートシ・バロ

グ・ベネデク（Baráthosi Balogh Benedek）が、北海道、樺太を回り、樺太東海岸の富内でヤマベ・アイカなる人物から伝承を記録している[24]。その記録はまだ公刊されていないが、おそらく安之助によるアイヌ語の語りだと思われる。

『あいぬ物語』は安之助が語ったものではあるが、アイヌ語の筆記自体は金田一によるものである。樺太アイヌ自身が書き記したものも残されており、安之助と同じく対雁アイヌの千徳太郎治《せんとくたろうじ》は、カタカナだけでなく、サハリン帰還後に学んだキリル文字で自らアイヌ語を筆記している。こうした記録が残された背景には、前述の対雁での学校教育も関わっているほか、サハリンでのピウスツキによる教育の影響もある。一九〇〇年代初頭に、ピウスツキへ宛てた千徳太郎治直筆のキリル文字アイヌ語の手紙が残るほか[25]、カタカナのアイヌ語で筆記された民話テキスト二篇が、千徳太郎治による日本語訳と共に、『樺太アイヌ叢話』（市光堂、一九二九年）に収録されている[26]。そのほか、北海道釧路春採のアイヌ山《やま》本多助《もとたすけ》は、聞き取った樺太アイヌの口承文芸をカタカナ表記のアイヌ語で記録したほか、樺太アイヌから送られたアイヌ語の手紙をアイヌ語による雑誌『アイヌ・モシリ』に投稿している[27]。

小括

安之助の言語に関しては、出身地のヤマンペチ（弥満別）、育ての親のチコビロー（木下知古美郎、知古広）が住んでいたポロアントマリ（大泊）の言葉だけでなく、対雁に移住させられた周辺

地域出身の樺太アイヌの影響も受けていると思われる。そして、対雁アイヌの大半はアニワ湾沿岸の東部出身であることや、『あいぬ物語』の記述を考慮すると、安之助のアイヌ語は樺太帰郷後に落ち着いたトンナイチャ（富内）やオチョポカ（落帆）の言葉というよりは、アニワ湾沿岸の言葉に近いと言うことができる（ヤマンペチからすれば二つの地点は地峡の反対側に位置する）。ただ、トンナイチャ（富内）に親戚がいたこと（五八頁）や、金田一京助が筆録したトンナイチャのラマンテ（東内忠蔵）[28]が語った英雄叙事詩（hawki）（一九一四年に『北蝦夷古謡遺篇《きたえぞこよういへん》』として出版）の訳註に協力していることからも[29]、ラマンテをはじめとしたトンナイチャのアイヌの言語と安之助の言語にそれほど大きな違いはないと思われる。

三、アイヌ語研究における『あいぬ物語』の評価

『あいぬ物語』は、アイヌ語研究史上だけでなく、世界の言語研究史のうえでも、非常に早い時期のものである。民話とは異なる文体のもので、日常的に用いられる語彙、表現が多く含まれているだけでなく、量という点においても注目されるべきものであり、アイヌ語樺太方言の資料として、現在に至るまで高い価値を有している。アイヌ語が録音された蝋管の発見を契機に研究がさらに進められたピウスツキの『研究資料』[30]に比べると、アイヌ語研究への貢献はあまり知られていないようである[31]。そこで、『あいぬ

物語』がアイヌ語研究の上でどのように評価され、用いられてきたのかについて時代順に検討する。

ジョン・バチラー

『あいぬ物語』について、アイヌ語資料という観点からコメントしたのは宣教師のジョン・バチラーが最初と思われる。バチラーの著作を見る限り、『あいぬ物語』を活用したとはあまり思えないが、次のように書き記している。

> 一九一七年［註――一九一三年の誤り］に、東京帝国大学の我が友人、金田一博士が樺太アイヌに関する非常に有益なる書物を出版された。『ア《マ》イ《マ》ヌ物語』[32]という名の書がそれである。それを読むことに私は大いなる喜びを見出し、これらの地域のアイヌの言語について著者が述べたことを学習する中で、樺太のアイヌとその言語に関する自らの研究成果についての確証を得ることが出来た。金田一博士がかように骨身を惜しまず、忍耐強く困難な仕事を成し遂げられたことに、賛辞を送らずにはいられない。[33]

知里真志保

アイヌ語学者の知里真志保は、『あいぬ物語』をアイヌ語資料として高く評価している。知里真志保は、特に「アイヌ語法研究―樺太方言を中心として」(一九四二年)[34]や『分類アイヌ語辞典 人

間篇』(一九五四年)において、『あいぬ物語』の語彙や文例を数多く引用している(ただし、知里が規範的と考える語形に修正していることもある)。知里真志保「樺太アイヌの説話」(一九四四年)において、次のようにコメントしている。

『あいぬ物語』は山辺安之助氏と金田一博士の共著で、山辺氏が口述したその半生の物語を、金田一博士が書き取って和訳したもので、日本語にはルビとしてアイヌ語が添へてあり、アイヌ人自身の著述としても、また樺太アイヌ語の研究資料としても不朽の価値を持つ名著である。[35]

『分類アイヌ語辞典 人間篇』においては、金田一の事実誤認を改めてもいる。例えば、「§ 二九. おい(甥)」の項目において、注として次の解説が付けられている。

karaku と云っても、必ずしも正確に甥であるとわ限らない。従弟をさすこともあるのである。たとえば南極探検で有名な山辺安之助翁わ従弟の尾山富治氏(通称わ富次郎)をいつも karaku と呼んでいたとゆう(富治氏談)。『あいぬ物語』p.162 に於ても an-karakuhu Tomijiro「私の karaku の富次郎」[註—実際にはアン、カルク、フ、トミジロー]と述べている。ところが金田一博士わ karaku を文字通り甥の義に取って、『北の人』所収「樺太便り」の中で「安之助のあとわ甥の富次郎

（75）

がよくやっている様子」でと書いておられる。これわ実わ従弟の富次郎とするのが正しいのである。[36]

そのほか、知里真志保は「樺太アイヌの説話」[37]において、日本語訳文の漢字にアイヌ語のルビを振るということをしばしば行っているが、それも『あいぬ物語』をヒントになされたものだという指摘がある[38]。

久保寺逸彦

久保寺逸彦が『あいぬ物語』に直接コメントしたものは、管見の限り見当たらない。久保寺逸彦は、話者から自分が採集した語彙のほかに、様々な文献から語彙を収集し、『アイヌ語・日本語辞典稿』[39]を作成していたことが知られている。久保寺逸彦は、『あいぬ物語』附録の「樺太アイヌ語彙」に掲載されている語彙を、語釈を含め、ほぼすべて転載しているが、久保寺による更なる説明が加わっていることも多い。「樺太アイヌ語彙」から採集した語彙のうち、（樺太語彙）と注記されているものは一五例（そのうちkunkutoは「樺太アイヌ語大要」の方から引用したものらしい）しかなく、大半は出典に関して何も記されていない。（樺太）と注記されている語彙には「樺太アイヌ語彙」から採集されたものも多く含まれているが、それ以外の情報源のものも含まれている。

以下に、すこし例を挙げておく。斜字の部分が「樺太アイヌ語彙」の転載である。

-ha［接］語勢上の接辞（樺太語彙ノ文法）
seta ha, sapa ha, nukarha［註―原文は *seta-ha,*（犬）*, sapa-ha.*（頭）*, nukara-ha*（見た）*.*］これは名詞具体形なり、当時金田一先生未だ発見せざりしなり[40]

戦後のアイヌ語研究

戦後においては、西海岸北部出身の話者からの聞き取りが中心となったが、佐藤知己氏や高橋靖以氏、大原裕子氏の研究でアイヌ語資料として『あいぬ物語』が参照されている。近年では筆者も『あいぬ物語』を資料として、いくつか論文を発表している[41]。『あいぬ物語』は、二〇〇〇年代になって、アイヌ語のローマ字化、新たな日本語の訳付けが北海道教育大学旭川校においてなされ、その成果が井筒勝信編『アイヌ語学研究資料一』(北海道教育大学旭川校、二〇〇七年) として公刊されている。表記や解釈に関して首肯しがたい点は多いが、他の樺太方言の資料と合わせてデータの整理を行っている労作である。後に、こうした資料を基に『サハリンアイヌ語辞典』[42]が纏められている。

四、語学テキストとしての『あいぬ物語』

『あいぬ物語』は、録音の残っていない資料として、最も質の高いものの一つであると言える。言語学の資料としては、民話の言

語ではなく日常語を大量に記録しているという点でも特筆すべきものである。金田一は、安之助について、アイヌ語で話すと「話し振りが、矢張普通のアイヌの話しになる」(「凡例」一頁)と述べるが[43]、「普通のアイヌの話し」であるところが、この『あいぬ物語』の価値であると筆者は考える。言語学者の服部四郎らによって日常語の研究が進められたのは一九五〇年代であるが、それ以前には、口承文芸のアイヌ語(もちろん日常語と別の言語ではない)の研究に注意が向けられており、日常語のまとまった量の記録は多くないからである。『あいぬ物語』には、民話や民俗語彙の調査からだけでは得られない語彙、表現が数多く含まれているだけでなく、用いられている文脈が把握できるという点で重要である[44]。さらに、対話例も散見され、会話にすぐ応用できそうな表現も多い。

『あいぬ物語』の体裁

アイヌ語本文が「ルビ」、日本語訳文が「本文」というような、倒錯したテキストになっていることの問題点は坪井氏が指摘している[45]。この原稿が『あいぬ物語』として公刊されるまでのいきさつに関する考察は西成彦氏や須田茂氏の論考に詳しいので[46]、ここでは省略する。なお、須田氏は、金田一の講演を引きながら、『あいぬ物語』のもとになる談話を南極探検前にも行っていた可能性を指摘しているが[47]、やはり金田一の随筆からも、『あいぬ物語』のもとになった談話は南極に行くまでの間と、帰ってきてからと

考えられる[48]。

残念ながら、今回の復刊においても、日本語訳文に本文のアイヌ語をルビとして振るという形式のままである。これは、日本語の単語をアイヌ語に置き換えるだけでアイヌ語になる、といった誤解を生むことにつながると筆者は考える。また、アイヌ語本文がルビに追いやられたという理由で、小さく書かれるべき音も、他のカタカナと同じ大きさになったのだと推測される。金田一は、『あいぬ物語』のもとになった筆記をローマ字で行ったはずだが、「一般の読者の便宜の為めに、不本意ながら」(「凡例」三頁) カタカナで表記することになってしまったようである。『あいぬ物語』の翌年、同じくアイヌ語がカタカナで表記された『北蝦夷古謡遺篇』が刊行されているが、そこではㇰ、ㇱ、ㇺ、ㇹなどの小文字のカタカナ (母音の伴わない音を小文字のカタカナで表記している) が使われており、元のアイヌ語の音を推測するのに必要な情報が残されていることを思えば、『あいぬ物語』のカタカナ表記は、ローマ字表記の附録が付いているとはいえ、不便を感じるものとなっている。それでもなお、『あいぬ物語』が貴重な資料であることに変わりはない。

金田一の日本語訳に関して

金田一が「翻訳」する過程で金田一の価値観を反映した意訳が含まれていないのかといった疑問点や、下篇は上篇と比較して日本語が「たどたどし」く、脱字・誤訳も見られる点、アイヌ語ル

ビも上篇より少ないという点を須田氏は指摘している[49]。アイヌ語本文を読む限りでは、上篇は下篇に比べれば、人称の脱落したように思える箇所が多いように思われる。また、日本語の誤植や歴史的仮名遣いの誤り、慣用から外れた地名表記（安之助の出身地の弥満別が野満別と書かれるなど）、日本語の意味が分かりづらい箇所などは上篇、下篇を問わず散見される。例えば、次のような箇所は誤読される可能性が高いと思われる。

> 此の知古美郎でも、こんなに土人達一同、私共に至るまで、此人をこう思うというのも、矢張り、黒田長官が土人を石狩へ連れて来られて、此処でお歴々の大勢の間へ立ち交って諸事万端土人の為めに面倒見て居たから、皆から思われるようになった。これというのも北海道へ上命のまにまに渡来して、それ以来こういう人物になったように私は思う。（四二頁、下線は筆者）

下線部を黒田清隆に関する描写と思ってしまう人もいると思うが、注意深く読むと、チコビロー（知古美郎）に関することであると分かる。いくつか補足を付けて、よりわかり易くアイヌ語から訳出すると、次のようになる。

> このチコビローでも、こんなにアイヌたち一同、私たちまでも、この人をこのように（素晴らしい人だと）思うことも、や

はり、黒田長官がアイヌたちを石狩に連れてきたときに、(チコビローは) 和人の役人たち大勢の間に入って、いろいろなことについて、アイヌの代わりに話し合いをしたことで、こういうふうに、アイヌ一同からそう思われたのである。このことも、北海道へ、役人の命で彼ら［＝アイヌたち］が来て、その後から、(チコビローは) そのような人になったのであると、私は思う。

先ほどの下線部を含め、全てチコビローについて語っている部分なのだが、金田一の訳では補足がないため、誤解を招きやすいものになっている。

金田一訳とアイヌ語の差異

金田一訳がアイヌ語原文と異なる箇所を網羅的に指摘することは紙幅の都合で行わないが、いくつか気になるところについて多少の私見を加える。

「アノシコロ、アイヌ」(an=oskoro aynu《私（たち）が惜しく思う・人》)（二一頁）に対して日本語訳は「賤しい男」とあるのが「惜しい男」の間違いであることは須田茂氏がすでに指摘している通りである。同頁にもう一ヶ所「アノシコロ、アイヌ」が出てくるが、そこでは正しく「惜しい人」となっている。また、「友達の市来善助」（二三頁）は、アイヌ語本文では aysirankore (an=sirankore)《私の親戚》とある。事実として友達であるのだ

ろうが、アイヌ語で語られていることと日本語訳文には差異がある。

数字に関わるもので、アイヌ語本文と日本語訳と明らかにずれている箇所が複数見つかる。七二頁では、サハリン帰還後の安之助の様子が語られているが、このページにはなぜか日本語とアイヌ語で数が一致しない個所が二ヶ所ある。例えば、冒頭、日本語で「二年三年は夢の様に過ぎた」という部分は、アイヌ語で tu-too re-too tarah neyno oman hemaka《二日、三日が夢の様に過ぎた》とある。文脈からは日本語訳の方が適切に見える。また、安之助がはじめてトンナイチャ（富内村）に移ったのが、「二十七歳の若盛りの時」とあるが、アイヌ語では aruwan paa ikasma tu-hoh paa pahno suku[h] aynu nee ohta《四七歳ほどの若者になった時に》とある。一八七五年に九歳（一三頁）だとして、サハリン島へ帰還してトンナイチャに住むようになったのが、一八九三年だとすれば、やはり日本語訳の二七歳のほうが正しいことになる。白瀬矗の南極探検に際しては、「犬三十頭に土人一人附添うて、東京の南極探検隊へ送ってやれ」（一五五頁）と富内村の警察から命じられるが、アイヌ語では seta tu-kunkutu tu-aynu tura Tookyoo Nankyoku Tanken-Tai onne an=omanteyara《犬二〇頭を二人と一緒に東京の南極探検隊のところに私（たち）は送らせる》とある。のちに安之助と兼太郎《かねたろう》の二人で、大泊から東京まで犬二〇頭を送り届けるよう言われている（一五八頁）ことからして、ここはアイヌ語文のほうが正しい。このことからも、『あい

ぬ物語』は日本語とアイヌ語の両方を参照する必要があると言える。

そのほか、安之助の親族関係を把握する際に、日本語だけでは理解不能な箇所がある。三頁では、安之助の家とチコビローの家の関係が述べられているが、日本語訳は、「此の知古美郎の母が、私の祖父の家から出た娘で、私の父の従兄弟だったように思う」(三頁) とある。日本語訳の「従兄弟」に対応しているように見えるのは「ワチヤーネコロ、アイヌ」(wacaanekoro-aynu) である。この部分は、日本語で読んでも、チコビローの母 (＝安之助の祖父の娘) と安之助の父が従兄弟と読めてしまうという不可解な箇所である。アイヌ語の wacaanekoro と完全に一致する例は、管見の限り見当たらないが、『分類アイヌ語辞典 人間篇』五〇九頁には、wachane《伯父甥の関係にある》というそれに少し似た見出し語が見つかる (東海岸白浦の語彙)。知里真志保は、樺太方言に母音の長短の区別を認めなかったので、ローマ字表記は wachane (現行表記では wacane) となっているが、見出し語の後ろには「wá-ča-ne わチャァネ」とあり、発音は wacaane であることが分かる。これは、u-「お互い」＋ aca(h)a「〜のおじ」＋ ne「である」と分解される。wacaanekoro は u-「お互い」＋ aca(h)a「〜のおじ」＋ ne「として」＋ koro「〜を持つ」《お互いをそのおじとして持つ→おじと甥の関係にある》と考えられ、意味としては wacaane とほとんど変わらないことが想定される。wacaanekoro を「おじと甥の関係にある」という意味だと想定し

て、矛盾の出ないようにアイヌ語から訳してみると、《このチコビローは、その母が私の祖父の家の娘で、（チコビローは）私の父とおじと甥の関係だと私は思う》となる（下図参照）。

チコビローの母はan=onaha《私［＝安之助］の父》とキョウダイだと考えるのが妥当ではないだろうか（チコビローと安之助が従兄弟同士か）。安之助の父親はsiino cise《本家》で育ったが、大きくなってからは別に自分で所帯を持った（yaycisekoro）という（以上、三頁）。藤村久和氏によるとチコビローの母は木下フエマハで、父は此兵衛、伯父は畠山伝兵衛だという[50]（『あいぬ物語』三頁ではakihi《（チコビローの父）の弟》がハタケヤマデンベイ（畠山伝兵衛）だとある）。

アイヌ語教材として

『あいぬ物語』では、当然のことながら、生活のあらゆる側面が

アイヌ語で表現されている。日本語や英語と同じく、民話を語ったり理解たりするためだけに用いられているのでも、祈り言葉にのみ用いられているのでもない。しかしながら、アイヌ語で日常生活を送る人がいない現在、アイヌ語を身につけるためには、アイヌ語が分かる人から直接習ったり、書かれた資料や録音された資料から学んだりしなければならない。言語の再活性化には、民話のような資料だけでは不足で、日常語の資料が不可欠である。『あいぬ物語』は日常語で語られているからこそ、アイヌ語を再活性化するテキストとして非常に役立つものである。

民族自身によって樺太アイヌの近代の暮しぶりが語られた『あいぬ物語』では、対雁への移住、移住先での暮らし、サハリン島への帰還、日露戦争への協力、そして南極探検のことが臨場感をもって描かれている。喧嘩を吹っ掛けてくる男が連発する命令文や setapoo のような罵言[51]の実例もある。ホタテガイに油を入れて明かりにする cahraku / rahcaku が提灯や灯台を表す語彙としても用いられていたり、unci-koro-pencay《蒸気船（火・を持つ・弁財船）》のような語彙もあれば、新しく作り出されたと思われる kampi-ruura-kani《電信（手紙・を運ぶ・金属）》などの語彙も登場する。これらは新語を作るときの参考にもなるだろう。読む人ごとにいろいろな活用法が見つかるはずである。そのほか、関屋敏隆『やまとゆきはら―白瀬南極探検隊』（福音館書店、二〇〇二年）という絵本の横に『あいぬ物語』を置いて、同じ場面をアイヌ語でどういう表現をしているのかと考えたり、絵本の日本語

をアイヌ語にしてみたりといった活用法も考えられる。

終わりに

『あいぬ物語』は、日常語を大量に記録しており、アイヌ語の研究資料としても、アイヌ語の教材としても、優れたものであると言える。樺太方言の日常語の資料としてこれに匹敵するものはほとんどないと思われる。翻訳などでいくつかの問題はあり、本稿ではそのうちのほんの一部を取り上げたが、アイヌ語本文全体の検討は残された課題である。今後、さらなるテキスト批判を行うことで、そうした問題を克服することができると思われる。金田一の協力で残された『あいぬ物語』は、村の子供たちに読まれるという、安之助の希望通りになったかは疑問であるし、アイヌ語の維持にもつながらなかっただろう。しかし、アイヌ語で書かれているがために、現在でも、樺太方言の日常語を学ぶ教材とすることが可能である。書き残された『あいぬ物語』も、アイヌ語の再活性化に大きな役割を果たすことが期待される[52]。

1　金田一京助「アイヌ語学研究資料に就て」(金田一京助博士喜寿記念編集委員会編『金田一京助選集Ｉ』三省堂、一九六〇年）四五二頁。

2　Tittel, Hans, “Die Sprache der Ainus von Sachalin,” *Mitteilungen der Deutschen Gesellschaft für Natur- und Völkerkunde Ostasiens* 17 (Tōkyō, 1922).

3　Добротворский М. М. *Аинско-Русский Словарь.* (Казань, 1875)(以下、『アイヌ語ロシア語辞典』)。

4　Dixon, J. M., “The Aino Language I, II,” *The Chrysanthemum* 3, no.2-3 (Yokohama: Kelly, 1883). ただし、“The Aino Language II,” の例文の多くは『アイヌ語ロシア語辞典』から採られている。ディクソンについては、Ｊ・Ｍ・ディクソン（阪口諒翻訳・解題）「『ツイシカリ・アイノ（対雁アイヌ)』—Ｊ・Ｍ・ディクソン著、一八八二年、東京—」(『千葉大学ユーラシア言語文化論集』第二一号、二〇一九年）の解題を参照のこと。

5　金田一京助「アイヌ語学研究資料に就て」四五二頁、金田一京助「アイヌ部落採訪談」(『心の小道をめぐって（金田一京助随筆選集一)』三省堂、一九六四年）五五頁。

6　金田一京助「アイヌの話—心の小道余話—」(『心の小道をめぐって（金田一京助随筆選集一)』三省堂、一九六四年）一五頁。

7　なお、金田一「樺太アイヌの音韻組織」でもauhという語形に触れられている。なお、この語形の奇妙さについては知里真志保が「アイヌ語法研究—樺太方言を中心として—」(『知里真志保著作集』第三巻、平凡社、一九七三年）五二七頁で触れている。

8　千徳太郎治『樺太アイヌ叢話』(市光堂、一九二九年）四八頁に「ヤヨマネクアイヌ」、一九七八年の対雁学校への入学願書に「ヤヨマ子ク」とある。

9　Piłsudski, Bronislaw, *Materials for the Study of the Ainu Language and Folklore* (Cracow, 1912).

10　北原次郎太ほか編『アイヌ語 樺太・名寄・釧路方言の資料—田村すず子採録 藤山ハルさん・山田ハヨさん・北風磯吉さん・徹辺重次郎さんの口頭文芸・語彙・民族誌（「環太平洋の言語」成果報告書A2-039)』(大阪学院大学情報学部、二〇〇三年）一七二頁には、石狩（来札か）で育ち、後に南サハリンの多蘭泊へ移り、さらに戦後に稚咲内で暮らした樺太アイヌの女性の、石狩では「シャモ語」(＝日本語）ばかり使ったとの証言が掲載されている。

11　対雁学校については、小川正人「対雁学校の歴史—北海道に強制移住させられた樺太アイヌの教育史—」(『教育学研究』第八〇巻三号、二〇一三年）参照。

12　ただ、安之助、チペーカ（内藤忠兵衛）、千徳太郎治は南サハリン生まれであり、対雁や石狩で生まれた樺太アイヌとは同じく扱うことができない可能性はある。しかし、対雁生まれと推測されるニタ（大坂仁太郎）などもピウスツキに民話を語っていることからして（『研究資料』第二六話、一九〇三年時点で二八歳とある）、アイヌ語を身につける環境は残っていたと思われる（すなわち、少なくとも対雁において、アイヌが多数を占めていたため、親が子供にアイヌ語を使わないようにするなどの措置を取らざるを得ない状況にはなっていなかったのではないかと推測される）。

13　註10の文献のほか、服部四郎・知里真志保「アイヌ語諸方言の基礎語彙統計学的研究」（『民族学研究』二四巻四号、一九六〇年）。

14　註4参照。

15　Dening, Walter, “A Vocabulary of Ainu Words and Phrases,” *The Chrysanthemum* 1 (Yokohama: Kelly, 1881).

16　デンベはおそらく、『あいぬ物語』でも言及されるハタケヤマデンベイ（畠山伝兵衛）のことで、『あいぬ物語』によれば、チコビローの父のakihi《その弟》である（三頁）。

17　一八九七年に*An Ainu English-Japanese Dictionary*の初版（北海道庁）が出た後、一九〇五年に第二版（教文館）、一九二六年に第三版（同）、一九三六年に第四版（岩波書店）が出版されている。

18　詳しくは拙稿「ジョン・バチェラーの著作に含まれる樺太アイヌの口承文芸―ピウスツキ資料からの転載の実態―」（『口承文芸研究』第四三号、二〇二〇年）参照。

19　金田一が「片言を言うまで」（『心の小道をめぐって（金田一京助随筆選集一）』三省堂、一九六四年）で描いたように、オチョポカ（落帆）の子供たちもアイヌ語を話す環境があった。それだけでなく、南サハリンで漁業を行っていた佐々木悦蔵が「樺太の土人語」（『風俗画報』三二四号、一九〇五年）や『樺太土人語日用会話』（一九〇八年、武装堂）を編集していることからも分かるように、和人とアイヌの共通語としての「変則アイヌ語」も使われていたことが知られる。

20　田村将人「樺太アイヌ村落の生活および教育に関する視察復命書」（『北海道博物館アイヌ民族文化研究センター研究紀要』第二号、二〇一三年）によれば、日露戦争後それほど経たない一九一三～一四年に、樺太アイヌの児童を対象とした「土人教育所」の視察が行われているが、日本語をアイヌ語に翻訳させる授業が教育所で行われていたことが報告されており、アイヌ語を母語とする学生も多かったよ

うである（ただし落帆は対象となっていない）。

21 『研究資料』一九一頁。日本語訳は知里真志保「樺太アイヌの説話㈠」（『知里真志保著作集』第一巻、平凡社、一九七三年）三六三頁より。［ ］内は筆者が補充。

22 『研究資料』二八頁。日本語訳は知里「樺太アイヌの説話㈠」二六四頁より。

23 アイヌ語の潜在的な能力いかんにかかわらず、日常的に日本語（もしくはアイヌ語と日本語を混ぜた言葉）を話している話者が、アイヌ語だけで語るのに困難が伴うことは容易に推測される。また、口承文芸には秀でているが、会話は苦手だということも往々にして存在する。

24 谷本一之「バラートシ バログ アイヌ民族資料収集の旅」古原敏弘、ヴィルヘルム・ガーボル編『ブダペスト民族学博物館所蔵バラートシ バログ コレクション調査報告書』（北海道立アイヌ民族文化研究センター／ブダペスト民族学博物館、一九九九年）九六頁参照。

25 荻原眞子解説、丹菊逸治翻刻・訳注「千徳太郎治のピウスツキ宛書簡―「ニシパ」へのキリル文字の手紙―」（『千葉大学ユーラシア言語文化論集』第四号、二〇〇一年）。

26 金田一京助「樺太便り」（『心の小道をめぐって（金田一京助随筆選集一）』三省堂、一九六四年）一三〇頁には、千徳太郎治は辞書も作っていたとあるが、現在まで行方が知られていない。

27 それらは浦田遊編『アイヌ・モシリ―幻のアイヌ語誌復刊』（アイヌ文化懇話会、一九九八年）に収録されている。そのうちの一篇は拙稿「山本多助筆録アイヌ語樺太方言テキスト㈠―カラフト・ウベベケレ（オプケ ネワ イコロ ウペペケレ）」（『北方人文研究』第一二号、二〇一九年）で訳註を行った。

28 大正三年刊行の金田一京助『北蝦夷古謡遺篇』（甲寅叢書刊行会、一九一四年）「解題」五頁にはクサエという名前も載っている（大正十二年の郷土研究社発行の再版では、扉で金田一京助編になっているほか、「解題」の代わりに「アイヌ伝説に就て」が収録されており、クサエという名前は見えない）。なお、ピウスツキもTunayci（トンナイチャ）のKusayという人物から（原文はайномъ Кусаемъ《クサイというアイヌから》）oyna（神謡）を採録しているが、ラマンテとは年齢が違うので別人と思われる（*Пилсудскiй Б.* На медвѣжьемъ праздникѣ айновъ о. Сахалина // Живая старина (1914 г.), годъ XXIII, вып. 1-2. 1915. С .159. 日本語訳は高倉浩樹監修・井上紘一訳編・解説『ブロニスワフ・ピウスツキ

のサハリン民族誌』(東北大学東北アジア研究センター、二〇一八年) 六二八頁を参照。

29 なお、金田一「アイヌの話―心の小道余話―」一五頁に記されているように、一九一二(明治四五)年の秋に東京の上野で開かれた拓殖博覧会に来ていた小田寒の坪沢六助(ロコ)も訳註に協力している。

30 その研究の代表的なものとしては、Alfred & Elzbieta Majewicz, *An Ainu-English Index-Dictionary to B. Piłsudski's Materials for the Study of the Ainu Language and Folklore of 1912* (Poznań: Adam Mickiewicz University Press, 1986) や、アイヌ語原文を樺太方言話者の協力を得て分析しなおした北海道ウタリ協会札幌支部アイヌ語勉強会(訳)「B・ピウスツキ/樺太アイヌの言語と民話についての研究資料〈一〜三〇〉」(『創造の世界』第四六〜八四号、一九八三〜一九九二年) がある。

31 須田茂氏は「樺太からの発信〈その一〉―山辺安之助『あいぬ物語』」(『近現代アイヌ文学史論―アイヌ民族による日本語文学の軌跡〈近代編〉』寿郎社、二〇一八年) 七九頁において、『あいぬ物語』のアイヌ語研究への貢献に関して疑問を呈している。

32 出版年も含めて、バチェラーが序文を書いた、武隈徳三郎『アイヌ物語』(富貴堂書房、一九一八年) と勘違いしていると思われる。

33 拙訳、バチラー『アイヌ。英。和辞典(第三版)』(教文館、一九二六年)「第一部 文法」三―四頁。

34 知里真志保『知里真志保著作集』第三巻(平凡社、一九七三年) に再録。

35 知里真志保「樺太アイヌの説話㈠」(同『知里真志保著作集』第一巻、平凡社、一九七三年) 三六三頁。

36 知里真志保『分類アイヌ語辞典 人間篇』(日本常民文化研究所、一九五四年) 五一一頁、表記は原典のママ。

37 知里真志保『知里真志保著作集』第一巻(平凡社、一九七三年) に「樺太アイヌの説話㈠」として再録。

38 西成彦「バイリンガルな白昼夢」(西成彦・崎山政彦編『異郷の死―知里幸恵、そのまわり』人文書院、二〇〇七年) には、「知里真志保によるアイヌ語ルビ方式の採用を考えるにあたって、『あいぬ物語』を念頭におく必要があることは右記論文[註―佐藤=ロスベアグ・ナナ「知里真志保の日本語訳におけるオノマトペに関する試論」『立命館言語文化研究』第一六巻三号、二〇〇五年]を書く以前から彼女の持論であった(二〇〇四年一月、立命館大学大学院先端総合学術研究科に提出

された博士予備論文)」(七九頁) とあるが、「右記論文」では『あいぬ物語』に言及されていない。

39 最近になって、久保寺逸彦『アイヌ語・日本語辞典稿(久保寺逸彦著作集四)』(草風館、二〇二〇年) として刊行された。

40 久保寺『日本語・アイヌ語辞典稿』八一頁。

41 佐藤知己 (SATO, Tomomi) 氏による“The First Person Objective Affix in- in the East Coast Dialects of Sakhalin Ainu,” in Executive Committee of the International Symposium ed. *Proceedings of the International Symposium on B. Piłsudski's Phonographic Records and the Ainu Culture* (Hokkaido University, 1985) や「アイヌ語樺太方言の‘Utara’について」(『ウエネウサラ』創刊号、一九八七年)、大原裕子「アイヌ語樺太方言に於ける人称接辞の構造」(千葉大学文学部卒業論文、一九九一年)、高橋靖以「アイヌ語サハリン方言の証拠性表現―特に伝聞を表す形式manuについて」(津曲敏郎編『サハリンの言語世界』北海道大学大学院文学研究科、二〇〇九年) などの研究で利用されているほか、筆者も「樺太アイヌ語における人称のクラスと主格目的格人称接辞―東海岸方言を中心に」(『北海道言語文化研究』第一七号、二〇一九年)、「アイヌ語樺太方言における名詞複数接尾辞-ahcinの用法」(『北方人文研究』第一三号、二〇一九年)、「アイヌ語樺太方言におけるutaraの用法」(『北方言語研究』第一〇号、二〇二〇年) のほか、「アイヌ語樺太方言における斜格名詞の関係節化」(『千葉大学大学院人文公共学府研究プロジェクト報告書』三六〇号、二〇二一年) でも『あいぬ物語』のデータを用いている。

42 大塚梨恵ほか編『サハリンアイヌ語辞典』北海道教育大学旭川校 談話・語用論ゼミ、二〇〇八年。二〇〇六年にはこの前身となる上野愛里ほか編『サハリンアイヌ語辞典草案』(北海道教育大学、二〇〇六年) が出ている。

43 金田一はのちの著作においても英雄叙事詩の研究にかなりの比重をかけており、「普通のアイヌの話し」の調査、研究にはそれほど積極的ではないように思われる。『あいぬ物語』を編集していた時期には、英雄叙事詩であるhawki(『あいぬ物語』の出た翌年、『北蝦夷古謡遺篇』として刊行) を語り伝えた安之助と同世代のラマンテが念頭にあったために、このように記述しているのではないかと思われる(なお、ラマンテはピウスツキ『研究資料』によれば安之助の二歳年下である)。

44 服部四郎らの研究成果は同編『アイヌ語方言辞典』(岩波書店、一九六四年) に結実するが、語彙、表現が相当量挙げられていても、実際の文例がないものが大半であり、それだけでは文の中での用いられ方が分からないものが多い。

45 坪井秀人「みずからの声を翻訳する―『アイヌ神謡集』の声と文字」(西

成彦・崎山政彦編『異郷の死—知里幸恵、そのまわり』人文書院、二〇〇七年)九九頁。

46 須田「樺太からの発信〈その一〉—山辺安之助『あいぬ物語』」、西「バイリンガルな白昼夢」(註38参照)。

47 須田「樺太からの発信〈その一〉—山辺安之助『あいぬ物語』」七四頁。

48 金田一「「心の小道」をめぐって」『心の小道をめぐって(金田一京助随筆選集一)』一八三頁。なお、オチョポカ(落帆)滞在中にも、安之助から日露戦争の「手柄話」や、樺太アイヌが宗谷へ移住した時の話を聞いている(金田一京助「因縁のカラフト島」『心の小道をめぐって(金田一京助随筆選集一)』一三三頁)。

49 須田「樺太からの発信〈その一〉—山辺安之助『あいぬ物語』」七八頁。

50 北海道ウタリ協会アイヌ語勉強会(訳)「B・ピウスツキ/樺太アイヌの言語と民話についての研究資料〈二一〉」(『創造の世界』第七〇号、一九八九年)一二二頁。

51 『アイヌ語ロシア語辞典』二八九頁によれば「Seta po! ほぼ唯一のアイヌの罵言、犬に呼びかけるときにも使われる」という。日本語訳は寺田吉孝・安田節彦訳「M・M・ドブロトゥヴォールスキーのアイヌ語・ロシア語辞典(一六)」(『北海学園大学学園論集』第一五九号、二〇一六年)一三五頁より。

52 本稿は科学研究費補助金特別研究員奨励費(課題番号20J11234)による成果の一部である。